中研院近代史研究所口述历史系列

石璋如先生口述历史

访问 陈存恭 陈仲玉 任育德

纪录 任育德

九州出版社 JIUZHOUPRESS | 全国百佳图书出版单位

图书在版编目（CIP）数据

石璋如先生口述历史 / 陈存恭，陈仲玉，任育德访问；任育德纪录.--北京：九州出版社，2012.10

（中研院近代史研究所口述历史系列）

ISBN 978-7-5108-1707-6

Ⅰ. ①石… Ⅱ. ①陈… ②陈… ③任… Ⅲ. ①石璋如—生平事迹 Ⅳ. ①K825.81

中国版本图书馆CIP数据核字(2012)第230295号

石璋如先生口述历史

作　　者	陈存恭　陈仲玉　任育德 访问　任育德 纪录
出版发行	九州出版社
出 版 人	徐尚定
地　　址	北京市西城区阜外大街甲 35 号 (100037)
发行电话	(010)68992190/2/3/5/6
网　　址	www.jiuzhoupress.com
电子信箱	jiuzhou@jiuzhoupress.com
印　　刷	三河市东方印刷有限公司
开　　本	680 毫米 ×970 毫米　16 开
印　　张	29.5
字　　数	423 千字
版　　次	2013 年 3 月第 1 版
印　　次	2013 年 3 月第 1 次印刷
书　　号	ISBN 978-7-5108-1707-6
定　　价	58.00 元

出版说明

台湾中研院近代史所，从建所至今，几十年来共采写和出版了二百余种“口述历史”。近代史所的学者制定了严格的口述史操作规范，并进行采访和撰写，使类似史料层面的“回忆录”和“纪实”，上升为可供专业人员研究的“口述历史”。他们的访问对象涉及当代军事、政治、经济、文化等各方面的重要人士，请其自述生平，为现代史研究留下了一系列珍贵的口述记录。

九州出版社“中研院近代史研究所口述历史系列”，是上述二百余种“口述历史”的精选集，也是海峡两岸出版交流中心的重点引进出版项目。本系列以简体字出版，对原书注文体例和文字错误进行了必要的订正。原版本的丛书弁言和前言，介绍了该丛书的缘起、价值和意义等情况，简体版将其主要内容附于书前。

该书访谈对象的某些政治立场、观点和看法，我们并不认同，但为了保留史料，便于参考研究，在编辑过程中，我们对文中对我党我军的诬蔑性语句和称谓进行了中性处理，内容仍保留原貌；个别之处，有所节略；对于文中一九四九年十月一日以后使用的“民国”纪年，改为公元纪年；对于文中一九四九年十月一日以后的台湾当局相关机构、职务等，加以引号。本系列图书供近现代史专业读者参考使用，望读者在阅读时注意辨析书中的一些内容。

九州出版社

2013年3月

弁　言

口述历史访问计划，中研院近代史研究所在筹备时期，即由筹备主任（嗣任首任所长）郭廷以拟订进行，其目的在访问当代军事、政治、外交、文教、经济、社会等各方面的重要人物，请其自述生平，为现代史保留忠实而深入的纪录，以备历史学者之研究。自一九五九年十月起迄一九七二年九月止，参加访问工作者先后有沈云龙、王聿均等二十二人，接受访问者七十余人，成稿六十六份，约四百八十万言。

口述历史资料，其重要性不亚于文献档案。民国以还，内乱外患交相迭乘，史料损失，不可胜计。对历史真相的了解，需要参证当事人口述之处甚多，这些笔录，对中国现代史的研究将有莫大的帮助。本所于一九八二年开始征得应访者（或其家属）同意，陆续刊印访问纪录，列为口述历史丛书。一九八四年春在所长吕实强推动下，成立口述历史组，恢复访问工作。

本所访问人员力求应访者尽情畅谈，所成笔录文稿保留口述原意，不予刻意修饰。初稿送应访者校订后视为定稿。惟应访者记忆难免有所疏误，或有涉及价值判断、个人恩怨、政治立场，而纪录或语意不清，印刷或有手民误植，尚祈读者赐函指正。

中研院近代史研究所口述历史组　谨识

一九九〇年四月

前　言

中央研究院近代史研究所（近史所）多年来有口述历史的研究项目，并将所访谈的内容整理成册，出版公诸于世，成果丰硕。1998年间，计划以本院院士为访谈对象，石璋如院士是最优先的人选。由近史所研究员陈存恭先生主其事，任育德女士担任访谈现场录音，纪录并做电脑文书处理。此项工作自是年十月开始，每周五的午后三时至五时为访谈时间；为恐石老师太累，故每次以二小时为限。工作起始，仅由存恭先生与任女士两位进行，其时笔者应邀在泰国曼谷的艺术大学（Silpakorn University）考古学院讲学，于次年（2000）四月底返国。自五月七日为第十次的访谈时起，即应存恭先生的邀请，参与其事。

石璋如院士于民国二十年四月间，当他在河南大学做学生的时候，即被学校派遣到中央研究院历史语言研究所（史语所）考古组的安阳考古发掘工作队，参加安阳遗址的发掘，至今将近七十一年。前年十月史语所同仁为石院士百岁寿辰的祝寿茶会上，李亦园院士致词就说到，石老师是当今世上考古学界的泰斗，可能是年龄最大而仍在工作岗位上的学者。因为包括他本人在内的学生和他自己的儿子石磊先生都已经退休了，而老人家仍然每日上班、孜孜不倦。石老师曾经概述他在史语所的工作，将之分为："挖"、"整"、"调"、"接"、"教"、"告"、"研"这七个字（见〈我在史语所〉，《古今论衡》创刊号，1998：70-80）。"挖"主要是参加安阳的发掘，然而即使于一九四八年到台湾之后，仍然主持了埔里大马璘、圆山、十三行、江头、哄里岸、大园尖山等史前考古遗址。"整"是整理考古发掘的各项标本与纪录，这是考古学家一项非常繁重的工作；就以安阳殷墟的发掘来说，石老师的整理工作，至今尚在进行。“调”是田野考古学调查，石老师对于考古田野调查的热衷，可以说是走到哪儿就调查到哪儿，其中除了河南商周遗址的调查之外，要以他参加“西北史地考察团”的调查工作遍及宁夏、甘肃两省，调查工作曾经深入敦煌的莫高窟等地，以及嗣后又调查的陕晋诸地，时间长达四年之久。即使在抗战期间，自南京沿途押运古物至大后方，也曾在长沙、昆明、四川李庄等地，以及来台以后，在桃园杨梅一带去调查民间的传统工艺技术。“接”是在抗日战争胜利之后，史语所要自四川李庄复原回南京。石师被派为代表自日人手中接收回复史语所在南京鸡鸣寺旧址的办公大楼。“教”是指来到台湾以后，李济先生于民国三十八年在国立台湾大学创设考古人类学系（考古系），石师曾兼任教职，讲田野考古学等课程至四十八年的教学事迹。考古系早期的毕业生如李亦园院士、张光直院士等均经受教。“告”和“研”也是指一九四九年来台后为安阳殷墟的发掘撰写报告和其他研究工作。石师可说是集其一生的事业于中国考古学，主要著作有专书十八本，论文一百余篇，真是著作等身。

这本口述历史的纪录，是由陈存恭先生主导的小组经过五十三次访谈的成果。石师对于这项口述的工作，基本上是依编年大事记的构想来处理的。并且在他叙述每件事之前都会提出时间和主要出现的人名、地名等资料，以避免纪录者笔误。访谈至第五十次，在时间上仅及一九七一年。石师因听说此书已经有三十余万字，将超过原订的篇幅，就此打住，从这些小处均可看出石师心思的绵密，处处为他人着想的风格。其实在其后的三十多年中，石师曾于一九七八年当选第十二届院士，一九七九年九月至一九八三年七月间兼任考古组主任等的经历，其间可叙述的事尚多。

本纪录成稿三十六万言，全由任育德女士费心整理，经陈存恭、陈仲玉及史语所陈光祖先生校阅后送呈石师修正定稿，复经近史所陆宝千、潘光哲两位先生审查校正，由近史所口述历史组通过出版，出版业务承沈怀玉、任育德两位女士处理，值出版前夕仅代表近史所向上述有关人士致谢，至于有所缺憾尚望识者不吝赐教。

陈仲玉

于二〇〇二年三月

目　录

访问时间：一九九八年十月至二〇〇〇年六月

访问地点：中央研究院历史语言研究所

访问次数：共五十三次

访问人员：陈存恭（中研院近代史研究所兼任研究员）

陈仲玉（中研院历史语言研究所研究员）

任育德（台湾政治大学历史系博士候选人）

纪录整理：任育德

一、我的家乡

（一）故乡的山区胜迹

我的家是在河南省偃师县东蔡庄。偃师在河南省的西部，位于黄河南岸，与北岸的孟县遥遥相望，东邻巩县，南与登封、伊川接壤，西与洛阳、孟津相连。东蔡庄在偃师的西北、山的北麓。邙山在县的北方，通常叫它北芒，邙山头据说是在郑州开始，到哪里我也不清楚，不过到洛阳那边还有，很长，有些地方有山峰，有些地方比较平，叫做“岭”。东蔡庄正是有山峰的地方，而且有好几个。让我印象最深的是分布在各山上的名胜古迹。

从西到东，与洛阳交界、在偃师的西部，叫做于家孤堆，南蔡庄的北边有祖师庙，往东边有薄姬庙、姚爷冢、舜帝庙。于家孤堆上头没有庙，高耸的一堆，乡下人称为“孤堆”，上头除石头外有长些草，原来是于家的产业。祖师庙很有名气，属于西蔡村。薄姬庙，据说地下埋着汉文帝的母亲薄姬的坟，上头盖有庙，当地人称为“奶奶庙”。再来是姚爷冢，据称是汉代大将军姚期埋骨在此。

冢是在峰的上头高处，山后头有个汉墓，在民国二十年墓被盗。我当时刚考试完回家，乡人就告诉我那边被盗墓了，他们知道我是学考古的，就让我去看看，我到那一看，两旁都是砖墙，中间是一条路，里头都是水，可见盗墓人没有找到什么东西，那是他们没有挖对的缘故。据说那边从前不知何时就早已被盗过，盗墓人听闻过后又再去盗。关帝庙，又称“结义庙”，庙很大，里头供了很多神，所以又叫“火神庙”。第一次被盗掘后留下两块青石碑，好像是沉积岩类的石头，乡人就放在庄内关帝庙内立柱刻字。在附近找不到这样的石头，有可能是远处买过来的。后来我经验多了以后，知道姚爷塚确实是汉代的墓。汉墓多以砖造，墓道有成十字形，墓道、中庭、三个墓室（两边一个，后面一个），也有四个墓室（就是每边各两个，中间空的就是墙的中间）。那些盗墓人恰巧挖到两堵墙的中间，所以没挖到墓室。挖掘的范围太小了，跟考古不同，考古是整个范围的挖掘。不过这个汉墓里头确实是什么，他们没有再往地下挖就不知道了。这个汉代大墓多少证明与姚爷塚有些关系。

再往东去有个山峰，就是大名鼎鼎的首阳山，那边人在山上盖了一个庙叫舜帝庙，属于杨家庄，庙旁有两个小坟，叫做伯夷叔齐坟，当地有很多传说，我也不太清楚，老百姓为舜帝立庙当然是崇拜他，但可能还另有一些故事，传说偃师是五帝之一的帝喾的都城，帝喾定都西亳，就是偃师城，可是舜是五帝中最后的一个，他也定都在此，舜以后就无人建都偃师了。不过这种传说更靠不住了。

从杨家庄到孟津间有个地名叫扣马。当时伯夷叔齐逃到此地扣马相见，因而得名。现在还叫扣马镇。北边是黄河渡口，古代从河北要到河南的洛阳，就走这里，直到唐代仍然如此走法，严耕望作的唐代地图就指示是从扣马走的，是条著名的古道。

这几个山峰古迹多，地下亦有遗址。现在大陆找西亳城，就是在舜帝庙下面发掘出来，现在叫做偃师商城。从前在郑州发现了一个商城说是西亳。汉代有个记录，西亳在哪里？在尸乡，乡下人不知道尸乡，只知道“石匣”，因为尸乡连续念听起来像石匣。偃师从前也发现了二里头遗址。二里头在伊河和洛河的中间，所以得名，二里头遗址是徐炳昶[①]发现的，遗

① 徐炳昶（1888-1976），字旭生，河南唐河人。1911年毕业于京师译学馆，留学法国，入巴黎大学哲学系，1919年回国任教开封第一师范及留学欧美预备学校，1921年任教北大。1927年任西北科学考察团中方团长，历任北京师大校长、北平研究院研究员、西南联大教授等职，曾主持宝鸡遗址发掘工作。中共建政后任中国科学院考古研究所研究员，1959年参与豫西田野考古。征引自陈玉堂编著，《中国近现代人物名号大辞典》（杭州：浙江古籍出版社，1993），页752。

址的时间很早，有人说是夏代，有人说是商代，众说不一。不过你问本地人二里头的位置，他们都不知道，要说“二流”，他们可以指出，这是因为乡音的关系，二里头连续念就像“二流”。

偃师与这些山峰也有关系，因为传说周武王伐纣之后在此偃师休兵，因此得名。武王为何走偃师，又与扣马有关系，因为武王要在此过河。我先讲个故事，武王伐纣两次，头一次说不可以而回师，第二次才集八百诸侯会于孟津。为何第一次未伐呢？传说很多，《史记》虽然有记载却也不大清楚，只说武王要渡河时有“白鱼跃舟”，武王就拿鱼来祭祀，晚上武王又看见了火星，然后不知何故，所以他就退师了。部属说可以进攻了，武王说不到时机。实际上武王是困在那边了，你得明白当地实际地形才知道怎么回事。因为黄河到孟津一带铁谢附近地形平坦，河流就散开了，分为南、北，当地人称这种情形叫叉河，中间是夹心滩，颇为宽阔，大概有一二十里宽，有的地方窄些。如果你从山上下来，走比较窄的地方，船还可以过去。若是走宽的夹心滩一带，就过不去了。武王第一次就是走错路线到夹心滩去了。到了晚上住在那边，滩上长有一丈多高的芦苇，并有萤火虫飞来飞去，使他提心吊胆，白天本来就看不清楚了，晚上更看不见，不知道前头还有多远。所以武王在那边住一晚上，也不知道前面还有多远的路，前头还有没有河流，所以就回师。

武王有这种经验，我也有。我曾两次过河，第一次先往上游走三十里经孟津，到铁谢镇渡口，这里水深，可以坐定期渡船渡河。渡口以下通过夹心滩过河就要靠着当地去那边割草的私人小船带过河。有的时候水靠南边流，北边就没水。有时候水靠北边流，南边就没有水，也有时两边都有水，变化很大。有人跟我说到铁谢还要走三十里路，不如找割草的船夫，第二次便是坐割草的船，这船夫说现在北河无水可以不穿过两条河了。当我们的船渡过南河，北河正发大水，我们进退两难，船也不能走夹心滩，所以向北边步行一阵子，到了北河边，衣服都脱了，我又不会游泳，还好有同行的朋友拿着我的衣服，另两位架住我的膀子过去，也十分辛苦。所以我了解武王伐纣就碰到了夹心滩而进退两难。这是我从实际经验中推断的。

武王第二次伐纣，“八百诸侯会于孟津”，我想这数字不可靠，有不同的解释。《尚书·泰誓》列举的诸侯只有“庸蜀羌髳微纑彭濮”，我觉得可能是八个跟周氏有关的族群。一个代表一百，八个就八百了，不过不可能刚好一百，数目多少绝对有所不同。庸蜀是汉水流域的。羌髳就是现在陕西宝鸡一带，跟周关系密切，往昔有周羌合称。微就是西安。纑在现在的卢氏一带。彭濮在偃师的东南。周领导八个族群会于孟津，应该与偃师北边诸山峰有关。人走路的时候，要找个目标，古代没有像现在有公路，只能照目标来走。从北岸向南渡河，在孟津河滩就可以看到偃师北边的邙山山峰，特别显著的是东边尽头的高山，亦即首阳山，要是从西边来也看得见，过首阳山再往东就没有山峰了。南边、西边来的军队都看见了同一座山峰，以此作为目标，会师的地方就是帝喾的都城西亳，也就是现在的偃师商城的地方，也就是刚才我说的尸乡。汉代人说，武王伐纣回师在偃师休息，有可能。因为他们出兵和回师的时候都以首阳山作目标，以前没有人这样子说过，因为前人不清楚这里的地形，也没有旅行的经验，我有旅行的经验，才作这样的推论。以前写过一点，但是内容讲法不大一样，当时还没有领悟这么多。

有关帝喾的都城西亳，跟夏代的都城二里头还有另外的说法，为什么？就是古人通常选择背山面水的地方作为都城。二里头前边有两条河，后头有山。帝喾的西亳，就是背山面水。还有一种也是背山面水，但是从山中流出水流，于是他们就住在水与山的中间，这样取水方便。周代的洛阳就是这样，左山右水，前洛后邙。西边的旧都豳城也是这样。安阳面临洹河，而北边离山较远，西边也是山，不过距离已经越来越大了。偃师商城现在大陆已经发掘出来，是较为可靠的。

还有帝喾高辛氏，现在偃师车站一带有两个村子，一个叫高庄，一个叫辛寨，就是这样起名的。民国二十年我到当地调查，人家告诉我高庄、辛寨附近有个地势较高的地方叫做咕噜台，因为车子走到台子会发出咕噜咕噜的声音而得名。作《河南通志》的孙星衍曾在这边立碑，认为咕噜台就是西亳。我民国二十年到那边去的时候，当地人告诉我们，小时候秋收谷子（当地是小米），怕鸟儿吃掉谷子所以在当地搭棚看守，台子很高。到他告诉我们的时候已经六十余岁，台子变得比较低了，但还有。民国二十几年偃师城淹大水，再到咕噜台附近去看时，已经没有台子。我二十年去的时候，曾在此探掘，发现遗址，出了早期的黑陶。我曾在我们的考古研究会上发表过，不过没有写成文章。偃师一带古代遗址很多，不只是二里头、偃师商城，还有很多遗址，我知道大都是早期的龙山期遗址。如果我早点发表咕噜台的遗址的话，后来的二里头遗址就没我早了，不过考古就是这样，谁早发表就算谁的了。

接下来要讲我们的村子东蔡庄了。东蔡庄平常人说是“岭上”，就是在邙山上，邙山并不够高，大部是土岭，真正的山峰也是有石头的。东蔡庄是在奶奶庙的后面，西、东两面各环有两个山峰，东蔡庄正夹在中间。这一区有八个乡村，从东边起：杨庄、省庄、东蔡庄、兰庄、西蔡庄、丁门口、刘家坡、赵坡，叫坡是因为位在半坡上，这八个村（只有东蔡庄是镇）组成一个区，称为第八区，区公所就设在东蔡庄镇，区长（乡下人叫区先）就是管这些村的行政事务。

（二）家乡的用水

山上的生活跟平地不大一样。因为山上缺水，风很大，所以人家都嘲笑住山上的人一辈子只在出生、死亡时各洗一次，连结婚都因为没有水而不洗澡。孟津人在孩子啼哭时，会吓孩子说“你再不乖，就送你到岭上干死你”，岭上人也会吓孩子说“要不听话，就送到孟津淹死你”。孟津是坡下，临黄河，我们是岭上，近山岭。两句话都是乡下土语，简单扼要地描述两种不同的生活。

山上的用水，一个是利用“坡池”，就是在人住的地方附近做一个大的水池，将从山上流下来的雨水贮存到坡池里，前后设有出入水口，满水时就可以从出水口流出去。池子若因泥土逐渐淤积，就要清理淤泥。坡池的水是喂牛羊驴等牲口喝的。距离远一点的人就用水桶将水挑回去倒入水槽，让牲口跟人饮用；离坡池近的就直接让牛羊到坡池边喝水。牛马驴是人们生活的工具，所以要爱护他们。

有些距离坡池远，得自行做水池，跟坡池不同，由石头砌成长方形，也有出水、入水口，只供应自己的牲口喝。靠开井取得人的饮用水，井深大概十几丈，合三十多公尺深。打井有技巧，要由专家看过、选择地点。打井最重要的条件是找到红土层，红土是黏土，会吸收水分而不往下流，黄土含沙较多，水分容易渗透，不利贮存，这都是地质知识。乡下人不懂这些，就请风水先生（等于专家）看。有些井水是雨水累积的，有些是流经红土层却流不出去的泉水。

另外还有沟，从西蔡庄到丁门口就有三条深沟，也有十几丈深，深度跟井相当，沟水就是泉水，沟跟泉都是在离村庄较远的地方。那离井更远的地方得用囤子，比池子要高明、干净一点，好像水库一样，用石灰修整囤子的周边，让它光滑不渗水，入水口筑高起来，水就无法流出去，就只能入水不能出水。囤与池不同，池位在半坡上，所以不能没有出水口，而囤位在麦场附近，所谓麦场就是打麦子的平坦的广场。囤子的水干净，人可以喝，坡池的水是供牲口吃的。人们会把取来的井水放在厨房的大缸子里，每缸可以装两担水，一担两桶水，一桶三十斤左右，每家厨房至少有两个缸，就可以装八桶水。从井内取水因为绳子很重，一个人拿不动，转辘轳也是要多人合作好让水桶上下，这个工作叫做“绞水”。通常“绞水”等都是长工的工作。

洗涤水可以用囤子的水，也可以用缸子接着沿屋檐流下来的雨水。另外有种小缸子盛恶水用，所谓恶水就是洗过碗盆的水，洗完就倒入恶水缸内。恶水可以喂羊、牛，因为里头会有饭粒、菜水，有些营养，里头当然是没有用肥皂。洗脸水拿去浇花，当然也有些花是不能够碰到肥皂的，不过我们那边很少人用肥皂。这些都是要因应缺水而产生的经济用水。

（三）家乡的住居

从东蔡庄往西，就是西蔡庄，到丁门口会经过三条沟。东蔡庄往东去到省庄，省庄要往东去，也要过几条深沟。所以东蔡庄是中心，往西的西蔡庄是平地，往省庄也是平地，是大平地上的中心，再过去就是沟。所以东蔡庄成镇是地形因素，容纳人口跟耕地都多。

住是依地形而居。山峰都在村子的南边，山峰往北边是台地，越来越低，再过去就到孟津。住家就按地形挖窑子，就是窑洞。窑洞还分两种，一种是靠山窑，一种是地扎窑。靠山窑是在阶地一带靠路处挖窑，地扎窑就是在平地上向下挖，然后有坡阶往下通。这里很少地扎窑，到陕西就很多了，因为离沟远，就要用地扎窑了。北边越来越平，到平地上就盖了房子，不过也有很多的情形是前面盖房子，后面有靠山窑。住地扎窑或靠山窑，碰到下雨的时候，因为附近会挖池子贮存雨水，雨水也淹不进窑洞，山上雨量少，正巧一举两得。像我家位在山上，从路上到我家大概有五台阶，每一台阶就有一层房子，往上去又一层。这里通常是平房，并不重，台湾的山坡地建筑都好几层、太重，所以土地无法负担，造成房屋塌陷。在人们的收入增加、生活改善之后，房子也渐渐盖得多，靠山窑也少。本来窑是冬暖夏凉、很舒服，只是光线略差，不过因为“土居多病”，就是内外温差太大容易生病，所以人们就舍窑就屋。不过在夏天，人们还是会去窑内图个凉快。

（四）家乡的农耕

这里的居民都靠农耕而活，没有畜牧，在早期也有少数人放羊。那时候有人专门放羊，以此为专门职业，养羊的就在羊身上挂个牌子或做记号，让专人去养。养羊是因为过年之需，过年会杀猪宰羊，猪是自家养的，羊要放牧到野地吃草，所以放羊也是专门职业的。养羊的通常比较有钱，不过也只有在过年的时候宰羊出售赚点钱，穷人买不起的。另外每个村庄都养一只羊和一只猪，用以祭祀火神，乡下人都怕火神，不只怕房子失火，还怕山上的草木着火，到了农历正月，各村庄都杀猪宰羊并演野台戏祭祀火神。猪养在火神社社头猪圈里头还好，羊要挑很好的公绵羊来饲养，带着牌子放牧在外，称为神羊，代表火神，居民连对着神羊说不敬的话都不敢的，要是跑到田里吃掉庄稼，农民也莫可奈何，唯恐惹恼火神，不过时候一到，神羊就被杀掉敬神了。

神羊与猪是由火神社的社头来负责的。火神社的社头每年一次，由大家轮流担任，由社头养猪、羊，唱戏、祭祀仪式都由社头管。庄稼社有公田，火神社没有公田，不过社头都是由比较有钱的人轮流担任的，没有钱的人也要帮忙，社内唱戏要搭戏台，这就是有钱出钱，有力出力。

谈到农耕的部分，我们那边庄稼作物不多。一种是麦子，一种是小米（谷子）、棉花，再来是豆类（包括豌豆）、高粱、玉蜀黍等等。棉花是春天种的。谷子跟麦子是轮流种的，今年种麦子的话，明年就要让地休息，称作“秋田”。种谷子的地就不休息。种谷子的地次年可以种豌豆，所以豌豆跟种谷子的地是接连的。麦子若是跟谷子相接，第三年还是得秋田，即轮耕。棉花地不轮耕，今年明年都种棉花，春天种、夏天长、秋天收成之后冬天休息。在邙山棉花是最重要的作物。播种棉花之后，然后先收割豌豆，次收麦子。麦子跟豌豆收完之后就是谷子跟棉花了。中间的期间农民要耘田（就是锄草）。棉花地特别需要锄草，谷子地也是要锄草。只有秋田要犁田，让太阳晒，使土地发泡，增加来年充足的养分。农民的工作相当辛苦。

玉蜀黍、豆类跟高粱要种在哪？有些人种在一块，也有人种到棉花地里头，把棉花田分成好多格（十字形分界），把豆类植物、高粱种在中间，有篱笆的作用，这样在棉花收成以后，豆类、高粱也熟了，就可以在方块内收成了。可说是标准的工作单位。也有的是利用棉花田内棉花长不太好的地方改种高粱或玉蜀黍。棉花地通常距离家里较远，麦子跟谷子都是离家近，地形也比较平坦，是好地，棉花田就比较次级。麦子跟谷子的地肥料加得多，棉花田在山上就比较差，肥料也少些，因为农人要把肥料运得比较远，肥料又重的关系。有的人的地内长得好，有的人长不好，这是因为加肥的关系。有些人地多，作物长得反而不好，有的人地少，作物长得好，这与肥料加的多少，还有农人照顾心力的多少有关。

地也有等级，比如说村子的中间、东、西、南都差不多，村子的北边地好一点。村北地势较平，水分散流入地，所以地的价钱就高了。地的好坏，第一是看是否有水，第二是看是否肥沃。我们东蔡村的田地大部分是靠天田，黄河的水离我们大概有一百多公尺，水也上不来。只靠山上留下的雨水和泉水灌浇，也没建水库和渠道，都是旱田。隔山的南蔡庄，那边才叫田园，用水井的水来浇田，是水田。东蔡庄北地的地价还是比南蔡庄低。

当地还有红薯，每家都有，这离家最近了，因为一是农民生活必需的菜园，二是需要晒干。其次是麦子、谷子地，再来是棉花田。南蔡庄的水田也是种谷子。我也不清楚从前有多少人口，现在人口多，生活可能更苦了。中共现在教农民种植水果，据说收成不错。

东蔡庄从前最多的时候大概有二三百户。我们有六道社，六道社又跟祖师社的组织有不同了。

（五）家乡的民间信仰与社会经济组织

关于区内的行政组织，因为东蔡庄是中心，设有区公所。村中有村长。至于村长有没有薪水，因为我当时年纪还小，所以不太清楚。不过我知道是由村中地最多、农产最多的首富担任村长或社头。村里社很多，最重要的是庄稼社，正名为“庆禾社”，是全村性的，筹办全村的公共事务，因此要收税，每年收成时有地者都要交定量的五谷。收来的农产品或者是卖掉，或者是储存起来，村里要用钱就到那边去领，这是公共事务，像修路、看庄稼的支出。看庄稼就是村子里头按着南门、东门、西门、北门分四路，秋收时节因为有很多地需要看守庄稼以免被偷，每一路就要出好几个人，由公家出钱给他们作报酬，这就好像巡更、现代的警卫一样，也算是村内的自卫团体。区里的区丁是有武装的。不过看庄稼跟区丁有些不同，他们的武装以棍子为主，此外还有一点枪支。下雨之后路坏掉了，就由当地那一路的人出人力整修，买材料的钱由公家支出。

另一种宗教性活动的社，最小的像是“全神社”，而最重要最普遍的是“火神社”。“全神社”又叫“祖师社”，由三家、五家或十家组成的社，每一家交一部分钱组成共同资金，可以放债生利。如果有人急需时可以借贷，不过要付利息。各小社每年会举行一个地方活动，让社员参加组团到外地寺庙朝拜，祖师社经常前往湖北武当山上朝拜祖师庙，称为“朝南顶”。武当山是祖师信仰的一个中心，距离河南比较近，来回也要一星期到十天左右，因为放账有钱，朝南顶回来之后就会聚餐，活动弄得大的时候还会唱戏，叫做“谢神”，因为要答谢神明。这种小社是宗教性的社团，也类似后来的信用合作社，流通金融，当年没有银行就是靠这种小社互通有无。

庄里最普遍的大社是火神社，可说所有庄民都纳入火神社内，不过依住居的地理位置分为如下六个社：

1. 东北社，住居庄的东北韩家街[①]，居民姓韩；

2. 西北社，住居庄的西北西王和刘家街，居民姓刘或姓王；

3. 中南社，住居庄的中间偏南马家街，居民姓马；

4. 西南社，住居庄的西南石家街、寨东一带，居民姓石、姓李；

5. 东南社，住居庄的东南南王一带，居民姓王；

6. 中东社，住居庄的中间偏东，孙店一带，居民姓孙。

这六社以西南、东北、西北为三大社，其他一中社两小社。各社在每年“正月会”都要出动社员举行酬神庆典。正月会从正月二十日到二十二日，前后三天，三天都在东庙和西庙庙前搭台唱戏，雇请戏班子演出，而最后一天，各社分别出动社员游行全庄并在庄的中心马家场展示“故事”，算是庄里最热闹的庙会活动。

东庙敬天帝，又叫爷爷庙；西庙神祇很多，有火神、关帝等，后面又有奶奶庙，民国初年西庙被改建为学校，三天酬神演戏只好集中在东庙。庙会活动由各社分别推动，社有社头，由各社富户轮流担任，大概是拥有田地多少亩以上者才有资格充任，一年一任，由社头向各位住户收钱，无论雇戏班、办活动都要用钱。社头管理财务，也负责敬神祭祀，提供火神庙祭祀的神羊，由他们饲养，不知是头一天或最后一天的五更天，大社头就带着一群大、中、小社头到庙里宰猪杀羊祭祀火神。天还没亮，参加的人不多，大社头主祭，其他大社正、副社头在旁学习帮办，准备将来升级轮值主持。

三天酬神唱戏，每天分上午、下午、晚上三场，尽是挑最好的戏班子。经常演出的是河南梆子，我们当地戏团唱豫西调，也请过外地唱豫东调的戏团；更远的也请到陕西梆子，又叫大梆子，所谓梆子是打出来的声音很响，唱腔高，都是大戏。还有曲子戏，有南越调、南阳调。大梆子武戏多，讲究表演的技术，豫西豫东调的分别在调子不一样。

庙前戏台建筑得很高，看戏的人男的站在前头，女的或小孩自带凳子

① 故乡称为“韩网”，即韩家的门外，特别用了这个“网”字来代表，应该可以称之为“韩家街”。其他街亦类似。

摆在后头，或坐或站，都看得到。不过到第三天，看戏的人很少，都挤到马家场。正月二十二日活动进入高潮，六个社都出动社员分别绕村游行，在各重要路口表演节目，最后在中午时分集中到马家场表演。

马家场位于庄子中心，地势较平坦，地面较宽大，是全庄举办大型活动最适当的场所。在正月会以前，三大社社员出钱出力准备展示“故事”。各位各自搭建展示的高台，可以抬着游行，台上排列桌子及椅子，摆放牡丹花、梅花、菊花，一方面作为装饰，一方面遮住桌后面的铁架子。桌上的架子分为两层，上层站着一个女男人，下层立着或坐着一个男人，不论男女都是由男孩装扮的，通常挑身材较小、较清秀的年轻孩子。展示内容有吕洞宾戏牡丹、伍子胥保娘娘，或西厢记等爱情故事，所以称为“故事”，由于这戏台是被抬着，又叫“抬搁”，其实他们是固着在被花遮住的铁架子上，有些孩童在三四公尺高的铁架上站了大半天，还会疲累到哭出来，算是欢乐庆典的小意外。

三大社除了展示故事以外，还有大鼓和舞狮节目，东南、中南两社出动吹笙鼓乐队，中南社、马家场演出“走旱船”，记得也有走高跷的，六个社集合在马家场后会轮流表演，庄内的男女老少和庄外赶集的人都来看表演，人多很热闹，到现在印象犹深。

问：游行时有否抬出神轿？是否类似台湾乩童的表演？

答：不抬神轿，也没有乩童。

正月会是最隆重的节庆，其他还有四月四的“四月会”，六月六日的“六月会”。四月会是规模只有一天的庙会，不过农村社会趁机赶集买卖农具，因为快要割麦子了，外地商贩过来卖农具，本地农民就涌至市集交换，不过实际上交换的少，买的多，大部分是麦叉、镰刀、芒叉这些农具。六月六日已收完麦子、刚种下棉花，稍有农闲，主要是敬祀薄姬（奶奶庙）的。先在东庙唱戏，到第三天会移到奶奶庙前唱一个半天，祭祀薄姬，这就是固定的规矩，不知何时固定下来的。当然三天活动免不了来卖食物和家庭用具的流动摊贩，夏天卖吃的东西很多，而秋冬快到了，各家各户也买卖家具。

以上是东蔡庄最热闹的几个庙会。外地的人或做客，或买卖，或凑热闹。每个村庄也自有庙会与火神会，彼此时间错开并不冲突，村民彼此赶集。

祭祀的时候也要准备吃的请客，还有看的（唱戏）、玩的，亲戚也会来住三天。亲戚大多徒步前来，出嫁的女儿也回娘家。女眷多住下来，男眷很少住，近的话看完戏就回家了。我们也会去别的亲戚家做客，就是看戏和吃饭，看完戏就回家，有时回到家都将近次日黎明。有人种不完自家的地，就聘请年轻的长工，他们白天要工作，只有下了工才能看戏娱乐，正月天寒降雪，晚归的长工就穿上厚重的棉袄挡风御寒。一般的庙会是经济性质、交换生产工具，就不请客，只有一月份的火神庙会以及请人唱戏才会请客。戏剧的内容多是忠孝节义，具有教化的作用。

民初基督教、天主教的势力还没进来山上，大概要到民国二十几年以后，基督教才在马家场搭棚传教，传教士趁很多人来逛庙会的时候前来传教，庙会散了之后还留下来继续传教。乡下人看热闹就散了，彼此互不侵犯，没有发生冲突。传教士后来也会在农暇时来传教，民家不肯租房子给他们，就只能暂住棚内一段时期，后来大概只有少数几家入教，传教士也就离开了。这个村庄就保持它原来传统的面貌，改变并不大。不过，民国二十年以后我就离家未归，所以也不清楚改变与否。

说到祖宗的崇拜，凡是大姓李、石、王、刘、孙都有大小不等的祠堂，像王家还有两处。普通的祠堂有一个临街，入门仅少数才有厢房，后殿是拜祖宗的地方，少数还有后楼。有些祠堂只留大殿，将临街处出租做生意。大殿放的是祖宗牌位，有官爵的先祖还特别有单一注明姓名的牌位，平常的人就只有大的牌位，例如说我们石家祠堂就放着“石氏宗族之位”，在春节上坟拜庙，请出神主牌位祭祀迁居偃师的历代祖宗，之后再收起来。不清楚先人情形时得参考妥为收藏的族谱，其上清楚记载各代分支繁衍，原则上以男丁为主，太太只有“某氏”之名，女儿不入族谱。男子到一定年龄（成丁）时，族内就以其谱名入谱，谱名与姓名不尽相同。结婚后就会分支。各姓也自有辈分排行，比如说我儿子石磊在族谱中是“德”字排行，我的孙子是“景”字排行，从我们上一代开始用五字诗排行：“西木德景富”，再下来就已经记不得了，或许故乡同宗还有记录。

东蔡庄内大概有二百多户，但是因为分家的关系，户内人数并不多。因为生产力有限，不少村民到外地讨生活。石家算是大姓，另外还有李、韩、刘等大姓，大概有几百人。很特别的是现在东蔡村没有姓蔡的，从前马家街很多姓马，后来因为马家街的房子多转手了，现在马姓人家少了，人口也少，有一家还绝了嗣。

东蔡庄，有人称东寺庄，西蔡叫西寺庄，其实当地无寺；南蔡庄无庙，也无蔡姓人家。王姓则分为南王（在南边）、西王（在西边），支系不同，都很穷，没有什么势力。相比之下，石李韩刘等大姓就算是财主了，不过像我家在分家之前虽然算是首户，也只有两顷地，并不算有钱，分为三家之后家势更不行了。

（六）故乡的集市与贸易

大陆集市，每逢一、四、七，或二、五、八，或三、六、九定期开市，主要的是交易牛只，我们东蔡庄，从前也曾有集市，可能是由于山上田少人较穷，所需耕牛有限，后来就没有集市了。需要买卖牛只或用品时通常去南坡或北坡赶集，地势平坦的南蔡庄有定期的集市。不过我们村里一月的火神庙会也有牲口市，牲口交易就在那时进行。东蔡庄的商业规模不大，布店很小，也只有小杂货店卖点油米酱醋，人少平常也不杀猪。要寄信、买肉，就得下山到人多、天天杀猪的南蔡庄。从东蔡到南蔡赶集，大概要走十来里路，一大早就得出门。

本地人多自己种菜，就在自家附近找块地做菜园，多种植红薯（番薯），红薯需水不多，根又能深入地下，可以适应本地环境。也有少数人种韭菜，山上少水，韭菜不易生长。偶尔会买外地的菜，有些外地菜贩从孟津担菜过来。村民通常是过年时到南蔡庄买肉，平日很少吃肉。如果哪一家要杀自己养的猪、羊，会事先通知村民去买，机会很少。有一种肉是大家都不吃的，就是在夏天因为长疔或力竭而死的牛、马、骡肉，人若吃了可能长疔，若不赶紧割除也会致命。村人知道动物为人出力而死，也不忍心吃它们的肉，不过有些人会嫌可惜，照吃不误。

在西门、南门一带都是窑洞，东门、北门人虽少，也有窑洞，当地街上有小吃店，供路人中午吃饭，晚上住宿之用，另外集市一带也有一家供吃供住的老店。最初为了设集，盖了很多房子，有一座房子坐南朝北，因为屋顶上有洞，旁边的庙内人来人往，穿过洞投射到墙上的光影子就把庙和人颠倒了，乡下人不知道原因，认为这样不吉利，很多房子租不出去，只有一个布店、杂货店在另一个方位还经常开着。山上人少，后来集市就开不下去了。

村内的粮食大多供自用，很少卖出，棉花能贩卖换钱所以为大宗。棉花摘回来之后就自己晒、压，留下棉花籽供来年种植。棉花十斤一捆，村内的布店或是棉花店会派人来收。因为没有卖货的通路，不能到南蔡庄的市场去卖，明知收购价格不高也只好接受。布店的老板既有农地，又兼营布店，算是村内的有钱人，跟外头有生意往来，就有通路。布店是以牛车、马车运出去。所谓马车其实是骡子车。除了婚丧喜庆之外，平常都是走路，不用轿子。从偃师到东蔡庄，因为有山路走不快，单程要花三小时，来回一趟要六小时。

由于棉花价格浮动不定，棉花是慢慢卖的，价昂时就卖得多，不过也会留少量棉花让妇女纺纱织布供应民生消费，像被、褥、棉袄、棉裤等都要用棉花，一般集中储存在店内阁楼的棚子里。老百姓一般都穿土布，民家多织的土布再卖给布店，布店不卖洋布。外地的布是在庙会的时候，才有小贩搭棚子、拉车来卖，价钱都不便宜。只有偃师城、洛阳城的布庄才卖洋布。白色的土布必须染上色才能做衣服穿，所以村内有染坊。此外，村民也把可以吃的豆子、芝麻，和卖油郎换食油，以物易物。

（七）个人家世

石家据说来自山西洪洞。元代末年民众蜂起抗元、荒旱、又是南北军队交战战场，历经长期天灾人祸之后渺无人烟，直到明成祖定都北京之后，北方才稍安定，官方因此鼓励移民。据说在明成祖十九、二十年，洪洞县就有大量移民到中原，石家也是移民之一。我照辈分算来是第十六世，一世若以三十年计算，就是四百八十年，推算时间上也大约是明初，家谱虽然记载不明确，不过石家从洪洞县迁来之说是可能成立的。当地其他姓氏也有类似说法，可能明初当地并无人居。另外，在十月初一天冷之后，下一代要给祖宗“烧寒衣”，第一件就要烧给洪洞的祖先以示不忘本！大家既然如此做的话，这说法蛮可能是真的。据说先祖均以洪洞县大槐树为记，因为先聚集在树下再行分支播迁。不过有人回到洪洞去查证，却找不到槐树了。

我家这一支不知道为何会迁来东蔡庄，我家祖先叫石龙，有二子分为东西二支，西支的子孙繁衍甚多。在山上，土地不像平地那样广大，使用上便有限制，先祖通常葬在自家地上，祖坟在一段期间之后会立碑为记，表示第几代的祖先葬在此，因为地方狭小，几年后即可平坟。像本支就不知道自一世祖石龙以降至九世祖的坟，只找到十世祖坟，或许与此有关。我幼时跟长辈上过坟，只知道十到十三世祖坟，或许别人知道得更多。

十三世（即曾祖父）名玉清，十四世就是我的祖父辈，有二兄弟，因为二弟兄未曾分家，称作双立祖，死后合葬连夫人一起就有四人，坟也位在家中土地之内。十世以降祖坟会有很多子孙上坟，双立祖的坟就是两家后代而已。我伯公家中单传，祖父书文公则有三子，家中将财产分为三份：伯父、叔父各一份，父亲一份。伯父曾经启蒙读书，并未中秀才，早逝。我还见过伯母赵氏很康健，管家很能干，育有一男一女，本来还有一个比较大的男孩，不过在十来岁就过世了。伯母为他举行冥婚。在乡下，在婚配前即去世的十几岁男、女孩，会为之举行冥婚、鬼婚，让他们合葬，好得到祭拜。我父亲名石西仑，排行居次，虽然务农，却也识字。母亲王氏。我也没见过叔父，因为他还未娶亲时就过了世，也举行过冥婚。在村内，谁家的地多就成为首富，父亲由于有较多田地就当过首富，同时乡下人也觉得应该捐个功名，因此就捐了监生，未曾正式考科举，在清末不是正科出身。由于父亲有监生衔，家乡内一旦有丧事，父亲就要出席去当赞礼。父亲生有三个儿子，一个女儿，算是多子孙的，所以母亲常被人请去参加婚礼，称为送女客或娶女客，好让嫁娶的新娘从她身上沾些喜气。母亲由

父亲　西仑公（同治四年乙丑，公元一八六五年十一月生）（1937年摄）

继母　刘氏（第一继母，因传染病去世；刘氏为第二继母）（1937 年摄）

于时常劳碌，身子并不太好，经常去庙里头烧香，我也一起去看看善男信女跪拜神像。

按照家里的排行算，伯父的女儿年纪最长，算是老大，伯父的次子虽然比我们年长，但我们只能称他为“二哥”。他名石介如，依旧像伯父一样念书，成绩很优秀，就读城内的高等小学，小学毕业的时候就剪了辫子，有人请他去当家庭教师，所以没有再上学。不过他很用功，经常练字，很讲究碑帖，跟洛阳一个书法家是好朋友，写一手好字，过年村人都请他写对子。大姐出嫁到离东蔡庄约五里，不算太远的孟津小集镇。

我家有三个兄弟，一个姊姊。我大哥在家族内大排行称作“三哥”，名

伯母　赵氏（生母王氏去世早，幼时多由伯母照顾，甚感）（1937年摄）

石琏如，也只上过私塾，后来务农。二哥石瑜如，小学毕业之后再上高等小学毕业，人很聪明，高小毕业后因为家里无余钱让他读书，于是去学中医，家人曾经买了不少医书给他，不过他无心学医而喜欢写剧、帮人编曲，村内还有几个人喜欢曲子，一个是族兄石敬亭，人很能干，在开封上过学，做过一段时期的革命军军官，也当过高等小学的教员；另一个是李敏，念很久私塾，人也聪明，后来还教私塾。三个人就合作编曲子，不但是火神节表演的高跷曲，也把高跷曲变成舞台剧，曾到各处表演。

我出生在辛丑年间腊月十九日，换算成西历就是一九〇二年一月二十八日，是西仑公最小的孩子。小学毕业之后，家里虽然没有多少钱，但是我一不能做庄稼，年纪又小，家里尚未分家，所以还能供我读中学。迨上中学、分家后，就没那么多钱，中学毕业后就不得不停学。我的亲姊姊是家中长女，在女辈排行第二，出嫁到省庄，身体健康就不太好，在我读小学的时候过世，二姊夫后来再娶的对象，仍是我们家的亲戚，交谊依旧延续。

父亲当区长时还没分家，分家后财产分为三份，伯父的儿子继承一份，叔父务农无嗣，由我家三兄弟中的瑜如来继承。房子有三栋，二哥（堂哥）分到原来祖业的老院；瑜如（四哥）也分到较老的房子“苑”，苑是养牲口、停车马和长工歇息处，只有一间上房；父亲分得的房子是新盖的，有一间上房，老院因为近邻处受到波及上房遭火灾烧毁，后来重盖，规模很大。苑除了旧的上房之外，其他都是新的。每一家由于种田，都有很大的苑。四哥的苑，就在房子的旁边，地势稍高，房子很大。从前三家合住时还有空房。

祖父的一顷地也分成三份。父亲这一辈由于没有分家，就由他管理。父亲那辈还有三个姊妹，传统上不能分地。不过过节回来的时候，大姑住大伯家，二姑住我家，三姑住叔父家，也可以到各家拜访。我家田地以旱地为多，棉花约种植三分之二，谷子占三分之一。田地散布在各地，大小不一，所以要平均一下。由父亲那一辈的舅舅主持分家，祖母、舅舅家找不到亲戚，种田的大姑父、念书的二姑父两方家境不错，人也都去世了，就由没有利益纠葛可以公平分配的三姑父当见证人。三姑父家境原先不差，是丁门口首富，因为习武，家里有刀枪剑棍，身体健康，家产分成五分时也拿了一分，有漂亮的房子、不少的土地，却染上抽大烟的恶习，先卖了地，后来卖了房子，只好去住窑洞。他当时没有钱，所以断了烟瘾，我们分家之后，由三家合出一点地给他，他无法耕作，就让四哥替他种地收粮食，给钱或给粮食，也是人情之常。三姑父有三个女儿，没有儿子，后来买了一个儿子，不过儿子不争气，待了两三年，就嫌家穷跑走了。三姑父断了烟瘾后逐渐存了些钱，亲见女儿有好的归宿后才过世，三姑母过的日子也好。

（八）家中的经济与农耕情况

我家种的粮食都供自用不卖出，靠卖棉花赚钱，在我读中学时价钱大概是每捆五到十银元之间。丰收时一亩田可以收五六捆棉花，稍差也有三捆，一捆固定十市斤。通常乡下人害怕过秤不足都会多捆，棉店会自行带秤，他们秤多了就会拿出，也很公道。在分家后棉花地占田地的三分之二共二十亩，一亩平均收四捆共可收八十捆，最好的价钱可卖到八百银元，算是一大笔收入。以平常一捆大概有三五元左右计，所得也约有四百银元。

因为自家人手不足，分家之前就雇请四个长工，一个长工按年计算工资，不知多少。第一个长工管骡车，第二个管牛车，第三个有时候会照顾骡子。第四个是非常备性的小工，帮忙家里的杂事，像煮饭、洗碗、倒恶水等。通常两个长工就够了。在收谷子、收麦子的时候，也需要聘请固定的季节性短工来帮忙，雇佣双方都说好条件。临时工就不固定了。采棉花与收谷麦不同，由工头承包之后雇工采收，以斤计价。

麦田的短工负责删麦。工人在前头用略子把麦秆从根删掉，倒在后头的网兜中，略子是用竹子编成的半圆形，删刀放在略子底下，即可收割。收割也有技术，麦子要是长得太高太密，无法用负重有限的略子，就得改用镰刀。像谷子穗较重，就得用上镰刀，镰刀很像戈，以前的石刀也叫镰刀，还有把。有人就像割稻一样，只采穗、留下秆子。麦子要在几天内就收完，不然种子散落一地，全年心血就白费了。把收割下来的麦子，让长工装车运回家。因为路程远、工作重，就要加菜——性质就像是讨论会的点心时间，但是收割的过程紧张，吃得简单，像费气力装车卸货、经常晚归的赶车郎，喝杯茶、吃个白煮蛋（便于携带）就去工作了。

回来之后要在麦场晒麦、碾麦，就是用碾子去掉杂质的麦芒、麦须。碾子包括石滚跟筐子二部，用骡子拉碾，以去杂质，留下穗子；还要用大掀扬场，就是用风吹木箱，把糠吹跑，这也是一种技术。一般分两组，一组先用扬场处理一次、分成两大堆，另一组人再扬一次。一组要一二人做，另一组用十个八个人做。去糠的麦子就装口袋运到家里，麦场若离家近，就由长工、短工扛一口袋在背上运回家，一口袋装四斗，一斗三十斤，一口袋就有一百二十斤重。麦子储藏在家中的囤、仓，仓是用木头制品，囤是用柳条制品，两者容量都不小，仓可以装三四十口袋，囤稍小也可装一二十口袋左右。木仓上头平时敞开，储存后为了防老鼠就要密封，只有仓底下开活叶状的口，要拿粮食的时候就把木头抽开让麦子流出来，用后放回原处，老鼠就进不去。囤也有类似构造。

收割谷子也要用碾子，所以北方的石滚很多，场子里都有滚，多的会有三个滚。有个笑话是大概在安阳发掘第二、三次的时候，负责测绘地图的人是南方人，把"大司空村"听写成"大石滚村"，因为他看见村子里头堆了不少石滚，就在地图写上"大石滚村"，反而当地人不知道我们说的"大石滚村"是那里。

（九）故乡的医疗

提到医药，乡下通常是开药铺，家乡有三家都看内科的中医及药铺：第一位中医是石法银；第二个刘家药铺，我忘记刘爷爷（医生）的名字，孙子刘广也继承祖业；第三个在韩家街，我也记不起来了。另外还有一位外科大夫叫李乐，会针灸、开刀，就是他为韩自立治伤，大夫会些武艺，能打拳、玩棍、耍刀，外科大夫的徒弟通常担任舞狮时降服狮子的"回回"，这名称或许是起自元人。

针灸大夫不设药店，平日在家，村人到家请大夫出诊，在乡下很有用。比如说，有一年附近的村庄发生了厉害的瘟疫、流行病，也死了人，针灸大夫都可以扎针，使得传染病不传染。那时东蔡庄里也有状况，村人眼看情形不对请来针灸大夫，大夫说病是因为血流得太快，可以经由针灸放血流出病菌。不知道大夫是否所言属实，不过村子后来确实没有瘟疫感染。说个村子的小故事，可见传染病的厉害，当时有人要去买棺材给病死的亲人，好不容易找到棺材店，店老板想卖多一点，愿意打点折扣，可是客人说不行，因为家中因瘟疫影响只剩下他，多买棺材难道是要他也入土吗？由于村人不少，药铺生意不错，每年都要去禹州（药材的集散地）买药，那边每年都有固定的大型市集，可以去办货。

我在小学当几天老师的时候，原在庙内的卖粉汤的小铺搬到外头，平日生意不错，一天因雨生意不佳，老板要腾清锅子，明天好重做新的来卖，就请学校老师们吃粉汤。由于粉汤很难消化，我吃了几碗后就觉得肚子不舒服，请内科大夫开泻药给我吃，泻出来就好了。中药传了几千年，发展出自己独特的药方，照药方开药就是了。

（十）故乡的地方治安

在清末民初县之下有区的组织，区长——乡下人称区先——就要首富出任，父亲就担任过区长，首要之务就是组织保卫家乡的自卫队。当时外地传说有所谓“金钟罩”的武功，号称不怕刀枪，父亲做区长时就有人自称有此武功，要训练村人自卫。父亲想到村内的枪不多，如果受过金钟罩训练，就能捍卫家乡，因此就组织小团体练金钟罩。村内第二首户韩家的孩子韩自立，年纪跟瑜如哥相近，却比较结实，尚未成婚，也来受训。练金钟罩第一步是练不怕刀，先将石头压在桌上的大刀，口中念着口诀，举行仪式的同时，将手往刀上刺，据说不会受伤。韩依样画葫芦，可是手轻轻一动就划出一条长伤口，流了血。他受伤以后，教练赶快为他止血，并请村内的针灸大夫来包扎。自卫队从此就不练金钟罩了。那时我大概四五岁，也和村人一起跑去看训练过程，目睹韩受伤的过程，因为罕见，印象相当深刻。

区公所设在关帝庙内，庙园很大，那里也是村中的小学。关帝庙除了神像和各殿之外，在广场东边有三五间房子，权充区公所。庙旁沿路的房子就是供住宿的饭店。区公所就在关帝庙内训练保卫村庄的区丁射击，在庙西墙上画靶，在东边打靶。土枪的枪弹从前头装入枪药，用铁棍子填实枪药，放入铁制小子弹，再用火击子，击子底下有个柿花（发火用），然后放到枪台上，练习打靶。练习射击比练金钟罩有用，区长也练打靶。也有用火击子的小手枪。

区是由八村组成的，区丁就多了。有了组织，人就必须集中办公。我记得办公的地方有两处，人相当多。我父亲当区长的时候，搬过两次办公厅。一次在王家祠堂，地点不大，又因为太偏僻，所以搬到刘家祠堂，前面、临街的部分是药铺，公所设在大殿。区丁受区长领导，后来的区长势力很大，不过在我父亲当区长的时候，还是各村办各村的事，真的有事才由区长协商领导。后来区里头需要经费，首富负责收钱，可是钱不好收，首富自己就得垫钱，因此得要有钱人来做。除了区长之外，还有副区长，是杨庄的人，比较年轻，通常负责外务，但是到县城出差就是要花钱。区长又没有薪水，经费都得自筹，就算收钱，程序也很繁琐，所以我父亲受不了就先垫钱。后来事情越来越多，譬如去县城出差就要备马，这匹马还是他自购的。由于事务繁杂，又老是要垫钱，我父亲就辞职不干。辞职之后区长的马就送还给他。

民国以后由于时局乱，区长有人、马、快枪等武装力量，势力大起来。区长是由祖坟祭祀时大伯家的人出任，办公厅就搬到石家祠堂，相当神气。因为土匪很多，想防卫自己，就要具备能打的武装力量。山上是三不管地带，土匪容易躲藏，不过土匪是当地人不抢地方，去外地抢，抢劫之后再回来。土匪是有组织的，有不少枪法不错、当过兵的回来加入土匪，最著名的土匪头是贾青云，他的父亲、哥哥都是土匪，可说是土匪世家。贾跟地方的关系很好，不吃窝边草，部下很多，家里也装不下，散布在各处，各地人也事不关己不去揭发，而有了他们外地匪类也不敢轻易闯进来。所以在我堂哥当区长之前，等于是凶悍的土匪在保护当地。

传说有一次土匪要去抢劫，先在村外集合，贾青云训话时就说“去做事情”，回来时就说“拿条子回来了”，意思就是肉票到手了。那次绑的是村东的某家，这家有不少枪，也养了不少狗，通常有人去的话狗会扑上去。不过行抢当天，狗居然不叫，壮丁也不放枪了，看土匪势力大，就投降让土匪劫走人。后来不知道赎金多少，据说大概有几千银元，肉票家被迫卖了一些地筹钱，让骡子驮着用口袋装好的银元送到土匪指定的地点付赎金。土匪拿到了钱之后，匪首贾青云就让手下分钱，不在乎自己分多少，所以会得到其他土匪的拥护，说他“仗义疏财”。

我堂哥当区长的时候，军队将贾青云部收编为保卫故乡的清乡队，就入城去，村子也平静些。后来贾青云将路过的国民革命军薛岳部队缴了枪，国军还是安抚他，封给他营长军衔。后来薛岳再升他为团长，然后命令他到洛阳总部附近的西工报到，休息了三天之后，便以长官视察训话为由，在训话之前派军队包围贾，顺利消灭了土匪势力。

村里另一件事令我记忆犹深的事，是韩根才杀死东蔡村韩家街的地保韩大器。韩根才并非无业人士，大概是受到韩大器欺负，气不过而引发杀机。我刚入小学时，正值杀人案发后一年，韩根才家人还请人在韩家街唱戏替韩大器作纪念。韩根才当时就被公家关在偃师县城附近的监牢内，在民国改元之后，监牢里的人获释，韩根才也出狱。

韩根才后来到了一个地方的区里，当时第八区的区公所已从东蔡庄迁到省庄。当时马连捷做主管，小名“马臭”，意思是很会出臭主意，很能干，是省庄首富。马臭大概看上韩根才的拳技，请他做保镖。有人向马臭告发韩根才不可靠或犯了事，马臭不动声色依旧带着韩巡视各区，介绍韩是他的下属，大家都认得他，最后马带他到东蔡村的西庙开大会，当时西庙的养正小学放假，小学生也跑去凑热闹，到场后马臭说：“韩根才在此，要抓他的现在可以动手了。”就制服了韩根才。在学生寝室事先准备好了架子，反绑韩的双手之后就绑在架子上，这时大家才知道马臭到处介绍韩根才的用心，是为松懈会打拳、有武器的韩根才的戒心，所以马才借演讲的名义使韩放下武器，无法反抗；也表现马臭的聪明。马臭的计划都闷在肚子里不告诉别人，于是“马臭”之名便不胫而走。马臭抓韩根才，除了有人告状之外，大概也是怕韩对他不利的缘故。

我在县城读高小二年级的时候，地方治安不靖，县政府会有枪毙、砍头等严厉处决，学校离县政府不远，我们都会去看。头一回是不孝父母被判处绞刑，在县衙门前头、照壁旁边，平常是卖稀饭馒头小吃的地方行刑。绞刑是让死囚跪着，后头有十字架的桩子，桩上绑着绳子勒住死囚脖子，以类似辘轳的机关带动收紧，来回转动直至死囚气绝，看的实在害怕。第二回是枪毙土匪，在西关一带附近的乱葬岗执刑，死囚跪着，由一个射击手举枪射击，子弹打到人犯的头壳后会爆开。大概为了示众，行刑时间都选在星期天上午，大家都还没有吃中饭，看完行刑之后没人有胃口吃饭。另有一次是在乱葬岗砍头，我们去晚了只看到系着红绫子的长刀，人头已经放到笼子里头，后来挂到县城门上示众。遭枪毙和砍头都是土匪。这些土匪很厉害，不过与白朗无关，白朗就去过偃师附近的嵩县。或许因为偃师县接近防备较强的省中心郑州、洛阳，没有流窜过来。

县政府的空地上放有笼子与木马两种刑具，不过我没有看过这两种刑具实际使用，放在这里应该是警告性质居多。

二、求学生涯

（一）私塾与小学

1. 入塾启蒙

私塾离我家很近，光绪卅三年（1907 年 8 月）我六岁了，好多同伴都入私塾读书，我很好奇好多人都上学了，我还没有，就很好奇跟几个同伴一起去偷看私塾内的情形。私塾有前后门，我们必须先爬上后门附近的一棵树才能透过门板上头的空隙偷看。小孩子还不会爬树，要靠同伴们帮忙推上去，他们先推我上树，我抓住树枝就偷看了许久，撑着我的同伴觉得很累、松了手，我摔下来晕了过去，同伴见我摔下来就一哄而散。我醒了之后想不起为何掉下树，也不知道同伴在哪里，这是入学之前的逸事。私塾是两栋相连的房子，老师有自己的位置，小学生坐着凳子读书，从外面偷看不到老师，只看见学生。这所私塾算是不错的，学生有大有小，偷看到的是咿呀咿呀读书的小学生。另外私塾里头的内室就是老师为大学生上课讲书的地方。

宣统元年（1909）春，我入塾启蒙，在私塾先读《三字经》。像我这般年纪的约有十几人，大一点的学生也有十几人，他们读《孟子》、《诗经》。

2. 养正小学堂

宣统二年，县里头停办私塾，改办小学，我们东蔡庄所有私塾就集中到关帝庙合办养正小学堂，我在这年秋季转入小学一年级，不读《三字经》、

《百家姓》，却没有新课本，就改读比较高级、实用的《千字文》等等。二年级才发下课本。我在春天上学，乡下学校都是过了旧历年就开始上课，二年级的时候虽有改变，但还没有确定，于是升级的时间不一，民国元年我升三年级，这时全校就统一改为秋季班升学了。

民国元年秋我刚升三年级，学校办了全县性的考试，县长张贻生，河南籍，亲自来考试，以国文课本为考试内容，另外要回答把几个字连成句子的连句，也就是造句，算是初级作文；以及民间风俗。县长问了“重九”的起源，好几个人答不出来，我回答“重九就是两个九，因为是两个九，所以叫重九”，这种拐来拐去的回答算是答对了。若是追问重九为何叫重阳，大概很多人包括县长也不了解，所以没再询问。大概还有填充题，填好之后，会选拔出前几名，我是全县第三名，年龄最小，还得到一笔奖金，至今让我印象深刻。

考第一的是南坡人宋恩第，第二是县城内人张宝中，我是北坡人，当时以石万末为学名。县长除了发奖金，还准许前三名学生跳级就读。不过我们已经赶不及高小的秋季班开学了，可是高小明年春天要开班，还是可以跳级，年纪较长的宋恩第、张宝中就去插班高小。家人觉得我还太小，让我读完三年级，因此在民国二年秋天，我没有读四年级，直接去读高小，还是少念一年小学。

前一班高小有很多同乡，我哥哥也是那一班的学生，春季班人数很少，后来归并入秋季班了。小学大概有四五十人。学校平常也有考试，不过县长亲临考试则属偶然，因为正好民元实行新学制，想了解情况如何，他也是抽问而已。

旧时学制是初等小学四年，高等小学三年，中学四年，大学六年，前二年预科，四年本科。后来在我上大学时学制改变，就把中学分成初高中。各学校的考试时间不同。我由于从私塾过渡到小学，课程约有国文、算术，另外要练字、背书、上讲台去讲，记不清楚有无自然科。我从二年级就开始住校，就是和年龄相近的孩子在一起，其实我家离学校不过三条街，早晨起床回家吃完早饭再上学；中午下了课先回家吃饭，饭后回学校自习，当然还有玩的时间；晚上住在宿舍，学校备有大灯照明供学生看书，或有住校的老师在旁监督。我家在街西，最好的朋友在街东，他吃完早饭后本可直接到校，却常来找我一起上学，都觉得很有趣。家里想既有不少学生住宿，让我住宿也很方便，只要带张小竹床到学校，放假后再拿回家即可。

3. 偃师县立高等小学

偃师县城只有一所小学，即“县立高等小学”。学生按地域以洛河为界，分南坡、北坡，全体住校，各有餐厅、厨房、伙食团。住校时，我还不是最小的学生，李美增更小，李的舅舅是高小国文老师，父亲是财政局局长，他既有家世、又聪明，成绩不错，只是爱吃。学校是间四合院，穿过大房子进去的小房子是厨房，两旁是餐厅。两边伙食团吃的差不多，我们有时会拿馒头、端碗菜，跑到餐厅外头吃，李美增人虽小却很能吃，常常一筷子叉着三个小馒头、带着菜往外跑，吃完伙食后还会吃零食，学生下课之后常到对面的包子店吃三四个“豆腐包子”，李美增吃了包子，还要吃李子，冬天更吃“冻李”，日子久了，我也一起吃冻李。

李美增一年级还算听话，二年级就顽皮了。夏天除了去河里洗澡，还到学校南边的水池洗澡，因为蚊子多，使他跟我都染上疟疾，生病的时候，李美增因为舅舅懂医术，不肯让国文老师马先生看病。马是城内名医，我看李的病况不佳，就请马老师看病，我吃药后健康虽未明显改善，但是因为身体还可以，而逐渐痊愈，只是肠胃变差。李则身体状况转差，肠胃更糟，不到三年级的时候就过世了。

小学也上体育课，我虽然肠胃不好，但很爱运动。学校相当重视体育，体育老师毕业于陆军高小，很重视体操，操场有单杠、跳远平台设备。二年级的时候，有一年级学弟模仿戏班人翻跟斗，还翻得更好。他在小学时放学后就去学翻跟斗，他学翻跟斗时，有大人帮忙翻过来再翻回去，我们没有大人在旁帮忙，学倒翻就难，所以我只会正翻，不会倒翻。他上去翻单杠，我们也跟着学会了。

当时没有篮球、足球，只有拍小皮球，就是把球往墙上打，每一班都有自习室，在白天下课的时候和晚上的自习时间，学生常拿出球玩起来。

皮球都是自己买的，从前乡下也有类似的“毛蛋”，蛋取圆形义，毛蛋里头装毛、外头缠线，质轻而有弹性，可代替皮球。学生也踢毽子玩。

4. 小学课程、师长、上课情形

课程有国文、算术、历史、地理、唱歌（就是音乐）、图画、修身、体育等。校长亲自教授重要的修身课。国文、算术是专门老师教的，当时初小跟高小都还没有自然课。唱歌、算术都由很能干的杨老师教授；历史是马老师（国文老师）兼任；体育老师兼授地理、图画、手工。学校那时只有三个老师，一个校长，一个庶务（就是事务），总共五个人。我刚入学时校长是河北人，跟县长是开封师范的同学与好友，与县长共同赴任。一年级的时候，县长在县政府大堂审案，学生都去参观，他没有官架子，又很喜欢小学生，即使我们跑到大堂后面玩耍也不要紧。

高小二年级时，县长、校长相继离职，省教育厅新派一个校长张子绂上任，学生称“张子拔”，人很厉害，做了一年之后也离校。教育厅又找了新校长，是偃师人，名字忘了，只记得人很高大，原先是中学老师，被调过来当校长，修身课教得很好。他来了之后教员也有变动，国文的杨、马两位老师留校任教，陆军小学毕业的老师离开了，换成校长认识的开封中国公学毕业的小同乡石敬亭，我在族上还得称他哥哥，石敬亭会唱歌又会体操，后来听说去山西参军去了，不过与冯玉祥的干部石敬亭非同一人。

当时一班学生约四五十人，我们班上三十来人算是少的，学校由于有教室限制，同时只办两班，到民国二十年，黄河水灾淹没了校舍，高小就迁校了。我刚开始念书的时候还没有设立教育局，至高小毕业后上中学的时候才设立教育局。我是高等小学第五届，所以在我读初小的时候高小也已经成立了。我的四哥就是读高小第四届。

算术的课程范围没有代数，纯为算术。国文教材是学校石印印刷的文选，可以合订起来。历史、地理有课本。音乐课就用风琴伴奏唱歌。图画课最初是老师在黑板上画图，学生模仿，先学画线条等基本功，后来就是他画个图挂起来，学生用铅笔画上各自的小画板，当然图画得很马虎，有时还要重画，所以一个钟头也画得不多。其实杨老师跟石敬亭都很会画，好像谁还能画山水画跟竹子，不过我们没有学到这阶段就是了。

历史课本有古代的也有现代的内容，还有很多历史故事，杨老师很会讲课。地理老师也会画粗略的地图，画地图有助学生的理解，所以高小的训练还很不错。

每学期有三次月考，期末举行期考。有位张振华同学，年纪稍长，每次考试都考第一，由老师提名，同学选举，选他当班长。我刚入学时还考过第五，后来因病经常请假被扣分，影响成绩，后来越来越差，毕业考时成绩就在中等。上课前先点名，出勤状况一清二楚。同学年龄相差很多，像班上年纪最长的李姓同学，教过初等小学，再上高小，后来再读师范当教师，当过省教育局官员，在教育界小有名气。西庙的初小老师也是高小毕业生。他们有的是先教书，再念高小进修，有的是先念书再去教学。

学校的建筑原先是考秀才的地方，在省就是贡院，县就是县学，大门与二门中间有院子，穿过长廊到大厅，之后是后院与大、小教室，再里头是教员宿舍与后楼，总共四进。西边比邻县政府，中间是文庙，东边是“县学”，平行于教室东旁的是县仓。县仓与教室的空地是学校的操场，附近为厨房，小教室与后楼间之间的后面建筑是教员宿舍，前面是学生宿舍。后院跟小教室、仓库一带的空地种花。从高的后楼看得见院子。教室旁边的走道不通西边，东边比较空。整体说来就是标准机关的分布，另有可张贴布告的迎壁即照壁。

5. 读高小的逸事

学校开学之后按课表上课，早上要到操场做早操并点名，晚餐之后晚自习，熄灯后先晚点名再就寝，由校长唱名，点到的学生就从西边的院子走到东边，点完之后才能就寝，对学生管得很严格，不过就寝后学生就很自由了。像一年冬至，学校没有放假，学生下课之后都很高兴，比较大的学生为庆祝瑞雪买酒来喝，就有人喝醉了，宿舍旁边是走廊，再过去就是储水的水坑，下雪时可把雪堆进坑内，喝醉酒的同学因为身子发热，步法跄踉地摔到雪坑里头，醉得意识不清，直嚷着“韩自立的被子真舒服呦！”因为同班同学韩自立，年龄稍长，家里环境不差，有张很大很温暖的被窝。

另一次是放暑假之前的夏天下了场大雷雨，学校分东、西宿舍，我住西舍，外头有棵大槐树，突然雷击巨响大作，劈去槐树一大片枝子，让同学很害怕，后来就有人传说有鬼或有蛇，才招雷击。

到了春天，学校会放春假，同学可以分队踏青，一年一次。一次踏青，出西门到附近的庙，不知庙名与奉祀何种神，只知有三棵顶上合抱的柏树，后人称“三柏一鼎庙”。第二次出东门，去孙家湾一带的温泉，当时已经春天，但泉水仍热，附近有所“温泉学校”。第三次出北门到“汤王庙沟”，汤都亳，偃师是西亳，庙就称汤王庙。汤王庙的温泉位在半山里头，涓细泉水流进沟里的水温就不若孙家湾的热。身为当地人的王同学做领队，陇海铁路经过附近，搭了座高桥，过桥后才到汤王庙沟，王同学就跑到桥上的栏杆顶上惊险地从东边走到西边，没人敢仿效。

偃师县城是东西大道，因为伊水、洛水在此交会，水位高涨，城外就修高堤坝挡水，庚子之乱时慈禧太后仓皇西奔西安，后来隆重回京途经偃师附近，就在洛阳偃师间修筑两条官道，北边是给小官走的小官道，南边是给大官走的大官道，官道都要过堤，所以修得很好，并铺着黄土。平常的路就坑坑洼洼的。不过官道多年未修，在我上学的时候也变差了。

当时高小的学生，只有四个来自东蔡庄，再加上西蔡庄的两个总共才六个。毕业的时候，六个学生中年纪最大的是西蔡庄的李少白，原先在教书，后来上高小进修，张金寿是西蔡庄的首富。东蔡庄四人，以兰品清岁数最长，其次就是石敬轩、石敬斋跟我。东蔡庄的父老为村内有高小毕业生倍感光荣，我们又分属有狮子的西北社与西南社，就要舞狮迎接，叫我们等村人吃完晚饭、可以聚在一起之后再进村。我们在炎热的夏天，等下午太阳稍斜时启程，学校距村子约三十里路。走到半途时突然雷声大作，幸未下雨，但天色转暗看不见前面的平路，若不慎就会跌入路旁的水沟，我们只能靠闪电照明以防摔跤。幸而夏天的雨是段落性的，过去一段就平静了，村内就没有下雨。我们在村外的寨门旁等候，等到狮子舞来、锣鼓大作，好多人好不热闹，我跟石敬斋两人比较小，村人就叫我们骑到狮子上头过村寨的门，实在神气，狮子驮不动年龄较长的兰品清跟石敬轩。进寨门后、上坡前，舞狮的就叫我们下来。我们四人便走上坡到达岔路口，兰品清跟着西北社的狮子回家，其余三个就跟着西南社狮子回家了。这次欢迎是村中绝无仅有的事情，日后也不再举办，现在想来挺有意思的。

（二）就读洛阳中学

1. 校址与同学

我中学就读洛阳中学。当时的制度设计，府里头设有一所中学，县里有一所高等小学，乡里有一所初等小学。县中数量很少，偃师属于洛阳府，只有一所洛阳中学，后来才改称洛阳八中。我很幸运的在高小毕业后直接报考中学且考上。高小同学有三四个考上洛阳中学，其他同学或者考取他校，或改读农校、师范学校。

洛阳是很多名人住的地方，因为在古时开封是京城，洛阳是西都，也很有名气，司马光的《资治通鉴》就是在洛阳完成。洛阳中学位在洛阳的东关，在通往东大寺的路旁，附近有“二程夫子庙”，二程即程颐、程颢兄弟，算是圣人，所以有庙纪念，学校就依着二程夫子庙而发展，庙大致还维持原状。这一带好多古迹，第一个是夹马营，据说是宋太祖降生之地，后来在夹马营旁边盖座寺，原名称已忘记，现名东大寺，据说是宋真宗纪念太祖所盖。学校的对门是“存古阁”，洛阳一带所发现的石碑等古物通通储存在此。另外就是在岔路的地方，所谓东关立有一块古碑“孔子问礼碑”，据说是孔子向老子问礼之处，不知何时立碑。上学时，到石碑一转，往东走的路是大路，往西北走的路就通往学校，所以学生很熟悉这块碑。

学校每年招收一班，全校共有四班。不记得我是第几届的。入学的时候，学校有四年级、二年级、一年级，却没有三年级。因为学校原先都是招英文班，但是之前学校招了一班英文班、一班法文班，本来应继续招生，但是学校因为教室不足，就停招新生一年，我们就赶上恢复招生的时间，入学时已没有教室不足的问题。英文班跟法文班学生，法文班人数较少，英文班人多些。法文班毕业后，大部分学生参加法国的“勤工俭学”，我不知道招收法文班学生是不是为了响应勤工俭学，后来学校也没有再招法文班。我们就当了两年中学的高班学长。

学校只有四间教室，山上两间教室，一大一小，我们人数多就用大教室；山下两间教室是由二程夫子庙的厢房改建的，其中一间较新较大，所以学校只能招收四班。学校的大门东向，二程夫子庙大门朝南，学校就顺着路的方向发展。洛阳地势高低不平，学校就乘山势而建，学校沿断崖旁边搭建阶梯，以便学生走到教室上课。山上原先是无民房的荒野，只用围墙简单围出一块校区而已，教室外就是大操场。

刚入学时，岁数较长的四年级学长中有两位秀才，李鼎臣是洛阳人，跟同学交情很好，平常不住校，都会带着饼来上学，让宿舍里的同学吃饼，同学中午再回请吃饭，后来李鼎臣是洛阳当地的大绅士；另一位秀才姓名已忘，有住校，平日较为沉默。法文班、英文班学长岁数相近。我们这一班只有一两人稍长，其余都是小孩，下一届学弟又有年龄较长者，其中毕业几年后考入中学的高小学长在内。

2. 中学的师资

学校有两位国文老师，怀庆府的（实际是孟县）毕姓举人和固始的董姓拔贡。我们是毕老师教的，他个性很温和。毕先生很会作文章、诗词，可是董先生更聪明，又写一手好字，收了不少弟子，所以有常常有人向他求字，又有“拔贡比举人好”之说，实际上拔贡地位不如举人。董先生写字前要由学生先在大砚台上磨好墨，再请他来写字，很有派头，毕先生弟子少就不搞派头。我后来有事去孟县，路过毕先生的家，看到毕家的大门外立有两根大旗杆，同时在大门上还挂着举人的匾额，也很神气。

教数学的李老师，不知道其籍贯，平日不苟言笑很有威严，老是叫学生上黑板演习题目，学生一弄错，就会用手指咚咚地敲着黑板，让学生很害怕。史地老师人很好，上课时会先在黑板上画好图再讲课，讲课也很有趣。英文老师新从开封毕业，人很年轻，长得也不错，课讲得也不错，负责所有班级的英文，在教员的薪水最多也最忙。老师都住在单身宿舍，并未携眷。毕老师年纪最大，董老师次之，都把太太留在老家。英文老师因为年轻，生活稍不规矩。殷校长跟毕老师同乡，身形胖胖的、很威严，大概在家乡也是有钱人，还雇了会打拳的保镖，所以除了学校的体操，保镖也顺便教拳、单杠、双刀等，让学生学习，也是一门课程，这是第一年的情形。

二年级、三年级时，校内人士变动幅度很大，毕、董老师、殷校长先后离校，由政府派任安阳人常校长接任，老师几乎都换了，常校长还换了两个管理学生的学监，学生生活因此一变。学生从前将山下的自习室兼作寝室，常校长到任后，就分开寝室与自习室，管理较为严格。同时省方设在开封的欧美预备学校的学生正好毕业了，常校长趁机聘请较多的英文教员。我的小学同学就有读预备学校的，孟津有人考上预备学校，我也考过第二期预备学校，但因病未就读。预备学校的毕业生英文程度好于普通中学毕业生，就来教书。两位英文新老师中的一个是孟津人，另一位是校长同乡，这时就没有人提到英文教师的薪水，所以我并不清楚。国文老师、数学老师都是武汉师范毕业生，数学教员不像李老师那么凶，人也聪明。国文有许多典故，新老师就不像毕老师那么熟典故，但是数学老师熟悉典故，因此在下课之后，有时和老师聊天，数学老师还会为我们讲解呢。

在我中学四年级下学期，有位安徽人，大概是在五四运动时受到通缉，被赶出北京，他来到河南改名换姓，教了一学期国文。他提倡白话文，学生中仅有几人喜欢，我是其中之一。他极亲近我们这些写白话文的学生，可是因为他讲话有口音，我们听不太懂，他还说日后会出一本白话作文的范本与集子，会送一本给我们，不过都没有收到就是了，不过此后学校就开始有人写白话文。他没有介绍我们看什么新书。

3. 中学的课程

中学的功课有数学、英文、史地、国文、体操、音乐、修身、理化等等。头一年有数学、英文、史地、国文、修身、音乐、体操等等。

中学的国文还是讲古文，并未要求背诵、填诗词，可是学生还是要能够回答教师提问典故的问题，另外老师出题，学生来作的作文以古文为主，受到白话文影响的人还是很有限。英文课的田老师也教英文作文，二年级还不会写，到三、四年级才学，起先是以问答为主，后来就由老师出题。老师曾经出有关小学的题目，我就以偃师小学的生活为主，写到三柏一鼎庙、汤王庙、温泉等当地风景，老师觉得我讲得还不错，错得也比较少，给了班上算是高分的 A。我们写的句子当然不漂亮，还要老师加以修改。

历史地理以讲课为主，课堂不抽问，只有学期考试。数学需要做题。当时的博物课程除了理化还包括生物，中学时候的博物教员，后来当上洛阳教育局长，我对博物兴趣不高、印象不深。这类科目在小学叫“格致”。当时博物课分量不重，也不是四年必读，应与师资不够有关，不过形式上依旧得上。小学对修身课记得清晰，中学就忘了。

读了中学，我的身体还是不好，可是我很喜欢运动，既学打拳，也利用学校比小学还多的秋千、平台、单杠、双杠等运动设施。学校当时只有足球没有篮球，我是足球校队的二门，在学校练习得不错。后来球队跟西关师范学校比赛时，要走十来里路到西关的场地，赛前我累到没法下场，只有让比我低一班、身高相仿、年纪稍长的候补上场，此后我不再踢足球，只玩单双杠和平台。其实我开头并不会翻平台，是学校请来军校毕业生教课后才学会，不过不敢在上面翻跟斗。又因为小学玩过单杠，对单杠很有兴趣，也能玩双杠。

因为我的身体不好，上、下课都要跑厕所，可是山上的厕所是以操场围墙外的树林权充，没有正式厕所。来自洛阳的张孝传同学，他做军医的父亲就叫我试验一个方子：用一个圆肉（桂圆肉）包九个鸭蛋子（药名，植物，状似松子），本来一回要吃九个，因为我年轻所以吃五个，和水服下，每天都要吃，药很苦，吃了一个月后因为肠胃不消化很不舒服，反而想吐，病也没好，以后只要闻到圆肉味道就想吐，抗战到了盛产桂圆的四川也还会有反应，可见后遗症之大。

总说起来，我中学几年的成绩平均，并不优秀，数学根基稍差。民国九年，我毕业于洛阳中学。

（三）工作贴补家计

我在民国九年中学毕业，数年之后——民国十五年——才进大学，一方面是身体不好，另一方面是家道中衰所致。在这段期间，我靠英文打字和教书糊口，因为家中经济不好，赚到的钱都拿回家贴补家用。

说起打字工作，是我的小学、中学同学王敬轩介绍的，此事说来话长。因为中学的英文老师读英美预备学校时，习惯去洛阳火车站附近的信义会教堂学英文，会话不错，就让我们依样画葫芦，因为牧师星期天早上要准备仪式，所以我们就选择星期六下午上课。星期六上完学校的课，如果没有作业，下午上英文，上几次课后觉得只是念《圣经》，兴趣不高，我就停课了。王敬轩则培养出兴趣，后来信教，中学毕业后被教会送到长沙圣经学校念书。我则在家里种田。他去长沙一年之后利用暑假回家找我，他买了从广州运到长沙的香蕉带给我，想让我开眼界，可是天气炎热，在平汉路转陇海路时又不顺利，所以我看到的是颜色变了也臭了的香蕉，看得我哈哈大笑。

王敬轩说教会里有牧师想写宣教书，就是选出《圣经》的精华予以解释，需要打字工。我说我不会打字，他说牧师会教，我还想推辞，他说薪水一个月约有十块钱，跟小学老师待遇相当，虽然我能教小学，可是小学并不愿雇用年轻的中学毕业生。我考虑后就去面谈，原来就是教英文的牧师在找人，牧师的中文讲得很好，我的工作也有着落。

牧师当时很神气，在洛阳住独栋洋楼，起初用自己的手提打字机在客厅里教我，常有客人来谈事情，实在很不方便，就收拾好地下室，再另买了一台大型打字机让我熟悉打字机性能，还教我如何换带子、修理打字机等等相关技能。我打字的内容虽然还是解释所引用的《圣经》经句，仍然有助于英文进步，因此双方相处融洽。我做了三四年，直到考大学为止。

后来牧师要定期回国述职时，就介绍我去一所教会小学教书，我就去小学的高小部教博物，不过为时不久。在民国十五年的学期结束、学生放暑假后，我就离职、参加大学入学考试。

我中学毕业后虽未立即上学，在县内可也算是有地位，所以县里召开纪念性质的会，会请我参加，就在有一次开会时碰到我一位中学学弟，他武昌师范毕业就回到新设立的偃师县中学，不知是教理化还是历史，他鼓励我再进修。他也说到一位偃师县的师范学长，也是我高小学长，师范毕业后在中州大学附中（尚无预科）教数学，叫我去信询问中州大学入学相关事宜，我得到学长的回信说今年会招生，就跟家里商量，家里虽穷，可是我不擅农事，身体也不行，不妨让我考试，考不上再回家种地。

我考取了中州大学（就是后来的河南大学），上了一学期之后家中经济勉可应付，到了十六、七年发生中原战争，学校被迫停课，学生没有学期成绩。十七年北伐成功之后，学校通知学生以十六年十月举行甄试代替成绩，让学生取得预科毕业资格。十七年开始上本科。已记不得确切停课的时间，只记得离校时，校方指示将铺盖、洗脸盆等行李装在篮网内，整理好交给学监，但是大家的铜制洗脸盆都在学校附近买，又没人想到要在篮网放上个人姓名，复课时就分不出行李，只能随手领一个就是了。

这里一定得提到学费，学费对家庭也是一种负担。我家在分家后的生活并不好，我四哥因此弃学从医、写曲子，因为是亲兄弟，他还协助我上中学学费。如果是以县为单位、由学生自行组织的中学伙食团的话，一个月大概也要三五块钱。每排可以有两个伙食团，四排学生就有八个伙食团；此外还要自行支出文具、书籍费用。小学还不用付学费，到中学、大学注册就要交学费。东蔡村只有我和我的堂哥上中学而已，二哥念了中学一学期就辍学。堂哥在中学四年级时带我去考中学，他中学毕业后就读招收中学毕业生的西关师范二部，堂哥家中人少，生活比较好，师范毕业后教书，后来辞职改做地方行政，后来成为家乡的区长。家中只有我读完中学、大学。

中州大学的理科、农科聘有新进教员，他们没有上课讲义，选择其他英文材料来做讲义，需要打字人，学校的秘书自身也有工作，无法长期支援，有人知道我能打字，就推荐我去打英文讲义，以实际打字张数计价，打字技能在此派上用场，也让我有钱付学费与支出。

（四）短暂的军队生活

十六年起学校停课，东蔡村中有秀才张俊，在刘镇华（字雪亚）的镇嵩军军部当秘书长，想找几个年轻人去做事并训练，找了因学校停课无事的我、小学同学石敬斋、私塾出身的韩宗愈等三人。军部位在河南的陕州，韩宗愈分到秘书室译电，石敬斋去军队里当司书，我分到参谋部跟两个参谋在一起，我经常出去勘查地形，有助于我了解地形，其实也等于游览一样。像陕州南部附近有个温泉，人都说温泉可以治病，实际上真正从地底涌出的热水烫极，根本无法洗，不过由热水形成水坑流出来的已降温河水，可资泡澡治病之用。

陕州东部的会兴镇是铁路交会点，地势较平坦，从陕西来的铁路在此卸货，考古发现这里是春秋时虢国旧地。陕州的地势就不若会兴镇平坦宽广，可是从陕州出来要先往南、然后再往东到会兴镇，此即“假道虞以伐虢”的道理。陕州再往南去就是关口，再往西去也比较平，不过也是山，往北连接黄河，对岸就是山西省的平陆。我对河阳（河的北边）、河阴（河的南边）、山阴（山的北边）、山阳（山的南边）便有了解。平陆为河阳，有冬阳照射，气候温暖可长竹子，一般北方人并不吃竹笋，但会吃竹笋的北方人就是平陆人。当平陆出太阳时，对岸的河阴陕州出城的下坡路就会下雪结冰，清晰说明河阴的性质。陕州距离会兴镇约有二三十里，因为陕州东边是个半圆形的堤，附近有庙像个壶，本地人称之“金钩挂玉壶”。

我逗留的时间不久，大概是从民国十六年冬到十七年春天四月，因为四月时冯玉祥的军队东来，镇嵩军有往南走的，也有去平陆的，我们觉得跟军队走没有意思，于是就离开了、回老家去。

民国时期的河南太多战乱。刘镇华的镇嵩军就是河南的军队，跑到陕西之后又跑出来，十六年间被冯玉祥、阚玉琨打败退到省边界。我在陕州时镇嵩军就在陕州附近补充集结，主力在陕州的南边的陕西河南交界一带。我在参谋部里头就是助理，没有名称、薪水，军队只供吃饭。张俊找我们就是要找河南文人帮忙刘镇华，薪水也不能找张要啊！因为当时还无战争，我出去看地形也没有写成书面的作战报告。张俊秘书长就像开私塾一样，等于是陕州的负责人。韩宗愈负责收发电报，两个参谋离开一人，另一人与我一起吃饭、看地形，也没有“参谋”。去平陆是住在庙里，觉得很无趣，不久就走了。

我们有时会去人多的会兴镇，一个在修械处做事的同乡在那里，有不少军队，可是我没有看到军队训练、刘镇华等等。陕州的军队不多，我们住在四合院样式的大房子，一间上房，两个厢房，二门，再出去就临街，门口虽有兵站岗，实际上也只是做样子。我们住西厢房，译电处石敬斋住东厢房，张俊住上房。只有在参谋长要前往平陆，才看见参谋长，后来参谋长就携眷住到冬暖夏凉的窑洞去了。张俊并未携眷来陕州。

我和石敬斋两人在平陆时搭上顺道载人的货船，货船抵三门前就叫我们先下船，因为那里水势凶险，一不慎就会撞山出事。船夫跟我们说所谓“三门”就是中间的神门，南边的鬼门，北边的人门。北边走得好就可以活着，走中间就升天了，南边过不去就成鬼。人门因为靠着北壁，水很深，所以较安全。神门的石头均尖锐且露出水面，鬼门更厉害了。所以水势湍急，而船很容易被水冲到危险的神、鬼门，这就是“三门奇景”。我们下船后就沿北边河岸走，过了人门，水势较平稳再上船。后来我知道隋炀帝开运河运粮食，唐代更要运粮食到长安，就挖深了河道，已有考古学者找到人门一带就是特别凿深之处，让北边的水势较大些，船好通过。大陆现在已经将此地辟成水闸，会兴镇恐已淹没。

坐船经过三津，水势湍急，船会在河中乱摆，也很危险。船老板在孟津一带的铁谢买了珠宝装入包袱，可是不知被谁偷了，他看见我用的白包袱很像他的，就闷不吭声，等船走到八里胡同一带，因为两边都是绝壁，河道很窄，晚上无法走，于是我们就先歇息等到天亮。他让我们先下船去离镇不远的小庙歇息，也可去镇上吃饭，只是下船之前要检查乘客的包袱。他胸有成竹，还先检查其他人，到我就大失所望，因为我的包袱只有几件衣服，和一个陕州名产的瓦砚，上头的盖子雕琢得很漂亮。后来听说小偷会先把东西埋到河滩里，过一段时间后再挖出来。

（五）军事化管理的河南大学

我念中州大学预科时的校长是张鸿烈[①]，从十七年九月开始读大学本科，校长凌冰，原任南开大学教务长，当时河南为冯玉祥的势力范围，与冯有旧的凌即担任校长，在任时间并不长。学生入学的宿舍时是从北边住起，慢慢向南掉换。预科新生没有资格住楼房，而住在靠铁塔一带平房式的排房。东边的宿舍从南向北数是东一、东二、中间的排房（预备留欧美学校时建筑的）、东五、东六。西边也有西一、西二。学校采行军事化管理，在生活上每栋宿舍约三层楼，每层楼有六间屋子，每间房住四人，每间斋房有军队派来的排长管理学生，清早起来由排长带领做早操，上午、下午都要做体操，另外设有总队长。学生穿着跟军队一样的军服、灰棉袄跟大衣上课，居然比穿袍子还暖和。这时每天起早，身体也不怕冷。

学校举办的纪念会此起彼落，学生每到纪念会就要着军服列队出席，开会比上课还多。像一次冯玉祥与蒋中正会晤，学生吃完早饭就从学校所

---

① 张鸿烈（1887-1962），河南固始人，民国后获选河南省临时参议员，取得河南官费留学生至美国伊利诺大学留学，获教育硕士学位。1919 年起接任留学欧美预备学校校长，1922 年预备学校改制为省立中州大学，仍留任校长，至 1927 年辞职。曾任河南省教育厅长、山东省建设厅长、河南省议会副议长、行宪后递补为第一届立法委员。祝毓，《张故校长鸿烈传》，《河南大学校志》（台北：河南大学校友会，1976 年），页 261-268。

在的北城排队走到农学院所在的南关，这趟路平日学生都觉得又远又累，全校学生都必须出席，军队也在场列队，当日冯、蒋站在临时搭的台上互相吹捧北伐的成功，军官在旁作陪，冯玉祥穿着军服、打绑腿，蒋总司令就穿得很漂亮。学生也要帮助农人打蝗虫（打蚂蚱），就是由排长带着学生扛着扫把，到种谷子、麦子的农田，见到蝗虫就要打。

开封邻近汴河，黄河河滩上的风沙常被吹入城内，被城墙挡住的就形成与城墙同高的沙地，人一出城就走上沙地，饭桌上也满是风沙。凌冰想到若是柳树成荫即可抵挡风沙，于是教学生将柳树枝插入地上，说树就是每个人的纪念，他种的树即挂有凌冰的牌子，有些学生很讨厌凌，半夜就偷偷去拔一下树苗，让树根离地无法顺利吸收水分，柳树苗就慢慢枯死了。

在大学六年中，河南大学换了九个校长，都与政局有关。虽然在民国十七年河南大学改称国立河南中山大学，但还是受到地方政治局势影响。第一个校长张鸿烈，第二为凌冰，第三为原北京师范大学教务长查良钊，从他开始每日早晨都有训话。第四为师大校长邓萃英，承袭查的训话作风。不久查再度回任。第六为黄际遇，他接任查良钊的厅长遗缺也兼任河大校长，从他开始便是教育厅长兼校长，在民国十九年政变时去职往山东。第七个是张广舆（任期很短，十九年六月至九月）。第八个是李敬斋，跟学校关系很深，是预备留欧美学校时期的计划人之一，也是张鸿烈的手下，很关心学校。李学建筑出身，曾骄傲地说河大宿舍的兴筑，所有物料都经过计划，完工时只剩下一块砖头，而河大的计划也出自他手。第九个也就是我毕业时的校长是许心武。

（六）河南大学史学系课程、师资与校园生活

我在预科一年级开始用白话文写作文，教国文的吴静禅老师很喜欢白

话文，作文分数就很高。本科国文教员刘盼遂[①]毕业于清华国学研究院，受业于王国维，精于《说文》，他喜欢文言文，所以我的国文刚好六十分。我的室友刘雨民[②]所写佶屈聱牙的文言文受刘赏识，作文分数不是九十八就是一百，刘雨民就常说我国文六十分。我其实还选过刘的《说文》课，听课也很仔细，但是刘大概认为我只会写不够讲究的白话文，一定不是国文系学生，而是理科学生，选课是来凑分数的，就只给我六十分。可是我的数学明明不好，我是大一分科就选史学系。我也不清楚为什么他会认为我是理科的。

预科有几个活跃人物，像做过内政部政次的高应笃、立法委员的马乘风、赵某。当时国文课作文是将方格纸装订成一本，一本字数约五千字左右，通常一般人只写两本左右，他们文思泉涌，一写都写好几本。不过他们后来都没进入大学本科，因为民国十七年北伐军已入河南，他们活跃于国民党省党部，经常在学校、附近的省党部两边上课办公，后来一忙也就读不下书，最后可能转读中央政治学校。当时大学本科里还有位刘潇然学长，口才很好也很能干，曾于张继莅校演讲当场对辩起来，后来也当省党部组织部长，地位算高的。对于其他的党部活动，我们并不清楚。

我是河南大学史学系毕业的，系上功课内容相近于中文系，只是多了专史而已，此外我们还有一项别校没有的特殊课程就是“中州文化史”，由张森祯（邃青）先生教授。张是河南的书香世家，曾任河南省通志局协修，熟悉地方史事，也关心与文化史有关的安阳发掘。我到现在排不全历史系主任，只记得萧主任将原本凌乱的课程排出规模，让学生有更多选修课可

---

① 刘盼遂（1896-1966），河南息县人，原名铭志，字昑遂，后更名盼遂。早年就读山西大学，曾任教山东第二女子师范、曲阜第二师范。1925 年考入清华大学国学研究所，兼中州大学、燕京大学讲师，1928 年毕业后任河南大学教授，次年转任北京女子师大历史语言研究所研究员兼河北大学教授，1931 年后曾任清华大学副教授、河南大学教授兼河南通志馆编纂，1940 年兼任辅仁大学教授，1946 年后专任北京师范大学中文系教授。从事古文字学、音韵学、训诂学研究。著有《段王学五种》、《文字音韵学论丛》等书。征引自陈玉堂编著，《中国近现代人物名号大辞典》，页 200。

② 原先念哲学系，后来转社会系，跟我同年，曾任国大代表，已过世。

选，不过他排完课就离职。

有位老师马元材，北大毕业，教过军校，随河南省主席刘峙同来河南，人很能干，先于许心武，在学校讲当时无人开过的新课程——经济史。我的室友刘燿（即尹达）[①]喜欢新课程，就选修经济史，我也修相关课程。马元材后来也加入第四次安阳发掘，不过在我参加前就先走了。五、六次时他担任河南省政府的秘书主任，到安阳去做招待工作也参加发掘，并不看坑，当时部属谷正伦就要看坑，谷后来都未参与安阳工作，而马在来来去去之外则一直参与。河南省府对在安阳工作的发掘团不错，也遏制地方盗掘的风气，对安阳发掘很有贡献。马也是五四运动的健将，是傅斯年先生的学弟，对我们更帮忙。马习惯写毛笔大字，签名也是一样，据说批省府公事就是如此，我想从小事中反映马元材应该是刘峙省主席手下的重要人物。抗战复员之后，傅斯年想请回校教书的马做北大总务长，为马所拒。马元材其实教书蛮认真的，著作也不少，傅先生不久就来台湾大学。北京沦陷后，马曾到南京我这里寄放一些书，后来又取走，我想或许是在已迁到苏州的河南大学任教，后来他没有从大陆出来，我就不知道日后的下落如何了[②]。

安阳考古在十七年十月、我本科一年级就开始了，唯为时不长。董作

① 刘燿（1906-1983），河南滑县人，字照林，后更名尹达。河南大学毕业，在校期间参与殷墟发掘，后任史语所助理研究员。抗战后到延安，1938年加入中共，曾任马列学院历史研究室研究员、北方大学图书馆长、华北大学教务长。中共建政后历任人民大学研究部副部长、北京大学副教务长、中国科学院历史研究所副所长、考古研究所所长、《历史研究》主编、中国考古学会副理事长、全国政协委员等。著有《中国原始社会》、《中国新石器时代》。征引自陈玉堂编著，《中国近现代人物名号大辞典》，页77。

② 马元材（1896-1984），湖南新化人，字非百，1925年北京大学毕业，在校期间曾与罗章龙等组织曦园。历任黄埔军校历史教官、第二集团军中州通讯主任、河南中山大学、河南大学、山西大学教授、西北经济研究所研究员、鲁苏豫皖边区政治学院院长等职。曾参与殷墟发掘团。1950年任中国历史博物馆设计员兼办公室主任。1959年调任中华书局编辑至退休，文革后期参与《二十四史》编辑。著有《秦始皇帝传》、《桑弘羊年谱》等。征引自陈玉堂编著，《中国近现代人物名号大辞典》，页16。

宾[①]先生不久就来开封整理资料，十二月时就到河南大学七号楼二〇一教室报告考古发掘，我去听讲。校内的六号楼是图书馆和讲演厅，七号楼则是一般教室和理科的实验室。七号楼的二〇一、二〇二教室都是大教室，我就是在有桌椅的二〇二上刘盼遂的国文课，有椅无桌的二〇一可以容纳较多听众，因为学生很好奇安阳的发掘，报上也有宣传，理工科学生也来听讲，听讲者多到要用站的。董先生不仅说明安阳发掘甲骨出土的情形，当场在黑板画上甲骨文字来说明，说甲骨文还更早于《说文》的字。其实刘盼遂是王国维的门生，也懂一些甲骨文，不过刘讲《说文》，对经术学问钻研得更深，偶然才说甲骨文。董先生的演讲引起我的兴趣，对我以后从事考古有点影响，不过我当时还不敢希望日后能参与安阳考古。

十八年秋，安阳考古跟河南图书馆的地方人士发生冲突，河南图书馆认为甲骨是河南的资产，应该由河南人发掘，就自行派两人到安阳挖掘，跟中央对立。李济[②]先生就暂停工作，向研究院的傅斯年报告，傅又向蔡元培院长报告，于是蔡院长就派傅斯年到河南和地方交涉，表示甲骨虽然出自河南，但还是属于国家。傅斯年就在民国十八年冬天来河南，住在河南大学宿舍。当时河南省政府中的老国民党员张钫（伯英）任职建设厅长，跟于右任一同在陕西起义，跟刘雪亚关系不错，查良钊时任教育厅长，所以傅先生就想要找他们交涉，可是当时中央与河南有冲突，省方准备打仗，就找不到人，傅就再忙着找地方士绅交涉。傅先生也在河南大学六号楼演讲考古，不过绝口不提敏感的政治和安阳发掘，也不评论省方自行发掘的对错，毕竟河南大学是河南省方所辖，傅不欲节外生枝，所以只谈科学上

① 董作宾（1895-1963），河南南阳人，字彦堂。曾就读县立师范讲习所、河南育才馆，1923年入北京大学国学门。历任协和大学、中州大学、中山大学副教授等。1928年后专职于中央研究院历史语言研究所研究员，主持殷墟发掘工作。随国府迁台后，创办《大陆杂志》，代理史语所所长，后任香港大学教授。著《小屯》、《殷历谱》等。征引自陈玉堂编著，《中国近现代人物名号大辞典》，页863。

② 李济（1896-1979），湖北钟祥人，字济之。1918年清华学校毕业后留学美国，1923年获哈佛大学人类学博士学位回国。任南开、清华研究院讲师。1926年主持发掘山西夏县西阴村遗址，后任历史语言研究所考古组主任，参与发掘殷墟、城子崖遗址。并任中央博物院筹备主任。国府迁台后任台大教授、史语所考古组主任、中研院院士。著有《安阳》等。征引自陈玉堂编著，《中国近现代人物名号大辞典》，页325。

的问题、发掘方法等等。傅先生读过很多古书，与学生讨论热烈，反应很成功，使得学生们对于中央研究院的认识比较深刻。后来双方达成协议，就是河南省政府要派人招待发掘团，河南省教育厅要派人参加安阳发掘，河南大学也要派学生实习。因为先前南北交通断绝，傅先生无法回北平，但是又找不到地方人士，进退两难，最后交通恢复，条件又已谈好，所以在十八年快过阳历年时才回到北平。但是十九年河南又打仗了，只好再度暂停安阳考古，中央研究院先去山东作发掘。

二年级时，我和刘雨民合住从北向南算、在校本部的东二斋二楼宿舍，室友还有刘燿、同乡刘竹林。河南人说三是“卅”，所以一个姓石三个姓刘，说得快些会让人误听为“姓石的杀了姓刘的”。三刘的烟瘾都很大，平常室友白天都去上课，下课后去图书馆，很晚才回寝室睡觉，并不觉得烟有多么厉害。放假时，我因为听演讲和到图书馆查资料，就留在宿舍没回家，没事就出去看电影再回宿舍休息，他们也留在宿舍，白天晚上都在宿舍聊天，烟抽得更凶，我虽然不抽，但是闻久了二手烟就让我咳嗽得厉害。于是十九年河南打仗时我就回家治病，医生没说病情为何，只说因为肺不好才会咳嗽，开了几帖中药给我吃，略有好转。时近暑假，我想到不能再请假了，得考期考，就算补考也得说明理由，以免受到学校处分，我就赶回学校，回学校后发现校内没有学生，学校职员问我回来做什么？我回答要考试啊，他就说已经放假了，我还担心会不会是我请假太多，不晓得学校已经考完试放了假，他告诉我学校因为战事不考试径行放假，我就赶紧回家。

（七）因实习而加入安阳发掘

迨战事结束，学校恢复上课，我回校已是民国十九年下半年，室友刘燿看见图书馆内有第二期《安阳发掘报告》，刊载傅先生跟河南交涉的结果，河大学生可以实习，他把书借出，告诉我："你肺里头有点毛病，就去做田野工作，也许对你健康有好处。"学校当时有贴通知，让学生自行报名参加安阳工作，除了我跟刘燿以外无人报名。报名之后第四次安阳发掘已经开工，教育厅先派河南博物馆馆长关百益[①]、河南大学第一届毕业生，彼时在博物馆工作的许敬参参加开工，并派人另行接待。等学期中获得学校通知可以成行的时候，已经算晚了，我们如果不去的话也有损学校颜面，因此就去安阳，不过安阳发掘团稍后就因躲避战事收工了，所以实际工作时间并不长，对考古认识有限。我们去的时候没有碰到关、许，他们已离开安阳，教育厅为履行约定，另派冯进贤继续工作，唯不久发掘团就收队了。听同学转述，因为安阳常刮大风，关、许即使戴口罩、又戴风镜，抵挡风沙的效果有限，便受不了风沙，先行离开了。

安阳发掘团全名为"国立中央研究院安阳殷墟发掘团"，刻有图章，直属中央研究院，史语所并未挂名。当时我们跟发掘队一起住在袁家花园，我们直接到洹上村东部的袁家花园（简称"花园"）报到。才住没几天发掘团听闻石友三即将开战，就预备停工。袁家花园附近就是石友三的叛军所在，叛军认为发掘团是中央的奸细，所以董先生、李先生于停工后怕被误会，就赶紧坐台车离开，河南省政府派的秘书、工作人员也走了。我们回到学校，学校已经考了试，因为学校规定承认我们的选修课，也承认参加田野发掘工作可以代表各科成绩抵学分，所以我们也就等于考了试一样。

从二十年三月起，就开始预先选课，听候研究院的开工通知后再去安阳，由学校支付路费，由研究院照管伙食。第一回去安阳，我们只带了车票，学校没给回程车钱，我们也忘了要钱，因此没有回程路费，正好大学同学、史学系学生会会长刘国藩是安阳人，住在学校宿舍同楼同层，我、刘燿、刘国藩在史学系学生会曾经共事，我跟刘燿当秘书，彼此是好朋友。

① 关百益（1882-1956），河南开封人，原名葆谦，字百益，号益斋。清末举人，毕业于京师大学堂师范科。历任京师第三中学堂、第一中学堂、八旗高等学堂、河南省第一师范、第三师范等校校长。抗战前任河南省博物馆馆长，为考古学社社员。擅金石、书法、山水画。著有《新郑古器图录》、《河南金石志图》等。征引自陈玉堂编著，《中国近现代人物名号大辞典》，214。

他托我们带信给老家的哥哥报平安，于是我们就去向他哥哥借钱，才有路费回到开封。

初到安阳的晚上，发掘团欢迎我们两人。发掘团成员有李济、董作宾、梁思永①、郭宝钧②、王湘、吴金鼎③等人。吴金鼎是山东人，清华大学研究所毕业，是李济先生的学生，很爱说笑话，曾发现山东城子崖。吃完晚饭后吴金鼎先自我介绍，然后介绍我们以前见过的董先生。吴说，董先生的"宾"在甲骨文写法是个人形，所以应该研究甲骨文。郭宝钧名字有"金"，应该研究铜器。吴"金鼎"也应该研究铜器，不过他实际上研究石器。刘燿有"卯金刀"，也应该研究铜器、金文。我姓石就该研究石器。学人类学的梁思永，永是越久越好，所以应该研究旧石器时代。李济的济有"调剂（济）"之意，哪一个部门缺少人，李先生就去调济沟通。因为这个故事很有意思，所以我还能记得。有些人觉得吴金鼎先生只会说笑，不怎么欣赏他，可是吴先生的研究成绩很好，发现很多遗址，也注意到人所未见之处。

从此开始，我就以大学生身份在安阳实习，参与安阳考古，也自此与考古结下不解之缘。

① 梁思永（1904-1954），广东新会人。梁启超次子。1923年毕业于清华学校，赴美国哈佛大学研习考古学与人类学，返国后任清华国学院助教，1930年获硕士学位，随即任史语所编辑员，参与城子崖、殷墟发掘。学术兴趣广泛，并积极从事，唯体弱多病，无法多所发挥。参见石璋如，《考古方法的改革者：梁思永先生的事功及精神》，《当代》，期133（1998年9月1日），页30-37。

② 郭宝钧（1893-1971），河南南阳人，字子衡。1922年北京师大毕业。在南阳等地执教中学及供职省教育厅，1928年参与安阳首次发掘。1930年起从事考古专业并入史语所，参与山东城子崖、河南浚县、辉县等发掘。中共建政后任中国科学院考古研究所研究员，主持殷墟武官大墓、洛阳王城等考古发掘。著有《中国青铜器时代》等。征引自陈玉堂编著，《中国近现代人物名号大辞典》，页775。

③ 吴金鼎（1901-1947），山东安丘人，字禹铭。山东齐鲁大学毕业，入清华国学研究院，结业后任齐鲁大学助教，1928至29年曾六次调查城子崖龙山文化遗址，1930年任职史语所，继续参与城子崖、安阳发掘工作，1933年赴伦敦大学深造，37年获博士学位，抗战期间组织云南苍洱考察团任团长，又任彭山发掘团团长，抗战胜利后任齐鲁大学文学院院长。著有《整理城子崖出土陶片报告书》等。征引自陈玉堂编著，《中国近现代人物名号大辞典》，页359。

三、安阳殷墟发掘（一）

（一）第五、六次安阳考古

第五次发掘开始于民国二十年秋天，我仍为安阳发掘团参加工作学生，这是我从头到尾参加的第一次考古工作。董先生在第一次发掘时将安阳小屯北地分成一区村东北，二区村北，三区村中。第二次李先生以小屯村中的马王庙的前头为主，仍分为三区。第三次发掘地区以村北为主，李济先生以不同的方法开掘。大致上，这段期间都是试掘，第三次是在出土物较多的地区进行比较集中的挖掘。第四次就发掘 ABC 三区，一人领一区，梁思永先生负责 A 区，郭宝钧先生负责 B 区，以地图测量说来是从西往东、往北排。第四次时又重新测量过地图。其实每次发掘都有重新测量地图，只是第四次测量时设下指标，做了规定，至于 ABC 区是在快结束时才分出的。原先的开坑记录是这样：北多少，东多少。比如说东西坑，在地图上就有 E、N，譬如 E101 公尺，N150 公尺，一看就知道是从西向东挖的东西坑，这是梁先生的主意，因为一说就知道此坑在地图上与小屯间的距离，也清楚有几个坑，不过坑一开多还是会弄糊涂，所以就要重新画 ABCDE 区域。第五次发掘时，开坑后的地图标示就改为以 A1-A15，B1、B2 等类推。不过后来因为 A 区没有继续发掘，就没有 A 区了。

第五次发掘时，董先生等人多延续第四次的工作，董先生主要做 C 区，与一点 D 区。我专做 D 区之北的 E 区。原则上每人负责一区，有长工、熟工当助手，另有临时工作人员，我们也算是此类，不过跟一般临时人员不同，是学校派来的。我受董先生指挥，也有助手，按照他的指挥开坑。为什么分我到E区呢？E区又称“七亩地”，离河边很近，范围并不大，属于小屯村的耆老何先生所有，他是当地有力人士，打算以这里做百年后的墓地，不准其他人在这里盗掘。所以这里很少有盗掘坑，是很宝贵的；而范围不大，情形单纯，董先生等人就觉得适合让新人来做，就叫我好好注意现象、作记录，他们也常常来看有没有新发现，其实就是在训练我。

先前第四次发掘在E区就看见夯土，董先生就让我继续找夯土，因为我新来，对什么事都好奇，注意力也强，比较容易察觉不同的迹象，我果真就找到夯土，以后的工作也让我专找夯土地，另因E区未遭盗掘，也需要注意出土的甲骨。我这次就发现夯土台子即“宫殿遗址”。以前对开坑有限制，东西坑、南北坑都是十公尺长，考古发掘的开坑就是以坑来决定挖掘方法，坑内出的东西都要记录下来作为此地位的参考，所以坑可算是工具以及单位。

这时我刻意以坑来寻找台子的大小，所以我就先开坑找夯土，逐步寻找成形，当时适用很多坑来寻找轮廓，要到很晚期才进展到整体发掘阶段。不过我开坑并未深挖，所以台子还保存着，就是“甲四基址”，基址意为宫殿遗址，取名甲组是因为这个基址分布在E区跟D区之内。

我们另外找到形状成凹字形，凹口朝西的基址。在遗址的东边我们还找到一个后来称作“窖”的灰土坑，也是住人的地方，时间较晚。基址是贵族所住，窖是平民住的，后来才晓得有这种分别。当时只单纯发现此坑，后来进一步发掘之后发现隋代的墓葬。在三次发掘时，就有找到“丁形墓”、“刀形墓”，这些都是隋代的。

第五、六、七次安阳发掘，我一直在E区工作。E区本来预计要整个发掘，但是因为工作方法和经费限制不容许如此，所以就只能开坑。我第六次发掘（二十一年春）时就从河南大学毕业了，第七次（二十一年秋）就是中央研究院的研究生了。二十二年春研究所由北平迁往上海，安阳工作暂停。这时研究所就叫我把E区做个结束，我就写了《E区工作报告》，刊载于史语所《安阳发掘报告》第四期，二十二年六月就出版了。

同去安阳的刘燿，后来分到梁思永先生的组，不在小屯工作，而在薛家庄后冈，就是村庄后头的高冈，简称“后冈”，位在小屯的东南，离小屯有段距离。第四、五次发掘时，梁思永先生都在后冈领导工作，第六次时梁先因病无法工作，刘燿也离开后冈到浚县工作，直到第八次发掘才接下领导工作。他在这里独当一面。

第四次发掘，李先生在著名的 E 区第 16 坑，就在我找到的夯土台子的东方，发现大量的甲骨、铜器、骨器等等。既然在第五次发掘时先发现部分夯土台子，第六次就继续追踪灰土坑，又发现另外的灰土坑，平常的灰坑都呈圆形，此坑却是长形坑。另外有一大坑，直到七亩地东北断崖才止。后来发现圆坑的上头也有夯土，我就注意寻找，就发现它被盖住了。那时并不清楚原因，只知道长形灰坑很少，另外也发现方形坑其中有烧过的痕迹。我找到基址之后就直觉灰坑跟基址有关。

我为了要找台子，就连接开坑，不循已往的规矩，而开了成一个很大的坑。记得董先生来到这里时就批评：“开这么大的坑不好记录啊！”我就回答：“我想把这个基址整个找出来。”既然我能说出理由，董先生也不能说什么。那时觉得这个坑有红烧土、有甲骨，还有金叶不少东西，很重要，如果只开小坑就弄不清楚彼此关系，我想解开整个谜题。我到现在只记得整个现象，至于时间先后、彼此关系还有待厘清，还没有弄清楚整个灰坑。

这里的地形较为复杂。要先说明 D、E 都是现在农田的界线，并非殷代人的实际区划。E 区比 D 区略低五公寸到一公尺，D 区的东边是一个高的沙堆，E 区位于 D 区的北邻，东部又有断壁，所以就把现象弄乱了。E 区的夯土台也横跨到 D 区，所以要将整个夯土台子挖出来才能够更深的了解。

（二）第七次安阳考古

第五次安阳考古的时候，安阳县政府也想仿照河南省政府派人参与发掘，主持工作的董先生答应了县府的要求，县府就派了两个人：郝升霖君，是学校校长，对实际工作无兴趣，很少来；李英白君，较年轻，不知是教员还是教育局官员，较常来。他在E区的西部发掘，也发现一个甲骨坑，由于李君未受太多考古训练，只能记录现象，缺乏进行深入观察的兴趣，所以对此不放心的我就要去帮忙作记录、观察现象。这个坑出的甲骨虽然没有E16多，数量也不少，更特别的是出了半个石磬。我则在E16坑的东边工作，这就是E区两个重要的地方。两个坑由于距离不远，有可能是宫殿跟宗庙，所以关系密切。我不整理甲骨，甲骨都归董先生做，董觉得这里的甲骨很重要，所以只要是出土甲骨的小碎块，不论有字、无字通通要收集起来，然后看如何排列，同时拍照。此时拍照专家没有来，所以由他人代拍，因为不是专家拍摄，效果不佳。

到第七次发掘我仍注意坑与祭祀之间的关系，在逐一开坑找寻的时候，E区北方略遭破坏，相对较为整齐南方就在开坑时发现坑下压有早期龙山文化时期的文物，所谓文物就是遗物而已，没有甲骨。

第五、第七两次安阳发掘可算是安阳考古较为式微的时期，人数以第六次发掘时参与者比较多，此时郭宝钧先生领了一批人到浚县辛村工作，第五次人稍少，第七次人数更少。安阳第七次发掘之后便告暂停，一方面是因为自九一八以后在北平的中央研究院即着手南迁，于二十二年正式搬迁，李济、董作宾就无法下田野。又因为田野人力不足的关系，像郭先生在浚县发掘，梁思永先生卧病休养，刘燿只好转往浚县辛村工作，所以安阳考古暂告停顿。我因为人不在北平，在安阳发掘停顿后，就加入河南古迹会的工作，就加入辛村团，参与辛村第三次发掘工作。

（三）辛村第三次发掘

在谈起田野发掘之前，我先谈些别的事情。参与考古工作之初，因为我还是河南大学学生，可以住学校宿舍，可是二十一年大学毕业后，我成为中央研究院研究生，在开封就无处可住了，正巧河南大学因为协议的关系，有义务协助整理河南古迹研究会辛村第一次发掘的文物，正在放暑假的河大，教室、宿舍比较空闲，就将六号楼的顶楼借给发掘团，顶楼上有个向外凸出的平台，我跟刘燿就在平台上边整理、边在顶楼内堆物和住宿。等到秋天学校开学时，文物已经整理完毕，需要存放。学校就拨了从前的医务室，位在学校的西边，靠公园一带，有五间房子，里头有地板、厨房，给我们使用。据说曾有学生因为突发高烧、腹痛来到医务室看病，后来因病身故，学校在我大二的时候就搬迁医务室，原址封存，学生也罕至此地。不过我们在作田野时看得墓葬太多了，并不在乎鬼神之事。

刘燿的老家在滑县，哥哥在东北，若是寒暑假无事就到东北去看哥哥，医务室就只有我自己住，我也不害怕。不过秋天以后河南古迹研究会的主要人物郭宝钧先生来到开封，由于他的家眷不便住在河大，便另外在离学校不远的东棚板街租了房子充作河南古迹研究会的办事处。辛村发掘团算是河南古迹研究会名义下的工作，不过人员实际上都是研究院人员兼任，所以是史语所的外围组织，整理工作时由河南古迹会负责。郭先生便把河大的整理处搬到东棚板街，我跟刘燿便住在这里。东棚板街前头邻街，有很大的院子，郭先生眷属就住在后院。不过我们还是研究院的人，也不算古迹会的一分子，因为在古迹会工作，也跟古迹会一起开伙，彼此照应。

不久河南省博物馆新近盖好大楼，馆长兼古迹会秘书的关百益先生同意郭先生可以在大楼内利用广大的空间进行整理，相关人员可以住在大楼上面，我们觉得这个主意不错，于是便搬到河南博物馆去工作、居住。旋又搬迁到龙亭的西院，古迹会才有了独立的门户。

再说一件小插曲，就是二十二年的春上，安阳第七次发掘结束，八次发掘还没有开始之前，我跟河南古迹会的赵青芳、王湘等人前往浚县调查，作为先遣队的我们就住在离辛村较近的刘庄。我们在郭宝钧先生抵达辛村之前，在刘庄南地附近就发现一个龙山时期黑陶遗址、一个仰韶时期彩陶遗址，发现遗址后我们觉得比刘燿发掘的辛村火车站东方大赉店还要好，便先行发掘。因为大赉店虽是仰韶、龙山、殷商三期遗址，虽然有白灰面，但是没有殷商基址，只有遗物，东西也不如安阳的后冈多。

等到郭先生来了以后，因为这里不在正式的工作之内，于是就停止工作，到辛村去了。郭先生第一次发掘时大家就住在浚县火车站一个高楼上，离辛村稍远，得坐马车。第二次发掘就住在刘庄，离发掘的地方较近，马非百也参与了辛村的屡次发掘。

辛村濒临淇河北岸南北转东向的弯口，淇河河水颇深，河岸陡峭，第一次他们在当地调查时注意到当地人在河岸附近挖窑洞居住的现象。第一次他们既然先在北边发现遗址，就进行工作，找出不少龙山期的东西，也发现夯土，后来才发现墓葬。因为夯土很大，在安阳时，我们都认为夯土是基址，可是在辛村郭、马二人便看法不一。郭先生认为这边盗掘、盗墓情形很盛，所以夯土应是墓葬，马先生认为夯土附近为淇河，夯土应是为防泛滥之用的河堤。平心而论，因为夯土都靠近河边，而这里还没发现墓葬，又出土龙山时期遗物，马非百的说法也有他的道理。其他同仁们就此意见纷纷，分为“郭公墓、马公堤”两派彼此抬杠。起初也不清楚其性质，最后在窑洞内发现夯土与黄土交接的上下线才确定是墓葬，但是已经遭到盗掘了，因此“郭公墓”说战胜。这也传为一时美谈，凡是参与发掘的同仁们都知道的趣闻。

我们在辛村工作时，发现当地地层有一层黑砂“砂隔”，大概在地下一公尺深，约一公分厚，越往西越厚，可达十公分到十五公分，到了刘庄或因地势较平，或是被挖走，就看不见砂隔。我们并不清楚砂隔在何时产生，不过猜想是仰韶文化时期前后，因为打破砂隔的是仰韶文化遗址。观察有无被打断的砂隔也是本地人盗掘的方式，若有则附近就可能有墓葬，就可盗掘。郭先生曾经看守一个靠近辛村的大墓，因为墓顶的夯土无被扰乱的痕迹，在遗物快要出土的时候，郭先生就派保护发掘团的兵士到屋顶守卫，以免生变，谁知道挖到底却一无所获，原来早就有盗掘者从旁边挖了一个洞钻进去偷了，只要大墓靠着河岸，盗掘者容易看到砂隔，就会下手盗掘，这也是靠河大墓的坏处。我们知道这种线索之后，也依样画葫芦，于是也找到墓葬，其中有大墓，也有小墓。

辛村的墓葬从西边岸边起，到东边的福兴寺（庙名），与刘庄成三角地带。刘庄因为地平，无砂隔，所以还找不到墓葬，实际上有没有还不知道。辛村、刘庄一带有仰韶、龙山、汉代墓葬等，就是说这一带都有先民的文化。

辛村多墓葬，越往东越少。我这一次被派到离福兴寺很近，离辛村较远的地方，先前的发掘找到一个大墓，但尚未发掘，我这次就负责挖出大墓，墓名为第二十四号墓，是大型墓系统之一，已被盗掘过，有南北两个墓道，后来人称此种双墓道为“中字形”。因为这墓很大，要耗费很久时间，所以我那时还没做出墓道。这个墓很奇怪，我们在墓室的北墙上发现烧过火的痕迹，我们就不清楚是在盗墓时烧的，还是埋葬时烧的。二十四大墓的遗物很少，可是有些很珍贵的遗物是其他墓葬未有的，例如金牛头（是纯金制品，殷商时的金饰捶成薄片状的），另外还有石磬。这里的磬与殷墟的磬不同，后者呈三角形，前者呈半梭形，上头有洞，可以悬挂。作为乐器的编钟编磬是成组的，不过我们只找到并不成套的两个编磬，其他的可能被偷了。因为当时尚未找出墓道，南道、北道究竟如何则不得而知。

身为中研院的研究生，我在收工之后写下一份报告交给主持人郭宝钧先生，可能他把报告交回中研院给其他人打分数去了，后来他写报告时并未看到我的报告，墓葬方面就写得很简略，实在可惜。二十四大墓中找到的其他材料（包括陶片、灶）则交给研究陶器的王湘，王湘因为忙碌也没有做完分析，或许就直接交给古迹会保存。我当时作了很仔细的记录，也写报告交卷了，现在是凭借记忆来讲的。或许报告不见是因为古迹会跟中研院搬家多次，搬家是很容易丢东西的，报告就因此丢掉了。因为后来有音乐家来研究古代乐器，就要敲石磬，所以我印象深刻。

我们会去参观彼此的工作，刘燿在辛村的发掘也找到些东西。他挖的墓比我挖的墓就更深了，大概在地下十米深，第一次是第十七墓，第二次是第五墓，都是他们编号的。他也找到双墓道的墓，同样遭到盗掘，墓型比我这里清楚，里头也有点东西。这里的墓的最大贡献并不在于东西有多么珍贵，而是有助于研究古礼。像西边的第十七墓是男性的墓，东边的第五墓是女性的墓，在第五墓内有女用的小粉盒、顶上雕有兽的簪子，第十七墓有武器，这些是从盗掘坑找到的，才让我们知道墓主的性别，也知道当时卫国人是分葬而非合葬，《礼记·檀弓》谓："卫人之祔也，离之。"很熟悉经典的郭宝钧先生解释成，当时的人多合葬的，但是卫人是分葬的，不过彼此距离不远，由实际的墓葬就知道《礼记·檀弓》所言为实。

另外还有一个大墓，我们下去时，就发现夯土，也在墓壁上发现了铜制的车组织，共有三组，但是有一部分被偷了，所以只剩下一个车轮子，还有木制车轴的痕迹，车轮上头还有清楚的辐条，有助于我们研究当时的车。这个车不是战车，是普通的车。另外还有车墓，不过都拆散了堆成一堆，所以很难组合。这个车组织比较清楚，所以还可以复原。

辛村不是春上多雨就是多旱，发掘团在的时候正好是多雨时分，当时大家住在刘庄的小四合院，两间屋子四个人住到里头，堆了行军床之后也满了。因为下雨不能出去，我们又没有带书来看，不在屋内睡觉，就是说故事，故事都说完了。像马非百先生的床靠墙，墙上糊着旧报纸，他看完了墙上的旧报纸，天还是没放晴，他就揭下报纸读另外一面。另外管材料、照相的刘屿霞先生，就教我们测量、照相的技巧，教完测量、照相技巧后，因为他体格很健壮，就教我们拿大顶、蝎子爬。我们并不清楚上房的人怎么消磨时间。

辛村北边的庞村靠近山区，与辛村分属不同行政区。庞村的区长是地方土霸，虽然管不到在辛村工作的我们，但是其影响力仍可及于辛村。区长平时与发掘团素无交谊，突然邀宴郭宝钧先生，郭并不想去，但是又得罪不起，只好带点礼物去赴宴。赴宴回来后，郭转述区长手下说的故事给我们听，就是区长以前请客的时候，不管是夹菜、吃东西都很注意客人的脖子，手下就问区长："吃饭为何要看脖子？"区长回答："看以后如何下刀啊！"这种饭当然让郭先生吃得很不舒服，当我问郭先生是否被区长看了脖子，郭先生并不清楚。我们想，发掘团的工作可能挡了区长盗掘的财路，由于发掘团是中央派去的工作人员，土霸身为区长必须听令于中央，对我们莫可奈何，但是心有怨气，就趁机恐吓以泄愤。

李济是史语所考古组主任，起先跟我们一起下田野，后来史语所南迁上海小万柳堂，李济身兼社会所所长、史语所代所长二职，就忙到没空来田野，他对我们的工作有兴趣，又不放心，就趁着上海工作和南京督工的空当到辛村视察。李先生曾参与第一次辛村发掘，也看了先遣队在刘庄自行做的发掘。我们发现一个灶，呈手掌型，有四脚，也可以说是烧陶器的窑，器物可放在窑上，从下头烧火，烟往上头散出去，以前在西阴村没看过，他知道是以前没有的，就兴味盎然。

另外有一个出了不少东西的汉墓，李先生看的时候，发掘工作已经停止，只待填坑，李先生看过后就认为汉墓的时间虽晚，但是内部文物完整，可以等到辛村工作结束之后再继续研究，不过我们当时只想找早期墓葬，觉得汉墓太晚而兴趣缺缺。李先生认为汉墓也应该发掘，先前的殷墟遗址未曾找到汉墓，所以也算是一个新的形式。我当时对二十四大墓下了工夫，很少将心思放在汉墓上，汉墓的报告就没有交给古迹会，直到一九五四年才将《河南浚县刘庄的汉墓》发表在《史语所集刊》第二十五本。

同年夏季，辛村工作结束，我回到开封，住在龙亭西院，当地是从前的宫殿，就是下楼梯的西边。康有为曾经在这里题过字，由于时间久远，已经忘记题字内容了。西院有一大、一小两栋房子，也有门，靠台阶的门可以通往楼梯底下，就被我们用来放东西，也算是小四合。外头的空地与唱戏的戏楼就成为整理器物的地方。后来我们在附近加盖了小房子作为事务人员的住处，郭先生住在北边的正房，我跟刘耀则住在西厢房南、北间，同时整理发掘的文物。我们聘请到修理铜器（当时以车器为主，礼器还不多)、象牙器、陶器的北京琉璃厂师父李世益则在把二门堵起来的地方办公，跟事务人员住一起，每天上班来整理器物。

在二十四墓出来一个象牙器，一部分已成粉，一部分则碎裂了，李世益将这些部分浸泡药水之后兜合，象牙器呈长方形，还有个眼，因为未予研究而不知其用途。由于开封气候潮湿，有很多蛇，李世益习惯把要整理的东西放入柳条编筛子之内，需要时再从筛内取出，一天吃完早饭准备工作，就看见筛内盘着一条蛇，因为在天寒地冻的北平从未看过蛇，把他吓坏了，后来由本地的李姓事务人员把蛇逮住后拿走了。开封人对蛇视为稀松平常之事，蛇也可以吃，不过在开封有禁忌，认为黄色的蛇是龙，若是随便打将会有事，必须要唱戏，这一次是普通蛇，可以直接拿走不唱戏，这就是开封一带的民俗。我们就在龙廷西院整理东西，直到秋季安阳开工才离开。

（四）第八次安阳考古

因为二十二年春上停工，发掘团所住的袁家花园养寿堂被军队占据，我们暂住到平常堆物品的栈房，可是容纳不下。主持人郭宝钧先生立刻和县政府交涉，由县政府出面协调，军队坚持不让出花园，县政府无奈之下只得开出两个地方让我们选择：一处位在安阳内城东南边，两栋小楼房，院子也不错，地方稍小，离工作地太远；一处是安阳内城西南的冠带巷二十六号，离工作地较近，房子格局不错，只显得破烂，这因为先前住在这里的兵穷到没有燃料，拆了门窗当柴烧的关系。党部曾占用上房使用，后来就由党部让出房子给发掘团。

冠带巷二十六号是前清山东王姓巡抚的住家，前头邻街，大门旁边有号房（门房所在），可通往住家，一进大门就见到照壁，从前院过二门再入内，前院的西墙也有路通往佣人房，所以空间相当大。住家在房子的东边，西边则是佣人住的地方，中间有二门、过厅、小房，后面是上房，上房后头本来还有个楼，就在此隔成另外一家，大概有五到七间房。

冯玉祥一来到安阳，将袁家花园充公变成学校，冠带巷充公变成党部，后来也驻军，因为两边都不承认院子为其所有，就成为公家的公宅，这时县政府说这里需要大加整修才能使用，当时只有上房能住人，郭先生便安置团员们住在上房，他自己在这里的时间不多，就使用上房旁边的佣人房，其余地方无法住人了。由于公家经费有限，我们只能先修理急用的厨房，其他修理工作再陆续进行。

史语所当时增加李景聃先生、祁延霈先生两位新人，因为史语所在上海小万柳堂的空间狭小堆满箱子，空间不足，所以李光宇、王湘二位先生也离开上海到安阳工作，可是我们的空间也有限。正好刘燿跟我不参加同时进行的辛村第四次发掘，王湘先生就可以到那里工作，祁延霈先生就转往山东城子崖工作。于是李景聃、李光宇、石璋如、刘燿是安阳第八次发掘的人员。

李景聃先生是李济在南开大学的学生，英文很好，进史语所之前曾经在男女合校的上海中学当英文教员，他因为讲话有点口吃，像念“upon”时就无法完整发音，所以被学生称为“阿胖”，既指身材，也指口吃。李光宇先生无意间得悉李景聃先生的绰号，就喊个不停，我们也跟着叫。李景聃先生由于比较年长，就成为老大哥，我们自行排行：阿胖老大，我排老二，李光宇排老三，刘燿排老四，平常彼此就在田野里头 No.1，No.2，No.3，No.4 的喊，工人们不知道我们在叫什么，听到 No.1 就说是“南边弯完北边弯”，当地话以弯为挖土之意，也无意间说明了我们的发掘工作。

养寿堂因为离工作地不过两三里，早上可以步行上班，中午由厨子送饭到田野来，晚上再步行回去。但是冠带巷就离工作地约有七八里，实在太远，开头曾经试过步行，但是到工作地就累到没有精神工作，回来也吃不下饭了，于是就雇马车往返，中午还是由厨子送饭。这次的发掘四个人都集中在以 D 区为主的地区，因为安阳只要看夯土、遗址即可，不会出什么状况，郭先生在分配好工作之后就离开安阳，以重要性高的辛村工作为主，偶然再来视察。

这次的发掘有郭宝钧先生的影响在内，也预先排开地区的坑名，一人发掘一个段落。从前都是十公尺一坑，距离很远，这一次我们本来想挖掘整个地区，后来想到领导人一定不太赞成如此做，也不赞成我开大坑，于是就折中为开支坑，如果发掘的坑有东西，再以支坑进行发掘，从西往东排列。

D 区比较少灰土坑，倒有好几个基址，就以基址为主，当我们看见夯土时就先挖下去，转而先寻找夯土台的周围，并称为第几基址。在此发现的三个基址，有两个基址相当清楚。新发现的两个基址位在从前发现础石的基址之南，这两个基址并无础石，但是基址之东又发现一个缺了不少础石、找不到边的基址，这里也发现铜制的础，铜础上头鼓出下头弯，上头原有的木头柱子遭焚毁，证明此基址曾遭火烧。基址底下是硬土。基址当初可能很高，就柱子遗迹看可能有两、三公尺底下巩固地基的有铜础与石础，再下头就是地面，算是一大发现。因为这个基址很长、很大，靠东边，离洹河不远，离他们的住地也不远，我们曾猜想或许是武王伐纣时烧毁的。在基址东边的灰坑找到第五期的甲骨，更证明这里有可能是武王烧的。不过此说我们并没有文字发表，因为需要甲骨学者加以证明，可是因为宫殿已经被填平，遭到破坏，又没有甲骨学者解读出有甲骨文字说明这宫殿就是武王烧毁的证据，但是仍不能排除这种可能。

何况第四次安阳发掘时曾在基址附近找到第五期纣王伐东夷的甲骨。甲骨有一个牛头骨、两个鹿头骨，其中一个鹿头无角，另一个有角，兽头刻字“王伐东夷”，此王即为纣王。纣王伐东夷时看见梅花鹿就射杀之，在梅花鹿头骨刻字，表示那天纣王射鹿，后来又射了一只梅花鹿，也刻字记录。后来有甲骨学者研究，两者时间很近，可证明两个梅花鹿是一对，先射的有角梅花鹿是公鹿，后者是母鹿，当母鹿寻找公鹿时又被纣王射死了。董作宾先生确定了时间，屈万里先生则指出时间不远。上次这批兽头骨要去法国展览时，我查证后才发现两只鹿头骨有角的分别，才知道是一公一母。纣王归国后，若不是不要这个头骨，就是后来的人丢到废弃坑（灰坑形同垃圾坑一样，因此有好东西跟坏东西）。

我们这次还发现在基址底下的灰土坑“穴”。要先说明穴是浅的，形状不定，上头建顶、可住人。窖比较深、以长方形为主，多用来贮物。窦是椭圆形的，也较深。一般基址由上排到下是夯土—黄土—灰土（灰土坑）。此穴与基址还有距离，基址就是殷代的地面，此穴属于龙山文化期，内无甲骨，遗物有方格纹的罐子（龙山期最标准文物），黑陶（黑光的陶器），呈盘状，底下有足、有空间。这次的辛村、过去的后冈都有很多黑光陶片，但是小屯则无，另外还有不同于殷代的小石斧。表示此区不仅有殷代建筑，也有龙山期遗存的建筑。先前本无法从北边发现方格纹的陶片确定是龙山期，这次就可以确定了。再往南走就没有龙山期文物，证明龙山期居住的遗址较接近洹河，以求取水方便，穴居而无基址。殷代因为人多，就离河较远，虽然穴居也有基址。其他地区则称基址为“夯土”，也叫“版筑土”。因为土墙就是先用版筑起再积土敲打而成。版筑是从北向南发展，越靠南越大、越多。在这个时期，还发现一个现象，但当时尚未证明，就是版筑门向东，越向南越大，门也向南。

有一说是与“版筑出身”的武丁宰相傅说有关，早殷是半穴居，武丁来后可在地面上版筑居住，便不受河水影响，所以版筑越南越高，也有防河患的作用。至于是不是傅说时才有版筑？虽然没有直接证据，但是龙山文化并无版筑，应可确定版筑是殷代的产物，这也是对古建筑的一大证明。

我后来在台湾发表的殷墟报告乙编的《殷墟建筑遗存》，是依据十五次发掘后所整理的资料，将五十几个基址整理分三组：甲、乙、丙，对时代、方向、形式进行探讨，指出不同的方向、形式，代表不同的时代，这应当是第八次发掘的经验所产生的想法。

后冈原由梁思永先生负责，刘燿担任助手，后来梁生病，刘又转往辛村，后冈工作便陷入停顿。第八次安阳工作期间，刘燿征得病中的梁先生同意后就跟尹焕章[①]到后冈，于十一月十五日起复工。先前后冈发现了龙

---

① 尹焕章（1909-1969），河南南阳人。河南大学肄业。1929年起先后在中央研究院历史语言研究所史学组、中央博物院筹备处工作。曾参与安阳殷墟发掘工作。中共建政后，历任南京博物院保管部主任、华东文物工作队副队长、江苏省文物管理委员会委员。与曾昭燏合作调查江苏考古遗迹，提出“湖熟文化”的名称。著有《华东新石器时代遗址》等。

山、仰韶、小屯等三期文化层，这次除三期文化层之外，刘燿在后冈东区发现了殷代的墓葬，出了一个以前从未发现过的铜甗，可说是第一次大发现。

后冈西区发现一个南北二道的“中字形”大墓。到了年底，小屯的发掘工作便宣告结束，刘燿因为后冈的发现而无法停工，到了新历年时依旧继续进行，想先到一段落、找出重要文物，以免停工期间被盗掘，但是新年时下了大雪被迫停工。刘燿家里有事只好先走，我们留守安阳，也不放心后冈，等到雪停了就转到后冈工作。正值天寒地冻，墓葬约有地下七八公尺深，下到工作坑的积雪融化成水再结成一般的工具无法打破的厚冰，增添工作困难，我们只好燃起柴火烤火，先将厚冰逐渐变成泥、再融成水的逐步进行。后来发现此墓早就被古人盗掘了。盗掘人从中间挖了个洞进入，斜形的墓壁并不宽阔，而得维持洞顶夯土，但是下头都被掏空了。我们仍然从夯土堆中发现了很多的人头骨，每一层夯土就有一个，大约有二十几个人头骨。就此而知殷代筑夯土时习惯以人为牺牲，每筑一层夯土便举行祭祀仪式，砍一个人头。

另外还发现北墓道是台阶形的，南边墓道是斜坡，北边墓道底下有二层台，中间便是“亚字形”棺椁，人头骨便埋在十字形之外的地方。棺椁由于被盗掘圆坑破坏，内容物不得而知。在棺椁底下的地层则埋有一只狗。附近又发现一个车坑，有车器、有我们称为杠头的軎、轫（车舆与周围的固定）。当时习惯是只要碰到不认识的器物，不管如何都叫做车器，当然不一定真的是车器。这是我们当时对后冈大墓的认识。

（五）谈陶片文物的整理分类

前七次殷墟发掘各有不同的陶片收集的处理办法，起初是收一部分丢一部分，后来觉得不妥，就先收集所有的陶片，整理之后再丢。第八次的时候，刘燿就依据以往的研究结果，把成形的器物印了个小本子，并依颜色、性质等分类做成图录表，再要我们在田野中看见陶片，即进行记录并按表整理分类。本法用意不错，不过是对发掘经验丰富者较为合用，并不适合首次参与的李景聃先生。后来我们利用晚上商量四次，认为依种类、颜色、花纹、哪一类哪一型做分类，是有些麻烦。而有些数字如大A、大一实际使用上也过于麻烦，而且往往记录之后一星期就忘了。以前只写"收集红色绳纹陶片几块，丢弃几块"等等，现在必须标示，新法经试验一星期后就发觉行不通。后来曾把办法寄给南京院方征询意见，在回复前我们就觉得新办法不可用。最后就收集了很多的陶片，等到回南京再整理。陶片的编号就由刘燿负责。现在都找不到当时编号的小册子，所以对当年的分类方式也无法晓得了。

后冈大墓停工以后，刘燿以外的工作人员都留守在此。这是第一次在发掘地留守，原因有二：第一，因为搬迁到上海的中央研究院历史语言研究所地方不大，已经堆满遗物箱子，回去也无空间可用；第二，是因为冠带巷虽然仍须整修，但是还有可用的上房，而过去陶片都被送到北平北海的蚕坛整理，现在陶片既然无法送回北平、上海，便就近整理。留守的李景聃、尹焕章、李光宇和我，只有李光宇先生参与过北平的陶片整理工作，其他人都没有经验，所内整理陶片的高手王湘先生正在山东各处调查，做陶片编号的刘燿也不在安阳，所以整理陶片者都算是生手。

我们决定"先合后分"的原则。"先合"就是把本次所得陶片统统合在一起然后再按类细分，在田野时各个人都把陶片依照发现时的坑名深度及数量等写记录字条，和实物请工人送到城内办事处，刘燿再登记作总编号，交给工人清洗，干后再把总号及坑名、深度等用毛笔写在陶片上，分储。大整理时，把所有的陶片堆在中间，摆置小煤火，我们环绕着小煤火坐着，检取堆中的陶片分类，每类作一堆，个人分好堆之后再来拼起来，看看是否能够拼成完整的器物。小屯的灰土坑是当时的垃圾坑，里头出了很多碎片，垃圾往往被随意丢弃，所以在不同的坑堆所挖掘的碎片往往能够兜成完整的器物。我们就要看经过分类的碎片还能否复原成器物，因此重组工作很热闹。有些没有离开的工人也一起来整理。在整理的时候，因为大家可以在一起说笑，同时做先分类再复原的工作，就比田野发掘有趣的多。

整理过程中我们得到一个经验，就是在田野时不能仅注意陶片的花纹、颜色而已，应该就先试着复原。因为在田野里头，同类的陶片还是比较少，各式各样的多，还容易找出来予以复原。在整理的时候若先混合在一起，就与原先预期情况相反，因此还是在田野里头复原为先。要是能合起来一个器物，成为“成形器物”，即使当时不清楚其性质，但是已能单独放置。日后的工作，我们就先兜合陶片。也请长工在田野里就先把骨器、石器、蚌器分类，特别是质材脆弱的更要小心处理。骨器种类很多，包括骨锥、骨簪等等。蚌器就是将蚌壳或打或敲成器物应用，依照使用形态而有不同的形状。像我们起初找到蚌制的各式小组件，似乎是耳朵、眼珠等等，后来就组合成“蚌制兽面”，兽面是装饰性质的，有骨饰、蚌饰。

我们也发现碎石器中有似十字形物品，上有缺角与断裂，表面呈光滑，没人认得出来是什么，因此就保留下来，称为“残石器”。到十、十一、十二次发掘后，认识渐多，方知是玉璧的一部分。玉璧的中心高起，旁边降低，原先很光滑、很亮，它的横断面有一部分就像是找到的碎片，只是碎了就难以辨认。所以考古是逐渐从碎屑中点点滴滴累积，直到发现完整的器物时才呈现全貌的学问。

我们这次也整理一些蚌器。蚌刀是将蚌壳分成两半，上头有洞。做蚌器的蚌多是厚蚌，做蚌刀的则是薄蚌。在八次发掘时，龙山时期的坑有薄蚌，小屯期是厚蚌，可见早期不会做厚蚌，但是到殷代就不做薄蚌刀，而以厚蚌制器物为主。蚌刀多呈镰刀形，附上柄，主要是作为摘穗使用的农具。殷代铜器则是后来的“戈”。殷代也有很多石刀，形状类似蚌刀。石器仍然是殷代主要使用的工具，铜器则是用作礼器（如觚、爵、甗）与武器（如戈、矛）。有的是在墓葬中发现，有的是在灰土坑中发现。经过整理之后，也熟能生巧，逐渐对器物有了比较多的认识，也是一种收获。

（六）签订冠带巷租约

第九次发掘工作在民国二十三年春季开始，主持人董作宾。董先生来到安阳之前就清楚冠带巷的情况，已经筹款预备修屋。不过他认为要弄清楚房子究竟是公产还是私产。房子似乎不是公产，却又是由县政府拨交的。正好尹焕章之妻前来照顾生病的先生，原先租住西院，后经人介绍转租东院，租金还蛮合理的。因为渐渐熟识，对方觉得研究院的人很公道，外头又有警察守护着，给雇工的待遇不坏，就透露出是他们的产业。他们最先隐瞒是一方面害怕要负担修屋费，另一方面是不想惹麻烦。董先生就表明我们是要付租金，而不是要他们修房子的。对方半信半疑时，正好有位西院的住户李绍虞，先熟识尹焕章，再熟识董作宾，和董先生彼此投契。李先生是葬仪社的负责人，相当能干，因为负责袁世凯的葬仪事务，见闻广博而闻名安阳。李绍虞知道研究院的意向之后，便出面向东院的王姓主人说明，于是签下租约，请县政府作保。因为房东没想到还能收回这栋房子，租金也只是小意思而已。房子修好以后，每个工作人员都可以有一间房子住。

董先生会签租约，一者是要应付当地人，再者就是应付政府。因为冠带巷先后经过军队、党部、县政府多人之手再拨给我们使用。我们怕军队不讲理，再度重演霸占养寿堂的旧事。当时就听说有某参谋长看上冠带巷，手下人想来占用，也许是参谋长手下揣摩上意，假借名义想来动此地的脑筋也不一定。研究院签租约请县政府作保，冠带巷就不再是公产而是私产，军队便不能任意征用。

后来第十二次发掘，真的有驻军不管租约，要我们腾出房子，我们出于无奈，只得请研究院向蒋委员长说明，请蒋委员长发布告，贴在大门口的照壁上，内容大致是“驻军不得干涉，不得扰乱”云云，如此一来军队就必须听令了。当时的河南省主席是军人出身的刘峙，带过部队，手下部队属于国军系统，对于委员长的命令必须服从，所以才压得住。像地区专员兼县长方策，虽也是军队出身，但算是政治系统，没有直属关系，就压不住驻军。

（七）第九次安阳考古

第九次安阳考古同时进行小屯、后冈的发掘工作。坐马车上工时先到后冈，让后冈工作人员下车，再到终点站小屯。马车夫兼工作队的发掘工人，收入不错，是个很老实的年轻人，工作很起劲。研究院给短工一天四角，扣掉天雨、星期天，一个月收入不到十二元。长工就是一个月十二元。我跟刘燿是研究院的研究生，月薪五十元，比小学教师的收入（十五元）多得多。平常公家管吃管住，我们也不知道怎么用钱，出差调查另有调查费，所以花费不多。

开工之后，刘燿、尹焕章负责后冈。我们这次是在E区之北、靠洹水边的G区进行工作。以前罗振玉等人在此进行甲骨发掘，找到不少大骨版、大龟版，其中以骨版为多，龟版少，由于出土量多，地貌便遭到很大的破坏，盗掘很严重，因此我们找不到基址。大约在三月二十九日时，有来自侯家庄的长工说侯家庄发现甲骨。侯家庄毗邻北岸洹水，附近是武官、西北冈，侯家庄居民以侯姓为主，武官居民多姓吴，因为有人做过武官而得名。武官的居民本来就较有钱，又因在侯家庄一带盗掘到不少铜器而富上加富，侯家庄就穷得多。侯家庄地处东西交通枢纽，有个寨，武官则是有炮台，就是阁楼上装了大炮，充作自卫。侯家庄的侯新文，在南地只有半亩地，仿效他人盗掘出值钱的铜器，因为不懂情况，就与他人合伙，但找了一天却只有一堆骨头而已，合伙人见希望渺茫便告拆伙。侯新文不愿意丢弃辛苦找到的骨头，就带回家想看看有无特别之处，然后发现骨上有符号，他曾听说有符号的骨会有文字，就在油灯下仔细检查一遍，结果发现有不少块骨头刻有文字，翌日便带到安阳城内的古董店里去卖，但是由于那时盗掘者多卖铜器，不值钱的骨头自然卖不出去，就败兴而归。长工听闻消息就告诉我们，还指明是侯新文的地出骨头。

以往在第六次发掘时，发掘团在武官的小司空村南地发现灰土与陶片，随即进行发掘，结果在安阳政界有权有势的小司空村人士出面抗议，不让我们进行发掘，为了避免冲突，我们便停止工作。我们被人嫌并非无缘无故的，离发掘地不远有块“四面碑”，碑文是元代名人赵孟頫书写，他的字在北方很值钱，好多人去拓帖牟利，因而踩坏了农人庄稼很惹人厌，我们这种不讨人喜又挡人财路的工作就更惹人厌了。侯家庄南地离小司空村不远，我们担心抗议重演，董先生便立即着手前置工作，在三十日写公文给县政府说因为侯新文的地上出土了甲骨文，要去那里发掘，也秘密联络地方官，请县府三大人物——专员兼县长与保安司令方策、保安副司令苏孔章、秘书张曹——在发掘当天驾临现场，然后才叫来侯家庄村长，在我们的工人到达南地、地方上的人也来围观后，方策立刻训话，大意是说中央研究院的人原来在小屯工作，侯家庄现在发现甲骨，村民要好好保护，工作队因为工作范围的扩大，需要雇工时也优先雇用当地人士。训话之后立即开工，并未遭到当地人士反对，侯家庄南地工作便很顺利展开。由于人力有限，小屯、后冈的工作就先暂告一段落，将人力全部集中到侯家庄。

对于家贫的侯新文，因为是个新手，我们就雇他当短工，使他有份收入，他也很满意。长工与短工的条件不同、做的事情也不同，田野中的长工责任重大，必须认识与分类器物、记录、计算数量、带领短工押送器物，必须是个熟手，因此数量有限，大约才两三个；另外还有住在办事处的长工，负责领导识字者在器物上编号。

先后参与第九次工作的有：董作宾、李景聃、石璋如、刘燿、尹焕章、顾理雅（H. G. Creel）[①] 等人。顾理雅是美国芝加哥大学研究古代东方的教授，因为跟董先生很熟，就从原先的参观者变成参与者，顺便看看热闹。正在忙着写甲骨文断代论文的董先生并未参与全部田野工作，偶然才来看看。将人力集中后，将侯家庄分成东、西区，实际工作的四个人：刘燿、尹焕章负责西区，我跟李景聃先生负责东区。

东区很接近侯新文发现甲骨处，当地是甲骨区，有小灰土坑与基址。西区发现了大灰土坑与墓葬。因为西区的大灰土坑出了很多陶片，每天长工得押送器物进城。我们一早起来，坐马车到工作地上工，晚上才回来，平常有四个人，如果董先生、顾理雅也去的话就有六人，就有两人得坐在车外头，马车负担很重。顾理雅人高腿长，不便坐在车内就坐外头。一次下工的时候，车经大司空村、往南北道上前进，当马车要加速的时候，马跟车的联系突然松开，马加速前进，车却停止并向前倒，车外的顾理雅便跌下来，受惊之余幸未受伤。顾理雅回到安阳后，便急着打电报回到美国给太太报平安。安阳当地只有电报没有电话，我们平常有事就打电报回南京报消息。我们便开顾理雅的玩笑，既已平安，何须打电报报平安。

这一次发掘找到不少东西。东区的情形比较接近小屯，小屯多基址，有的基址会有础石。西区则多陶器，少甲骨，时间也比较晚一点。我们在侯家庄东区找到两个基址，一个有础石，另一个范围稍小者则无础石，令我们感到不解，李景聃先生也以基址发掘方式处理，就是要找到不是夯土的地方，一般来说夯土的基址并不深，这次却挖了半天还是夯土，后来终于挖不到夯土，也发现盗掘者的盗坑，经过比较发现此较小基址原是墓葬。李景聃先生把墓葬当成基址来作，就等于剥了墓葬的皮。

① 顾理雅(Herrlee Glessner Creel, 1905-1994),生于芝加哥，1926 年毕业于芝加哥大学，翌年获得硕士学位，1929 年获得芝加哥大学哲学博士学位。专研早期中国文明史。1931-35 年获得哈佛燕京学社奖助，前来中国。以 *The Birth of China*（1936）一书介绍安阳殷墟发掘之重要性。1936 年起任教于芝加哥大学，历任助教授（1937-41）、副教授（1941-49）、教授（1949-64）、Martin A. Ryerson 中国史教授（1964-74），在职期间主导该校发展汉学研究。1943-45 年间曾服务于美国陆军军事情报单位。另撰有 *What is Taoism? And Other Studies in Chinese Culture History*（1970）等专著。David Roy, "Obituaries: Herrlee Glessner Creel", *Journal of Asian Studies*, Vol.53 Iss.4（November 1994）, p.1356-1357.

这次判断并非没有原因的，我们先前在后冈曾找到一个有墓道、无基址的盗掘墓。东区墓并无墓道、无础石，所以让我们判断错误。依照前诸经验，我们以具有础石与否来区别墓葬、基址，无础石的夯土大部分是墓葬，有础石的夯土大部分是基址。因为基址上头有可能会盖房子，当然这还是有例外的可能。

大陆后来也发现墓葬上头有基址，下头是墓葬的墓，就是所谓的"妇好墓"，两者是同时建筑的。有人说上头是飨堂，也有说是宗庙，不过这种说法问题还很多，他们后来称作"墓屋"，别的墓葬也找不到础石，这是大陆找到的第五个墓葬，离安阳发掘的时间已经很远了。当地是在小屯的西边，是殷墟计划中的I区，由于墓葬很深，器物也很多，如铜器便有一千六百多件，也有大件的铜器，还有铭文，蚌器也有八千多件。我们当时还没有发掘到那里，所以便由大陆继续进行。

第九次另外的重大发现就是大龟七版。头两次发掘只有小片的龟版，第三次发掘就发现了大龟四版，发现满满的古字龟版就已经觉得很不得了。七版出在我负责发掘的H区第20坑。发现时间已经是快要天黑前的下午三四点，龟版包藏在灰土坑内的硬土层中，因为硬土不好发掘，又是龟版，作业过程要很小心，发掘完毕都已天黑。七块龟版中，有六块腹甲一块背甲。背甲在腹甲的上方，不过已经破了，压在腹甲之上，而且只剩下完整背部的一半左右。不过腹甲倒是相当完整的，碎片也全部捡回来。由于六块腹甲分布位置很接近，所以我们也一并取出附近的泥土，以免造成龟甲进一步的破损，然后用棉花裹起来，送回冠带巷处理。

吃过晚饭之后，为了如何处理沾黏在龟版上的土壤，同时又维持龟版的完整，大家意见纷纷。有位曾经参与史语所明清档案整理的同仁说，以前纸质档案会受潮沾黏，他们便采取蒸的方式，慢慢揭开沾黏的纸，不妨如法炮制。也有人说用水浸泡以松脱泥土，取出龟版。又有人说何妨用小锥子仔细掏土，也可取出龟版。主持人董先生听过大家的意见之后，就说"你们的办法都不是办法"。他决定用小炉子烧好一大盆热水，然后将毛巾放入热水中，再将热毛巾包覆着龟版和土壤，等于是用捂的方式。我们慢慢地捂，土也慢慢地脱开龟版，于是龟版出土。出土时是背面向上正面向下。可是背面有火号，就是在甲骨上钻开小洞，然后用火去烤，火烤产生崩纹之后即成“兆”，然后在正面刻字记录兆。所以我们起先不知道有没有字，就得去掉土，才看得见是否有字。我们将第一块龟版黏着的土壤取下后，即看见满满的卜辞文字，心中当然高兴，于是一块一块继续做，工作时虽然很苦，但是大家兴致勃勃也不喊累，一直做到晚上十二点多才结束，然后妥善保存龟版，再回去休息，翌日继续工作。

后来董先生叫我把侯家庄南地的发掘成果写份报告，龟版出土也写入其中，作为我研究生的成果报告。董先生就根据我的报告，另外写了份详细介绍龟版甲骨文字的报告。他认为龟甲七版是在殷代第四期，由贞人“狄（大犬）”所作，卜辞就是管理贞卜之事的狄所写下的文字。

有个关于大龟七版的趣闻，就是县政府秘书张曹也搞金文，一听说我们发现大龟七版就与专员同来参观。董先生就跟他们开玩笑说贞人“狄”（大犬）即史官，是主持贞卜事情的，就像秘书主持公文一样，张曹就跟专员微笑讨论起大犬，认为是地不是人，于是董先生日后对“狄”就在所著《安阳侯家庄出土之甲骨文字》好好地解释了一番。

洹北发现甲骨，是甲骨学上开荒辟野天大的发现，于是在第九次发掘尚未全部结束时，负责考古工作的史语所第三组便到安阳开了小组会议，一来参观新发现的甲骨遗址，二来讨论内容主要是有关研究生的，与其他的事情。因为我跟刘燿两个研究生从二十一年开始至今已有两年，应该可以毕业了。我们没有毕业文凭，也没有毕业考试，就是写个报告，由他们开会通过，自民国二十三年下学期起，我们升任正式职员“助理员”，待遇当然也提高，从先前的五十元到一百余元。我也正式成为研究院的人员。

四、安阳殷墟发掘（二）

（一）第十次安阳发掘

第十次发掘是由两年前因病离开田野、现今身体痊愈的梁思永先生领导。参加第十次安阳考古的人员：梁思永、刘燿、祁延霈、胡福林（因为他觉得与军阀同名，不愿再用，后来改名胡厚宣，这时仍叫胡福林）[①]、尹焕章、石璋如，工作期间从民国二十三年十月三日到十二月三十一日止。

因为梁思永先生发现后冈遗址，民国二十三年九月初梁先生从北京来到安阳后，便决定第十次发掘要以后冈、小屯两地为重心。可是发掘团在第九次发掘侯家庄南地时就听说，盗掘的武官人在西北冈发现铜器而赚了不少钱，像侯家庄曾经发现三个高射炮（就是有管状嘴、盖的大型管流盉，本地人称为高射炮），后被日本人高价买去。另外武官村人还在小营村的田地上发现"转龙碗"（盂形器，里头有四条龙）、"小庙"（器物学上称方彝），武官人非常讨厌发掘团挡了财路。当时驻守安阳的小组——刘燿、我、尹焕章、李景聃等人，就向梁先生建议文物难寻，不妨继续发掘侯家庄西北

---

① 胡厚宣（1911-1995），原名胡福林，河北望都人，1934 年北京大学史学系毕业。1934-40 年在中央研究院历史语言研究所工作，参与安阳殷墟发掘。1940-46 年任职齐鲁大学国学研究所，兼中文系、历史系主任、教授。1947-56 年在上海复旦大学任教，兼中国古代史研究室主任，1956 年起任中国科学院历史研究所研究员。中共建政后，积极从事甲骨文的搜集著录工作，参与郭沫若主编的《甲骨文合集》编纂工作，任总编辑。主编《甲骨文与殷商史》等书。征引自周伟洲主编，《中国当代历史学者辞典》（西安：西北大学出版社，1993 年），页 495。

冈。但是梁先生认为侯家庄离冠带巷太远，花费太多来回时间，更远的西北冈将会耗费更多交通时间，他的考量不无道理，但是我们无法坐视东西被盗掘，于是他提出几项条件：我们住在离工作地很近的工作站，一个星期中要待六天，到礼拜天再回城里洗澡、写信、休息，可是星期天晚上要回工作站吃晚饭，成员必须团体行动，不可以用其他理由逗留城内。

我们答应梁先生的条件之后，就要在侯家庄找工作站。可是庄民不愿意跟其他当地人对立，就不愿意租给研究院。后来有位侯迪道，家里有点钱，全家人同住在大路的南边，另外在北边也有房子，他跟太太同住。有人介绍我们去谈谈，他也满口答应，他儿子却大力反对，于是侯迪道想反悔，我们就说租屋之事已报告给县府，如果事情有变得再行通报。本地人大概也怕官，于是未再反悔。上房中堆有木材，无法住人，我们租了厨房、西厢、临街部分，他只留下东厢一间和上房。工作地点就算固定了。

侯家庄西北冈其实位在侯家庄的东北，武官村的西北，因为武官村人持有当地绝大多数的土地，就把当地叫做西北冈，侯家庄也跟着叫，我们不管这里是侯家庄还是武官，在发掘报告一律称西北冈“HPK”。记录上普通探坑为 HPK 第几坑，若是加“M”就代表墓葬，即几号西北冈墓葬，例如“HPKM1001”就是西北冈第一个墓葬。1001 的编号是梁先生给的，以千计算是设想要在当地找到一千个墓葬，那时觉得这样是相当气派的。

我们先赴西北冈考察，决定以武官的双大井及侯新文持有地为开工地点。西北冈地势甚高，以井水做种植、灌溉棉花的水源，双大井一带就是为方便水流，将井台筑高的两个井，是武官人专用，有两个用骡子拉的水车，大约可浇几百亩田地，比起平常使用辘轳抽水、最多能浇几十亩的井神气得多。村人所说的高射炮就是在侯新文的地下偷挖到的，盗掘者从附近的地底下偷挖过去，作为地主的侯家没有注意到盗掘的痕迹，自然拿不到钱。侯新文很穷，只有村南半亩地，和西北冈约一亩地而已。我们从他那里知道坐落地点、交通路径、盗掘处等讯息。

我们以前为方便记录，以十公尺长一公尺宽为标准开坑。到了西北冈，因为距离武官、侯家庄约两里，再往北区也有一里多，距离很辽阔。因为当地距离遥远，路上无人，劫匪看见路人落单便动手行抢，秩序并不平静。发掘地点一带正好有条南北向道路，便以道路为准划分东西两区，我们先从西区（即侯新文持有地）开始寻找夯土。根据侯家庄南地的经验知道，夯土不是基址而是墓葬。除了夯土之外还有扰土（混杂了夯土疙瘩跟黄土的土壤）。夯土土质很硬，扰土则除了夯土疙瘩坚硬之外，黄土并不太硬。找了一个时期后发现扰土会出东西，夯土则没有，当时感到不解。日后方知夯土是墓葬土，扰土是被扰乱的土，里头就可以捡出东西。

（二）“一〇一二事件”与后续

西北冈开工之后便发生两次意外事件。第一次是十月十二日，在侯新文持有地的北边，由我负责的南北坑。这个夯土坑，工人掘不到夯土，原来坑底业已崩掉。工人便上来向我报告情况，我下坑看过也觉得奇怪，上坑后就搬张椅子坐在坑边画图做记录，时间大概是下午三点多，天色渐暗，离五点天黑收工也不久，孰料坑洞突然塌陷，正在记录的我也陷下去，被泥土埋住腿，其他坑的工人赶紧前来将我抢救上来。坑内有五个正在工作的工人，两个适时跑出来，另一个工人韩希尧练过功夫，在塌坑时一跳，上半身就露出来，只让土埋住下半身，获救时尚能走路。有两个工人：侯新文、刘珍（很年轻、即将结婚的郭家湾人）陷在坑里，塌陷的坑底下还有空间，我们也听到他们在呼救。后来才知道当时的抢救方法并不好，若是赶紧从旁边挖个洞还有机会救人，未料大家见到意外，急忙过来抢救，无意间的踩踏却压实了土壤，迨天黑我们挖开塌坑之时，两人均已经回天乏术。

刘珍的远房哥哥在郭家湾有点势力，平日就带着小队人马与盒子炮到处跑，他带人过来，还说了狠话。我们把伤者搀回工作站休息，也发给家属三十块安葬费，请家属领回尸首，但是家属拒绝。到了晚上，我们无奈之下只好先将尸首抬回工作站，幸好马非百在这里，由他写信通知专员公署、法院验尸、三民医院的张医师诊视伤者。我们还担心侯家庄有太多野狗，若是有野狗咬了尸首，情况将更糟糕，就由刘燿跟我彻夜看守尸首。胡福林、梁思永、祁延霈几位先生在一点多时回去休息。

韩希尧起初似乎没事，旋因下肢血管受压迫形成血块造成小便不通，抽出血块之后未见起色即送医治疗，三民医院无法开刀，于是转送到加拿大教会所办的广生医院，由他的弟弟签字同意进行手术，开刀之后幸而稳定住伤势。我们除了通知县政府、法院之外，也电询研究院该如何处理相关事宜，研究院在十三日回电，发给死者每人二百元抚恤金。

法院的人在十三日早上抵达，勘查现场之后知道是意外事件，而非蓄意谋害，于是请死者家属来到梁思永的办公房，在此设立临时法庭。因为是我负责开坑，首先由我报告，法官验尸之后告知家属可领回尸首并领取安葬费三十元。十三日下午南京来电同意发放抚恤金，刘珍家属顺利地先领走了。我跟尹焕章便即去侯新文家通知抚恤金事宜，请家属带保长一同领回，十四日中午之前若不前来领取，抚恤金就将退回南京政府，日后无法再领。侯新文的张姓妹夫是第二高中的学生，受到家属邀请在场，以事关重大为由劝说侯太太拒领抚恤金，又自行造访梁思永先生，意图以威胁方式来讨价还价。张某也请教母校安阳初级中学的校长张尚德、第二高中校长赵质宸相关事宜，两位都说两百元抚恤金不算少，再闹下去对家属没有好处，也认为张的态度不当。后来张某前来赔罪，说是受到某些人摆布才一时糊涂，我们猜想可能是武官村盗掘者从旁教唆。当天晚上侯家家属在会商之后，就同保长来到冠带巷，侯太太还哭诉说上了别人的当，希望能领抚恤金了事。

因为今年侯家庄的庄稼收成不错，村民便打算在十五、十六日谢神。我们觉得既然刚刚出事，工人也要去看酬神戏，就决定从十五日起暂时停工一星期，顺便也淡忘意外，之后再行复工。停工期间，我们便去安阳西部最著名的水冶一带作调查。

水冶就是说在铸铜时用水冲击机器，让机器动弹以融化铜汁。安阳西部都是山，水冶正位于缺口处，当地山明水秀，也是很重要的地方，有饭铺可用饭。当地的寨与一般的砖制寨不同，是运用当地唯一出产的大理石制成的，算是相当讲究，只是因为乡人不悉大理石的特性而未予琢磨，石面仍维持白色粗糙的外表。我们主要是去调查史前遗址，考察山里头是否可能发现旧石器，同行的祁延霈先生是地质学家，找了半天却看不到预想的旧石器，只找到六朝的洞窟，里头有石像，以往曾有记录却未受重视，我们是到达后才晓得的。当地另有一间有名的寺庙，庙本身已经没有了，只剩下基址与砖制台子而已。

从水冶再进去便无法坐车，只能骑驴、骑马，后来因为在山上地势崎岖、有山沟的关系、路况更差，大家便步行入山，到达天喜镇，水冶人说那里可以吃饭，附近有间庙也可以住，我们本来以为天喜镇应该与水冶差不多，没想到镇上什么东西都没有，还是去水冶补给的，我们算是上了当。不过做田野工作的人，只要带了烧水的工具与干粮，就可以烧水配干粮吃。以前的驻军留下了炉子，山里并不缺柴火，我们便能生火煮饭，在此吃饭休息后便转往小南海。

有洹水流经的小南海是著名的风景区。洹水在山中有一段成为地下伏流，至小南海再涌出地面，规模跟湖差不多，所以当地人称之为海，当地还有口市，洹水到此离开山区，水面变宽，我们便分作两队，沿着洹水南北岸向东走，在一星期内走遍洹水两岸，调查是否有史前、殷代遗址，也发现不少地方。我们经过明代的麻水寺，本地人说“南京到北京，麻水庙上头一工”，因为庙上有个雕塑的浮壁，手工艺很不错，不过当地有土匪踪影无法久留，我们并未去参观，也未看到石碑。

我发掘的地方既然出了事，梁先生就觉得暂停发掘、寻找原因较为恰当，在我负责区附近的胡福林也暂时停工。我、梁先生、胡福林就去同乐寨发掘遗址，刘燿、祁延霈先生继续留在西北冈。同乐寨又叫无影寨，因为看不见影子，当地又有关公庙，据说是关公月下斩貂蝉的地方，常人一见到美貌的貂蝉就不忍心杀她，于是便由重义气、不动心的关公在看不见影子（也看不见貂蝉）的无影寨斩了她，当地也兴建纪念的关公庙。

我们在同乐寨挖掘到仰韶、龙山、小屯三期遗址。在西北冈发掘一个多月，出土的多属小件、破片的骨头、石头、陶片，很少完整器物。我在同乐寨的灰土坑中发现一处殷代墓葬，内有人骨，旁边又有一套铜觚、铜爵。发掘西北冈以来还没有发现铜器，却第一次在同乐寨发现铜器，梁先生认为相当重要，值得庆贺一番，可以忘掉意外的不愉快，这也许是上天所给予的补偿吧。只是以后并未再发现铜器。但是从这次发掘经验之中，就晓得同乐寨外头有一大片夯土，可能是殷代大规模的葬地，只是未能继续发掘加以证实而已。这里或许是殷代的聚落，也许是墓葬群，而确定有墓葬的存在。这里的墓葬较小、不成排，不像西北冈是成排的。不知道大陆现在是否有在此发掘？

西北冈复工之后，刘燿找到较多东西；胡福林也发现一个叠压的遗址；祁延霈先生运气较差，没有发现文物，不过也逐渐找出还不是相当清晰的大墓边缘轮廓。有一天，刘燿在坑里挖出一具石虎，呈跪姿、张着嘴、瞪眼、约有五六公寸高，很完整，比铜觚、铜爵又珍贵得多了，所以大家又庆贺一番，就是“石虎之夜”。有一个不成文的规定就是，有重大发现的话我们可以命名，于是当天大家意见纷纷，想了“梁思永石虎”、“蔡元培石虎”、“傅斯年石虎”、“李济石虎”、“刘燿石虎”几个名字想为石虎命名，发现者刘燿不赞成用他的名字，支持用梁先生的名字，因为讨论很久，时间也很晚了，大家决定暂停讨论，等到合适时候再说。

（三）“一一一五事件”

在“一〇一二事件”后，十一月十五日又发生“一一一五事件”。当天晚上大约十点以后，我们正在写报告，小营村村长李宝善带着菜园主人李来发来打听，中央是否有派遣“中央夜晚发掘团”进行发掘，听后我们觉得很奇怪，哪有夜晚发掘团？就猜想是盗掘团。先前我们便听到工人口耳相传，研究院出四毛，很快就有赚八毛的机会。村长说县府官员李冠领着武官村村长和工人以“中央夜晚发掘团”的名义到李来发的田里发掘，研究院就是“中央白天发掘团”。夜晚发掘团还要村长在庙前预备好热水、铺好地上的干草，村长对于这团人要村长安排住庙、喝水的事情感到奇怪，觉得不像官方行动，可是又有县府官员出面，只得听从要求，再找我们求证。工作队觉得不对，便请驻团的警察跟士兵观察情况，军警就携带我们预备晚上工作时照明的双筒照明灯到1001旁高土堆上观察。军警看见盗掘者越过李来发的菜田，在附近的棉花田里有说有笑的挖掘，便打开照明灯，盗掘者发觉情况有异，军人与盗掘者都开了几枪，后来双方以有话好说为由决定停火，军警将盗掘者缴械，将李冠、武官村长等人带到工作站，随后就派人把李冠送交县政府，武官村长和一部分被抓的工人则让武官村人来保释，于是夜里就解决了这件事情。

翌日白天，张曹秘书到达工作站，不承认李冠是县政府正式人员。事实上，李冠若非县政府人员，就根本无权命令村长做事，只是县政府怕丢脸而不敢承认罢了。省府派来的马非百曾回到开封，担任“豫北政治考察团”的团长，恰好来到安阳，当面问过李村长觉得事关重大，应该要予以调查，就向省政府报告，工作队也向研究院报告，我们告诉张曹，现在研究院的工作区遭人盗掘是不得了的事，必须听从中央指示，任何人不得随意进出此地。这时县府以李村长弄错李冠的身份为由，将他关押起来；中央与省府的公文往来又很慢，事情迟无进展。

中央直到十二月才派了古物保管委员会的滕固（职位较高）、黄文弼两个人来调查。黄文弼跟梁思永先生很熟，平日不拘小节、不讲究生活，好歹算是中央来的，要有衣装，到郑州转车时买了一件丝棉袍，到达安阳后出席工作队办的欢迎会，一看见菜肴中有爱吃的鱼头，根本不管会不会弄脏衣服，就吃了起来。调查委员先找到行政专员兼县长方策询问李冠的身份，方策否认李冠是县府职员，与事发当晚秘书的说法一致，因为实际上李冠并非县府正式职员，不过事发当晚县府秘书答应要予以究办。两位调查委员稍后再下田野考察，县长可能有陪同。马非百先到安阳又转往外县视察，直到十二月十九日，才带着“豫北政治考察团”，由区长索子佩陪同到安阳盗掘地察看，他们走后，当天我们就正式复工。后来李村长获释，不过整个事情也不了了之。

（四）发现 1005、1022 墓

工作队一复工，就在盗掘处旁开沟，首先清理盗掘坑，清坑时恰巧遇见盗坑打破墓葬，就发现西北冈墓葬 HPKM1005。墓葬本身是南北坑，盗坑正好搭在墓葬之上。墓葬的上口约一米二深，底部约一米七。幸好盗坑挖到一米五就被我们阻止，稍微再往下挖、不到一米七就出现铜器。若是去迟了，或让盗掘者再挖一爪钩，铜器就将会被偷了，情况很危险。

1005 第一个发现的物品就是转龙碗，梁先生看见之后，我们便知早先工人所言为真，只是还未看见小庙而已。另外发现两件：一件有龙的盂，一件无龙的盂，计三件。二十日下雪只得停工，二十一日复工，就发现壶三件、铜箸三双六件（但我们不知道用途）。二十二、三日仍继续有发现，二十二日发现圆柄、方柄的铲，计三件，还有锄头（上有花，田野的非正式学名取为透花锄，不过仍有人主张是铲子，功用当时不明）三件，还有两个陶盆（一个是旁边斜着的，一个有中柱，较类似转龙碗）。最后清理墓坑时又发现铜圆片一件，背面有鼻的形状，梁先生说是铜镜。另外发现六具人骨骸，梁先生叫“身首异处”，因为砍下来的头与躯干并不一致摆放，这是相对于全躯葬而言的。骨锥起先发现一个，后来又发现二十四个，总共二十五个，骨锥很光滑，象牙质地，但它底下不尖，不像锥子，也不像箭头，便就外形先称作骨锥。总加起来共有四十四件器物。

这些物品与人骨都以三为计，人骨上层三具，下层也三具。仔细研究发现上层三个骨头均头向东北，躯向西南斜向躺着，头前摆着壶。两具骨骸腿呈平直，但第三具骨骸呈跪姿，腿往上翘。壶以中间的较大，两旁的

较小，花纹都不错。盂之中以没有龙的花纹特别细致，有龙装饰的仅在口部、底下略有花纹而已。下层三具骨骸便排列得不清楚，大致是靠西北墙集中，被压在一二具骨骸之下。三个铜箸每人一双，顺着人排列，一双在西北边、一双在西南边，第三具人骨旁也有一双，所以我们知道下层的人与铜箸有关，上层的人与壶有关。铲子三个集中，方铲在中，圆铲一上一下，锄放在旁边，陶器齐靠东南方向，也是三个排列，盂在壶的南边方向。所以第一排是盂，第二排是壶，第三排是骨锥。盂跟壶都与水有关，可称为水器，骨锥则似乎与水无关，但排列得很有意思，头一个很大，五个较小的在旁。我们后来研究这个骨锥很像是琴弦柱，五个骨锥就是五弦琴，两组七个骨锥就是七弦琴，大骨锥便是击弦的棒子，这样也是三组。

当时还有很多东西都不知其用途，于是谈话间梁先生就说对铜制器物的解释要审慎、要彼此配合。像梁先生早先将铜圆片认为铜镜，但后来就只称“圆铜片”。二十六年教育部在南京开艺术展览会，梁曾为殷墟出土器物写说明小册，但是都只说发现圆铜片，不写铜镜，梁也反对转龙碗是灯的说法。发掘完毕之后，梁思永、刘燿、祁延霈诸先生押送物品回到北京，并告诉傅斯年所长发现成果中有殷代的铜镜，傅看过之后，就在北京大学的“中国古代史专题研究”班上说，以前只说汉镜，现在有殷代的镜子，可见镜子很早就有了，这是大发现，与徐中舒先生说汉代之前已有镜子的说法相近。三组的高去寻[①]先生当时就是傅先生班上的学生,听到傅先生的说法之后，自此对之特别留心，高先生专研铜器，就特别下工夫研究，后来也证明圆铜片就是铜镜。此外，一九七三年中国社科院在妇好墓中也发现铜镜，证实铜镜的时代可以上溯至殷。

我们并不明了锄和铲的关系与性质。殷墟的铲的后头有孔，也有木头，铲离墓葬北端约有一米五左右，堆成一堆。銎里头也有细丝，在百倍的显微镜下发现是芦苇纤维，北方很多芦苇，说明铲子可能是采水中的芦苇。

---

① 高去寻(1910-1991),河北安新人,字晓海。北京大学史学系毕业。曾任中研院研究员、史语所三组主任、台大考古人类学系教授。曾至哈佛大学担任客座教授。并于1978年8月至1981年7月间任史语所所长。1966年当选中研院院士。将梁思永有关侯家庄发掘未完稿辑补成系列专书。

后来仔细看过锄头（或是李济先生称铲子）才确定它不是铲，而是用来耙东西，高去寻称之为“耙器”。所以铲才是采芦苇的。同样是铲，圆柄铲、方柄铲也有不同，圆柄铲很结实、很锋利，确实可以采芦苇，方柄铲较扁平、既不利又不结实，后来才想到圆柄铲是采芦苇，方柄铲是削芦苇的。

再来是锄头跟盆子的用途。后来看到有人的意见，就是蜜蜂在树洞、树上、墙缝等处筑巢酿蜜，然后采蜜者在外面蒙住脸，用锄头伸进去挖蜂巢。也有人说，采蜜时蜂蜜跟蜂蜡是一起流出来的，然后要分离蜜与蜡，将柱子盆放在蜂巢口，便可让蜜流到孔中，可将蜜跟蜡分开到不同的盆子里头。我们还不清楚殷人究竟吃蜜与否，但是有人说蜂蜡可以拿来做蜡烛，供祭祀点火。从前《周礼》载有祭祀有水（以酒代表）有火（以蜡烛代表）的说法，于是盆、铲都与做蜡烛有关。如此，这些发现的器物便与水、火都有关系，所以六个人中有三个人管水（壶与水有关），有三个人管火（采蜜、芦苇来制作蜡烛）。这是我们从几个线索中慢慢推想的结果。

我们推想铜箸的用途上花费了很大的工夫，“箸”会让人联想到是夹东西用，但是铜箸下方是方的，上头的銎是圆的，侧面还有小洞眼。以往有两说，一说是认为箸的中间可以固定，像剪子一样夹东西，但是中间的孔太小，根本无法夹东西；也有人说是钻木取火，若真如此一支即可，何须两支，因此两说都不对。根据梁思永认为要将铜制器物彼此配合才合理的说法，一回到芦苇纤维的线索，就与蜡烛有关了。因为有人说芦苇可作蜡烛心，就提醒我们蜡烛是一对的，铜箸就是蜡烛把，可以插在地上，若绑上布、沾上烛油便可作蜡烛，将蜡烛插在蜡烛把上，烛心用小钉子与烛把眼接合以免松脱，就能解释清楚铜箸的用途。烛的长度虽然不清楚，但是祭祀用应该不会很小，所谓“火烛”就是大的蜡烛。

对于镜子，有人说是照脸的，还有人说是取火的，这样就有凸透和凹透两种形式。这个圆铜片略微成凸透，不像照脸用的那般平，所以应该不是照脸用；要取火则是凹透镜，才能聚光。这个圆铜片就让我们伤透脑筋，又不能挖下一小块化验铜、锡的化学成分，幸好可以做聚光实验。我们就从十一点开始在楼顶上试验两三个钟头，是否能够聚光点火，结果都不行，因此也不能取火。现在的犁面因为磨得较光滑，既可以照见人、又能聚光，所以农人一不注意就会烧到衣裳。有人发现陕州（三门峡附近）一带遗址出土古物“阳燧”即取火的镜子，“木燧”就是钻木取火的。可是此人所指的“阳燧”并非镜子，但是具体形状我找不出来。林素清小姐后来在报告中找到另外一样可以发火的东西，就略成凹透镜。

1005 中略凸的铜镜的用途仍旧不明，它的鼻子很大，背面有花纹，上头涂有朱红。高去寻先生经过检查，指出光滑的正面有朱红，略有脱落，但用放大镜看差不多还是红的，背面的花纹面朱红更多。有一说是由于包裹镜子的编织物染红镜子的关系，经仔细检查后发现花纹有凹凸，凹面红色更多，凸面略有磨损，整个说来红色还是很多。我们就想涂红镜子大概与《礼记》所言“取水于月，取火于日”有关。大口盂又叫鉴，有人说“镜鉴”，郑玄注“以鉴取月”，后人注为“鉴为镜”，后人都弄不清楚《礼记》的意思。我将古人之说加以综合，提出解释，为何要取水于月，是因为月有望朔圆缺，仰着头看天有些不方便，低下头透过盛水的盂所反射月亮的影像就方便得多，这就是“取水于月”。太阳平常是圆的，只有在日食时才有缺损，星星太远太小不易看见，所以平常人就只看见日月。人眼无法直视太阳的强光，太阳是红色的，月亮则是白色的。若是把镜子涂红，圆形的镜子远观就看不出突出的部分，看起来就很像太阳，所以“取火于日”就是这样来的。那么，这几个人都是管理这些东西的。

1005 墓在二十三日大致完成发掘，二十四日清理一番，又发现一个相并着的墓 HPKM1022。人头前即放了东西，这个墓做了两天。头一天就发现 1022 墓只有一具人骨，是全躯俯身葬。先发现三件东西一组，一个牛角形铜器，位在顺着北壁口向西方，有盖，以往罕见，两个小型的铜觯，也有盖，放在人头上，三物皆完整。再出三件器物：一觚，二爵。觚被打断成两截，下段在墓的东壁旁边，上头的弯在西壁旁边，大概因为觚比较高，要平放的时候就被打断分开放置，虽然略有缺损，但是还算完整。一个爵少了两条腿，另一个很完整无损，就放在南壁。第三组就是一卣、二斝。卣分成三截，盖子分开，中段反过来就是觚，不过在田野里头是合在一起没有分开的。完整的卣放在人身的中间部分。较大的斝就被打破了，另外的盖子，上段被放到觚的北边东北角，中段被放到东边的中间，下段放在人的腿部，破得很厉害，花纹非常好。较小的斝就很完整。平常的斝有三条腿，这两个斝很特别，有四条腿。第四组则是方彝，就是小庙，于是转龙碗、小庙都出现，更证明春上的工人说法正确。所以 1022 共出了四组十件器物，跟 1005 完全不同。

在二十五日清理墓葬时还发现几片斝的碎片，可是回来试兜就发现缺损很多，有很多片不在墓中，不知是打破还是放入他处了。这里有两件值得注意的事，就是在爵的“鋬金”上有个“中”字的铭文，方彝在盖子与底部都有“右”字。这又怎么解释呢？在古代传说，夏、殷订有四季的祭祀——春礿、夏禘、秋尝、冬蒸，周代把“礿”移到夏去，春祭改为“祠”。四组铜器就与春夏秋冬有关，全部都是酒器，也就是配合四季祭祀的器物。春天仍寒，所以牛角形铜器与觯都有盖；夏天偏热，所以爵与觚就无盖。《诗经》为配合韵脚，所以才变成“秋蒸冬尝”。秋天最重要的是尝新，庆祝新谷收成收藏，现在仍有类似的仪式，像民间十月中收割完谷子就要演戏酬神，安阳考古发掘团因此暂时停工，这就是“尝”的传承。要尝新，就用有盖的卣、大斝来煮东西、盛酒饭，避免东西冷却。无盖小斝则可视情形随机运用。又秋尝有所谓“斝仪”，因此在秋祭使用斝是更为可信。寒冷的冬天要举行蒸祭，就用有盖的方彝。彝跟斝均有盖子，底下就可以烧火加热，就像现代的蒸笼一样。而粮食可以做酒，作为食器的方彝也可以是造酒的酒器。以上是我根据古代的传说，经过推断而产生的论点。

1022 墓中只有一人，情况比较单纯。我现在研究的结果，认为这一组墓共有八个坑，在 1022 之左有五个坑，1005 在 1022 之右，在 1005 之右尚有一坑，不过已被盗掘一空，其余七坑都是完整的，1005 有六具身首葬，其余六坑是单人全躯葬。1022 的人面朝西，其左之坑人面朝东，彼此相对。另四坑全躯葬人面自左至右为东、东、西、西向。西向的二坑中均有狗骨，一只在人肩膀上，一只在人头上。1022 在东边也有只狗。所以这一组 1022 六个墓葬中总共有三只狗、六个人、十件铜器，1022 外的其他五坑均未发现器物。根据推断，被盗的墓葬里头应该也是六人身首葬、无器物。因为身首葬的1005在西才有器物。所以1022、1005组墓葬加起来可能有十八人。根据《周礼》有“司烜氏下士六人，徒十二人，取水于月，取火于日，供赍盛。”司烜氏是官名，统有较低一级的下士六人，较低二级的徒十二人，跟这组墓葬群所呈现的编制是一样的。而有十二人的徒管水跟火相关的事情。高一级的人管“供赍盛”之事。目前在甲骨文中还没发现司烜氏的名字，但是此墓葬群有可能就是殷代的司烜氏，这是我目前的推断。这两个墓也是我们发掘以来最大的收获与最多器物的墓葬。

因为与二墓成排的东区，还有许多小墓，做到一月初才停工，将器物运到北京，就请琉璃厂的古董专家打开方彝，才知道里头的字。同时也打开盖得很紧的卣，却发现不是卣的底，于是大家想看个究竟，但是琉璃厂恐怕破坏原先完整的器物，便拒绝尝试，于是维持原样运往南京，抗战爆发后又装箱运往重庆，再转往昆明。梁思永先生整理的时候想看个究竟，便请潘悫（实君）先生来想办法。潘先生人很仔细，善画图，会修手表，手艺很巧，在所里很有名气。潘悫先生看了很久以后，就找了很细的铜丝，蘸了酒精，缠在相当上节底部外腹之间的缝隙中，再将铜丝点火，“嘭”的一声，就成功打开了。打开之后发现下面原来是个觚的样子，共三叠。潘先生比琉璃厂的师傅更有办法，就更出名了。这件事也传为美谈。

因为第一次的西北冈发掘欠缺经费，梁先生也无法争取更多经费，出土的东西有限，但是这次发掘不少文物，梁先生将文物运到北京之后引起很大的注意，就有利于争取经费进行未来的工作，所以在下一次的西北冈（第十一次安阳）发掘就可以用更多的人来进行工作。

（五）第十一次安阳发掘

第十一次安阳发掘是在民国二十四年春三月十日到六月十五日，同时在东、西两地开工。发掘团人员除了原有的四人之外，又增加了王湘、夏鼐[①]。王湘是我们的同事，夏鼐是清华大学毕业生，以实习生的身份参加工作。这一次的工作接续上次的工作，要将西区四个已竟找出轮廓大墓挖到底，并且继续找寻古物。

1001是由刘燿负责，与别的墓不同的是它出的东西最多，也受到最厉害的盗掘，为“亚”字形墓，即墓室为亚字形，有四个墓道，南北长约十八米五，东西宽大概有十三米多，若是加上二道的话，就有二十一米多宽。底下的墓室与椁室也是亚字形，从上头的地面到地下出水面的深度约有十米零五。盗掘者从上头挖了圆洞穿进去墓室偷盗一空，只剩下椁室和隆起的二层台（比椁室高三米，是椁室的面）附近还剩下一些东西。殉葬的人放在二层台上，椁室也有，加总后大概有九个人。在器物方面，这里放了涂上朱红的木雕器物、抬盒，还有些雕花纹但用途不清的器物。盗者把认为好的东西拿走，不好拿的像是石虎就被弃置，这次又发现石枭（就是猫头鹰）。另发现所谓“双首石器”，就是一块石板上头刻有两个方向相反、后脑紧挨的人首，形状很特别，因为是平面的，与先前立体浮雕的兽形雕塑不同，我们猜测可能是放在架子上作为支口，就类似供桌一样，上头再放祭品。因为石板很重，所以盗掘者才不拿走，只知道被扔到盗掘坑内，原来摆放的位置就不清楚了。另有些精雕的小石雕。此墓出土的以花骨雕最多，其实它们的种类也很多，大致上有盉、有柶（吃饭的饭匙），还有鞋拔子形等，只是我们没法分类而概称花骨雕。

而最惹人注意的是很长的南墓道。东、西、北三墓道短，是台阶，只通到二层台，并未到底层。南墓道则通到底，长约三十多公尺，应该是从

---

① 夏鼐（1910-1985），字作民。浙江温州人。1923年毕业于清华大学历史系，并考取留美学生考古部门，次年春为作出国前准备，至安阳参加殷墟考古。征得校方同意改赴英国伦敦大学攻读考古学，1939年欧战爆发，取道地中海返国，曾在开罗博物馆工作年余。1940年回国后出任中博筹备处专门委员，随即任中研院史语所副研究员、研究员，调查四川、甘肃考古遗址，发掘齐家文化。1950年起出任中国科学院考古所副所长，主持殷墟、二里头等遗址发掘。1962年出任所长。文革时期曾被扣上“反动学术权威”帽子，致下放荒山挑石一年。1979年出任中国考古学会创会会长，1984年当选美国全国科学院外籍院士。著有《中国文化的起源》等书。关国煊，《夏鼐》，《传记文学》，卷86期5（1988年11月），页142-145。

南墓道到底层下棺的。南墓道从三公尺开始就埋有人骨头，打一层夯土就埋人一排，大部分都是分躯葬，有八排之多，数目大概有五十九个。东墓道也有一个人，未知已被盗掘的其他墓道是否还有埋人，所以总共有六十个被砍头的人。因为身首分离，头骨分布在四个墓道之内，都是打夯土时乱丢的，我们并未尝试将身首相连，大概找到了七十三个人头骨。因为 1001 被其他墓相交叠而遭破坏处，因此可知 1001 是建在先，巧合的是 1001 是西北冈最先发现的墓。

1002 是祁延霈先生负责的，1002 比起 1001 就差多了，别人有铜器、石器，它只有陶器。1002 是方形墓，有四个墓道，性质大小也差不多，只是形状不同。这个墓的工程很细、墓壁很光滑，比 1001 粗糙的墓壁好得多，但是也是被盗贼以相同手法从上挖洞穿进去盗掘，虽然找到些石器，并无精品。从椁室来看就跟亚字形的差不多。在北墓道发现三个陶器：一个匜碗，一个盘，一个盆，上有三兽——牛、羊、猪三种动物各一条腿放着，都只剩下骨头，本来应该是放在器物上的，但是填土时被弄到北边了，所以只有它们较为完整，其他就没什么好东西出土。

1003 本来是我找出来的，但是因为先前塌坑造成工人二死一伤，所以梁思永先生觉得我不合适待在这边，改由王湘先生负责。这个墓也是方形的，四个墓道，墓内又与前两者不同，就是发现车器中的车舆（车厢），还发现鲸鱼的肩胛骨、肋骨两根。第四次发掘就在小屯找到鲸鱼的肩胛骨，第十一次又发现一个，整理者（抗战时几经搬迁、未经整理，前后参与的整理者很多）后来说四次发现的是左肩胛，这次是右肩胛，应当是一对，所以将一只鲸鱼的骨头分两处，也就表示彼此应有关系。另外 1003 跟 1001 都有鲸鱼脊椎骨。鲸鱼是海中生物，所以从墓葬中反应殷也与东海有些关系。

在墓的椁室上头，有一层方形盾“戈盾”，后头有柄，可以供战士拿，是作战用，上头的图案，有的画了红、白色圆圈，也有画老虎相对的，有不同的纹饰，但是都斑驳不清。而这里有盾却无戈，相当奇怪。总说起来，1003 虽然不如 1001，但优于 1002。

1004是胡福林负责的。1004也是一个方形墓，出的东西很少，墓上有圆、方两种盗坑，造成北、东两边文物一空，显示盗掘的情况相当严重。但是南墓道与墓室相接处快到底处出了两个重要的大鼎——牛鼎一个、鹿鼎一个。两个鼎出土时，正好李济先生到安阳视察，得以在场目睹出土实况。这次发掘西北冈时，觉得先前1005、1022出土很多器物，也有完整的铜器，所以就买了摄影机，恰好派上用场，便摄有出土实况影片，当然拍摄技术并不算好。这影片并非专属研究院，是属于中央博物馆筹备处（以下简称中博筹备处），由他们拍摄。因为安阳的经费有一部分是筹建硬体的中博筹备处资助，他们想要拍一些电影供展览之用，就有充裕的经费购买昂贵的底片，不然以发掘团的经费来看，是买不起底片的。

1004在牛鼎、鹿鼎之外还找到石磬，底下还有玉棒，意思应当是用玉棒敲石磬，不过因为玉棒有可能一敲就碎了，没人敢实验，或许都是祭器。

1004墓室下面找到了戈跟戈柄，柄有一公尺长，还有平常的戈所没有的把，成排排列，数目约有几十个。有些把因为时间太久业已腐朽，有的还没有。矛是十个一束的成捆摆放，大约有数百只，因为戈矛太多，又有破损断裂，除了整捆的较好计算之外，无法精确计数。不过我们也知道戈跟矛是配合的，人数少的班长拿戈，人数多的士兵拿矛。还有帽形铜盔，盔面有老虎头花纹，顶上有管子，可将羽毛插入装饰，盔跟管子也都有破损，所以也无法计算，不知是否与戈数目相符。另外还有皮质物品，上头还有花纹，看样子像是皮甲，不过数目不多。1004墓除了鼎之外就是出武器，都在墓底下，接近水面，破坏情形很厉害。不过整体来说，这个墓葬比起1002、1003重要得多。

李先生目睹出鼎经过，回去后就向傅斯年所长报告，傅又告诉了法国学者伯希和（Paul Pelliot）先生，因此傅斯年、伯希和也来西北冈参观，正巧看见了戈与矛的出土过程。他们回去之后发表这条消息，此后相继前来安阳参观者便大为增加。比起第十次的1005、1022来说，十一次的1004更为重要、名气也更大，大家都知道牛鼎、鹿鼎，牛鼎内还有象形字“牛”，鹿鼎底下也有象形字“鹿”。所以早期的铭文都是很简单的象形字，字数也很少、没有很长的铭文，时间越晚铭文字数越多。

说起四个墓的负责人，论实力以祁延霈先生最强，祁先生毕业于清华地质系，既懂测量又懂石头，自然科学背景比我们强得多，可是他作的墓最简单，运气最不好，好像是老天爷故意同他捣蛋，无法发挥他的长处，幸好还能够进行测量，1002 只被盗掘者从中突破，外形并未受到大规模破坏，墓形相当方整，所以梁先生采取墓形的照相，均以 1002 墓形为准。

东区的工作就是我与第一次参与工作的夏鼐（作民）先生负责。东区都是小墓，上一次我发掘的 1005、1022 就在东区，我因此继续在东区发掘。东区都是小墓，总共一千多个，一排一排的，梁先生把东区的小墓分成九组，有南北向、东西向，另有七处，处就是不成组的。小墓往往是成排排列。那时只是发现几个标准坑，有器物坑、人头坑（每坑有十人头）、肢体坑（十具躯体）。发掘一段时间之后，才知道肢体、人头排列是有规矩的。但是坑内的人骨头都腐朽得很厉害，不过因为坑小人多，经过叠压之后也加速了腐朽。这里最特殊的就是鸟坑，有某种古代鸟类的腿骨，相当长，后来有人说可能是孔雀。还找到象坑一个，另外也有两个大兽坑，兽骨很大，不知道是什么兽类的骨头。

东区的车坑与 1003 不同，是一个很大的坑，填土时分为两个界限分明的坑，初挖掘时以为是两个，后来才知道是一个。车坑内有好多种东西，当时弄不清楚，只知道有的是铜泡（圆形），上头饰有龙头、兽头等，摆成舆形，也有很长的龙形，形成一圈。因为车坑又大、东西又多，有的紧贴着墙壁，在坍塌后就看不出来了。大致上可以辨认出来五个舆，车杆（辀）车柱（轴）成十字形，圆铜泡排列在外头，当然辀跟轴已然腐朽难辨。车轴的头（軏）跟轴有固定距离，车前头（軏）等形状都很特殊。五个舆中有四个是完整的，一个还可以辨认，其他是不是还有更完整的就难说了。铜泡也做成其他东西。坑内有一部分全是由軏跟车尾排列成的东西，跟车轴固定在一起，也有固定距离。如果是完整的车器放在同一个坑，那就好办，难的就是辀跟轴常因为体积较大，被拆开摆放，或是把好多车零件混合摆放，就会搞乱，再加上久而久之受到泥土积压，增加辨认困难。那时也没有经验，面对这么多零件也无法处理，只在画图时给一个号而已。照相的相片也分了好几次，不是一次照的，要把各次相片集中在一起，才能试组。

夏鼐先生虽然是首度参与，但是他很会画图，由于车零件叠压得厉害，一天只能做一部分，他就把各天进度以分层、分色的方式标示以资区别。因为原先同属一车的零件都被打散，在泥土叠压下又更加严重，若是先分层、分色，将零件运回研究院后或许还可以参考标示而有机会兜合，当然还是有很多兜不起来的。

这批零件拿回来之后，在梁先生、高先生时一直没有整理，我本来在一九九八年预备整理，但是忙起其他事情，也就未予进行。一直停顿的原因是过去的人对于车的知识，特别是名称方面了解有限，而各种的车像战车、陵车、指挥车用途不一，也有不同的等级，后冈的车坑又不像大司空村是一坑一车，而是多车一坑，情况复杂，难度就更高。今日有关车种与用途的有限知识，都是花了很大工夫后逐渐累积而成的。

我们已经从田野经验中知道小屯的车的用途了。殷代的小屯是以五车一组形成圆圈，领头者还可以再领五车，这样就是一个车队。小屯的车是龙队（就是王车，前导车的车辕上有一个龙头），西北冈的车是虎队（就是将领的车，车辕上有虎头），这就是两车队的不同。又像辖（方杠头）三面有花，只有靠车轮的面才没有花纹。軎（圆杠头）也有花纹，当时从田野出土、入仓库存放就以特征为名，所以现在还如此叫。在田野画图时，因为坑太大了，都是一部分一部分画，图上都标明日期、深度、不同颜色以区别，这就是将来进行兜合的参考。

此外，东区还有“小刀会”，就是“刀戚葬”、“刀斧葬”。所谓戚就是类似斧头，但中间有横柄、上头还有洞的武器，所以也有人称为斧头。通常一个墓内有十个人葬（以全躯葬为主）、十个刀、十个戚、十个磨刀石（就是砺）。但是有的肢体葬有刀戚，有的没有。砺上头有个洞，可以穿绳戴在身上，当铜刀不利时就可以之磨刀。戚也是铜制的，把上有直线条纹，虽然也有横把但与戈不同，也是武器。有人把戚称为钺，但是戚没有像钺的中间有个小洞。刀、戚都是小型的武器，所以同仁才谑称为小刀会。

人头坑里头有的是放人头，有些还有铃铛，或许是因为通灵的作用，十个人头就有十个铃铛，不过这也可能与职业有关，就像刀戚葬的现象一样，还需要更多的证据辅助判断。

所谓马坑就是专门埋马的坑，一坑里头有两匹马、四匹马不等，最特别的是有两个坑，一坑只有三匹马，另一坑则有几十匹马，因为马骨叠压，腐朽，而难辨认实际数字。这些马都带有马笼头，有镳在旁，马口衔住马衔，人也能透过缰绳控制马匹。从马龙头的设计就晓得西北冈的马是作拉车用的，因为车坑无马，马坑无车，但马坑却有马笼头。至于马匹通常是两马一车，或四马两车，为何会有三匹马，或许有一匹马没有放进去，或是骨头腐朽了，要不然就是情形特殊。小坑内的马大致是规规矩矩地平放着，但是最大的马坑内有些马就有动作的，可见是被驱赶到坑内活埋所致。在小小的西北冈上还是藏有很丰富的东西。

但是小墓九组一排的情形也有不同，有的是东西排、南北坑。但是这些排列的人都是单全葬，就是整齐的人骨；有的是身首异处，头与身体分离摆放，不知道人头跟肢体是否搭得起来。兽坑、鸟坑、车坑、马坑的排列并不规矩，很难看得出彼此关系，只有马、车坑因为车坑跟群马坑连在一起，马坑彼此距离颇近，才看得出来。此外，在一个无人骨、纯出器物的坑内找到一大鼎两小鼎。

东区虽然也有大墓，但是跟西区的大墓有所不同。而东区的小墓是殉葬坑还是祭祀坑？是一个墓的殉葬？是多个墓的殉葬？还是西区都是大墓，东区是小墓？诸问题都值得好好地研究。因为小墓安葬时期也不同，问题关联还看不出来。目前西区的小墓是大墓的殉葬就不成问题。但是东区因为小墓太多了，就很难找出关系。现在大陆在东区也找到不少小墓，或许可以做更深入的研究。

（六）初离河南

结束十一次安阳发掘后，梁思永先生知道我进研究院五年来都以田野工作为主，从未到过院本部，就放我假，让我到院内去熟悉环境。等民国二十四年六月二十日工作告一段落，我从安阳搭乘特快车直达北平，先在北平研究院旧址停留一个月，然后南下山东省古迹研究会所在处的济南，待了一星期，再到南京研究院新址。这是我出生以来第一次离开河南省，以前读书、工作的范围不出开封、安阳、郑州三地，从未超过省界。

到北平以后，住在研究院史语所第三组原址的蚕坛，空间很大，当时三组的人都离开北京、随所方搬到南京去，原址大多由整理明清档案（史语所一组）的人像李光涛[①]先生进驻利用，只使用了蚕坛的前屋而已，三组原来利用的过厅、上房以及董作宾先生住的西厢房（又称董西厢）都空着，我便住在这里，李光涛先生陪我做伴。虽然工作人员不多，还有伙食团搭伙，便不愁吃住了。史语所原先所在的静心斋，现在也只剩下研究院驻平办事处的少数人留守，当时驻平办事处由明清档案的负责人徐中舒[②]先生主持。徐先生住在静心斋的后楼，位在斋后的小丘上，沿着圆圈的地形建有石梯可通。静心斋原来是慈禧太后静心之处，环境清幽。

蚕坛位于北海内，坛不在大房子与过厅一带，是在外头，四周有台阶。

---

① 李光涛（1902-1984），安徽怀宁人。因家贫曾寄食清节堂，1921 年毕业于安徽省第一师范学校，任职海关。1929 年因徐中舒引介，任史语所书记，襄助大库档案整理出力甚多，自此从助理员至专任研究员，凡 50 年。退休后仍如往常至研究室工作。1984 年于台北遭公车撞击逝世。著有《中韩民族文化》等书。周天健，《当代史学家简介：李光涛先生》，《中国历史学会会讯》，第 16 期，1985 年 3 月。

② 徐中舒（1899-1991），名道威，字中舒，又字潮威，安徽怀宁人。早年毕业于武昌高等师范，1925 年入清华研究院深造。后任中央研究院历史语言研究所研究员，从事训诂及甲骨金石研究。主编《汉语大字典》等书。征引自陈玉堂编者，《中国近现代人物名号大辞典》，页 742。

本所北海静心斋（1935年摄）

慈禧太后在此养蚕，养蚕之后就要举行相关的祭祀典礼，坛就是祭祀处。游北海的人要穿越坛址走下去才可他行。我自己是做古代宫殿发掘的，发掘文物中也见识到不少与祭祀有关的器物，对于祭祀地点就很注意，想要从实地考察中学习。我买了一张地图，自己到北平各处去参观、实地考察，一个月内也走了不少地方。

我从蚕坛所在附近的北海开始逛起，参观了九龙壁，就是很大很长的迎壁，上头有各式样的龙形图。松坡图书馆是梁启超为了纪念护国军起义的门生蔡锷所兴盖的图书馆，地方不大，但在北海里头显得很雅致。我也参观了北平图书馆，当时位在中、北海交界一带，后来迁走了，那里收藏相当丰富的善本书，是善本书库主任徐森玉先生所搜集来的。

本所北海静心斋（1935 年摄）

接下来就是位在中、北海交界，中海之北的团城。团城实际上是一个突起的小半岛，从陆地起有台阶可以到达，周围筑了小城墙就是团城，以缅甸致赠的白玉佛像最有名，一般人都可以参观。国立古物保管委员会北平分会也位在团城。

出了北海就到了午门，午门是紫禁的三门的中门。午门下方就是历史博物馆（简称史博馆），现在的史博馆是在天安门。当时馆内文物并不多，参观史博馆要买门票才可入馆参观主要的三大殿，它还代售隔壁的故宫博物院门票。梁思永先生除担任史语所的研究人员之外，也兼任历史博物馆馆长，因为民国二十四年，史博馆馆长裘子元先生调任南京中央博物馆筹备处工作，历史博物馆就属于中央研究院管理，梁先生先前在北平养病，身体才刚复原，所以研究院就派梁先生当馆长，所以才有史博馆跟故宫的门票送我，票价好像也不便宜，不过价格我忘了。三大殿的样子也各有不同，因为中央博物馆筹备处搬走不少三大殿的古物，器物不多，只留下大型的器物，如定时钟、皇帝用桌椅，就还保留着，地点就变得很空敞，一天就可以看完。

故宫与史博馆中间本有门可通，但因分开卖票的关系而封闭，要进故宫博物院得走它的后门。故宫的文物很多，分成三大处，东、中、西三处，一处可各花一天时间参观。三处的房子都很多，以宫殿为主。第一天参观东路，东路是中间一条大路外，然后一个院子跟宫殿。后妃、皇子就住在宫内，东宫、西宫就是源起于此，东宫通常也是皇后跟太子住的地方。因为宫的数量实在太多，细的东西很多，参观相当费时。从后门进入故宫，会先看见御花园，三天参观必先经过此地，再至其他各处。御花园里头有座西式楼房，据说是光绪皇帝大婚的时候兴建的，相当特别。

第二天参观中宫，附近有军机处，军机处很小，位在门的西边的宫殿内，却是讨论军国大事的地方。其他地方也很复杂，但现在忘记了。第三天参观西宫，那儿供奉着欢喜佛，有喇嘛住在那里，据说太子快要结婚时，皇家就会让太子去参观那儿，教育他有关性生活的事情，平日并不开放，要看的时候必须请工作人员开门才行。西路的北边还有景山，就是明崇祯皇帝自尽的煤山，其实高度大概跟研究院的元培馆差不多，只是登上景山后可以俯瞰内外风景。

从北海流出的水汇集成小湖——什刹海，附近有很热闹的夜市。

南门外有天桥、琉璃厂，还有最重要的天坛。天坛以祭天的祈年殿最有名。另外在殿的外头，有相当大、种了许多柏树的先农坛，抗战时先农坛一带改建飞机场，一棵柏树也不剩了。在北门外的地坛则罕有人踪，满地荒草，我问过来台开会的大陆学者地坛现况，他们说盖了很多房子，跟以前已经大为不同。我曾去看这些坛，因为坛是祭祀场所，而殷墟研究与祭祀有相当关系，坛就有参考价值，因此不管多么荒凉我都要亲临现场以探究竟。另外还有一个社稷坛，是靠西边的，也是隆起的地方，有不同颜色、成组的石头，当时只看景致没有细想为什么，所以现在还是没弄清楚。

在北平不可不提卖古董，有人带我去参观做假古董的琉璃厂，拿一个铜壶让我看，因为我做考古，就顺便考我，问我是真是假？我说不懂，看顶上感觉像是假的。他回答我你说是真的，就是假的；你说假的，就是真的。因为有古董商介绍，所以虽然是做假古董的，也会说真话。他就拿了壶里头的一块铜片给我看，说古董商就是依据那块铜片予以复原，所以真也有假，假也有真。因为西北蒙古人信佛的，很多日本人跑去西北买小铜佛像，可是没想到琉璃厂就是制造小佛像的原产地。西市东市大街一带卖书、卖画的荣宝斋一带，就像台北重庆南路一样，书店很多。

然后我也参观西山，西山以颐和园最著名，万寿山一带也可以看一天。万寿山的半山腰有座铜房子，像亭子一样，不知道现在还在否？颐和园中间一座湖上还有石制的船。西山的碧云寺，原先是孙中山先生灵柩的暂厝地，后来成为衣冠塚。香山与西山相连，地势略低，下头的平地也有庙，附近盖了不少房子。我本来还想去参观明十三陵，但是因为听说郊外有土匪出没，秩序不佳而未去，相当可惜。

北京的万牲园，就是动物园，动物很多，位在西门附近不远处。里头有两个很高大的收票员，我的身高才到他们的肚脐眼一带，收票员也成为万牲园一景。我去万牲园是要去看孔雀，因为十一次发掘时找到了鸟骨，所以想去观察孔雀的腿。有人说可以用什么方法逗弄孔雀开屏，不过我只注意孔雀腿而已。

在学校方面，我参观过北大，不过就只去红楼一带，其他房子破烂得多，未予细看。清华的房子很讲究，有游泳池、大运动场等设备，同事祁延霈先生毕业于清华，就带着我到处参观。当时在放暑假，祁在校内还有熟人，所以就可以带我参观校内各地。燕京大学是教会学校，以中国宫殿建筑为主，整齐漂亮，北大与这两家学校都不能比。我也去过北平研究院，我记得上头有个牌楼，也设有历史研究所，所长是徐炳昶，参观过我们在安阳的发掘工作，后来请安阳的工人去宝鸡遗址工作。徐炳昶虽然是西北考察团的成员之一，名气很大，不过他实际上比较少参与实际上的发掘。

在北平的时候，时局虽然有点乱，但大体上还算安静。研究院大部分的东西也迁往南京，留守北京的人少，而我们又专心工作，对外界局势比较没有那么注意，所以感觉一切还好。史语所考古组当时要迁往南京时，由于有不少陶片装箱不易、无法运走，听李光涛先生说，蚕坛的西厢与东厢之间原来有个大水池，陶片就放进水池里头堆着，再用泥土覆盖住，就变成院子。我把这段经历留下来，后来的人也许可以再挖出来。

在二十二年的时候，北平局势紧张，研究院于二十二、三年进行南迁事宜。院内意见相当分歧，有人因为家住北京，或家小在北京而不愿南迁，就留下来。李济先生一度就说考古工作对国家没有贡献，要保卫中国的话，不如投笔从戎。后来他监督文物运到上海、南京时才想到，真要投笔从戎的话，又能做些什么？再仔细想下去，做好现在的工作，也是对国家的一种贡献，于是便打消投笔从戎的念头了。

李光涛先生在北平住了三四年，可是他比较好静，不像我这么活动，去过的地方比我还少。我跟他住在一起，晚上会把今天的见闻，以及明天要去的地方都告诉他。

七月底，我搭乘津浦铁路到济南，住在山东古迹研究会。成立山东古迹研究会是傅斯年先生的主张，由研究院与山东省政府合作，很早就成立，设在山东大学内，由吴金鼎先生主持，傅先生是山东人，担任委员长，李济、董作宾、郭宝钧几位先生都是委员，李先生是工作主任，吴先生是驻会主持人。河南古迹研究会也是仿效山东的组织而设。当时订有协定：研究时可以运走资料，但研究完后要送回来。我在这里参观山东所搜集的资料，发觉有许多重要的资料都已运回研究院，留在山东古迹会的多是重复或是比较笨重者。我先看过资料后，再参观山东大学、省方设立的山东图书馆。民国二十一年时，与北京大学的刘复[①]教授一起去调查龙门时，曾遇见陪同党国要人丁维汾前往龙门的山东图书馆馆长王献堂[②]先生，彼此起先

① 刘复（1891-1934），江苏江阴人。就读常州中学时辍学参加辛亥革命，其后任职中华新报、中华书局，并发表文章于《新青年》。1917年任北大预科教授，1920年至24年间留学英、法，1925年取得法国文学博士，回国后任北大国学门教授。曾制作中国方音音标调查总表，参与西北科学考察团。1934年赴绥远考察方言、声调时感染回归热病，旋即于北平逝世。刘绍唐主编，《刘复》，《传记文学》，卷23期1（1973年7月），页100。

② 王献堂（1897-1960），原名琯，字献堂。山东日照人。山东礼贤书院文科毕业，精于金石、音韵、训诂学。1929年任山东图书馆馆长，留意搜罗地方文献。抗战时随政府内迁。1940年辞国史馆总干事转任编纂。1947年回山东养病，仍出任图书馆馆长。刘绍唐主编，《王献堂》，《传记文学》，卷24期3（1974年3月），页110。

不相识，也未搭理对方，后来从龙门到香山去要过河搭船，我们都是船上的乘客，彼此介绍谈话，于是一同参观香山，看完后就分别。我听说山东图书馆办得很好，就想去参观情况如何，也不是特意去看王献堂先生。吴先生也与王馆长很熟。

因为我只有一个星期的时间，东西也很多，吴先生便叫我参观济南的千佛山，因为爬上去很费力，只在下头往上望，知道有很多佛像。其次游览大明湖，因为有很多灯映照在水上，夜景不差。济南多泉水，还有趵突泉、黑虎泉，这两个地方就像小公园一样，还有亭子可以听说书，刘鹗《老残游记》就记载不少。我本来还想去城子崖，但是一来车程要一天时间，复值酷暑，就没有去。吴先生也是喜欢调查的人，所以希望我多看看。

停留一星期之后，就下南京。七月底，我到达南京，住在韭菜园。韭菜园是一个花园，大房子的厅就是三组所在，外头有种菜的菜园，因为南京种菜是浇粪施肥，清早施肥时臭极，不过由于空间很大，味道很快就飘散了。我跟那廉君、全汉升[①]、丁声树[②]等人同住，丁、那两位先生住在大房子里，全汉升先生不住大房子，因为住大房子里，晚上聊天不易入睡，他又正在用功背英文字典，所以独居在大房子旁边的小房子。全跟丁二位先生不知是谁先开始背英文字典，都很用功。像大屋也有隔几间小房间做宿舍，每间住四人，也未住满，像我跟那廉君、另位先生住在一起，丁声树先生另住一间。丁先生因为看来很严肃，有圣人的样子，外号“圣人”，那先生因为年纪稍小，所以称作“亚圣”。他们平常要上班，我还是一样没有办公房，所以就到处走，不过三组常常用大的工作室，里头还有个空位

① 全汉升（1912-2001），1935年北京大学史学系毕业，同年入中研院史语所任研究员，1944-45年赴哈佛大学任研究员，来台后任教于台湾大学，1958-61年中研院总干事，1969-75年出任香港新亚书院院长，1984年获选为中研院院士。专长经济史。著有《唐宋帝国与运河》、《明清经济史》等书。

② 丁声树（1909-1989），河南邓县人，号梧梓。1932年毕业于北京大学中文系，随即入北平中研院史语所二组任助理员，从李方桂从事古汉语研究，参与中国方言调查。由于手不释卷，所中同仁戏称为“丁圣人”。1941年升任研究员。中共建政后任中国科学院语言研究所研究员，直到逝世。主编《现代汉语词典》，著有《古今方言手册》等书。徐友春主编，《民国人物大辞典》（石家庄：河北人民出版社，1991年），页10。

置，让我有地方看书。

在南京也游览几个地方，距离研究院最近的就是鸡鸣寺，史语所就是“鸡鸣寺一号”。鸡鸣寺就在所后方的山上，香火鼎盛，游客很多。考试院与史语所比邻而居，要上鸡鸣寺的路西边就是研究院，东边就是考试院。考试院的院长是戴季陶，站岗的卫士穿着军装，佩剑不佩枪。考试院规模比研究院还大得多，考试院正门进去有大牌楼，前头还有钟楼，鼓楼尚未盖成，牌楼后面就是殿，总共有好几重，看起来很像庙，所以刘复写过文章骂考试院是“考试庙”。

再往南边去就是夫子庙，庙的大门平日关闭，只有春秋祭才开大门，当地是市场，咸水鸭很出名。接下来是秦淮河，有说唱的地方，可以在那喝茶听唱戏表演。从鸡鸣寺出来后要走段路，次坐洋车，然后到一定地点（东边）再换坐满四人才开车的西式马车，像去夫子庙就要换马车。另外的换车点是西边的两路口，可以换车去莫愁湖。南京有旱西门、水西门，莫愁湖一带是水西门。莫愁湖得名是因为六朝时的美女卢莫愁住在那儿的关系，我去参观时，只见莫愁湖满布芦苇，也有破房子。反而有些失望，也许从前文人雅士就在当地聚会吧。

位在南门外的雨花台，以各种颜色的小石头“雨花石”闻名，游客都喜欢捡石头留念。东门外是明孝陵，就是明太祖墓，由于来回距离比较远，所以要花一天的时间，规模蛮大的，值得参观。中山陵与明孝陵有一大段距离，方位也不同。我这次没有去参观中山陵。东门内、中山路是明故宫，其实明故宫是被中山路分开的，大部分在北边，南边还是空地，竖着“故宫遗址”的牌子，与党史馆相对。那一带还有中央医院。

北门有玄武湖，也叫后湖，因为在城的后方而得名，莲花很多。晚上船走在湖上，莲花浮在水上就很好看，白天也不错。在研究院西北的山上有北极阁，山上有座小庙，后来中研院的气象研究所就设在那里。

南京的东北是栖霞山，山上有座“栖霞寺”。据说南唐时有隐士“戚霞”在此，后来人家为之盖庙，以人名为庙名，再成为山名。其实栖霞山上还有六朝的佛窟，里头有佛像，规模比北方小得多，雕工并不怎么好，不过栖霞山就只有一座佛窟而已，自然价值不同。

燕子矶位在南京东北，长江边上，从城里到这里的时间也比较久。“矶”就是河边突出来的石头，燕子矶形状像燕子，头向长江伸去，张开双翅，尾部连着陆地，上头有观音阁。坐马车来到燕子矶，还得依顺着山势修建的楼梯蜿蜒爬上观音阁，因此平常人还以蜿蜒的地势开玩笑说，当时的妇女多穿旗袍，可是她们要游观音阁的时候都不敢穿旗袍，要换成田野装束才可以，不过在很多的游客中，也看见一般装束的妇女就是了。

在南京待了一个月，玩得却比北平还少，一方面是因为北平可游玩处太多；另一方面是北平的白天虽然会出太阳，却还算凉快，还可以待在外头，南京的夏天非常炎热，只有非不得已的时候才在白天出门，所以可以夜游的地方就多一些。

中央大学也在南京，离研究院隔一条路，非常安静。我曾去中央大学晃过一圈。中央大学的后门是附设的牙科医院，不知道是不是给蒋委员长看牙用的。从研究院抄中央大学的后门进入校园非常方便，如果走位在成贤街一带、教育部附近的正门就得绕一大段路，非常不方便。中央大学的学系、学院很多，学校里头也附设有银行的摊位，方便学生缴交学费和教师汇钱回家。

（七）第十二次安阳考古

第十二次安阳考古，即第三次（也是最后一次）西北冈考古，时间从民国二十四年九月五日到十二月十六日田野发掘告一段落，清坑到二十几日才结束。这次发掘耗费人力颇多，光是工人每日就有五百人，工资一日四毛钱，五天后每名工人就要领二块银元，每天发出的工人薪水就达两百块银元，扛着布袋到田野里头发钱是很沉重的负担。工人多、发掘人员也多，以梁思永先生为主持人，加上刘燿、祁延霈、李景聃、李光宇、石璋如等人，另外还有两位临时工作人员王永年、董培宪。总共发掘了四道大墓四个，二道大墓两个，成绩丰硕。

我们所有的报告出版品中都未注明谁作什么墓，因为报告着重学术上的发现，并不重视工作之中的过程，出土文物均有编号，也描述墓形。我都是因为同事的关系才想起来是谁负责的，我以下讲的是墓形的要点，如此才晓得墓的意义何在。

第一个发现墓葬的是祁延霈先生，发掘HPKM1217。过去两次发掘每个人差不多都发掘一个大墓，因为祁先生之前作的1002墓形虽好，但发掘的东西太少，空有一身技术却英雄无用武之地，这次梁先生就让他作一个大墓，这次他负责的1217墓是所有墓葬中最大的，墓形是个方坑，有四个道，北墓道特别长，西墓道又有向北转的小路，因此不能算是“亚形墓”，非常特别，有可能是因为墓已到边，无法再延伸过去，只好作北拐小路的关系。1217墓有古代的盗坑，因此遗物很少。祁先生在西墓道找到了一个皮鼓，皮面不是一般的牛皮，而是鱼皮，有人说可能是鲨鱼类或是更大型鱼的皮，大约有八公寸大。鼓的上头刻有兽头花纹，另外还有蚌饰镶嵌在上头，手工非常细致，很漂亮。工人们技术很好，制作了大木箱进行装箱，用了二三十个工人运回城内工作站，然后送回南京。西墓道的北边有鼓，南边则是一具石磬。在鼓、磬的西边则有鼓架、磬架各一，与乐器分开另行摆设，都是木制，架子上头镶有蚌饰，做得很像人字形，一条一条的，呈龙纹形，显示精细的手工。虽然鼓架、磬架本身略有受损，不过我们也都运回来了。虽然1217墓没有出太多的东西，但是却有非常特别的乐器，因此祁延霈先生的贡献还是很大。

很可惜的是，八年抗战时，鼓被日本人毁了。因为田野的测量、绘画、照相工作进行顺利，运回南京就未予开箱，抗战南迁时几经考量，虽然箱子里头充满了泥土，运送时不至于因为晃动而受到破坏，但是考虑长途颠簸的风险，因此就留在南京不带走。没想到日本人占领南京之后，便把我们未开箱的箱子打开，只看见蚌饰跟花纹，不知道是鼓，就取出来照相，造成泥土散落，原先保存完好的鼓就毁掉了，非常可惜。幸好早先在田野时有画图、照相，后来绘图员杨廷宾，就照着田野的草图、相片，将鼓的形状复原了，在1217发掘报告中印出来，使大家得以从图中知道鼓的大小、形状。

由于工作时已是九月以后，北方的天气已经渐渐变冷。我们想先找到墓地的腰坑，腰坑可能从一个到九个不等，像这么大的墓一定要找清楚，才晓得相关情况，结果发现只有一个腰坑。由于先前的经验知道西北冈约十米以下就是地下水，就预备用抽水机进行抽水，可是抽水机的力量很小，墓葬的面积广达几千平方公尺，使得抽水的速度赶不上出水的速度，地下水永远保持原状，形同没有抽水。工人们就想到把泥巴堆成方坑，先进行方坑之内区域的挖掘，区域之内既用抽水机、工人也用水桶盛水接力将水舀出方坑外，抽水的速度便大为增加，所以便可看见墓地的情形，等于是探照的方式。这样的方法也很危险，如果在泥巴墙内工作时，正好塌坑，那工作人员会被淹没在泥土与水里，就毫无生机。当地人因为曾经有水利工程、制作水渠的经验，所以会用这种方式进行抽水，以便找出墓地。幸好泥巴很厚，提供足够的支撑，才顺利找到目标。

以1217墓深十三公尺多深，等于是水下三公尺多深，就要在水中作业。完成挖掘之后，有人把扁担掉进水里，坑内都是满满的水，水大约有三公尺深，真要下水取扁担的话，泳技一定要好，不然就出不来，所以起先无人愿意下水找扁担，后来有位工人愿意帮忙，便跳入水中，找到扁担之后顺着墓道的方向游出来。我现在忘记工人的名字，只记得他既能干又年轻，个子很高，非常强壮，是搬运工作中不可或缺的好帮手。

第二个墓HPKM1500是在1217之北，其南边墓道紧挨着1217的北边，是梁思永先生作的。不过梁先生的身体不好，无法长期在田野工作，助手潘悫先生出力甚多，发掘报告上没有写上他的名字。HPKM1500同样也被盗掘了，不过有三四点可以注意：第一，1500的西墓道没有鼓、磬，但是有仪杖，木质制品，顶上也镶有蚌饰，做成龙形，不过详细的情形因为扰土的关系而无法进一步探究。第二，南墓道摆着两行三对共六具立体石雕，第一对是龙，第二对是牛，第三对是虎，将之与1001的石虎相比，身上的花纹并不很好，但是本身的形状雕得很像，所以是当时最流行的样子。也许每对动物是否有雌雄之别，这也是别的墓都没有的，我们当时并未深究之。第三，就是墓室东南有个汉墓，将1500给打破，汉墓出土很多器物，以陶器为主，墓形是砖砌的，规模不小，不过当时只对早期墓有兴趣，觉得汉墓太晚了，虽然东西不少，却不算大发现。从汉墓打破1500的情形看，或许早在汉代时就已被盗掘了，里面没有什么东西。第四，就是北墓道的中间向东西两边又有小道，形成十字形，是别的墓没有发现的。

我负责1550墓。我在塌坑之后都在东区工作，这一次才回到西区。起先这里找不到墓形，只能从有扰土的情形知道有东西，所以便让我来找。1550位于大路的西边、1001的东南，1550的西墓道挖破了1001的东墓道，而1550的四壁又都被破坏，就要挖得很深才找得到墓形。由1550西墓道打破了1001东墓道的情形，可知1001比较早，1550比较晚。1550的特点有几项，第一是北墓道是台阶，南墓道是坡，在北墓道十几阶的台阶上，大约间隔一个台阶就发现十个人头，人头面朝南面的墓室，一台一台接到墓室为止，表示是每填一层土就杀人，总共有几十个人头，身躯不知何在。第二，就是墓室的二层台上的西北角有殉葬女人，我们找到了长方形的棺材跟随葬器物，表示与北墓道台阶殉葬的人身份不同。有人将随葬物称作殉葬物，而随葬物是梁先生改的名称。随葬物有觚、爵、玉璧，玉璧放在胸骨上，最特别的是头骨上方还有凤冠，与很长、大约几十排的骨笄，人成仰身葬姿态。由骨笄我们判断是女的，骨笄的排列看起来非常壮观，当时曾经画图、照相，还预备把骨笄与分布区泥土一起装箱带回南京中央博物馆筹备处作陈列品，但是在还没装箱完毕前，下起大雨来，雨水落入箱内，只好把骨笄留在原地、暂停装箱，先带走其他的器物，准备天晴再复工。当天晚上、翌日早上雨势不歇，我们担心骨笄可能被偷，就去察看，远远地就看见有两行脚窝走向骨笄处，靠近一看，原地只剩头骨而已，骨笄真的被偷了。我们推想，只有工人知道有骨笄，应该是工人下手的，可是查不到证据也莫可奈何。其实骨笄虽然数量很多、却不值钱，只是组织得不错，有研究价值而已。

东南边上也有棺木墓，但是出土的东西很少。此外在墓室中也因为早被盗掘而一无所获，不过在盗掘坑中又找到了一具石虎，比 1001 的石虎还高大，也无破损，只有被盗掘坑内的脏水染黑而已。另外还有顶上雕花的骨头——花骨，特别的是花骨的花纹是用朱红在骨头划上的，或许是先划上图案，尚未进行雕刻的关系。

HPKM1400 是东区唯一的四道大墓，由李景聃、李光宇二位先生合作。1400 跟 1001 是西北冈所有八个大墓中的唯二亚形墓，目前尚无人研究。1400 有四点特点：第一，亚形墓室；第二，西墓道没有东西，但是东墓道未被盗掘，所以东墓道快到底处就出了五件铜器——盘、盂、壶、杓、人形面具，跟五件陶擦。盂内刻有“寝小室盂”铭文，盂口很大，像是洗澡时使用的，盂口上盖了盘子，小壶则是盛水的，都是水器。陶擦是圆形的，有网状纹。杓装了把以便手持。因为北方天冷不太洗澡，身上的垢很多，北方就有一种珊瑚类的角子可以在洗澡时擦身体，陶擦应当也是类似用途，这一套器物都是殷代人洗澡的用具，后来都消失了。而人形面具只有这里才有，我们也不知道其确实用途；第三，就是南墓道靠近西墓壁方向、近墓室处则出了十件铜器，共有一尊、一斝、一觯、三觚、四爵。觚、爵理应成套，但是这里出土的并不成套。尊的上口被打破、有破损，只有身体跟底部是完好的，觯跟斝原则上也是在一起的，这十件器物都是酒器。同仁笑称此墓既有洗澡用具又有酒器，所以殷人是“既洗澡又喝酒”，另外还找到了玉璧的破片；第四，南墓道靠近墓底部埋了涂有朱红的人骨，呈无头的肢体葬，因为埋在底部的关系而浸了水。人骨旁有石刀，可能是作为武器用，因为位在水底下，也就不太详细清楚。

位于小墓群的东边、也呈南北向的 1400，目前还不清楚是否与小墓群有关，以及小墓群是否其殉葬墓。不过此墓出土物虽没有 1001 多，可是东墓道与南墓道出土的东西为他墓所无，所以推测墓室原先可能有不少东西，只是早遭盗掘，才剩下盗掘者认为比较不重要的东西。

东区另有两个二道大墓。第一个是 HPKM1443，位于 1400 西北，也是二李（景聃、光宇）所作，墓虽小却遭严重盗掘，所以没有什么东西。

现在的考古学者将四道大墓称作十字形墓，二道大墓称作中字形墓，一道大墓称作甲字形墓，我们当时只找到十字跟中字形墓。在 1443 的南墓道中找到了玉器，有半圆形的璜、环等，不过多有破损。根据器物推测，因为都是女用品，墓主有可能是女性。

再来的二道大墓是位于 1400 的西南，1443 之南的 HPKM1129，是梁思永先生作的，也遭到严重盗掘，不出东西，梁便以找到墓形为目标，在北墓道只找了三米长就停止了，所以在图上也只画了三米，其实实际长度不只如此。

西区有一个“假大墓”，就是编号 HPKM1567，没有墓道，但有方坑，大约每边长十八公尺，北边、东边很整齐，南边、西边略有破坏而不整齐，只有四公尺到五公尺多深就到底了，底部有一部分烧过的木炭痕迹，另外则有部分未被扰乱的痕迹，这里也出骨器。这里另出了一个玉象，相当有名，参展过美国西雅图展览。先前说过的石虎则参加纽约展，石鸟去法国参展。有关此墓的说法，有一说是祭祀坑、并非墓，因为它没有墓道，又位于数大墓的中间的关系。殷代有所谓的“燎祭”，就是烧火祭，这是从烧过木炭的痕迹，以及找出不少的兽骨推论的。另一说就是帝辛的假大墓，因为殷代最后的皇帝帝辛被周人杀害，所以墓就无法完工。第三说就是与 1400 有关，因为特别原因而未完成，所以到东边重起炉灶而挖了 1400。

说完大墓之后就说说小墓。高去寻先生是第一次来到安阳，负责东区的小墓，发掘 1129 南方相当远一片地区的小墓，也找到铜器、陶器等等，不过比较少出现重要的东西，这些小墓也是南北成排的，人骨有全躯葬、肢体葬等等。因为高去寻是第一次来，所以发掘小墓的同时，也去参观出铜器的 1400 发掘经过。刘燿这一次也是作北边成排排列的小墓群，不过高先生作的墓群是以肢体葬、全躯葬多，人头坑较少。东区的小墓有七百八十多，数量庞大。

西区的小墓是做 1001 附近的区域。西区大墓较多，有些墓是有殉葬的墓葬。不过我们发掘的时候都是先堆土到旁边，所以墓道附近就没有做。只有 1001 在填土时，墓道旁边发现小墓，但是因为泥土盖在西边，就只做了东边一带的小墓，没有作西边的小墓。东边的小墓有些是车坑、马坑、人坑。车坑是在东墓道的南北，人坑旁则有弓箭随葬，埋在北边。南边则出礼器的铜器，有觚、爵、卣等，既可说是礼器也可说是酒器，还有车、马、人等。1550 的西墓道将 1001 南墓道旁边的两个殉葬墓切断，只有上身而无下身，而且还挖破了墓道的一段，就证明是有埋人的。另外还有一个墓葬，就是 1001 的西北边的 1004，东墓道也挖破一点 1001 的北墓道，1004 的东墓道旁边只有一个殉葬坑，忘记埋几个人，但是找到随葬物弓箭一套。从目前的考古证据来说，1001 跟 1004 都有殉葬坑，只是 1001 有十几个殉葬坑，1004 只有一个。而 1003 与 1004 相并着，在 1003 的西墓道另有坑，目前还不清楚是否为随葬坑，不过出了石器，还有“小臣系石簋”，高去寻先生曾经写文章考证其时代。就只有这几个有随葬墓葬，其他就没有，可见是很重要的才会有殉葬物。当然每个墓都各有其独特性意义，只是这几个墓跟其他墓有不同之处。

将西区小墓与东区小墓相比，可发现彼此差异。东区小墓是成排排列的、南北向。可以大柏树坟为界，大柏树坟就是武官庄吴家墓，1400 的东边差不多就紧挨着大柏树坟了。在大柏树坟以北的小墓就是东西向排列，以南则是南北向排列。这里有一个大墓，里头埋有象骨，还有管理象的人“象奴”的骨骸。在梁思永先生称作“第一组”的“刀戚葬”小墓群中，有一墓有全躯葬，其余则是肢体葬，在墓中有十把大刀、钺、十具砺石，有钺者表示是首领、全躯葬，其余者是他的手下，所以有大刀。梁先生很注意这里，但是目前研究得还不够清楚，还得再好好地研究。

总结西北冈三次发掘的成果，有八个四道大墓，二个二道大墓，假大墓一个，小墓有一千二百多个。我们尚未完全发掘西北冈。在离开安阳以后，抗战时原大柏树坟一带的柏树群可以藏人，全被日本人砍光了。1950 年之后中国科学院继续在大柏树坟一带发掘，由郭宝钧先生领头，找到很多墓葬，有一个二道大墓，位在 1400 的东北，找到“武官大墓”。另外还有在 1129 的南边发现了甲字形大墓墓号 260 的“司母戊”大鼎。等于又找到一个二道大墓、一个甲字形墓，后来也未继续下去，往南边去的话可能还有尚待发现的新墓。大陆也曾在1550东南方，就是靠近南北大道的东边发现一批小墓，所以东区的小墓究竟还有多少，以及是否还有大墓均不清楚。总之，两岸考古界公认西北冈是殷代的王陵，小屯是殷代的都城。

殷墟第十二次发掘进行期间，梁思永先生便表示，一个遗址做到一定阶段之后就该进行整理，再看看哪里需要补充，以避免重复，以及新人应该注意的事项，所以西北冈只能做三次；另外应该每个人各做一个小的遗址，而非现行的共同合作制，借以训练新加入的成员。基于此种理念，梁先生就安排刘燿去大司空村。大司空村位在洹河北岸、小屯以北，甚多盗掘，性质复杂，论面积也相当大，有些墓葬、灰坑等，刘燿开了不少坑，找到不少东西，不过没有什么精品。另安排祁延霈先生去西北冈的西南、位于洹河南岸的范家庄，当地也遭严重盗掘，夯土多、灰土少，祁认为当地是墓葬区，就开了二三十个坑，可是二十多天的工作期间并未找到墓葬，性质比起大司空村来说简单得多。他们都是在十二次发掘进行期间的十一月间离开，其他人仍继续在西北冈工作。西北冈停工后，下一次发掘时，梁思永先生便拒绝再任领导工作，等回到南京之后再讨论人选。

（八）第十三次安阳发掘

结束西北冈发掘后，工作人员便分两批离开，包括梁思永、祁延霈、高去寻几位先生在内的一批回北平，高先生是回保定老家，梁、祁两位先生的家眷仍留北京，未随院迁南京；刘燿、李景聃、我则回南京，彼此约好一定时间后在南京见面，名义上虽是休息，实际上也安排工作要做，由于开头没有谈好何时展开未来的发掘，于是就分配我拼图。因为十二次中在小屯已经做了九次，在四次发掘前都绘有记录位置、深度，但比例并不固定（五百分之一与三百分之一）的坑位图。这是因为管测量的刘屿霞先生将之前的坑位图都拼入第四次的图，他只要参与测量，每次发掘完之后都会划上坑位，所以挖过哪里就一目了然。可是刘先生没有参加七次以后的工作，就没有新图，不过我们会把图交给他留下记录，于是几次五百分之一的图都有记录，只是坑位图上虽然看得出坑位，却看不出墓葬、灰坑、基址等特别现象，第三组（考古组）的主任李济先生便要我把图放大到百分之一，让我填入坑内的现象以便归纳。

由于没有大的纸，李济先生就选了三卷厘米纸，一厘米一格，一公分划一大粗线，一百毫米又有不同的线条，一卷约有五十公尺长，宽约一公尺，等于是选当时最宽的纸，三张拼起来就有三公尺宽。用这么宽的纸，却没有可以画图的大桌子，正巧南京的徐中舒先生（时任北平办事处主任，不在南京）办公室空着，也没有家具，于是我就在那里画图，把厘米纸放在地上，拼上小图。十公尺长、一公尺宽的开坑，在厘米纸上就很好画，选好定点就依序排列。如何描绘坑内现象就难了，因为现象有精有细，所以就得适度地放大或缩小，由于先前已累积九次的东西，并无法在短期内完成这个工作。

既然不再做西北冈，下一次要再做小屯？还是后冈？范家庄？大司空村？几经讨论，刘、祁两位暂时不去安阳，小屯便由李景聃、高去寻、我、潘悫、尹焕章去，尹焕章先生正好生病，便由潘悫先生接手事务，田野便由李、高、石三人负责。梁先生既然不做领导，便应由董作宾先生负责，但董先生正忙于出版《殷墟文字甲编》，把胡福林先生留在身边帮忙整理甲骨文，所以董、胡二位先生均无法参加。因为我们都是位阶低的助理员，于是便由河南古迹会的郭宝钧先生挂名领导，郭先生负责的古迹会才刚发掘完辛村，正准备进行辉县琉璃阁的工作，也无法常来，实际上是五人共同负责田野工作。五人之中，只有我参加的时间最多，又是河南人（高是河北人，李是安徽人），也熟悉当地，便由我去找郭先生商量。

约在民国二十五年三月十号时离开南京、准备到安阳，当时从南京到徐州转陇海路，郑州转平汉路才能到安阳，总共要转三次车，我在陇海路到开封时先下车找郭先生，说好会来安阳处理相关事项，然后再赶回开封忙古迹会的事。他在十六号晚上到安阳，一来就先联系专员公署等地方官员，安排军队、警察保护田野工作，十七号快中午才来找我们，告诉我们已先赴专员公署安排事情，说明何时开工，何时派遣警察保护，也同军队商量事情，稍后再跟地方人士见个面就回开封了。郭先生参加过第一次工作，时为教育厅的秘书来参加，形同招待，又是院方的人，所以人家也买他面子，就在地方上很吃得开，冠带巷工作站就是他争取来的。

因为郭先生没有参加西北冈的工作，不知道已采用新的方式，便要我们自行商量发掘的方式。我们几人便以西北冈的经验为准，找出几项办法：第一就是要在小屯附近找到工作站，每天走路到田野，礼拜天再回城里休息，平常就在工作站渡过。第二是发掘的方法，因为西北冈起初也是作十公尺长、一公尺宽开坑，最后缩小到八公寸、五公寸，以寻找墓葬，后来因为性质不一，又开了五公尺宽、长十公尺的坑。这次依据第四次发掘时李济先生早主张的“平翻政策”，就是把小屯整个翻过来一遍，便决定作十公尺宽、十公尺长的坑，以四个坑为一个单位，便形成四十乘四十，等于一千六百平方公尺，仿照地图的经纬线以便寻找东西。在中间放一个平板仪，最长的皮尺长三十公尺，便可以用平板仪加皮尺进行测量，出什么东西就可以画起来，这样就是一个单位，一个单位由两个人作。以前是开一个坑叫一个名字，新方法就需要事先规划，得先取好名字，然后分配由谁负责，两人一组因为 B 区从前有方正的坑边，也有标点，比较好找，便先进行 B 区，就要在开工前找出“方”。

第三就是号码问题，这不只是坑号的问题。比如说坑有坑号，墓葬有墓葬的号码，灰坑、探方（探找）也有各自的编号。这时我们商量一个常见遗物、重要遗物表，都有一个小本子，上面列了表跟号码，谁负责那个墓葬，里头的东西、照相都要记录在这本子上。常见遗物就是在小屯进行过九次发掘，我们都很了解出什么东西，将之列表，再填表、记载数量就好了。第四就是记载本。分成两种，是不可缺少的，一种是以探方为主的记载，发掘记录、探方发现什么都在里面，墓葬、灰坑等则另有记录；另外的日记是自己一天做了什么东西，就在晚上记下来。这两样看来似有冲突，其实不然。如果同时开了两个坑时，一个探方在记载中是一个名目，但是在日记本中就会把主要的现象写下来，也可写上自己的意见，记载本上则只能老老实实地写现象与情形，不能写自己的意见。从前有时有日记本，有时没有，西北冈则只有第二次有日记本，第一次、第三次都没有写日记本，因为梁先生觉得，有这么多东西会各自记载，写日记本太过啰唆而无用。但我们觉得这样并不合适，因为记载太简单了，我们又太熟悉这些现象，会不足为奇，写得就少，反而新到的人记载就写得很详细。我们在日记本上就可以写自己的看法，也方便以后进行整理。因为李先生很忙，他要担任主任、又筹备博物馆、还代理所长，没法参加发掘工作，要是有画图、有日记的话，他认为就方便作总报告，我们也觉得没错。另外还有一份总日记，是梁先生自己在田野发掘时记录所有的现象，不过他的记载也很简单，只有提要的意思，后来我们觉得有总日记不但是要记录每天的发现，行政的事务也要写上去，因为跟地方、官方的来往都要写上去，在发生事情时也就有根据，还有就是每次发工资的时候也要写记录，也就是说总日记中也要记录行政的事务。

正式开工前，我们以寻找工作站、测量坑位为主。这次的工作是从二十五年三月二十五日开始到六月二十四日（十三日结束其他地方，二十四日是特别的地方）结束。工作站选到高楼庄张福来家，高楼庄因为有高楼得名，小屯人不多，房子不大，过去的工作站因为人多也无法再用。张家房子也不大，可是临街、有七八间房跟上房，位于小屯东边、火车站西北边，离小屯不算远，也就是在后冈南边。房东很开通，愿意租房子给我们，房子也空着，所以我们便租下这里做工作站；另外也找五间房给保护我们的驻军一排人住，每次轮几个人陪我们下田野，回来就住在房内。临时有突发状况时，因为我在这里时间久些，跟当地的高中校长很熟，而学校的老师有许多是我的同学，办事也较为顺利，对外交涉便由我负责，所以我的工作也比较多。

这次分成B、C两区进行工作，B区由李景聃、石璋如二位先生负责；C区由高去寻、尹焕章（病愈后加入）二位先生负责；潘悫先生负责事务工作；晚到的祁延霈先生做测量，将西北冈、小屯之间的关系仔细测量，以前虽然有图，但梁思永先生觉得还不够精细，便要祁先生重新测量；王湘先生是稍后另外陪董作宾先生来调查，因为尹先生病体初愈身体稍差，后来再加入 C 区的田野工作。

甲骨的发现，李景聃先生在 B 区开坑，一开坑就发现一些，不过都是出自灰坑，而且是小片的。后来发现一个小窦（圆坑），里头出了骨板五十八块左右，上头无字却有火耗，以前未曾有这么多，所以骨板虽然无字，也觉得很有价值。我们在 B 区找到的甲骨都是小块的，也发现一个窦里头有甲骨。C 区的甲骨坑是 YH127 坑，就专出完整、大块的甲骨，是最后才找到的，有关 YH127 稍后再予以详述。

车坑也有一些发现，一坑内有四匹马、三个人，还有很多以前没看过的东西，所以造成起名字的严重困难。因为我们对车的了解很少，无法辨认的关系，在田野里看见有些形状是圆的就称作“圆杠头”，方的为“方杠头”，车前装饰就称“车前饰”、位在车后称“车后饰”。事实上，后来的研究发现车器都有专有名词。三个人中二人是相并着，一人在车上横躺着，头上戴着东西，不过肢体不全，只有一个头两条腿而已。埋葬时因为横躺着很突出，还露出一部分，车也不全。车坑的东西很多，有戈、有弓、矢、刀、砺石，另外还有很精细的玉戈，物品算是相当讲究的，不过东西太多，复杂得多，就是车坑 M20。

另外的车坑 M40 就简单、清楚得多，车前饰、车后饰、方杠头、圆杠头、马镳、马当卢（后来才知道）都有。M20 的小铜泡排列成半圆形，M40 略有不同，是张嘴的龙，一个个大头组织起来的。所以是不同的两部车。而 M40 东边的 M45 也有一车，据留下来的车铜泡、粗箭头等推断，坑性又与 M20、M40 相近，车型不大，但车坑很大，曾被扰乱过，所以东西很少。我们还找到做铜器的模子——铜范，做铜器时，要先做范，也就是先成形，然后外头糊上泥巴，里头就称“模”，外头称“范”，范有花纹，模也应该有花纹，不过后来会去掉就是了，找到范可以让人知道殷代是如何铸铜器的，铜范的种类很多，在此不予赘述。这个坑还找出了方彝的模。

所谓“干、戈”，就是后来讲的盾、矛。干是彼此相对的两个老虎形，木质雕刻，漆上朱红，后头有把手，也就是盾，后来也有藤制的藤牌。这个坑里头有一个人跪着，前头放了盾，是第一次看见，觉得很特别，便画了图。本来还想用彩色照相留下记录，但是天气太热，我们安置一个帆布棚遮阳，没想到因为布棚颜色与阳光冲突，造成曝光不当，照片一片漆黑。另外有一坑内跪着人，有戈无盾，这就显示有盾的人是领导人，这项成果后来有发表。戈跟盾是一块贴在墙上的，在盾上留有绳子绑过的痕迹，显示盾原处木架子，不过当时若将戈与盾一起取出，可能会全然破损，所以照相完毕，便只取出戈，留下木架的盾。

另外有牛坑三到五个、羊坑一个、狗坑一个，都是以前未曾发现的，应与发掘方法有关。因为以前十公尺长方，就算有相像也查不到关系，现在开了大坑则其间关系一目了然。但是也有人怀疑，开了大坑虽可呈现现象面貌，但是深挖下去是否会层位不清？这问题实际不难解决，因为我们是一层一层深挖，只要有现象立即测量记录，就会记录层位变化，并另用较大比例的图进行画图，日后就可以形成立体图，相当精细。因为现在要找现象，而不是孤立零碎的坑，所以这个方法很符合需要。像牛、羊、犬从前只发现骨头，但是这一次就发现整体现象，坑内清清楚楚地的成组排列着兽骨。跪着的人是一组，牛、羊、犬又是一组。另外还有肢体葬，西北冈都很多，这里也有些全躯葬，数目有三个、五个、七个不等，但都是成组排列。

这次主要发现的现象多、遗物也多。比如说铜范就是以前未见的。另外还有个小铜盖，器物本身被偷走了，只剩下盖子，从前很少小屯的铜器上有铭文，这个铜盖上却有铭文，也是一个重要的发现，它原先是墓葬的出土物，墓葬被盗掘了，器物甚少，墓葬呈东西向，里头有人的两只脚、铜盖。不管如何这里的铜器性质是相当特殊的，与西北冈的不同。

从前我们发现大陶器，是圆底大口的灰陶，这一次发现白陶，上头残缺，不过还有下头，以碎片为主。另外有豆，是釉陶，没有瓷器那么细，但上头涂了釉，我们称为“釉陶豆”，也是墓葬出的，是以前未见的。所以器物算是相当多的。

（九）YH127 的甲骨灰土柱出土

天气渐渐转热，我们预备在六月十三号结束工作，可是在六月十二日下午就发现了 YH127。之前大家还在开玩笑说，以前发掘近结束时都会有一个新发现，向我们招手，让我们下一次早点来，而这次东西虽然不少，却无新发现。孰料十二日下午就在 C 区王湘先生作的坑（H127）发现龟甲，在坑壁上先看见一小块，起初觉得没什么，原本想先做完就是，就算没做完的话，就跟以前处理灰土坑一样下次再来，并不把小坑看成一回事，可是并没有这么简单，到天黑时仍然出甲骨。我们便把出来的东西先收起来，因为害怕像西北冈一样晚上有窃贼来偷，便先行封起来，并请老工友魏善臣先生写上蒙文作封记，因为懂蒙文的不多，若是真来了窃贼，就无法在盗掘后依样画葫芦复原。魏先生常跑蒙古，会写蒙文，可惜没有学历，只能屈就工友一职。然后由亲近的小屯工友来看守，他们的工作机会是发掘团给的，并不会自砸饭碗，比起武官人要老实得多，所以翌日看见封记完整无缺。我们十三日便将其他地方收工，但是 YH127 的工作继续进行。

我们害怕工人下去弄碎甲骨，便由我跟王湘先生两人下去剔，进度非常缓慢，才发现满坑都是，到天黑还做不完。我们想从前未照，今天一定要照相，再不照就不行了。王先生的剥剔技术比我好，因此如果空间不够时，就留下王先生一人工作，但是到了王先生也进不去的地方，离上头已有一两米，我们也拉不住他，我们另挖小通道让他出来。YH127 的甲骨堆中还有个全躯葬人骨架子，当时却已无暇细想，只想赶紧工作。照相完毕、取出甲骨时，是让所有的工作人员坐在坑口，王先生说一板一号，预备日后回归整板，就这样一板一包地放到筐子内，筐内还放入棉花避免板子碰撞，所以每一板占了不小的面积。在回去工作站的路上还说，如果就这几块，我们这样处理，第二天万一没有，就太过于小题大做，但我们并不贪多，只要两三筐就够了。没想到我们第二天带去三四个工人用的大筐子，很快地就装满了。

筐子装满之后又已近夜，便决定当晚不封坑、全体留宿，也不敢信任长工了。夜里仔细思量着如何保存甲骨，因为骨板泥土本身有湿度，在出土时遇到阳光照射，水分蒸发，板子就会碎裂，字就看不清了。我们便另外想到挖一个大的坑，形成一个灰土柱子，再装入特制的大箱子运往南京，可以维持甲骨的完整。

第二天我们便选了三十个长工挖坑，把灰土坑变灰柱，探知甲骨坑的深度约一米七十左右后就停下来，再缓慢探测，因为甲骨本身是倾斜的，所以坑的深度并不一致，直到出甲骨少的地方就暂停，然后得再挖深一点以保留空间。再到城内请木匠，木匠一看要做两公尺宽方、一米二高的大木箱，并无现成的柳、槐木制的板子，还得回去借板子才能做箱子，因此不确定当晚是否能完成，但答应连夜赶工。等晚上木匠回来后，便先做底板，我们的技术工人有些是木匠，也有盖房子的工人，眼光跟技术都不错，便想到把拼好的五块底板，先从中间挖一个洞，然后把中板穿过去，两头用砖支起来，再做两旁的板子。最后的难度就高了，工人就先从边上往里头串，再做中间的两根支架，工人技术很好，于是底板完工。在工作进行过程中又发现了不少甲骨，所以我们知道甲骨坑还没有到底，箱子的高度并不代表涵括所有东西，于是我们便另行收存、记录是属于底部的甲骨。既然下头的坑挖得不大，人也下不去帮忙，套箱子便成为另一个大问题。

设计的箱子是方形的筐子，预备往灰土柱上一套即告完成。我们雇了张福来到发掘团工作，张出身铁路工人，还当上工头，声音很洪亮、指挥工人相当有一套，他想到底下空间狭小，就想到用四条主力绳拴住箱子的四角来控制大方向，以其他副绳组调整小方向，然后他四周巡视过后发号施令，将箱子移到正确的方位上，仔细检查后再下令套箱子。我们怕灰土柱破损，便事先在灰土柱外包上油布。进行套箱的工作时，由于人声嘈杂，便吸引小屯当地居民前来，人越聚越多，张福来则越喊越起劲，套箱也顺利完工。之后便正式钉上底盖、加上铁条，同时撤除支撑的砖块，将灰土柱平稳摆放，还要谨慎避免灰土的层位错乱。然后就是从地面、沿着大坑的北边直抵小坑都要开辟马道，好将箱子运上来。因为张是铁路工头，便想办法借来小铁路铺设起来，再加上大的推车，想从小坑那里将箱子往上推。可是箱子很重，只能往上推一段距离就无法再前进，检查后才发现修铁路时还有木头垫在铁路底下，于是再加垫木头，一天就这样结束了。垫好木头后，除下头有推车上推之外，上头也用绳索绑着绞轮慢慢往上拉，耗费不少力气之后箱子也终于上来了，这一幕在现场是非常好看的。

套箱之前我们曾打电报通知南京的李济先生，他便从南京赶到安阳再直奔工地。不过他赶不上套箱子的过程，正巧赶上填土的过程，因为柱子是圆的，箱子是四方的，必须要填土以免灰土柱晃动破损。李先生赶上填土一幕，也留下了一张大家都觉得很不错的照片。他看过后我们便钉箱，李先生由于在四川还有工作，便未久留，箱子上运的过程他也没看到。

运送箱子到安阳火车站的过程，我们请与董作宾先生结为好友的李绍虞来帮忙，因为相信我们很可靠，还告诉我们不必订合同。但是当时他人手不足，当地有相当多推煤车的工人，便让推煤车的工人来帮忙，约好日期后便由葬仪社管工具，他管人员。李绍虞借了两根大杠子来，绑在箱子两边当主杠，然后再连着副杠与支杠，一小组（支杠）四人，一根主杠共有八组，共用三十二人，两边就用了六十四人，再加上六个替手，总共七十人来抬。李以敲锣来发号施令，他告诉工人锣声一响就位，二响杠上肩，三响起立，四响起步。结果在锣声三响时就听见“啪它”一声，原来是主杠断裂了，我们这箱子填土之后有好几吨重，棺材绝不会如此重，李还想寻常棺材用一根，我们的箱子用两根足资应付，但两根还是无法承担成吨的重量，李绍虞便摇手说他不行了。我们便说我们愿意负担他请的工人的工钱及断杠的价值，他因为工人二没做成事拒绝接受，但在我们坚持之后只接受了断杠的价钱。

有段小插曲，就是在断杆之后，我们觉得箱子太重，曾经进行减轻重量的工作，一方面锯低一点箱子的高度，也取下一些土，可是箱内甲骨很多，所以还得登记出土层位，进度缓慢。有土匪看见我们的工作，便打起甲骨的主意。我们在田野、留宿都有军队保护，当晚有工人从家里回到田野，路上看见有两个奇怪的人在窥伺工地，觉得情况有异就通知我们，大家便提高警觉，土匪大概也觉得消息走漏，便到附近开了几枪，希望我们躲避，他们好来抢甲骨。没想到我们已经准备好士兵藏在附近高土堆，见土匪射击也就居高临下回击，这时军队还要我们躲到坑里头以策安全，所以田野工作也是有危险性的，幸好土匪没有再轻举妄动。

工人眼看先前的情形，小屯当地的老工人很厉害，主张去借一根榆树的榆木杆子，在北方榆木是做大梁用，只会弯折而不易断，以之做主杠，次杠也用榆木，人抬的支杠（椽子）就用杂木。他们就去附近借来器材，同时改用十字形的穿法，前后支杠各两组，两旁支杠一组，总共六组，一组八人，总共四十八人，人用得比前法少。后者每人负担的重量较重，但抬离地面较近，碰到地形稍有崎岖便易绊脚。工人们也省去敲锣号令，就喊“一二三”试抬，结果成功了。只是人用少了，负担重量增加，无法抬远，需要时常休息，离车站还算近，可是我们清早吃过早饭就出发，走了一天才走了一半的路，当日夜宿薛家庄的南地，也进行看守。中午时烈日当空，工人的家属来送饭、送水，也顺便休息。薛家庄南地附近有小沟，我们这次也用了七十个工人轮班，另外也进行修路工作，由于箱子很宽，无法走一般的路，得走田里，但是那儿有棉花田，或是刚犁好的田，地势还凹凸不平，就需要工人将地弄平修筑便道、遇水沟搭便桥，还铺设铁轨以将箱子推过去，这样走得也就慢些。没想到抬箱子的工人觉得烦，便不走便桥而抬过去。等到太阳西斜后走到铁路附近，那时没有火车，工人将箱子放在铁路上顺势一推，未料轻松许多，张福来便说“推啊”！大家就继续推到车站附近，车站也相当远，可一下子就到了，看的人相当多，张福来的吆喝与工人的喝声气势愈显雄壮。靠车站时要换轨道，也顺利换轨，也顺利进车站。这时天气渐渐转阴，我们就在车站附近搭了小棚子，箱子盖上油布，派长工看守，以防下雨受潮。安置好之后，我们就回到冠带巷，刚出车站时就大雨倾盆，工作队虽然有洋车等候，也有车棚，但是我们还是浑身湿透地回到冠带巷。

下雨数日，等到天气放晴，工作队就向铁路方面交涉拨借专车箱，他们同意，但是要我们自行找人负责运送。他们要打电报到下关，看是否能接应过江、车运等相关事宜，等到下关通知没有问题后，铁路局方面即通知我们拨出货车专车箱、进行装车，测量车门跟箱子宽度，发现箱子过宽，就想一定要锯箱子了，突然想起箱子外头有木头带子，再加上铁条封住，会增加箱子的高与宽，便拿掉木头带子、铁条，重新测量后发现箱子可以上车了。工作队就由李景聃、魏善臣二位先生押车，车门还贴上封条，不准别人上车。就由安阳的平汉路，到郑州转陇海路，再到徐州转津浦路往南京去。转接时都不换车箱，只换轨道，一路平顺。不过箱子由于重量集中，在车子到徐州时就把火车轴压坏了，我们接到徐州的电报，还担心要换车或原车修理，幸好能原车修理，于是修好后继续南行，最令人担心的铁路运输也顺利结束，顺利运回南京史语所。

史语所位在鸡鸣山下，地质所位在鸡鸣山半山坡，比史语所高，有十几个台阶通往史语所侧门。史语所正门很漂亮，但是很窄、也不便卸货，一般就在侧门卸货，于是车子就开到地质所附近，在台阶上搭木板临时作卸货斜坡，将箱子放在卸货斜坡上下推，好几个工人在现场负责，有两个工人不及闪避被撞伤，我们还得赔偿。所以说这个箱子真是多灾多难，终于顺利运到仓库。这些都是李先生跟魏先生先打电报、再写信告诉我们的。

箱子到南京之后，董作宾、梁思永、胡厚宣等弄甲骨的先生就很急着看甲骨，看后觉得内容的确很丰富，不过他们也没有马上进行，准备日后好好研究，这时我们已进行第十四次发掘了。他们比我们做得仔细，去掉箱子之后便用透明纸贴在龟版上用笔拓画，先照相再画图，画图后再在图上、龟版上进行临时性编号，一层一层地画，一层一层地启，不像我们在田野所面临的时间压力，他们还可以开着电扇慢慢地做，与田野真是差得太多了，所以说南京也做过田野发掘，是“室内的田野发掘”。之前从未有过把灰土坑变成灰土柱，装箱运到南京研究的行动，这算是中国考古界的大事。史语所大多数的安阳考古甲骨片都是从这次发掘出来的。

（十）第十四次安阳发掘

第十四次发掘是从二十五年九月二十日起到十二月三十一日止，总共三个月多。郭宝钧先生因为忙于河南古迹研究会的事情无暇兼顾安阳，本次主持人由梁思永先生担任，工作人员有石璋如、王湘、高去寻、尹焕章、潘悫。本次的另一要务是培训新人，再加上要开展新的工作地，需人孔急，因此就将李景聃先生调到古迹会，将技术很好的王湘先生调回来以训练新人，因此临时工作人员也加多了，原先只有王建勋，现在又加上魏鸿纯、李永淦、石伟等人。潘悫先生负责事务工作不下田野，到田野的就是王湘、尹焕章、高去寻、石璋如四人与临时工作人员四人。这次的工作区域也比以前扩大，从前是作 A、B 两区，实际上两区中间只相隔四十公尺，这次不作 B 区而续作 C 区，另外也向西区——I 区探索殷墟的范围，由王湘跟我二人先测量，把 I 区打上桩子排上坑号。C 区工作则继续进行。H 区的区域属于低沟，无法开坑，于是得先从 I 区进行，再往 H 区方向延伸。因为目的在找遗址边缘和文化层中心，因此就在 I 区开了条斜向的探沟，我们称作 X 坑，方方正正的就按照 I 的编号，因为范围很大，又分成南、北两个部分，测量工作耗费相当时间，确定之后先作南部。I 南位于小屯西边的探坑探出来一个夯土地方，我们就做了探方（10 乘 10），发现夯土、墓葬。I 北位在洹河南边，离从前做过的南霸台不远，由于这里的方打得很好，我们就只作方的一边（1 乘 10），再连接起来看，除非里头有特别情形才作得宽些。I 区南有唐墓、殷墓、人骨头等等，距离妇好墓不远，当时要是继续挖下去，发现者就会是我们了。我们扩大的原因就是要寻找边线，查看跟中心的差异。在 I 区北找到不少殷代小墓，呈南北向，也有一些随葬品，但为数不多，这是 I 区的大致情形。

接续发掘的 C 区也像上次一样发现车坑，还是相连的，这次又发现两个车坑 YM202、YM204，不过这次的车被盗了，但还有痕迹。另外与南端车坑并列有一行五人墓（每墓五人）五个，应当是与车坑有关，因为中间的三墓曾遭四个一排隋墓破坏，当时看不出彼此关系，后来去掉其他隋墓只剩殷墓，就能确立关系。十四次出东西比较多的墓葬是 M238，与另一墓相邻，M238 出了很多铜器，斜着摆放，但是很多都是被打破才放进去的，完整的很少，里头也有人架，另一墓虽有人骨，东西却很少，内无铜器。M238 的文物可分为几类：一为饮器（觚、爵）；二为武器（弓矢戈刀砺均备），弓跟车坑的弓不大一样，较长又较轻；三为水器（装水的铜罐、铜壶），只有此墓出铜罐子，铜壶也与他墓相异；四为方彝，共有两个，一个有盖，形似屋顶，一个无盖。M238 的随葬品不大一样，也没有腰坑，人与器物的关系非殉葬，较像是管理、利用器物的关系，也就是团队内的一分子。

位在墓葬南边的 M232 墓葬，由北向南大致上斜向排列起来是车坑、马坑（也有不少人骨分布，也是小墓葬）、M232。M238、M232 彼此同侧，五人墓是附近的小墓葬群。M232 的腰坑是位于墓边棺材正下方，棺跟椁均到底，二层台其实是与椁的边呈平行，M232 的殉葬者就埋在二层台的内侧，外侧两旁同时也埋有三只狗。我们先发现墓的塌出一边，还正在猜测可能是墓葬时又发现铜器，就继续发掘，再找到人骨头，才知道是大墓葬。此处物品也很奇怪，就像有石杵却无石臼，臼也许非石制品，也许不在墓内，都不清楚。当天找出东西之后业已天黑，便先封坑回到工作站。有人注意到白天的发现，心想还有东西，于是当夜就拿着北方每家都有的火柱（厨房生火的用具）到地上戳洞。次日上工时发现地上有好多洞，幸好未遭盗掘，大概盗掘者以为没有东西就放弃了，我们后来仔细发掘后也发现不少东西。

M232 里头有埋人，器物以装饰品为主，主人的骨已经腐朽了，殉葬的人骨轮廓尚可辨认，玉石做的笄，一排十个，排在主人的旁边。我们就想为何主人的骨已腐朽，殉葬者还算好？并非主人身体差，殉葬的身体好的关系，而是主人放在棺内，棺又放入椁内，棺、椁均有空气，并未抽真空，所以主人反而容易腐朽。殉葬者因为被打入夯土层内，反而空气稀少、接近真空，所以保存得好。主人翁因为太过享受，结果反而如此。戴在头上、挂在耳朵上的装饰性器物都不少，记得也有盘子、觚与爵有数套等铜器，大致上是以礼器为主，也有骨笄。后人说出土器物的时代很早，像有个较粗矮的觚是早期的，但也另有细长的晚期觚，墓葬应该是根据出土器物中时期最晚的来判断才比较准确。根据殉葬物判断，M232 墓主应该是女性、独葬，后者也是很特别的，我们从随葬品上猜测主人跟殉葬者都是女性，至于鉴定殉葬者的性别，是另由专人负责鉴定骨头，不是我们的任务。当时搜集人骨、兽骨的方法都是用马刀纸沾水糊上去，把骨头好好地保存。骨头曾经运往南京，然后史语所盖了个竹蓆棚子，来储存这些东西免受雨淋。后来日本人占领南京，就把这竹蓆棚子用去养马，里头的东西就不知道如何了。像史语所在二楼有个搪瓷的洗澡盆，就被日本人拿去做喂马的马槽。

我不是研究器物的，不过可以归纳，小屯发掘的器物以礼器为主。早在第十二次发掘时刘燿就曾经发掘过大司空村和西北地，十四次同时在大司空村的南地进行第二次发掘，发掘时间大概是从十月二十四日到十二月十日，时间不算短，由高去寻先生主持，因为在十四次发掘的同时这里又被盗掘，还有不少出土物，就请高先生去大司空村，在南地的正南向发掘。那一带附近的洹河时常改道，越来越往南倾，南地原来可能就是那一带的高坡，埋有墓葬。高先生也发现不少东西，有殷代、战国的墓葬，也有时代不明的，高先生因为他注意西北冈发掘，觉得南地的报告还要再修订，就不肯出版，在高先生过世前尚未付梓。

（十一）洹水学校

发掘团从第九次发掘离开小屯起，到十二次发掘时都是前往洹水北岸进行工作。在第十三次回到小屯时，我们发现村中的孩子们成群在街上游戏，没有到学校上课。我们感觉奇怪，就问孩子为什么没去上课。村人告诉我们，因为教育局不准私塾继续开设，最近严厉查办，教育局一有风吹草动，小屯距离教育局不远，就首当其冲，由于小屯唯一的学校就是私人所开设的私塾，所以就停课了。在私塾上课的学生并不多，塾师为阎金声，村人称“阎老师”，孩子也受雇于发掘团。私塾关闭之后，学生必须去城内上学，路途对孩子来说太远了，所以他们就不愿意上学。我们知道这种情形，便想开一间工人子弟学校，让发掘团工人的孩子有机会就近读书，于是开始寻觅合适设校地点，但是村中许多人家是小门小户的，没有多余空间可以设校，只有韩凤岐一家有三间临街的房子，地点较为合适，他又很少使用房子，我们便提议以发掘团的名义承租来开办学校，正巧韩的孩子也是私塾学生，现在也未去上学，他也希望让孩子继续读书，因此既愿意租房子给我们，又拒收租金，因此学校校址就有着落了。同仁们就捐钱买了课桌椅，授课老师则由西北冈发掘起便参与的同仁王建勋兼任，学校就这样子开始运作。

王建勋授课认真，与学生的关系也很良好，到十四次发掘再来小屯的时候，我们便发现学生人数增多，附近几个村的小孩也来此就读，学生也有二三十个，需要扩大学校空间。韩凤岐在村内另有碾子厂，就是小屯村内共同碾米的地方，我们便请商留下碾子周围一块空间继续碾米，将剩余空间筑起三道墙，充作学校教室，工人们便用土筑起了墙、隔出三间教室，留下通往韩家的通道，而原先韩家的屋子则可供应教师住宿，工程完工之后发掘团便上匾，将学校命名为“洹水学校”。

我们到教育局立案，行政人员曾经问我们为何不起名“洹水小学”？这与发掘团的共识有关，王建勋也知道这点，就是我们希望以洹水学校作为基础，有朝一日可以发展成为职业学校、专科学校、甚至高等院校。因为清末民初天津的南开大学，就是从南开中学开始逐渐发展成大学的，我们也希望洹水学校能像南开一样发展下去。当我们说明想法以后，教育局人员也同意我们的想法，就让我们立案。当学校的校舍、正式大门都盖好，进行上匾仪式时，上匾就如同建筑工地的上梁一样重要，也算是小屯村内的一大盛事，我们还照了照片，我后来有把匾的照片带来台湾，后来也写过小文章，还登了这张照片。

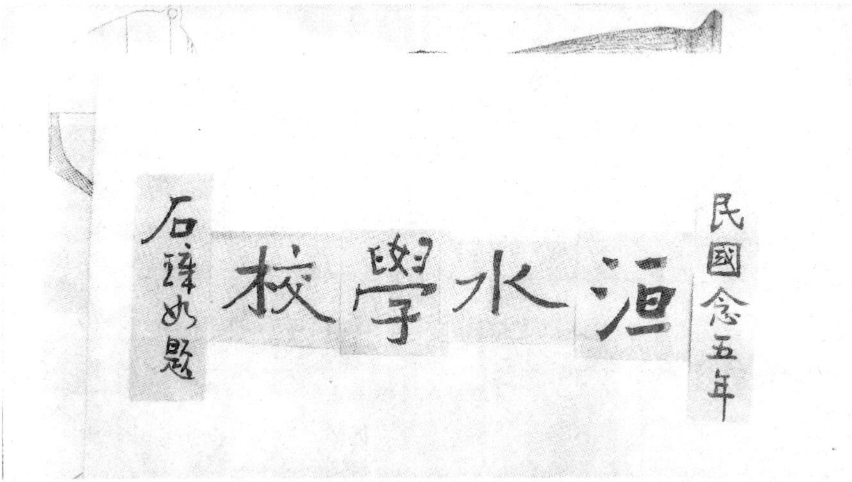

殷墟发掘团1936年设立子弟学校，并在教育局立案

洹水学校的行事历如同普通学校，一样有寒假、暑假，由于王建勋住校，假期也留在学校，因此学校除了招收小孩之外，也可以在暑期开设招收工人的工人班。王建勋是江西人，却长居北京，英文、日文都很好，工人如果要学英、日文，王都能应付自如，所以很受欢迎。不久之后便有武官村村民吴树淮，家里有一些钱，是小学毕业生，毕业后没有升学，也不习惯下田耕作，因此就到发掘团来做工，知道学校有开工人班便来上课，与王建勋也很投契，学习态度很不错，王也倾囊相授。后来在第十三次发掘中，河南省立博物馆馆长孙文青先生（北京师范大学毕业），代表河南省方到小屯参与发掘工作，偶然的机会下碰到吴树淮，谈话之后觉得这人不错，便要他去河南省立博物馆工作，于是在第十四次发掘时，吴就离开发掘团，转到博物馆去做珂罗版印刷工作，珂罗版就是要做精致的碑刻、书画等文物的一种印刷方法，在当时是相当新式的，河南省博物馆会引进这

种印刷法是因为前馆长关百益先生的缘故，关先生在任时亲自到上海去学习印刷方法，然后带了手下回到河南，曾经开班训练部分馆方人员熟习印刷工作，但是后来关百益及手下先后离职，孙文青先生接任馆长后知道关曾推动珂罗版印刷，甚为热心，想继续在此基础上扩充，并由专人负责相关工作，但是他并不放心馆内的工人，正好碰到吴树淮，就由吴来担任这项工作。而吴的经验也给洹水学校很大的好处，因为吴在学校上过课，之后有好的工作机会，等于我们给他介绍了好的工作，小屯自从殷墟发掘之后，像我们这样的外人来得也多了，村人想到上课之后可以得到好的工作，就更加鼓励子弟来读书了。

学校的教师王建勋平日也相当热心村中的事务，除了授课之外，也帮忙村人写信、读信，因为村人若在外地工作，家庭彼此需要联络消息，多借由书信，但是村人多不识字，需要人来写信、读信，王帮了村人很多忙，就更受村人喜欢。但是王是跟着发掘团来的外地人，有朝一日会离开，村人想要让他长期留下来，便想到王年过三十却尚未成婚，不妨帮王建勋讨房媳妇，他就会以当地为家。小屯当地有些曾在发掘团做过事、后来退休的老工人们，其中有霍凤东、霍金声、崔某、何某等人，对此事都很热心，商议之后来跟发掘团谈，提出要为王娶亲的主意，可是若要为王安家，就先得以其名义购置田地，就是要有恒产，大概要五亩田左右，好让人愿意把女孩子嫁给他，他不种田的话也可以请人帮忙耕种。当时安阳一亩田地约值三十元大洋，五亩田就是一百五十元大洋，其实并不算贵，但是以王建勋身为临时工作人员，薪水大概是几十元，并不够支应购地费，不过发掘团知道村人的主意之后，也支持他们的主张，像我们是正式的工作人员，薪水有一百多元，应付日常支出后已绰绰有余，于是便有钱出钱，很快地就募集到相当数目，扣除购买田地的支出之后，剩余的钱可以让王盖间新家，也可以支付教师薪水。

解决了钱的问题，再来就是合适的对象，霍凤东的妹妹已经守寡，其子李秃有个妹妹，也就是霍凤东的外侄女，人长得蛮漂亮的，尚未订亲，李秃知道王建勋有田产之后，觉得这项婚姻不错，就同意这门亲事。在十四次发

河南大学同学会在安阳留影，右起：霍本一、尹焕章、石璋如（1936年冬摄）

掘完成之后，发掘团离开安阳之前，就先给王建勋办婚事，等他成婚之后我们才离开。

自从洹水学校设立之后，村里的孩童们都很守规矩，特别是从十三次发掘发现大量甲骨之后，参观安阳殷墟的人潮络绎不绝，孩童们看到外人都会打招呼，气氛相当融洽，小屯也因此成为一个文化圈。所以设立学校是有正面意义的。可是设学校之后没有几年就碰到中日战争，洹水学校是史语所殷墟发掘团开的，等于是中央研究院出钱设立的，自然不能留在当地，于是随着研究人员内迁，王建勋跟他的妻子也迁到湖南长沙，地方荒乱，学校也自动解散，王建勋一家也不知所终。我上次在甲骨百年纪念会上曾经询问过参与大陆安阳发掘队的刘一曼女士，是否还知道洹水学校，以及一些人的下落？刘女士告诉我，事隔多年，小屯一带变化甚多，人事已非，她也不清楚情况，洹水学校就因此成为历史了。

（十二）第十五次安阳发掘

1. 人员的时间与方法

第十五次发掘的时间是从民国二十六年三月十六日到六月十九日，共有三个多月。梁思永、郭宝钧先生都有事情要忙，不便下田野，只答应偶然前来而已，因为我在发掘团待了这么久，事情也相当熟悉，便由我负责向地方政府的督察专员交涉何时开工、雇用工人、军队保护等事情。当时不知道十五次发掘会是最后一次安阳发掘。参与人员有石璋如、王湘、高去寻、尹焕章、潘悫，临时工作人员有王建勋、魏鸿纯、李永淦、石伟等人。潘悫先生依旧负责事务工作，实际下田野的正式人员就是石、高、尹、王与临时人员。因为河南省古迹研究会、山东省古迹研究会、中博筹备处都要自行组织发掘团，而后者更因为单位属性，可以在全国各地进行工作，需员孔急，就需要训练人才、有机会让他们练习，安阳殷墟发掘便成为训练场，所以这几次的临时人员才特别多。

这次采用的方法与前次略有不同。前次是先找地方，扩大之后再集中，这次则为集中专作C区。当然仍然是以平板仪所测量的中心点为主，分成数组进行工作。分组的大致情形是石璋如跟魏鸿纯一组，高去寻先生跟李永淦一组，尹焕章先生跟石伟一组，晚来的王湘先生就负责到各地测量与照相，另外也负责I区较偏南的部分。因为十三次发掘的YH127坑出了许多甲骨，使得安阳殷墟声名大噪，就像西北冈发掘时候的HPKM1004是一样的情形，好多学校集体前来，像清华、北大都来过，学者们像叶公超、闻一多、陈梦家[1]等也都来到安阳参观，所以参观者特别多。这次也雇了一百二十多位工人，阵容算是相当庞大，挖掘三十七个探方，一个探方一百公尺，发掘面积也达到三千七百平方公尺，也是相当大了。

2. 基址墓葬穴窖与水沟

这一次发掘，主要发现了基址、墓葬、穴窖、水沟。先以水沟来说，其实在十三次发掘的时候就已经找到水沟，但只是粗浅样式而已，十四次时就继续进行寻找的工作，形状大致完备，但是我们无法解答水的流向是南向北流，还是北向南流？第十五次发掘时，我们终于看出水沟的水流是由南向北流，而水沟也有一百多米长；不过当时尚未找到水源，只是假设可能与穴窖有关系，因为有些水沟会走过旁边而不穿过，但也有穿过早期的灰坑的情形，我是猜测与早期的灰坑有关，不过还需要更进一步的研究才行。

最重要的还是基址跟穴窖。我们找到不少穴窖，也有不少的甲骨坑，例如像是H251、H330就有数量不少的甲骨。还在H358坑找到陶制的小人偶（就是陶俑），有不少俑的头断了，陶俑多呈灰色，头分两种，一种是有头发、在头上盘绕成一圈的，另外一种就是光头的，陶俑身上都有朱红的漆。两种陶俑的手的方向也有不同，一种是手垂放在前头，有一种东西将俑手拴住，另一种就是手放在背后，也有东西拴住。董作宾先生说这些都是刑具，女生拴在前头，男生在后头。之前说过俑多呈断头，但是经过接合之后是可以看出性别的，也证实董先生说得没错。有关陶俑的研究成果，后来有具体写成文字。

有关基址问题，以前找的基址虽然不少，但是并不相连，无从看出彼

① 陈梦家（1911-1968），浙江上虞人。1928年考入中央大学法政科，课余喜作新诗，先后受到闻一多、徐志摩指导，成为新月派后起之秀。1932年任教清华大学，开始转向文字学研究。抗战时期随校西迁，任清华大学教授，1944年赴美国芝加哥大学讲学，课余考察流散海外的中国青铜器。1946年闻氏遇刺殒命后，参与编辑《闻一多全集》。中共建政后，1951年任中国科学院研究员，1957年遭逢“反右”运动，被划归“右派分子”遭到清算。1966年“文化大革命”初始，即被划归反动学术权威，遭到清算，9月3日被迫害致死，1978年才被平反。撰有《西周铜器断代》、《汉简缀述》等专著。关国煊，《陈梦家》，《传记文学》，卷44期6（1984年6月），页140-141。

此之间是否有所关联，这一次找到了成组的基址，不过当时不清楚彼此到底如何连接，只知道是成组的。安阳的东部，由于洹河改道曾经冲毁原河岸，因此殷墟有些基址的东边也遭冲毁，只剩下西岸；但是也有些是因为时间先后的关系，或是与其他墓相近，遭到打坏。像这次找到的基址中，比较晚期的与先前基址有所重叠，就发现有部分会被打坏，因而先后基址的形式不同，属于后期基址的墓葬，也会叠压住旧墓。这次找到最大、晚期的乙十一就有类似的情况。乙十一基址的范围很大，附近的基址也相当密集，我们先找到前期的部分，后来随着挖掘范围的扩大，又找到其他的基址，然后又找到了乙十一后期的部分（被其他基址隔开），于是将先发现者称乙十一前，晚发现者称乙十一后。乙十一基址群有十二个大小不等的基址（编到乙二三），分布位置有南北、东西向。在田野所起的坑号是按照发现先后而取，因此坑号并不代表时期先后的关系。而基址与甲骨也有一定程度的关系，例如甲骨坑 YH330，就是位在乙二十的附近，YH251 位在乙十八基址附近，这是一组基址。

另外一组基址也是成组的，就是丙组基址。丙二是大基址，丙三、丙四位在丙二之内，丙五和丙十七都位在丙二的外头，也是相当复杂的基址群，基址群中则有三条路。丙组跟乙群组的组织不大一样，但是都是连起来的，所以是很重要的发现。

另外一点值得注意的是在丙二基址的夯土台阶上发现了两件与祭祀有关系的璧。其他有些基址的边则没有找得很清楚，因为与发掘区域有关，不过也知道有些已呈相对关系，也相当有意思。

3. 独立墓葬

其次再讲墓葬。两种墓葬中有一种是独立的，一种是与基址有关的。先说独立的一种，所谓独立的，就是还不太清楚是否跟基址有关，但是与基址的范围有关。这独立的墓葬，就在丙区的北边，与北边某些基址似有相连的关系，但是关系究竟为何，就是说似乎基址是为墓葬盖的，却又发现基址与墓葬之间的性质有些不同。最重要的丙区北边独立墓葬有五个，M362、M331（位 M362 东）、M388、M333（388 与 333 相对）、M357（位

388之下），可以看出彼此是成组的，以M362为主体，因为埋M362的时候，先挖了一个大方坑，在大方坑的东边已为M331留下位置，但是埋M331的时候，M362有棺椁，M331也有，于是原留空间不足，就打破了大方坑，把M331更向东移动。所以就清楚地看出时期早晚，但是M362发现得晚，所以编号在后。M362也被盗掘，上头因为是乱七八糟的夯土，所以保存状况还算好些。M362墓内有十一个人架，北边的墙边有三条兽腿，经鉴定后为一条羊腿、一条猪腿、一条牛腿，在西北冈的1002也是北边有三条兽腿（牛猪羊）。不过当时我们以为是四条兽腿，后来仔细一看，牛腿断开被扰乱过，所以还是三条。人骨的排列，则是3、3、3、2，有个俯卧的人架，不知原本如此还是被碰倒的，圆坑（盗掘坑）从墓室下头进入，上头的夯土大致维持完好，我们以为是完好的墓，所以别的图是二十分之一，我们为此特制十分之一的图，拿平板来测量，后来才发现东西很少，已经被破坏过了。人架因为头朝下，腿朝上倒竖，不知是被盗掘者从原先躺的棺内拖出，还是被盗掘者一伙人中之一而把它弄栽倒，也不知是主人翁还是殉葬者，或是盗掘者，幸好骨头大致还算完好，留着让体质人类学家鉴定。这里的器物也很值得注意，有很多木器，也雕上花纹，涂上了漆，豆也多，还有盘子、皿等，极少铜器，有的话也多是破片，只有一个形状非常奇怪，刃部很长到底的矛还算完整，平常人都说是晚期矛，可是也不知道是否真为晚期矛，平常学者谈M331跟M338的物品时多说是早期的，可是对矛避而不谈，因为这种矛跟平常殷墟出土的矛不同，没有二道的部分，也长、宽得多，相当锋利。后来我们猜想可能是主帅的武器，因为地位特殊，所以武器也不同，较大、较锋利，杀人威力也厉害些。在十一个人架之外，也有数条狗的骨头。因此虽然M362的木器很多，却并不代表就是晚期墓，像1001也有很多雕花木器，就是早期墓。

M331有六个人架，其中一个是主人，骨架已毁，五个殉葬的人架在上面，2、1、2排列在二层台上，另外有个人头骨，比起362的人数少了一倍。M362有三犬十人，M331有二犬六人，人、犬数减少，而无兽骨，可见等级有别，然而M331有很多器物。礼器如觚、爵、尊都有，也有武器，就是在主人翁的前头有金镶玉戈头（其实就是玉戈头与铜戈尾，本地人称为金镶玉）。M333、M388 有三具人骨，主人中间一个，两边殉葬两个，M333 有三人三犬，M388 有三人二犬，不过犬数有可能靠不住，因为有些埋在上头，或是封土时没有完全封进去，只有腰坑一带的才靠得住，所以虽然犬有关系，但是数目多少的关系仍是无法确定。M333 里头也有兵器，是很短的玉器，没有柄部，另外也有铜戈。M388 的兵器则比较长，有两个玉质的，不过样子不太一样，有花纹、也比较长，另有铜戈六件。所以这些殉葬坑有等级、也有兵器，材质、数目均有不同，似有左右之分，不过这些殉葬品以装饰品多，例如头上装饰的笄、玉等，似为女用的装饰品，所以就不知道是否主墓为男，他墓为女？这也是我现在想到的想法。其他数坑的武器与 362 的武器明显不同，戈是直内，矛是长柄，是否有男女之分则是值得考虑的问题。

至于 M331 里头的觚、爵都是三套，也有三个斝，其他的墓是两个，也不太一样。M388 比较特别，出了小盉、铜壶、铜瓶，每墓均有觚、爵、瓿。兵器则是彼此之间有所分别的。

南边的 M357 则都是兽骨头，是羊、犬为主，M357 很浅，表面就被扰乱了一部分，底下东边的方向还有早期的灰土坑，塌陷下去，使得部分兽骨掉入灰土坑，可是当时不清楚，因为有成排的羊、犬，所以就暂且将它当成墓葬看待，实际上并非墓葬，可以看出有羊骨四十二个，犬骨四十一个，另外又找出四只羊骨，等于有四十六个羊骨，犬骨另七个，等于四十八个，可是可能还有没找到的，所以确实的数目是否为五十羊、五十犬，不得而知。羊、犬作为祭祀墓葬的人员之用则是很可靠的，而人员的身份目前不得而知，也不清楚其与丙组基址是否有关，颇值得注意。

4. 与基址有关墓葬

以下再说与基址有关的墓葬，就是丙组跟乙组的性质也不相同。先讲丙组，简单地说，丙组的人骨头在西边，兽骨头在东边，像丙一基址前头西边有三个墓葬，每个里头都有三人，另一个较大，有二十来个，东边有狗、羊，人则是遭到砍头，其余的小基址里头邻近墓的方向也有埋人，像丙八、丙七就有人，也有狗，两个人埋在底下。所以人、狗的看待不同，人去的地方比较珍贵，狗就比较差。这就与362墓组有些不同，后者比较重右。而这里的小墓是殉葬祭祀用的，所以没有棺椁，与基址有关的墓葬不但无棺椁，也无腰坑。

乙组的墓葬分两种，都无腰坑。一种是在基址下面的“奠基墓”，或下面、或正中，埋的是人或是狗，只有重要的墓葬、面南的才有奠基墓，面东的就无奠基墓。比如说乙十一就有奠基墓，乙二一、乙十九也有。可是乙二十虽然是基址，是另一种硬土，与乙十三情形类似。另一种我从前认为是“置础”，置础就如同主屋上梁一样都要举行重要祭典，这些墓都是在正基址的南边，比如说乙十一前是主要基址，所以就有置础的坑，乙十七并未找的很清楚，但在其西南也有牛、羊、犬的墓。置础坑是在主要基址的南边，用的是犬、羊、牛，有的只有犬、羊而不用牛，也有的只用犬。乙十一以人、犬奠基，用牛羊犬置础。在乙十三基址上上梁时举行祭祀，有三排祭祀坑，牛在前排，狗、羊在中排，最前排有一个人领着牛、羊、犬祭祀，另一个墓我们则找到三十条牛。

丙区每个坑都是用犬、人来祭祀，以M362为特例。M357祭祀时则只有羊跟犬，所以其资格只到羊跟犬。乙七基址也是用羊、犬，但数量少得多。乙十一后基址用牛、羊、犬数量多得多，达到三十头牛，乙七只用三到五头牛，规模差距相当明显，而越到晚期动物数跟人数则越来越多。可是我们还是不清楚362那组墓与丙组基址究竟有无关系，希望后人能够加以注意研究。

5. 基址复原

有关基址的想象复原，我到现在才做出复原图。以下所提的基址打破乙十一前期，现在只留下一部分，也成为乙十一后期之一，不过还是可看出彼此不同的样貌，是比较晚的。范围包括乙十一、乙十二、乙十三、乙十五、乙十六、乙十八、乙十九、乙二十、乙二一连合成一个大基址，乙十四、乙十七不包括在范围内。因为这个大基址被洹河河岸破坏，那时只做了乙十五的一半，但是我们推测形状应该大致如此。每个基址都有它的功能，与不同的样子。主要的是最北的大基址，是一个台子，上头有长条形的大房子，外面有月台。台子前头好像是一个牌楼，现在只有柱子础石的遗迹，现在只有两排门的样子，也都只有一半。就像是现在的厢房，也就是说面南的是主要基址，面西、面东是次要基址。长条形的乙十三基址好像是房子的过厅，厅内明亮，顶上有顶，旁边无墙都是柱子，然后有水池。乙二十又是一个大台子，台上有小基址，呈方形，邻近有水池，水池旁是平地。

面南、面东的房子有一部分，面西的目前没有，两者有些不同，在于面南的房子有祭祀用的人或狗，面东的都没有，可能是住人的房子，现在还不清楚面南的详情，有可能是殿堂或宗庙，墓里头有些人骨、兽骨，则不一样。从盖房子到房子完成之前，有几个阶段，第一阶段就是挖坑，安阳建筑时，也要打地基，现在做地下室也差不多，不过安阳是要挖坑、打地基，为求结实都打夯土，深度深浅不一，此一大基址就比较深，里头有人骨，就是说第一次挖坑以后、要建筑之前会举行仪式，我们现在叫“奠基”，那时也举行祭祀，像小基址要用狗，大基址要用成人或小孩，与墓葬一样，要是埋骨时下面就会有腰坑，然后两边有殉葬的人排列在二层台，现在这个基只有奠基的墓两处，是照着前头的门，下头有小孩。但是此基址是以面南为主，面北也有门，小孩则在门的北边底下，也就是说这里共有两个小孩的墓，因为比较讲究，就不用狗而是用小孩奠基。两个墓都是照着门，一个在基址下照着南门，一个在基址的边照着北门，位置的不同也许还有讲究，目前也并不清楚。而照着卜辞的研究来看则尚无头绪，这就是研究田野、建筑，与研究甲骨没有结合的缘故，以前曾向董作宾先生讨教，但是他当时考究的祭祀也尚未发现有这种情形。

奠基之后就要打夯土，打夯土时要摆柱子、立柱后上梁，现在上梁的时候也要举办仪式。过去在北方，大约民国二十六年前后，所谓“立架”，就是柱子立起来之后要架梁，架梁时要择日、鸣放鞭炮，也是种仪式，立架之后来才要筑墙，有些是用打夯土、有些是砌砖来筑墙，这样才会“墙倒屋不塌”。最近我到台北去，看到信义路一带盖房子，都是架了钢梁之后，先往上盖，盖好后再筑墙，与立架的情形不同。我们中国从前的建筑是有传统的，若先打墙再于其上架梁，则墙倒塌时房屋亦会坍塌。普通的建筑举行祭仪就只要用犬、羊，大型的建筑就要用三牲——牛、羊、犬——祭祀，甲骨文上有用犬、牛、羊的祖先祭祀记载，假设若是盖太庙，也就等同祭祖，所以也用三牲，只是数量有所不同。可是这一个就属于大型的，主要的房子在前头，乙十一前期基址比较简单，乙十一后稍晚，这个分为三排，更复杂，可见时间更晚，大、长的坑埋牛、羊，内有三十头牛、三到五头羊，另外有十墓均埋有十羊十狗。另外被扰乱的数量则不详，但数字应不少，而前面的人则引导兽类祭祀，位在乙十三，在乙七基址上也有类似情形，就是M380，不过规模很小，人是跪着的，这里则是歪着，头向西，可能本来也是跪着，或许是埋葬时弄歪的关系，现在也不清楚，不过可确定是引领祭祀的人。

这个阶段完了之后，往南来到乙二十、乙二一左右。乙十五很像是桥，不过看不出有桥水，水池位在附近，两边无法直接相通，要通过乙十五的桥才能相通。在乙二十的大基址平台上又有小的房子乙二一，类似瞭望台，乙二一按础石排列分两层，现在还有础石遗迹，看来很像梯子攀升的作用，因此才知道屋内无梯，是要从外爬上。有人说“阙”，像是唐代陕西的昭陵、乾陵，两旁土台上有高楼，阙应没这么高，不过是从大门口起的门房而已，叫什么名称都无所谓，只是表明位置的作用。小屋虽小，但建筑很讲究，下头的中心部位也有狗，就是表示面南的重要基址下头都有奠基仪式。不过很有意思的是，基址的夯土打得颇结实，我们沿边往下挖时找到狗，发现狗偏了一边，表示建筑技术还不够准，原本预计以狗为中心，但实际作业打歪了夯土，偏向东边，也许是受到乙十五的桥影响的关系，导致不易定点。我们推测东边应该也有一个。乙十九基址也是方的基址，也是用夯土打出来的，不过规模小，受到环境限制，但是工程不错，狗就在中间。两坑时间可能先后也有不同。

每个基址都有自己的做法，面南的基址底下有狗，重要基址有奠基。我们推测乙十三基址上梁时举办大规模仪式，然后把当地做成祭祀仪式的基址。房子完工之后，还要安门，也有仪式，就是一个门要有四个人来看守。在门两侧有两人，中间一人，门前一人，《周礼》提到宫门时曾有类似四人的记载。不过在过去安门时，每个人都有武器，有一个人跪着，手执戈。以乙七基址为例，四个人都面向南，手上都有戈，戈有直的柄，南边的人除了戈之外，手上还加上盾，饰有老虎纹。这处基址的四人虽然都跪着，但是没有武器。另外附近有隋代的墓，在隋墓也另有墓葬一人，可能隋代的埋墓者发现破坏殷墓之后，未予丢弃，而再放入，大概他们也很讲究、有禁忌，觉得不宜扔掉，所以再放进来。这边的墓没有放武器，是因为属于建筑内的内厅，而不像乙七属于边缘地区，属于外头。另外还有墓葬，在乙十一前面，属于侧门地区，这里的门只有一个墓，里头人也无武器，也与乙七不同，乙七的规模是比较小的。

南边大的台子盖成之后，也有高起的台阶，均用鹅卵石组成，与牌楼的础石一样。栏杆的础石与房屋的础石没有多大的分别，只是鹅卵石的大小不同而已，跟门也没有不同。主要的功用都是防止柱子向下塌陷。有的房屋下有石础，再加铜础。有的铜础还有特定的形貌，只是我们找到的铜础比较少，并不是原来做得少，是因为焚烧而熔解的关系，像武王伐纣时焚烧纣王的宫殿，铜础就被融化了。M389附近的门构造简单，只有一个门，管住从其他门过来的人，各地的门有很多个，在石头排列之中可以发现门的绵长，只是我们没有做出来。随着功能不同，看守的人配备也不同，有人带石戈、也有铜戈。这里头有住人的，共有两层，也有负责看守的，整体结构相当有意思。上头是个台子，中间有栏杆，也有础石，从这里到房屋里头去要过好多层，要过门、过桥、上台、过牌楼、再进屋，总共五关，比现在研究院的规矩还大得多。乙十九一带有四个阙口，有门可以通往台子。

比较晚建筑的乙十二，破坏了乙十三，我们觉得两边没有什么关系。底下在乙十一前时是小河，有保护遗址的作用。乙十三把小河用夯土盖起来，乙十三再盖时就使我们很难找边，所以我们推测乙十三与乙十二的用途也不同。

乙十六分成两段，上头有础石排列，情形各有不同，中间好像隔一堵墙。在西北角有打得特别结实的夯土，在夯土西北有水沟，我们以前讲水沟是往东流的，但此处水沟被基址截断。我现在回头研究这阶段，认为是小水沟从这里流出，与夯土密切有关。我们在此发现猪骨头，有猪蹄、猪的碎骨，而基址内并无猪，有羊狗牛。这里的夯土又特别重，我就猜想可能是养猪场，要冲水洗猪，水沟就将冲洗的脏水流出，邻近的水池的水则为水源，因为底下有以础石砌的门通往水池，从前并不清楚用途，若是把门、水池、猪骨、水沟连起来，则养猪场的推论就有成立的可能。又一般祭祀用的牺牲，像猪是要宰杀的，可能在祭祀之后就吃掉肉，埋掉骨头，没有整个猪骨架，与此处情形不同，养猪场的推论更为可能。南边这一组的乙十七有狗、羊，大约一狗二羊的比例，并不像是墓葬，也没有边，所以既然有养猪场，也应该有养羊、狗场。说不定祭祀的时候，用猪、羊有不同的方式，就是说有养牲畜的牺牲，然后在乙十八的台子举行祭祀。

乙十八的台子分两部分，虽然相连但性质不同。后头的部分有门，可能是住人的，前头是月台，门往底下去通往平地。附近有灰坑 H251，H330，一个面南，东西长，一个是面东，南北长，灰坑性质与基址方向呈一致。两个灰坑都有甲骨，离十九基址不远。但十九基址与十八的性质不大相同，灰坑可能与十九基址有关。而甲骨是与燎祭（烧火祭祀）有关。我先前只注意找灰坑，看见旁边一部分被盖住的部分有烧火的痕迹，从前只认为烧火是填灰坑的，后来才晓得灰坑比较早，火比较晚，就是说火与燎祭有关，如此一来此地就有燎祭的遗迹。所以乙十九可能与甲骨有关，清理当地时，不知如何处理废弃的甲骨，便扔入灰坑内再予掩埋，灰坑等于是垃圾堆一样。所以这一个大组织内部是彼此有关的。我根据这些平面进行初步的复原，知道后头有房子，有立柱，在乙十三祭祀，前头的牌楼础石有多有少，大致每三个一组，中间较高，有三门，过排房之后到乙十五基址的桥，有台阶下水池，一个洗狗，一个洗羊。再往瞭望台的方向去，我们看到七个门，然后有石头砌的栏杆。来到乙十九基址一带，就是进行燎祭的地方，按照础石排列，有住人的地方，也有牌楼，也有门。当时没有垃圾车，门就是殷人清垃圾出去的地方。

这里说的是我初步根据复原图想出来的结果，很快将会发表，如果只看基址就看不出什么，现在有复原图来说明，彼此关系会比较清楚些。只是由于洹河河岸的关系，东边永远也找不到，想得对不对也不知道，所以只能如此推测。整组有可能是殷代晚期的帝乙、帝辛时期的宫殿。

6. 殷人的习惯

一般祭祀上比较少看到猪骨头，有些墓有羊、牛、猪腿的祭祀，可是很多的祭祀中没有看到猪骨头。灰坑中反而有很多猪牙、猪骨头，灰坑内也有羊脚、羊蹄子等，狗更不用说了，所以殷人也吃羊与狗。狗是殷人很亲近的宠物，不过他们也吃狗肉。像广东、福建地区有吃狗肉的习俗，往上追溯时代也能够找到根源。

北边还有个大墓址，有烧过的木柱残余痕迹，土层非夯土，而是红土，也许是火烧后形成红土的，与乙一基址有关，那里是住人的区域，在全部的基址东北边，以前住的规模很小。基址分成甲、乙、丙三组，甲组在北边，乙组在南边，丙组在乙之西南。甲组呈东西向，有十三个小基址，其中有一个基址有铜础，被烧了，灰坑中也出晚期甲骨。这个基址很长，原来是住宅区，最早时是灰坑，是居住的坑，而非垃圾坑。这个坑很奇怪，是圆形，向东有走廊，走廊东边就是洹河，后来被填平，上头盖了甲一基址，也成为住人的基址。E16 坑就出很多东西，包括甲骨。乙一基址是个高台，可以往上走，也是比较晚期的，住人的，呈东西向。南北向是重要的庙堂。而住人的基址也可能在武王伐纣时遭到烧毁，在别的地方没有看到铜础，只有这里才有，又连接着住人的区域。

因为殷人来自东边，早期民居均面东，后来才改变，到乙一基址的时候就是面南，面东西的反而是次一等的房子。譬如甲四与甲六中间的甲五，是面南向的小基址，当时并不重要。甲四基址在东，是一个面东的大基址，其上有行列整齐的石础，可能为上甲的庙堂。但是甲六在西，也是面向东的大基址，其上未置石础有可能是“三报（即匚、匽、匚）二示（即示壬示癸）”。从前只认为是凹形基址，后来才发现有夯土柱，有三间，正好是匚、匽、匚，另外还有两个，总共五个小单位，正好三报二示。我们从前认为这些小单位是盗掘洞，可是若真为盗掘却又不会如此整齐。再一细想的话，这里是用夯土做础才如此，也就说得通了，如此的话，每个重要的基址都可以解释得通。

（十三）特殊的技术与发掘方法

这些或许有些琐碎，有人觉得没什么价值，所以很可惜以往无人谈过，我觉得现在可以提出来，让大家有个参考。谈到特殊技术，就先说王湘先生负责的照相，王先生在此致力甚深。首为比例照相，就是照相时一定要有大小，不但要放皮尺，也要照二十分之一的规定来做，与墓葬图的比例一致。从前我们是采垂直照相，有些照相就倾斜成一头大一头小，后来就要找出中心点，拍出平均的照片。为此而做了一个架子，顶上再加突出的照相架，人在架子上拍照，照相机与拍摄对象呈垂直。后来我们觉得物体大小不同，画坑时都以二十分之一为准，照相也宜采相同比例，所以在作墓葬时就固定了比例，就是在突出的照相架，照相镜头跟现象一定有尺寸，我们会用皮尺测量高度、深度，这就是比例照相。但是墓葬以外的地方则不一定使用比例照相，但是垂直标准大致不变，只有某些特殊情形才未采垂直照相。

第二种是定点照相。像是大基址旁边的坑，大到很难以一张照片拍完全景，就要定点照相，把坑画为数个方格，先找出中心点、四角，然后就在周围摆着尺、架子进行拍摄，最后以能够兜合成全景为目标，中心点跟四角就是兜合标准。我们花了很大的工夫才告成，丙区的大型羊狗坑图就是率先应用定点照相的方法拍摄的照片。

第三是特点照相即局部放大，旁边也一定要放皮尺，不过比例不固定，只要一个区域或一组古迹很特殊、可以自成单位，要照出特殊的地方（譬如花纹）就可以进行特点照相，当然是越清楚越好。

第四是所谓绘图照相，也与定点照相、比例照相有些相似，是特别为了绘图而照的。比如说羊坑、牛坑里头有那么多的兽骨，一个一个画，好几天也画不出来，就想到先照相，回去洗相片，洗出来之后再根据照片用墨水描出图案，再以特殊药水（已忘记药水的配方）浸泡处理，其他不要的部分会消失，我们描出的地方保留。此种方法是王湘先生想到的，可以省去不少在田野画图的工夫，又准又快，画完之后将之填入墓葬表中就算大功告成。现在做田野工作的人，由于没有碰到如此麻烦复杂的东西，所以也不会用此种办法。

最后是彩色照相。当时也开始试用新式的彩色照相，当时国内无法冲洗，尚需寄到美国去冲洗，我们又很想很快看到拍照的结果，于是王先生就自己买书研究，也试着自己拍摄、冲洗。

提到照相，又涉及暗房。殷墟发掘时，安阳并无暗房，拍好的照片都要送回南京交给刘屿霞先生冲洗，直到西北冈发掘时还是如此。后来刘在南京工作时，由于天气太热，底片又薄，底片在冲洗时因热受损，照片就没法用。梁思永先生就想到是否可在安阳设立暗房径行冲洗，若有状况还能迅速捕拍，拿回南京洗坏了就无法补救。本来是在晚上冲照片，只要自行配好药水，再掩上门窗即可工作，但是后来白天也要冲照片，就要专设暗房。暗房有两处，一处设在城内的办公处，比较讲究，还有放大房。我们没有放大机，就利用北上房的大客厅，以靠西边的第二间房作放大房。田野工作有很多照相机，就利用一个来作放大机，以前九乘十二的照相机的后头是活动的，对光时后头是一个毛玻璃，在玻璃板上有个空的架子，对好之后将暗盒套上进行拍摄。放大时则过程相反，我们把装玻璃板的架子装上要放大的照片，将照片放到暗房墙上事先挖好的黑洞的外边，墙很厚，适合搁照相机，照相机就在屋子内对光，房子的方向面向南边，厚墙朝北，非常阴凉，光线变化不大。照相时照相盒子朝外，放大时盒子朝北。王先生试了好几天才试成功，放大效果也不错，因为相机的镜头是最高级的德国蔡斯镜头，一般放大机还未必用到如此好的镜头，所以放大效果自然不差。王先生的工作大部分在照相跟暗房上头。因为经常在白天进行放大，也无法在田野做，他就经常在城内工作。

我们另外在工作站所在的高楼庄设立暗房，当时房东还保留一房未租出，工作队便请房东租给我们作暗房。这间暗房有两种用途，一种是绘图照相用，白天放大画图，夜里冲洗，看看照片能不能用。第二种就是使用另外一种药品来洗彩色相片。田野照相之后，就拿回来洗相片，第一步要用特定药品先在暗房显影，显影时间长短是要按着说明来操作的，其次要曝光，同时搧扇子吹风，王先生一般会在礼拜天作，好让大家一起帮忙看着、帮忙扇风。第二步就是要出彩，到太阳底下搧着，就开始显出彩色了，大家都很高兴，不过虽然洗出彩色照片，但色彩并不理想，还需再行研究。十五次买的彩色底片也不多，只有几张照片而已，离理想也很远，做实验的性质居多，目的是要学习如何照彩色照片、如何冲洗的手续，预备下一次才大举运用彩色照片，却不知道居然会是最后一次在安阳工作。

再提到重字号、干字号。平常的重要遗物都有编号，因为“重”的笔画太多，我们就只写“干”字代表“重要”。干字号也经过好几个阶段，第十三次时就有重要遗物，只有号码而已，就是会注明器物的号码以及出自哪一个坑，我们觉得这样并不够。第十四次时，就觉得重要号码要有图来配合，所以就有重要遗物表，十三次时重要遗物光有号而无表，十四次时不但有表，表上还有图，绘的图也比较正确一些。到了第十五次还想附上实物相片，不过这个理想尚未达到，因为我们是希望在下一次有成功的彩色照片才推广使用。有照片的好处就是发掘完了以后，有图、有照片就方便我们写临时报告，也会比以前快一些。

再来谈到置模。从前西北冈发掘的时候，找到很多花土，其实就是以前比较大型的雕花木器，至今已腐朽成土，比如说放乐器的架子等等。在小屯则有小型的器物，比如说豆、盘、方形器物等等，数量还不少，整个取回去难度很高，我们就想到用石膏把它灌起来做模，一来石膏很贵，所以只做一层；二来我们不是行家，也不太会调石膏；三来石膏的硬度不足，所以取模时就掉落摔坏了。后来就改用比较容易买到的洋灰，我们拿一个比较大的瓿来作实验，结果发现瓿上面的花纹非常清楚，而且搬运过程中也不易受损，瓿的模型现在已随史语所搬到台湾。

（十四）洹水杂志

我们受到河南省博物馆找吴树淮去做珂罗版印刷一例的启发，便想设立洹水杂志。因为设立洹水学校的缘故，增添许多临时工作人员，此时需要训练他们写简单的调查报告，却又欠缺发表的园地，便想设立“洹水杂志”，作为训练写作与发表的园地。史语所内部的相关刊物最早是“安阳发掘报告”，后来各省的古迹会渐次成立，安阳名称不足涵括，便改名“田野考古报告”，抗战之后就成为“中国考古学报”，不发掘了，变成纯研究性学报，这是后话。

既然要办杂志，文章的性质又是考古报告，亟需大量图片，印刷也要精致，既然有吴树淮的前例，便想送人到苏州美术学校学习技术，然后回来帮“洹水杂志”印刷。洹水杂志社的地点就设在洹水学校附近，因为学校有固定的地点，也有王建勋在那边做事。两项计划都有进行，杂志本来预备在十六次发掘前就要收稿，也已送人去学技术，在完成十五次发掘之前均已进行中，可是十五次发掘结束后，就爆发“七七事变”，计划就未能继续实行，若是洹水杂志能够继续的话，恐怕也出了很多期。

五、抗战前期的调查与研究

（一）绥远调查

从安阳殷墟发掘以来对“穴窖问题”即灰土坑存有疑问。灰土坑较不规则，穴窖较有规则，有圆、长方、方形等，圆者称窦，方者称窖，而圆、偏浅、住人、有台阶者就称穴。穴内是否填有灰土也不一定有定则可循。殷墟十五次发掘时有两个甲骨坑与基址方向有关，让我们有所疑问。经人告知绥远现在还有存粮食的窖——粮窖，因为当地房子盖得少，一年一种，粮食产量很多、需要储存，便在自己的房子旁边挖了粮窖。我们听到后便想去考察是否与殷墟的窖相类似。十五次发掘结束前，我与考古组主任李济商量后获得同意，李希望从首次起即参与安阳工作、老资格又见多识广的王湘也参加，王同意之后便说好在十五次发掘结束后的暑假出发。预定参与的人员除王湘、石璋如之外，还有会说蒙文的工友魏善臣。但是身为陶器专家的王湘，为了赶着整理十五次陶器，好让李济做进一步的研究，出发前还赶不完，就走不成，实际上到绥远去的只有我与魏善臣二人。因为要长途旅行，有三个人可以互相照应，现在两个人也还可以。我跟魏善臣就在二十六年七月初出发。

我们先到北平，魏善臣是北平人，就先回家几天处理事情，我就趁机到附近的古城庙调查，那里是日本人发现的考古遗址，看过之后觉得规模不大，捡了几片绳纹陶片就离开了。当时重要发掘物差不多都搬往南京，

同行魏善臣先生在绥远边区罂粟花丛中（1937 年摄）

北平只留下一部分，留守北平的人很少，像李光涛先生已经离开北平了，只剩下工友与在北大兼课、家眷都在北平的一组同仁余逊留守。我仍然住在可以开伙的蚕坛，等到魏安好家以后，我们在七月七日一早乘火车向绥远出发。上车的时间还很早，开车之后就听见同车乘客悄声说“昨晚到今天黎明听到放枪”，也有人回说天天演习有何关系。火车到通往内蒙古的要道张家口后，通常需要加水，有的甚至要换火车头，停站时间比较久，因为当地有电报来往，就知道中、日已经在卢沟桥开打。我们想平常小冲突很多，这次开打或许也不久，可是也没法多想，仍旧继续往目的地大同前进。到大同之后获得更清楚的消息，知道卢沟桥开打之后就不停战，会继续打下去，可是我们以调查粮窖为目的，还是要向前走。

绥远图书馆大厅（1937 年摄）

大同有古建筑、石窟，也是北魏的都城，很值得去调查。我们大概在那里停留了三五天，去了建筑很宏伟、佛像不错的大庙——大华严寺；也参观辽代的善化寺，至于佛光寺因为附近多土匪便未去；观音堂、三龙壁、九龙壁都参观过。我们对制陶很有兴趣，也顺便参观制陶厂，在大同附近一家制陶厂，看到用柴作燃料的大灶，用风箱来供应空气，不烧灶火时，灶内还有余火，上头可放陶器来温水。偶然发现一个极特殊的陶器，形似盆子而中间有个橛子，在安阳也见过类似的“橛子盆”，李济先生研究后认为是器物的盖子。大同的则是放在灶上，不像锅子有耳朵，而是靠橛子提出来，不过这只是偶尔一见、并非常态。回来后向李先生报告，他也觉得奇怪，不过他说殷代应该没有灶，就认为还是盖子。

我们也参观了云冈石窟，这里非常漂亮，当时距离煤矿还很远，尚未遭到污损破坏，不过当时还很荒凉无人，石窟附近的房子无人照顾多呈破落。日本考古学家水野清一曾经出版七八本云冈石窟佛像照相、绘图的书，史语所图书馆买过，不过由于在抗战时邮寄，还寄丢一本。由于大同（古名平城）曾经是北魏的都城，北魏迁都洛阳后才大规模汉化，云冈石窟的佛像仍然带有浓厚的印度、西域风格，汉化程度不深，有些衣服相当奇怪，所以研究佛教艺术者极重视大同。附近的地势为武周山与武周河（河并不大），石窟是临河靠山兴建，离魏都大同并不远。洛阳是后来修石窟的地点，景致比起大同的山水是好得多，我并不研究石窟，但是考古学者仍然

绥远图书馆大门（1937年摄）

会喜欢看古迹的。

离开大同之后即前往归绥（蒙语呼和浩特）。本来我们出去考察时，身上都拿了蔡元培签发的护照，在重要地点蔡还会事先打电报与地方当局照会。那时的绥远省主席是傅作义，我们在归绥下车、晚上住到栈房后，他的交际人员马上晓得我们来了，次日清早就说傅要约请我们吃饭，还有不少人会参加。这是因为当时学校放暑假，有很多人去西北，有去各处作学术调查的，也有去百灵庙劳军的，都是大人物，所以就约请吃饭。因为有电报，他对我们的路程也一清二处。

归绥一带属于内蒙古，蒙古的寺庙称为召，有大召、小召，庙里住有喇嘛，是喇嘛庙，我们曾前往参观。当地做喇嘛也很类似我们的服兵役，家里有男孩子都得去当喇嘛，喇嘛分两种，一种是永久出家的，另外一种就是短期服役的。我们看见有些喇嘛早上念完经之后，由于还有职业，脱下法衣就出去工作，这点与和尚大有不同。有座大庙五塔，因庙内有五座塔而起名，可是庙内住的并非和尚而是喇嘛，兴建于清雍正年间。这里也有寺，在归绥东边有一座白塔寺，我们只看见白塔而未见到寺，不知是否寺塌了？附近住了一个蒙古人，住中国式的房子，没有住蒙古包，也不打猎，而是种地，种地的方法、工具业已汉化，只是还说蒙语而已。魏善臣曾同他攀谈，农人说由于当地是平原，种地的收入比起打猎、放牧好得多。他也说蒙古人不吃韭菜，汉人才吃，韭菜又很耐旱、不需要很多照顾即可生长，所以只要一看到韭菜就知道是汉人住的地方；就算汉人走了，韭菜也会长成一大片，我们以前都不知道这些。蒙古农人有个女儿，也会种地，虽然会说蒙语，但不识字，我们推想父亲大概也不识字。

我们曾雇马车参观位于归绥南边二十里处的昭君墓。根据记载，昭君墓在一条小河黑水河的南边。由于时日久远，我记不太清楚确实地名，前几天特别去找了申报馆出的地图看，那本地图相当不错，可是发现地图上的记载有误。昭君墓名青塚，地图上说位在包头南边、黄河南岸，不在归绥之南。我现在才发现申报馆的地图出了错，地图当时还是地质调查所做的，后来抗战中也修正很多，算是很讲究的，不过由于未亲临其地调查，

汉昭君墓青塚（外围）（1937 年摄）

还是有待改正。包头南边是河套的渠地，那里没有墓。至于昭君墓为何叫青塚，有人说蒙古是黄沙白草，因为沙漠里头通常只长有刺无叶、看似灰白色、只有骆驼能吃的骆驼草，而青塚一带正好是少数会长青草之处而得名。我现在也忘记是否真的只有青塚才长青草了，不过现在的青塚已经有石碑标记了。

离开归绥后就前往大县萨拉齐（蒙语土默特），当地是归绥、包头中间要道，也通往山西，当地出产蒙人随身佩戴的小刀，以及铜器等。我们在清早起来之后逛了附近的市场，顺便买点东西，因为日本人调查时曾经在当地买到一些文物，所以我们也想就地搜寻，可惜所获不多。在当地停留

汉昭君墓青塚（前面）（1937 年摄）

未久即转往包头。

包头在蒙语中意谓“有梅花鹿的地方”，不过一只梅花鹿也见不到，或许以前曾经有过吧。由于先前的归绥，住了许多人，已无法找到粮窖，转到出产粮食甚多、比较大的包头也一无所获。因为包头位于交通要道、人来人往，已经不是农村了，乡下才会有农村。有人就建议我们要出包头往北走，过大青山，到达固阳，那里是通往百灵庙的必经之路，附近是平原，可能还有粮窖。所以我们在包头停留不久便启程前往固阳，在当地住了几天，也只见到几处粮窖。我们住在类似客栈的住处三天，店家有供应早晚餐，都是吃猫耳朵，就是用当地仅产的燕麦做的面食，那里的燕麦并不像

内蒙古人骑马不要鞍（1937 年摄）

台湾这里会看得很宝贵，人们先把燕麦磨成面粉、揉面团，再用磨得很光的砖，上头涂油（因为当地很多羊，可能是动物油），用黑亮亮的砖先擦一下燕麦面团、拨下一片再一卷就成猫耳朵状，再下锅煮就能吃了。这里早午晚三餐是猫耳朵，喝燕麦汤，纵使莫可奈何也非吃不可。在这里虽然看见粮窖，可是我们并不满意。听人说再往东去到达一处“古脑坡”，可能有更多。我们就雇了马车预备前行，车夫还不知古脑坡，当地人即告诉车夫一直走，到“趴榆树”（在半山趴着长的榆树）就快到了。可是当我们赶到阿古脑才发现是游牧区，根本没有粮窖，只有蒙古包。原来是固阳人没来过阿古脑，只想到附近是平原，就不知道游牧地区根本不会有粮窖。

内蒙古人室内的灯（1937年摄）

我们到了阿古脑住在蒙古包内，察觉蒙古包很讲究，客人住处有一定位置。吃饭也就随着蒙人吃。动物就在蒙古包外宰杀。我们观察到两种现象，一是烧火的处所。蒙古人在圆形的蒙古包中间烧火煮饭，先在蒙古包外生好火再引入室内，使用铁制的活动灶，晚上睡觉时就熄火。梁思永先生在后冈发现圆的白灰面，中间是有黑、红的火烧土，显示在中间烧火。我们看见蒙古包中间虽然将火架起，但是火烙到地上也是黑色的，虽然地上是一般的泥土而非安阳的白灰土，却也有类似情况，所以有可能解释安阳的白灰面是有住人的。第二就是蒙古包内有鹿角，原本是有枝节的鹿角均已去枝节并磨光，只剩下平滑面，魏善臣问起鹿角的用途，蒙古人说是制皮袄时用的，将老羊皮剥下洗净、浸泡后，然后用鹿角在羊皮上来回搓揉，羊皮就软了。所以鹿角就是一种工具。殷墟也有出类似的鹿角，我们就想史前的、商代的人也以类似方式来做皮的。

在蒙古包内住了一两夜左右就转往五达召，五达召非常有名，有很多喇嘛，由喇嘛自行管理，当地有三层左右的楼房，中间是楼梯，旁边是相对的屋子，大概是土砌的，远看起来很像楼房、也很高。我们接受喇嘛的招待住下来，看见喇嘛煮饭的灶上有很大的铜锅，我从未看过那么大的铜锅，锅上有大块木板各处移动。烧火的灶也很大，不记得烧什么了。喇嘛每天要出来念经，也种地，喇嘛也有头儿，就是伙夫，魏善臣领着我见喇嘛，只见喇嘛盘膝打坐，屋内漆黑，我们同他打招呼，看见喇嘛的前头有个盒子，装着待客用的黄色奶制品。本来喇嘛要送哈达给我们，不过魏善臣说应该由我们买哈达送给喇嘛，送哈达后喇嘛就请我们吃盒内的奶制品，魏教我用手指摸一下搁入嘴，说是一种礼貌。在这里有人教喇嘛读经，就等于上课一样，至于经文是蒙文还是藏文，我当时并未细想，只知道在写字，或许是蒙文吧，不过我看到喇嘛写出来的字很像是藏文。我们参观二三天之后就回来了。

回程经过“石拐子”后就离包头不远。我们在蒙古包吃的羊肉，肉质很硬，又没有加盐巴，吃不太动。蒙古包内连猫耳朵都没有，调味料更为难求。回到石拐子就有较多的汉人，当地也贩卖从外地进来的大米，魏善臣就说，出来十几天都吃不到好吃的，当地正好有卖大饼、馒头，也有把大米和羊肉在一起煮成粥，我们就吃大饼、大米羊肉粥，既有加佐料调味的肉，又有米、饼，是人们平常胃口所需，吃来感觉美味之至。蒙古物资并不丰富，不过游牧民族也自有待客之道，像蒙古包内是一人一碗，蒙古人出外时在皮袄内随身携带着碗。因为生活缺水，蒙古人用完碗后会用舌头将碗内舔净再交给我们倒牛奶喝，我们自然不太习惯这种不寻常的生活方式，不过出门在外非吃不可。自有水源的五达召就没有这种问题。

回到包头之后，“转龙藏”附近有水，我们就在当地找到一个遗址，捡了几块陶片，可能很早就有人居了。虽然在塞外，还是有水处才有人居，现在那儿也是有名的地方。

包头再往西走是黄河河套一带的五原，就能坐汽车去，当地的房子旁边就有非常多粮窖，我们看见很多破的粮窖，就问当地人为什么，他们回答粮窖就是要故意破的，才方便日晒。新完工的粮窖也需要晒过。那时正是夏天，麦子尚未收成，晒完粮窖之后就要收割了。麦子收割之后会留下麦秆，麦秆可成捆捆扎，放在粮窖内的周边将墙堵起，使麦子不与泥土直接接触，粮窖底层铺了麦秆草把，麦子倒入粮窖后，顶层跟粮窖外头还会盖上草把。为了怕麦子腐败，粮窖的规模都不大，宁可多盖几个小的粮窖便于控制贮量。我们再问粮窖下头为何有些是绿土，有些是灰土？他们说粮窖内若有麦子腐朽，通常土壤成灰色，油菜籽腐朽就会是绿色，我们才晓得种的作物不同会影响泥土颜色。若是粮窖里面跟旁边的草把腐朽，土壤也是灰色。当然安阳的绿土并不一定就是油菜籽，也许是其他的植物也说不定。城内有些人家除了一般的粮窖之外另有精致的小窖，将马上要吃的粮食放入，以免窖开得太大让麦子加速坏掉。农人收割麦子之后先堆在家里，除了收藏自己家里吃的之外，剩下大量的存粮，农人就连夜在田里挖好坑、放入草把、再倒入麦子、填土、犁平田地。这种窖离自家稍远无妨，大多是为了防偷而设，为了防偷，有些人在冬天还泼水以加速地面结冻，不过有些人忘了做记号，就忘记自己设窖地点，整窖的麦都腐朽，等到再犁田整平预备种地才发现。

我们本想再往西去，到五原以西的临河就属于宁夏省。不过我们听说战争已起，平绥铁路只通到张家口一带，无法回到北平，所以就赶紧回到归绥。我们启程时带的钱不多，曾先与安阳办事处商量，请他们半个月内汇钱到归绥，我们曾在归绥的客栈写信，若有钱汇进来请他们先代为保管，等我们回来再领。我们回来时钱已经汇到，让我们可以维持，否则就会困在归绥。路人有听说路不通便从五原倒转到西安的。我们因为钱还在归绥，

绥远五达召　远视（喇嘛庙）（1937 年摄）

绥远五达召　正视（1937年摄）

所以就先回到归绥领钱，再往大同，而当时到忻口的铁路没有卖票，我们便先坐一天的汽车颠簸到太原，途中路过雁门关，而雁门关附近有金沙滩，就是章回小说《杨家将》杨老令公战死之处。我们都没去参观。一路爬坡过雁门关后，晚上住在太原附近的崞县，当地的铁路并未通车，忻口当时正在备战，也不能去。

原本预定在太原逗留三天，看看晋祠、天龙山（有石窟），晚上住下后，次日因为长途颠簸相当劳累，留在旅馆内休息，晚上警察就来说，因为日本飞机经常过来，旅馆客人必须尽速疏散，此地不宜久住，于是我们就只能在太原的街上晃晃，可是警察不让旅馆的账房留下长期住宿的客人，

五达召附近蒙古包（暂住一宿）（1937 年摄）

街上也不让人随便走来走去，所以我们到第三天就坐火车走了，当时已是二十六年七月底，张家口被日军攻陷，我们坐火车日夜赶路到山西南边的风陵渡，过去就是陕西的潼关。到达风陵渡时已经是深夜，当夜便住在靠河边一间小草蓬的小旅店，因为当时风陵渡车站刚通车不久，只有这种临时搭的小草蓬，还没有栈房，晚上就听着隆隆的水声入睡，翌日才知道这就是黄河的流水声。

到达潼关之后心情就放松得多，坐的火车一下子就抵达洛阳。洛阳车站分东、西二站，西站是军事用途，人称“西工”，民用车站是东站。在洛阳东站下车后，我就先回偃师家乡去看看，只要坐火车向东一站，下车走十多里路即可，魏善臣就待在洛阳几天，说好三天之后在洛阳见面。我把去西北调查时带着的工作日记交给魏善臣带着，以交给所方作为工作报告，

五原黄河支流铁桥（1937 年摄）

其余物品如私人日记、相机就带回家。魏善臣第一天就去参观龙门石窟，第二天去西工，发现没什么好看的，就转到飞机场去，机场是管制区，有人过来问他为何来看机场，魏就表明身份，说我先回去看家里，他留在洛阳顺道参观。因为正值战时，军方担心间谍窥伺，所以魏就被军方派人看着，他的东西都先被拿走，等我一回来时就看见军方有人等我，派车一并把我人跟行李带到西工去问话。

在西工的时候，一人分配一个房间，房内有书桌、床铺，比原先的栈房还好，伙食也不错。军方就派调查员过来拿走我们的东西，说先看过再问话，几天之后调查员来问话，说看过我们写的工作日记内容，就询问我们被傅作义省主席请吃饭，绥远之行是否为公事？我们说对。他就说你们犯的错就是不能来看西工飞机场，还看得那么仔细。他要再仔细研究我们的案子，听候长官决定如何发落，叫我们暂时住下。我回答西工也很不错，我不妨就住在这里写报告，不过我要先写信给中研院蔡元培院长报告，让他们帮忙寄出。他跟我商量希望将相机底片曝光。魏善臣虽然没有带相机

潼关与黄河（1937 年摄）

去机场，可是军方不知道我们有无携带其他小型相机、有无拍摄飞机场；又如果我们不愿曝光照片，军方就要没收相机。我当然不愿意，因为照片是我们主要对西北粮窖的调查内容，军方要是没收相机，我们既无法交差，此行也等于浪费中央的款项，万万不可。我提出了对案，让我回去洗出照片，军方若是要这些照片则请向院里交涉。他说可以等候上级决定，暂时同意不曝光照片，等了几天，他们同意我的对案，随即说军方没有帮我把信寄给蔡院长，要我们自己找到保释的保人。我先前觉得西工既有人管饭，又有地方写报告，也很不错，军方看我们态度自若，认为我们应该不是间谍，就放了我们去找保人。没有做坏事，心里就很自然。

潼关铁路洞东门
（1937 年摄）

我既然要找保人，就去城内找前督察专员、此时已调往洛阳做事的王择民帮忙，以前安阳有不少盗掘事件，发掘团经常找王交涉，他就不太喜欢我们，此时即对我避而不见。我就再去找以前洛阳八中的一位老师，那时已担任教育局长。我中学毕业许久，他也教了上千百的学生，对我已经没有印象，不过他说，像我如此的状况应已无事，找保人只是程序而已，建议我跟军方说找不到保人，再看军方如何处理。我们出来找保人时，身旁也跟着警察，看我找不到保人就先行回去报告。我回去也说找不到保人，是否还要继续留在西工？结果军方以已经结案，我们不必留下来，对保释的事情就不了了之。之前出来寻找保人时，人们看见后头跟着两个兵，还在为我们担心呢，实际上我们可是很自由自在的。之后就回到南京了。我跟魏善臣觉得这是件丢人的事情，后来都没有与其他人谈过这次的事情。

我们西北调查时对蒙古包的两项发现并未作成报告，因此并没有影响梁思永先生西北冈的判断。早期很多研究，都认为是与祭祀有关，更细致的研究是在后来才进行的，才会考虑到灰土坑是否有住人等等。

（二）中研院南迁长沙

我跟魏善臣回到南京，已经是八月中，研究院为了内迁正在进行装箱作业，回到研究室时已经空无一物。也就是说，在我回南京之前，装箱工作就在进行中，所以装箱期间的过程我并不太清楚。大概是选择重要的文物装箱，像骨头就选人骨，其他部分就留下，这也是一种决定[①]。因为南京离上海很近，战事吃紧，所以先行装箱，有一批六十箱就先运到南昌的农学院保存，由李济先生先押运，另外有一千三百多箱陆续运到下关装船，预备运往长沙，押船的人员都派好了，魏善臣在回到南京之前也分派要押船，因为一千三百多箱要用到很多条船，船是轮船，哪一国的船就不清楚了。同仁跟家属也要随船到长沙。我们回南京的第二天，就去下关看装船的情形，也告知可以自行挑选，或跟公家交涉搭乘船只，因为尚未装船完毕，船期并不一定。研究院内的职员高玉华先生，在码头上非常有魄力，说一不二，工人听他的话，所以装船作业很顺利。有许多人都准备好了，有的人都把东西搬到船上，只待开船上去即可。我们看完回来则还未决定，因为单身要坐哪条船都可以，要是有眷属，就有行李，就必须先说好船期。

① 按《大事纪》民国二十六年七月条："本所随本院西迁，先选装最珍贵中西文图书、杂志及善本书共六十箱，首批运往南昌农学院，其余一千三十三箱分批运长沙。但部分殷墟出土的人骨、兽骨及陶片等，限于运输工具，暂留原址。"八月条："本院组织长沙工作站筹备委员会，本所迁人长沙圣经学院，所长傅斯年仍暂留南京，派梁思永为筹备会常务委员。"大事纪编辑小组，《中央研究院历史语言研究所七十年大事纪》（台北：中研院史语所，1998 年），页 14。

回来后大概第二或第三天，日本的飞机就来轰炸南京考试院，时间大概是在下午吃过晚饭之后，听到天空中传来飞机声，有人发现日本飞机在上空盘旋随即投弹。考试院与研究院只隔一条路，炸弹落在考试院外广场的钟楼鼓楼附近，我们的同仁大部分都在研究大楼里头，分三种人，第一种人不怕炸弹，像李光宇先生还跑出来看；第二种人像事务主任吴亚农，他老先生听到声音，吓得把铺在走道上的地毯裹到身上，滚了好几圈；第三种人像高去寻，跑到厨房里的火炉上去。事后同仁讨论轰炸的情形，高先生因为上火炉，不是去防空洞躲飞机，就说他什么也不知道，不自觉就跑上去了。其实日本人并不是来轰炸考试院的，在山上的鸡鸣寺旁边（属于研究院后面）有个很好的防空洞，日本人恐怕是以防空洞为目标。在这之前我们都不知道有防空洞的存在，可是日本人就晓得，可见敌人消息之灵通。日本人还陆续来轰炸过好几次。第二天轰炸后，我们几个人就商量，既然在这里没什么事，长沙圣经学校的地址也预备好，船又不知何时开，不如自己先离开南京，结果别人都已订好船，只有两个人——那廉君、石璋如愿意自行去长沙。

因为我们知道何时开船，就转而从陆路搭火车；先去下关买火车票，从下关到徐州，再转陇海路到郑州，再坐平汉路到汉口，再转粤汉路到长沙。我们什么都没有带，只带了钱预备买火车票。下关买票时还发生一件小事情，从下关坐火车是要先坐渡轮再上火车，因为我去晚了很紧张，那廉君已经先买好票往轮渡去，我见到买票的人不多，就想赶上去，匆忙买票、收零钱之下就只拿走车票、忘记带走钱兜，当我预备把票装入钱兜时，才发现钱兜不在身上，赶回票口去找钱兜才发现钱兜还留在柜台上，售票员说：“你慌什么呢？”我的钱还在，他票也给我了，我实在没有必要紧张。

当时天气很热，什么行李都没带，只有身上穿的衣服而已，一路上车行顺利，到汉口略事休息时我顺便买件衬衫，预备带到长沙去换。车到长沙后，我们就到圣经学校去住下来。因为我是坐火车走的，所以有关船运，像换小轮进长沙的过程我也不清楚。等船来了之后，大家都到长沙，闲聊时就问几个人坐火车来长沙，发现其他人都坐船从南京直达到长沙；坐火车又贵又绕道，就只有我们两个傻子是坐火车来的。

船到长沙之后，箱子即运往圣经学校，圣经学校是地上三层楼建筑，还有地下室，空间很大。我们预备把箱子都放到地下室，此时要放箱子的除了史语所，还有社会所。这时来的人并不多，就让我跟社会所韩某来处理箱子，虽然是各摆各的，却要摆得整齐。从码头到圣经学校没有汽车，得靠独轮推车，通常一车可装两箱，顶多三箱，管事的就在装箱的时候先做两种颜色的签，装两箱就发两支黄签，三箱三支黄签，到圣经学院时凭黄签换白签，详细情形就不太清楚，只知道工人放好箱子之后就领白签走，到最后才知道发签的用意，就是多少箱子就有多少签，单位可以核对箱子数量正确与否、估计要发多少钱；运工则自行保存签数的多寡凭签领钱。这种办法很不错，让我从前不晓得装箱方法的人见识大开。从前南京装箱的方法，因为我并不在场就不清楚。

等大家到长沙之后，就安定下来。圣经学校有好几处单位使用，研究院只分配使用圣经学校的三层楼宿舍部分以及一小部分教室。北大、清华、南开三所大学的学生也跑到长沙借用圣经学校上课，所以大部分的教室由他们使用，我们则分到一小部分。各单位组织了管理委员会，梁思永先生是常务委员，大家在委员会商量之后，给了我们一个整理文物的工作室，也叫办公室，这是我们所唯一的纯办公室。其余的宿舍既住人也兼研究室。梁思永先生所占的工作室是比较小的教室，比宿舍的空间大了很多，在里头工作的除了梁先生之外，还有杨廷宾、石璋如、绘图员（姓名忘记），总共四人。在这里梁先生继续整理西北冈记录，我做我的。因为堆箱子时未想到特别的堆放顺序，先运到的就搁下头，晚来的搁上头，做研究时就先将上面的箱子开箱，正好是铜范，我就整理铜范。杨廷宾、绘图员就把梁思永、石璋如整理出来的东西绘制成图。在长沙的时间并不久，十月之前都是运输整理的事情，从十月到十二月才是正式工作的时间。

刚来长沙的时候觉得此地很好，还跟出去做过调查。长沙附近也发现古物，有户人家收藏很多出土古物，经人介绍曾去参观过，也顺便参观附近，正好知道几件早先在北方不知道的事情。第一件就是与考古工作有关的烧砖。在北方都用灰色的灰砖，长沙则是红色的红砖。我们夜晚在宿舍休息时，向外望去发现有几处红透的火墙，后来知道是露天烧砖的，一层煤一层砖地堆，白天看不清，晚上却是很明亮的火墙；北方烧砖则是放入窑内烧，是看不见的、又要浇水，氧化之后就还原呈灰色，南方烧砖氧化作用未经还原就是红砖，这就是灰砖与红砖的区别，如此让我们了解红砖、灰砖的技术分别，有助于考古。

在长沙组织的管理委员会，以管理圣经学校为主，经常开会。来长沙不久，敌人又来轰炸，于是委员会另行组织巡逻队，警报期间，其他人要去地下室躲飞机，每个所派出一个人组成的巡逻队就要巡查有无间谍在外头发信号引导敌人。梁思永先生就派刘燿跟我作巡逻队，因为是高度危险性的工作，我们既年轻，梁先生跟我们也比较熟，我们认为是支持梁先生，也不在乎危险，于是别人在警报期间躲警报，我们是在外头巡逻。梁思永的兄长梁思成所组织的营造学社，当时只有四五人，跟我们有交情，常在一块，梁思成底下有位职员刘致平，躲警报的时候正好带了一把未张开的伞，有人误认为伞是发报的工具，就将他关起来，后来梁思成先生为此去说明、保释他。刘是东北人，因为有这种事，使彼此熟识起来，才知道他也是很有成就的人。

有一回敌机来了，真的就轰炸圣经学校附近，就是学校对面的巷子一带，梁思成全家住在巷内一栋小楼上，当时梁思成到圣经学校躲警报不在家。警报过后我们去到梁家，看见小楼的楼梯被炸毁了，还挂着东西，但是没有楼梯上不去，很惨。家眷幸好也躲到别的地方去了，没有事情。另外一件惨事就是在路上发现不知从哪里来的、还穿着丝袜的女人大腿断肢，真的很惨。另外一件惨事就是我们出去巡逻，有的同仁在研究室宿舍内，遇到空袭就要去地下室躲警报，高去寻走到楼梯台阶、还未下去时，由于后头有人往前推挤，将高先生撞倒台阶上，高先生被撞断牙齿，顿时满嘴鲜血。在外头的我们并不知道，高的河北同乡、北大同学胡厚宣正好在一起，警报解除后立即将高送医，之后再回来，回来之后我们才知道高先生受伤，而且是被推倒的。当时的人很多，也不知道是谁推的。在南京、在长沙都碰到轰炸，可见情势相当危险。

再说研究成绩，虽然时间不长，可是对铜范也有些了解。模范是有些分别的。在安阳发现很多做完铜器被敲成破片的铜范，有少数的模、不少的范。假设有个铜觚，起先做成实心的模，然后外面贴上一片片的泥巴片（就是范），就在模上做花纹，范要先脱开模子，将跟实心模的中间刮去一层以减少厚度（后来才出现用拉的方式），然后再把东西贴上去，本来觚底下的足不接合主体，在主体下开了十字口、放嵌片，控制厚度避免接合之后，才将觚的足抵上去主体。然后反过来将口封起来，倒入铜汁让铜汁流下，俟铜汁冷却凝固，再把外层剥掉。外层是一瓣瓣糊上的，可以散热，若是整块糊，当铜汁温度过高时就会崩开。冷却后剥掉外层的范，因为不要了，就呈碎块，若是大片、上头有花纹，就正好是将花纹印下来的部分。模内的心子也不要，掏不出来的话，殷人就会想办法一点点地打碎，所以很难见到模，也很少发现，而很多范。很难得居然找到尚在制作、未完工阶段的方彝模，已有足的痕迹，彝上的盖子是另外制作的，模上有花纹。另外也有小块的方形花纹泥土，是个觚的侧面，中心是红烧土，外头是黑油光，是釉与油灰混合的结果，上头有红色的龙、虎纹花饰，缺的小方块也有龙纹，可见是贴在上头然后掉下来的，有的花纹已刻，有的未刻，因此就能够晓得模跟范的关系。我们就先确定安阳的模跟范的关系，后来经过调查证明，再写下仔细的制作过程。另外还有一个也是黑光的圆模，就是做模的进度中还未完成的。

梁思永先生在长沙继续进行南京整理中的工作。画图的杨廷宾先生，因为兄长杨廷宝[①]是有名的工程师，做过中央博物院的建筑物评监，所以杨廷宾也很了解工程。做模范研究的时候，杨廷宾也参与，最初的图就是他

① 杨廷宝（1901-1982），河南南阳人，1921 年清华学校毕业后赴美留学，1925 年宾夕法尼亚大学建筑硕士，回国后任职天津基泰公司总工程师，1931 年与关颂声、朱彬等人规划设计南京中山陵，之后设计南京城内多项公共建筑，如国民党中央党史史料陈列馆、东南大学等。1935-36 年主持北平天坛祈年殿、东南角楼修复工程。1953-66 年任中国建筑学会副理事长，1980 至逝世前担任理事长。与梁思成并称“南杨北梁”。张镈，《无限怀念授业恩师杨廷宝先生》，《建筑创作》（北京），1999 年第 2 期，页 57-60。

画的。因为天天躲空袭警报，工作时间有限，其他的工作就进展不多。

在十二月十二日，南京沦入日本人之手，还发生南京大屠杀。史语所听闻南京沦陷的消息，觉得日军下一步或许就是长沙，文物又不安全了，又打算迁徙，为此开了一个会，所方当时尚未决定迁到哪里，但是先有了策略，就是为了此地同仁的安全，不能够留在长沙工作，要再搬家。搬家的地点目前虽然还未确定，只有一个先决原则：同仁的家庭没有沦陷的话，就先回家；家庭沦陷的话，可以跟着所走，只是地点未定；若不想跟着所走，也可以自便。决定此一原则之后，就让各组自行商量。因为长沙圣经学校容纳不下这么多人，只有一、二、三组在长沙，三组因为东西多，所以占了下面，一、二组东西虽少，却有不少图书馆的东西，平常都是说标本图书，或是图书标本，两者是分不开的，所以一、二、三组在长沙，四组则在南岳衡山圣经学校分校。

我们三组经过组内商量，决定先结束个人的工作，交到主任那里，再谈个人去留。所以从南京沦陷之后，我们就赶紧结束自己的工作，写个结束的东西交给所里，日后若是有人接手，也可以继续做下去。我们在一天的时间中就忙着结束自己的工作，午餐也随便解决。到了晚上，就要开临别宴会，在这里依据院的规定，商量个人的去留问题。李济先生是组主任，他不能走。董作宾先生研究甲骨的，那一批甲骨是跟着他走，他也不能走。梁思永先生研究西北冈，也是长沙管理委员会常委，要等长沙的事情告一段落才能走，三个高级委员也有家眷，因此都不能动。

“十弟兄”则各分东西。“李老大”李景聃是安徽人，家里未沦陷，就要回去。“石老二”石璋如河南人，河南虽有沦陷的可能，不过洛阳还在中国政府控制下，所以也要回家。“李老三”李光宇是河北人，家乡没有沦陷，不过作为管理三组古物的管理员，他不能走。“刘老四”刘燿是滑县人，可是老家沦陷了，他自己决定要去做抗战工作，不留在所里，可是他做山东黑陶文化的报告很重要，大家都很重视那本报告，他也快写成，只剩某些图没有补上，他在长沙就在补图，于是这时就把它结束了。“尹老五”尹焕章被河南古迹会留下来帮忙，没有到长沙。“祁老六”祁延霈是山东人，家乡沦陷了，不过家人已经先搬到重庆，父亲在教书，他不愿意跟着所走，打算先去重庆再说。“胡老七”胡厚宣是河北人，老家沦陷了，决定随着所走。“王老八”王湘是河南南阳人，老家没有沦陷，不过他年轻，与长沙的大学生常在一起吃喝交谊，决定也跟着学生一起抗战。“高老九”高去寻，是河北保定人，家里也沦陷了，决定随着所走。“潘老十”潘悫，获派押运古物到重庆，也不能走。十兄弟中有六个走，四个（李老三、胡老七、高老九、潘老十）留下，这样也是为了减轻所的负担嘛！

大家商量好之后，就去长沙相当有名的地方“清溪阁”。参加的人除了十兄弟，李、董、梁三先生，还有几位技工：胡占奎、王文林、魏善臣、李连春，这都是跟着我们走的。胡的力气很大；王跟着梁先生去东北调查，也会说蒙语、俄语，是个人才；魏会说蒙文；李是照相的。他们也一起到清溪阁参加饯别宴。我们在这里叫了两桌菜，菜没来之前先叫酒。后来同仁的回忆常常提到饯别宴，当时大家志气都很激昂，都先喝酒，用小酒杯喝，有人素来酒量不大，像董作宾先生就有“董文抿公”之称，不能喝，李济先生、梁思永先生酒量也不太大。由于在田野久了，像王湘、刘燿、我、祁延霈几个山东、河南人，喝酒比较爽快，就喝将起来。几人先说“中华民国万岁”，这是第一杯酒，大家都喝，第二杯喊“中央研究院万岁”，第三杯喊“史语所万岁”，第四杯是“考古组万岁”，第五杯是“殷墟发掘团万岁”，第六杯是“山东古迹研究会万岁”（因为比较早成立），第七是“河南古迹会万岁”，第八“李（济）先生健康”，第九杯“董（作宾）先生健康”，第十杯是“梁（思永）先生健康”，第十一杯是“十弟兄健康”。如此喝将下来，有人已是勉力而为，还没上菜呢，酒却喝成这样，于是有四个人——王湘、祁延霈、刘燿、石璋如四人就倒在餐馆地下不省人事，李景聃也醉了，不过没躺下。我们本来是住在长沙圣经学校宿舍，可是醉到一塌糊涂、又吐，根本不知道怎么回去。没喝什么酒的胡占奎、李连春吃了菜之后，就将我们带回宿舍，打开房门放到床上。我次日清早醒来，只记得在清溪阁喝醉，之后怎么回来完全不记得，真是醉得一塌糊涂啊！

可是醉得比较轻的人像王湘、祁延霈还可以清早起来整理行李、赶上火车。刘燿、我就醉得最厉害，幸好我跟李景聃要回家，所以行程不怎么匆忙，我还帮王湘、刘燿两个要参加抗战的人处理私务。像刘燿在十二月身穿皮袍，也穿着很讲究的皮鞋；跟中央、地方官员、董作宾先生同赴登封调查的王湘，为了穿得像样一些，曾自行出钱做了套很好的中山装、尼大衣，要参加抗战的他们就将衣物通通交给我保存。我有个朋友在汉口办杂志，是从前我教书小学的校长，他们的机关有杂志，在汉口有大楼。我就把东西存到汉口，王、刘需要用的时候，就可以直接找我朋友取。另外在汉口北边的摄口，中学同学王敬轩在基督教信义会于当地设立的圣经学校服务，王听说我到长沙圣经学校，就写信力邀我一定要去他那里玩几天。我恰好因为酒醉，吃饭也没有胃口，所以先在汉口放好东西，就去摄口了。这时大家都分开走了，我虽然与李景聃一同到汉口，可是他坐船我坐火车，也没有一路。至于以后如何，也没有联络，所以下面我就只说自己的情形。

（三）宝鸡、醴泉调查

在摄口住了几天，俟身体复原之后回到汉口。我去找杂志社的朋友吕某，他把我交托的东西放在地下室的仓库，要是刘、王两位先生写信要东西，他就可以把东西寄过去。我安排好他们的东西之后，也回家去了。回家之后没有停多少天，气候很冷，过了阴历年之后，想到几件事情，第一，就是我在七月到北平的时候，到了北平研究院看到宝鸡发掘的东西，他们在宝鸡发现了一辆车，把车上一部分东西挖下来带走，但车的整体因为天热未完工，又重新埋好，预备下次开工再做。我便惦念着调查宝鸡遗址的事。在长沙做结束工作的时候，我就跟主任说，也拿了画图的本子，要把二十年在家乡调查发掘的几个遗址的地形测绘成地形图，那几个都是很好的彩陶文化遗址，但都无图，我就打算去画。经手宝鸡发掘是手很巧的白万玉（职员），跟北平研究院的重要人物苏秉琦[1]。他们只将一点小铜泡带回北京，没有别的东西，看不出宝鸡的车究竟与安阳有何不同，所以过年之后，我就想去宝鸡看看，我们无法在长沙工作了，位于早已沦陷的北平研究院更无法再做工作了。

过年后我就坐火车前往宝鸡。坐上车发现查票员是位熟人，我在偃师上小学时，他在上法文班，已当上车掌，我告诉他要去宝鸡，也说我以前没去过，他就说虽然宝鸡是终点站，可是很少旅馆，反正火车到宝鸡站以后，要掉转车头准备次日回程，夜里让我睡在头等车的卧铺，我可以第二天再下车。我就接受了他的安排，却未料到夜里调车轰隆隆的声音很大，车厢兜合时又有巨响与震动，我就从卧铺摔下来、晕了，很长一段时间之后才醒过来。人家一本初衷好意，却未料到会这个样子。

翌日出站之后我就去找旅馆，然后问是否有人知道北平研究院的发掘地点，他们发掘时就是旅馆的人帮忙找工人的，晓得发掘地点在北岭。我请店家找到当时的工人领我参观。北岭是一个很高的土岭，中间还有沟，发掘了沟东、沟西两部分，我先看沟西部分，坑虽然有填平，但还有土印，可以看坑的外形。出车的沟东，是第二天才去看的，也只能看外头的情形、遗址形式，也无法挖掘，沟要是深的话，沟还会存留水。没有什么发现，只顺道观察当地地理形势、彼此关系。

我只看了两天，然后就没有事情。夜里住在旅馆内，碰到一个山东人，卖毛笔兼做石印。聊天问到对方的工作，他听说我现在没有事情，便探询我是否愿意一起去汉中？我想想调查完后也没事情，去汉中调查也好。他虽然卖毛笔，但听说汉中有大学，他可以写石印，希望我帮他的忙，如此即可谋生，我也同意了。可是宝鸡通汉中的客车很难买到票，等了几天都

---

① 苏秉琦（1909-1997），河北高阳人。1930年代初期入北京师范大学，初学音韵、后习历史。1934年毕业后入北平研究院史学研究所从事考古，参与陕西渭河流域考古调查、宝鸡斗鸡台遗址发掘。1950年从北平研究院调入中国科学院考古研究所任研究员，1952-82年间代表单位襄助北京大学考古专业。并参与陕西辉县、洛阳中州路西工段等地遗址发掘。1978年起任考古所学术委员。1979、1986年当选中国考古学会副理事长、理事长。苏氏提出“考古学文化区系类型学理论”，影响中国大陆考古学发展。撰有《苏秉琦考古学论述选集》、《中国文明起源新探》等专著。征引自《苏秉琦先生简历》，《考古与文物》（西安），1997年6期。

无消息，于是有人建议，渡过渭水以后有通往汉中的货车，可以夹带“黄鱼”——就是给钱之后可以安排我们上车，过关时要下车，过关后再回去。但是他不放心把货单独放车上，担心万一查票后坐不上车，货就等于丢掉了，于是不愿坐货车。我也不能一直这样等下去，于是他想步行前往汉中，也无法预期天数，因为马车、牛车很难找，就找了两位挑夫。准备就绪之后，他问我愿否步行，我未曾预期要长途步行，没有轻便的鞋子，脚上的皮鞋不便长途步行，为了爬山携带的钉鞋也无法作长途步行，于是几番考虑，便未继续同行。

我以前未曾去过西安，便想转往西安随机应变。我有个熟人、外甥马负图在西安的布庄当学徒。我到西安找到他以后，出乎意料地碰到孟知祥，孟是小学的同班同学，长我好几岁，同学都叫他知祥哥，上了一年小学之后就去学生意，我上洛阳中学的时候还去布庄看过他好多次。我去找马负图时，孟知祥正好也在同布庄当掌柜，当时的掌柜等于也是布店的合伙人，他就说我可以住布庄店，我为了调查方便，就不住在布庄，住在外头的小店。

从宝鸡回到西安之后，我就写了篇在宝鸡作的调查报告寄给李济先生，因为同仁在长沙分别，我也不知道他们的下落，所以就将报告寄到圣经学校去，而西安的通讯地址则写马负图的店铺。在闲暇时，我与马负图等人聊天，因为隔行如隔山，他们也不懂我做的工作。马负图顺便提到，有乡下的朋友请他帮忙介绍流亡学生、家在沦陷区的教员，去一所乡下小学任教，那里因为太荒凉、太闭塞，无人要去。他问我愿不愿意去？我想教小学也是服务嘛！在长沙时听说山东大学校长杨振声，大学没有了，就退到乡下办小学，当时还传为美谈，说办小学也是服务。我就说虽然对教小学没有兴趣，可是也继续询问小学的地点，他说他只知道是在犁泉乡下，因为未曾去过当地，并不清楚情况如何，我一听到“泉”就想到从前调查的遗址都是在河岸两边，乡下又很闭塞，或许我去犁泉还可以找到旧石器时代的遗址。我同意去看看，小学校若是合适，就留下来服务，不合适的话就继续调查。马负图就派了小徒弟，拿着我的行李前往犁泉。去到当地只见一两棵长得不好的树，没见到村庄，原来民居都位于地下的窑洞，若没人引路，根本不晓得这里有村庄。学校的地点还不错，是五六孔窑洞，有坡往地下走，在壁上挖出五六个窑洞，大概有四个班，窑洞分成教员宿舍、教室用。我在那里大概住了两个礼拜，觉得很安静，不过因为陕西小孩听不懂我说的河南话，所以无法在此教书。

我继续调查工作，却因为还没有找到窍门，不知道此地的遗址在哪里，所以一无所获，若是知道的话就好办得多。我顺着东北方向的路走下山，到了一个小镇，集市是三天一集的，那时镇上的人才多。我想这里找不到合适的地方调查，就想回西安，我在小镇的小店上住着，到三天开集市才有人来往，可是来往东西的人多，很少往南北的。因为东西的路比较大，关系密切，南北离得很远，让我想起与西北冈的情形相近，要过岗的时候，往东西去的人很多，往南北去的人很少，可是独自过岗很危险，要等到有同行者一起过岗才比较安全。当时天气渐渐暖和了，皮袍也穿不住了，就脱下皮袍，行李的重量也增加了。过了两三个集期，大约一个礼拜之后，小店的人说有人送完货要回去，两人不妨同行，反正彼此需要做伴，也都同意了。他说不必谈到钱，既然是结伴同行，他可以帮我拿行李，也可以送我到过岭之后的火车站，随我给多少钱都行，不给我也没有关系，就这样说定了。

过岭的南北路是一条小路，不通车，就是人行道而已。我们一起走，他帮我一起拿行李，我手里就拿着装着洗脸的、牙刷等等用具的小袋子。因为是很费劲的上坡路，我的钉鞋摆在包袱里，脚上的皮鞋也不适合走路，所以走得慢，他走得比较快，他先走了一段路坐下来等我，等我到了之后略作休息再走，休息了好几回，他先爬上山等我慢慢地走来，我就坐下休息。休息时，他把我的行李从扁担取下来，我也不知道是什么意思，后来他起身，手中拿着扁担看着我，我不看他，也不知道他想做什么，后来他空挥扁担，没有下手，我从姿势知道他想打死我。后来他一会儿坐下、一会儿起来，大概是在考虑吧，不久又放下扁担，我还是坐着不动，后来我起来问他要做什么，他说没有什么，又坐下了。一会儿，他又把行李穿到扁担上，我想他大概要让我下山。他就说："这里是分路，一条向西南，一条是向东南，本来……"说到这里他没有说下去，只叫我要往东南走，他就把我的行李担回家了。我在后头追了几步，想想算了，万一他发脾气把我打死，岭上也不会有人知道。行李中没有财物，最重要的是商务印书馆印的日记本；另外就是地图，记载很多地名，是我调查前行的依据，也等于是我主要的手册；还有些参考资料，譬如跟西北有关的记录，事实上也没有什么；画图的本子、铅笔也在内。他拿走行李其实没有什么用处，除了皮袍可以用，可是天也热了，也没有人要。

我考虑之后就继续往前走，本来铁路在南边，可是没有路去，只好顺着东南方向走，走到天黑发现一个村庄，有树、有房子，路边还有一家点着灯，我就往那里去，见到几个人在聊天，他们见到我大吃一惊，问"你怎么来这里的？"那边原来是喂牲口的地方，这些人是长工，牲口在那边吃草，他们顺道聊天，我就讲了被抢的情况，长工很同情我，就让我住一夜，大概想我都被抢了，也不会抢他们。长工还给我吃剩下的陕西烙饼。到了第二天，这里有南北路了，我就沿路慢慢走，走到下坡就离西安不远了，本来想坐火车，但是不知道车站方位，就继续走回西安。我先回去原住处略作休息，因为样子太惨了，休息之后再到马负图的店铺。他见到我就说有事要找我，却又遍寻不着，原来是要转交给我昆明寄来的电报，我一看是李济先生在三月底发的电报，电文只写着"速到昆明青云街靛花巷三号"几个字。我的心里也安定了，虽然被人抢了，但是还没有被打死，这样也有救了，又可以回去工作了。回去工作就要先回家，身上还有些钱，那时候时兴票子，钱都放在身上，虽然行李被拿走，但我还可以生活。

我是在二十七年三月初写信给李济先生，寄到长沙圣经学校总要好几天，会寄往长沙，一方面是因为二十六年十二月长沙分别之后，也不知道他们的下落；二方面是三组的东西很多，可能一时运不完，还有人留守[①]。

---

① 《史语所大事记》民国二十六年十二月条："议迁昆明，图书标本迁昆明者三百六十五箱，运重庆者三百箱，运桂林者三十四箱，待运汉口者两箱，待运香港者五十二箱，其余六十多箱且封存于长沙。"一月条："西迁昆明，经过桂林之工作人员暂驻桂林、阳朔调查研究。"《史语所大事纪》，页14。

或许圣经学校的留守人员知道李济先生已经到达昆明，就把信转过去，昆明拓东路在二月就有人在，靛花巷比较晚，而靛花巷的人每天都会来往拓东路，可能就这样收到的。李济先生回电报的时间是三月底，电报传递就比信件快得多。我接到电报之后，除了走铁路线可到长沙，也必须先去圣经学院问明情况，不过总算是归队了。我到昆明时，已经担任秘书的那廉君先生曾在小铺子请我吃饭，并未提到如何接到信、回电报的过程，那些应该是会由他经手，因此以上所言仅是我的猜想而已。

（四）昆明归队与工作

回到家之后略微休息，有位亲戚、正就读河南大学的马振汉，想转学去昆明的西南联大，一人无法成行，知道我也要去昆明，就找我同行。我们就一起走，先坐陇海路到郑州，再转平汉路到长沙，到长沙后仍旧住在圣经学校，当地还有人留守，光是一部分的人到昆明，还有一部分人在阳朔，部分文物尚未运走，留守处的人说有两条路可走，一条就是坐船先到广西、再转越南、到昆明，这比较舒服点，但是要经过语言不通的越南，不太好办，费的时间也不少；一条是从长沙坐客运车到贵州、再到昆明，不过苦一点，要五六天，叫我们自行选择。坐客运也很危险，有同事坐客运，由长沙到贵州被人抢了；要坐铁路走越南、昆明交界时，交界的车站也是明抢的，行李也不怎么保险，所以都很危险。我们后来觉得坐客运可以不换车直达，既然只带着预备住店时自己盖的被窝之外，身上没有其他行李，就决定走旱路到贵州。

经过省界桃源，风景不错，突然想到是否为真正的“世外桃源”？当地住家是位在高处，干栏式建筑，只有上面住人，底下不住人。头一天不知是住玉屏还是其他地方，第二天走路，马振汉不知道哪里不对，一直想吐，后来住店时跟司机住在一块，司机的经验谈是清早的早饭要吃饱一点，就能够压住胃、不会呕吐。沿途经过安顺、贵州、曲靖等地，都要停车，有些地方还要买当地特产。曲靖已属云南省境，接近昆明了。

我大概是四月到昆明的，雇马车找到青云街靛花巷。所谓靛花巷只是一个楼房，是三层楼，外面有门，还有号房，并不清楚房子的原先用途。这栋楼房彼时尚未完全归史语所使用，只有二楼、三楼的一部分由史语所使用，还住着房东。我看了一次，楼相当大，两边还有通道，很像小四合院的样子，东边一排，西边一排，中间还有房子，前边是楼梯可以上去。胡厚宣的家眷住在二楼，办公房在三楼西排，东西摆在一楼东排。当时史语所分散两处，一处是拓东路，号码我忘了，是一组、二组的人用的。有位先到昆明的吴某找到拓东路，就在二月租好。三组带着东西来了之后，已有不少同仁前来，又加上三组的东西，拓东路容纳不下，就于三月另行租下靛花巷作为办公房。同仁的住处跟办公处很接近，只是不同一层楼而已。我跟马初来无处可住，曾经暂住在一楼堆箱子的地方，后来因为我跟高去寻先生都是单身，就住在一起；马振汉原本念河大生物系，他的老师在联大生物系任教，到达昆明顺利转学，就住到西南联大附近的黄土坡。到了昆明之后算是安定了，我获分配去整理过去发掘的资料。东排是梁思永、董作宾二位先生工作的地方，其他人在西排工作，从五月起，我正式开始工作。

到昆明以后，觉得一切都很新鲜，与北方的情形很不一样。有几项东西很引诱我、让我感兴趣。第一项就是夯土、版筑，在北方殷墟发掘中曾找到夯土，就是做版筑，就在靛花巷三号正好有块空地，我们预备打一座墙穿过院子作为机关整体，就在当地找人施工，就是做版筑，我就天天去看施工过程。打版筑，就像一个很长的木盒子，前头是方的，可以取下来，后头无当板，是空的，跟已打好墙相接的。版子大概有四十几公分深，长一米多，宽四十五公分左右，墙很厚。我从前还绘图、照相过。墙就是在上头一个个垒起来，打的时候就是接着底下往上头打。打的时候，有一头有缺，有一头堆土，没堆土的连着一块，堆土的连起来，就这样打起来，这样叫一版。休息之后再往上打第二版，上头还加了棍子，下头圆上头扁，扁的可以打缝，圆的是打中间，打得很结实，土是平常的黄土。加不加水则不一定，不过加点水会好打得多。打版筑的用具名称我现在忘记了，因为版内还有东西架着，版底下还架着东西，有棍子（田鸡腿）支撑，可以抽出来的，名称不知道怎么来的。版子的外头有保护，也有田鸡腿，田鸡腿上头也有棍子，以便工人施工。后来打完了，就解决先前思考安阳发掘如何版筑的问题。从前只知道殷人是请“居于版筑之间”的传说为相，并不清楚版筑是什么，至于此法是否与殷代完全一样则无法确定，不过仍令我们印象深刻的是，北方的老办法虽然业已失传，但是在边地还继续保有打夯土的技术。

第二项就是手工业。先说陶业。在靛花巷办公之余，礼拜天的时候就到街市去看，看见有卖可以盛水用的大陶缸，一匹马通常可拖两个缸。北方的缸通常是用瓷器烧的，昆明是陶器烧的，可是很特别，介于陶瓷之间，是上了釉的陶器，只是釉彩不如北方精细。我们就询问小贩陶缸的烧制地，小贩说是瓦窑村烧制，运到这里有时当场即可卖出了，若卖不完，就有铺子收去卖。小贩说瓦窑村在昆明的北边约十来里路，那里的烧窑不只是烧缸子，还烧制很多东西。于是我就跟魏善臣两人，利用一个礼拜天前往瓦窑村。小贩叫赵崇义，是瓦窑村人，天天去街市做生意。我跟魏善臣就到集市去等赵，那天赵很快就卖完了，我们就跟他回去瓦窑村，那儿的确有窑的设备，我们先看看窑的位置，还没有很仔细地看。北方也已经看不到窑了，就很吸引我的注意力。我们去的时候是跟着赵走，走的是条“马路”，只能走马不能走车，是通往四川的要道，赵崇义告诉回昆明时可以逛金殿。若是坐车前往瓦窑，就要走金殿一带较宽广的车路，金殿就是山上一座房子的名称，不过我们只是路过，没有上山去看房子。看过瓦窑之后，也看出来烧制的瓦窑，实际烧的是类似带釉的瓷器。

昆明的文明街是另一处手工业市场。文明街的夜市卖很多东西，玉、铜、象牙小佛像、翡翠等，都是手工艺品。我们每天晚上会去看看，有些小东西做工非常细，我们就问这些东西是在哪做的，小贩告诉我们是昆明做的。所以我们星期假日也有工作要做。

这段期间我们在昆明住得不错，房东已经将整个屋子让给我们，我们就将前面的小房子设成号房，由王宝先值班。赵元任代理所长，住在拓东路。大概在二十七年六七月的时候，当时住在重庆、担任中研院总干事、身兼国民参政员的傅斯年前来昆明视察，傅看了之后觉得昆明不错，预备在这里安定下来，就打算把寄存在重庆的东西运来昆明。但是那时我们一千多箱的图书跟标本，就只有跟着董先生走的部分才运到昆明。为了解决箱子不易运输的问题，就商量利用邮局寄大型的邮包，我们另在离靛花巷很近的竹安巷，租一栋五间式的四合院，很安静，地方、光线也不错，寄来的邮包就放在这里，预备以此地作图书馆，由于还没完成书架，邮包只能先堆着。一组的劳干[①]先生就从拓东路搬来竹安巷管理邮包，两处距离很近，劳经常在竹安巷。原先吃饭是在靛花巷的一间小房子，在竹安巷的人也会过来吃饭。不过靛花巷的厨房是另外搭盖在外边的，后面是大马路，环境不很好，后来就预备把厨房搬到竹安巷去。

七八月间，正在等重庆把书寄过来，我们同时也准备做书架，以让书能够上架。九月的时候国联行政院决议由各会员国分别决定对日本实施制裁，但并无任何国家实施，眼看战事会扩大，人心也惶惶不安，在重庆、成都的人比较了解局势，有人觉得昆明不可靠，就考虑我们是否要搬到更靠西、更安全的大理？有人觉得才在昆明安身，又要搬家，并不赞成。不过此中详情大概只有所里几个人比较清楚，我们都不清楚，后来决定参考国际局势而定，决定不搬以后才继续寄来邮包。

九月二十八日，日本飞机轰炸昆明，我们在长沙已有跑空袭的经验，知道听到警报就要跑出去。靛花巷位在云南大学隔壁，离北门很近，一跑出北门就是乡下了。当天九点响起空袭警报，我跟高去寻先生两人一起跑，藏到一个挖好的战壕，战壕的形状很像田野的坑，我们看见敌机本应从东往西，却在上空绕了一圈从西往东，九架敌机在上空缓慢盘旋，整队飞往

① 劳干（1904- ），字贞一，北京大学毕业。曾任中央研究院历史语言研究所研究员、台湾大学教授、美国加州大学洛杉矶分校教授，1958 年当选中央研究院院士。撰有《居延汉简考释》等书，学术论文获编辑为《劳干学术论文集甲编》。

昆明城，不久就清楚地听见机关枪、高射炮、炸弹的声音，我们在战壕内也丝毫不敢动弹，听见声音结束后才起身，看见敌机轰炸完毕之后成群结队离开，却见我方有一架飞机起飞追击，只见一架敌机冒烟，我方飞机见敌机冒烟就溜了。后来听说发布空袭警报时，昆明航空学校、飞机场的战斗机都奉命飞离。航空学校一个还没毕业的学生是瞎子不怕老虎，自行起飞追击，日机不防遭击，所以损失一架飞机。这个学生本来会因为不守规矩受罚，却因为打下敌机就未受处罚，反而接受奖赏。独眼的龙云（人称"独眼龙"）与中央的关系虽然不怎么好，不过龙云在昆明被轰炸时，还站在北门上指挥呢。

我们从战壕出来，回去昆明城内，大概是下午两点左右。往小西门方向走，那一带有昆华师范学校，被炸得很厉害，听说死了不少人。我们研究院的天文所也有损失，我不知道天文所在哪里，只听人说天文所的研究员（可能还是所长，很有名气）李鸣钟的妻女都被炸死了。董先生作《殷历谱》时经常一起讨论的天文所的研究员陈遵妫，他的母亲跟弟弟都被炸死，太太跟儿子被炸伤。这可能与天文所在高处，目标显著有关系，不然怎么会死伤这么多人？我不认识李鸣钟，认识陈遵妫，都被炸得很悲惨。

（五）史语所迁至龙泉镇龙头村

我们这一阵子天天跑空袭警报躲敌机，记得我跟高去寻先生两人常常吃完早饭之后，就走到梁思成先生家里，问："今天去躲警报不去？要去大家一起去。"后来是警报不少，飞机也来过，但是轰炸的不多，可是经常躲警报就不能工作。等到稍微安稳些，警报少一点，就去外头找房子预备搬家。我跟魏善臣去过瓦窑村调查，看过瓦窑村，觉得那里也不错，实际上瓦窑村是位于龙泉镇旁边的小村，龙泉镇离风景区的黑龙潭很近，游客很多，有泉水、有建筑、有树木，很像大公园一样。龙泉镇又是通往四川昭通的要道，要道无法通车，就由马队驮运货物。龙泉镇有学校——龙头书屋、有山——宝台山、有庙——响应寺、有河——金汁河，是有文化的地方。我跟魏善臣就是从龙泉镇去到瓦窑村。之前提到的小贩赵崇义则是住在响应寺附近的棕皮营，地名大概是与军营有关系。我们觉得龙泉镇很适合，另有人看过之后也很满意，龙头书屋是个空的书院，四合院建筑，响应寺虽然是庙，但是神像很小，空间很大，有足够空间可使用，龙泉镇离昆明市区也不远，后来史语所就决定搬过来。我们请赵崇义同镇长沟通，龙泉镇长也欢迎我们搬来，于是史语所就准备搬到龙泉镇。可是龙泉没有大汽车，得靠马车运输，只能走金殿底下的车路，走得速度无法太快，运输这么多东西也非短期可完成，还得先行规划一番。

三组的东西重要、数量又多，就分到有垣墙、有门的龙头书屋，书屋有两个大房子，都是五间房，还有走廊。所谓“大三间”加两头的小一间，算是上房。另一座五间房（小五间）叫做临街。小五间其中的小房间当做照相房，大五间的部分房间拿来堆东西，一部分人住到里头，一部分人就在窗子底下做工作，廊檐也钉上木条子，大五间的空墙面也钉上木条子，只有临街那里有窗子。比较大一点的响应寺，暂时先将一、二、四组、图书馆挤在一起。响应寺的东边有个跨院，内有厨房、饭厅，我们也在那里设饭厅。等到搬定之后，响应寺作图书馆的部分也很拥挤，大家也很难展开工作。后来在宝台山上有座观音殿，那里只有观音及弟子占了大屋子的中后间，其余还有很大的地方。第一组就占了观音殿，光线不很好，《明实录》校对就是在这里进行的。又盖了九间平房，我们称作“九间房”，成为一组的善本书及明清档案研究室。宝台山上还有一个弥陀殿，又高大又漂亮，有一边的厢房是二层楼房，于是下层就让二组使用，楼上由四组的文化部分（就是民族学的）搬到二层楼上去，图书馆也搬了一部分过去。当时史语所第四组分成文化跟体质两部分，体质部分就在瓦窑村土主庙那里。搬完之后空出来的地方，行政人员仍旧在响应寺，原响应寺的图书馆成为西文图书馆，弥陀殿是中文图书馆，剩下的地方都归三组。李济先生也从龙头书屋搬到一组办公处。宝台山有一条小路，下来就到棕皮营，响应寺的跨院就充当厨房跟饭厅。所以住在宝台山上的人不开伙，下来山下的伙食团吃饭。行政人员与对外工作都在山下的响应寺处理，山上是纯研究工作的地方。

这个时候，我们跟区长都很熟识，不过我忘记区长叫什么了。事务员吴亚农因为家中人口众多，生活困苦，于是想到重庆找事情，傅斯年先生答应他离职。吴认识军政部兵工署的人，就转到比史语所待遇好的兵工署做事情。遗留的事务工作便由魏善臣暂时代理，我跟魏善臣常在一起，也就帮忙魏的工作。因为我们做事务的关系，龙泉镇长要请我们吃饭，我们想多认识地方上的人，以便做事，所以就同意出席。通常我们在八点之前就吃完早饭，他说早饭略晚一点，所以我们就等着他的通知，没有吃早饭，一直到中午还没有等到，中午以后到下午两点才有通知。原来他们所谓“早饭”就是相当我们的午饭，我们并不了解这种风俗，结果饿得不得了。平常虽然跟镇长很熟，但是我们还不清楚他的“早餐”习惯，也可能他是一天吃两餐的，才会如此。后来史语所又找了汪和宗进来做事务的工作，我跟魏就不管事务了。汪和宗刚到这里时，也不是管事务的，他跟写小说的“苗子”沈从文有交情，汪的字写得很好，大概作文也不错，可能也曾写小说，不过我们没有问过他就是了。他是沈从文介绍来史语所的，做事情很有条理。

（六）天工学社的手工业调查

因为我们在昆明看见夜市有相当多东西，又有营造学社的前例与成就，梁先生便想组织“天工学社”，调查手工业。因为我也很注意手工业的事情，当梁先生提议组社时，我就很赞成。高去寻先生对于手工业的兴趣不高，不参加，于是就由我跟梁先生来组织，梁先生是社长，我是秘书，我们去刻了“天工学社”的大印，做事情也很有干劲。李济先生因为兼职中央博物院筹备处，对手工业很有兴趣，便很赞成天工学社，也赞助我们的工作，说我们可以找社员，也资助我们的工作费，不过他不是社员。我们便在工作之余从事手工业调查。

棕皮营隔壁就是瓦窑村，瓦窑村就在史语所对面，所以我们第一步就是调查瓦窑村，测量瓦窑村的窑，天天去看他们和泥、烧窑，平常下班后就去看，星期天就用一天的时间看，也就是在自家门口，随时都可以进行的工作。李先生则问起，除了瓦窑之外，昆明是否还有其他烧陶器的地方，四组有位华宁的临时工作人员，说华宁县还有烧窑的地方，建议我们去调查。他愿意写信介绍我们去当地去找某某人，那人可以跟县政府介绍我们去调查烧瓦窑的地方，就是说明我们是什么人，去当地做什么调查，让县政府的人不会疑心。我就一个人拿了他写的介绍信到华宁去。华宁不是在铁路沿线，是在山里头，进去要乘滑竿，很不方便。去的时候在火车站下车，先往栈房去寻找滑竿。在这里找滑竿比较方便，因为火车站是大地方，人比较多。抬滑竿的人都是抽白面的，有生意的时候就抬滑竿走，没有生意时就躺在店里抽白面，抽完白面之后精神会很好，抬滑竿上山就很有劲。当时从昆明出发到这里不到一天，不需要过夜。

我到华宁县先找到收信者，找了地方住下来，然后去县政府交涉。县政府就给我安排去调查华宁的磁窑，在短暂的停留时间之内，从和泥、做坯、晒坯、晾干、上釉等等手续都看过了，也照了相。调查完毕之后预备回昆明，住在栈房里预备找滑竿回来，栈房也住着白面客。我记得栈房中有其他旅客在抽白面，同时讲话，说的内容我都听不懂，后来我找到滑竿下山，我跟抬滑竿的熟了、打开话匣子，问起栈房那里还住有什么人？他说住在那里的也有抢人的、劫票子的，他们说的是行话，我当然听不懂。他们那时预备去做活，就是抢人了，说不定他们会找我们坐滑竿的人抢劫，情况实在也很危险，幸好我没有被抢，也许他们知道我不是生意人，没有什么钱好抢的，我就安安稳稳地到了火车站。我搭上夜车，上车之后觉得不对，一直想吐，又没有水喝，也不知道什么毛病，可是又不像是吃坏了，于是我到火车门口去站了一会儿，稍微觉得好一点，我也脱下衣服，那时身上直冒汗，后来就好了。原来是太热、热昏的关系。有人告诉我，人在火车上对于气候的变化会特别敏感，我当时就是这样。

回来之后休息一个阶段，再继续调查昆明附近的宜良跟呈贡，那边也有几个烧窑的，不过规模比华宁小。调查到一个地方，口非常渴，就到种梨的果园去吃水果，园主问我要几棵树啊？我不解，就问有什么规矩？他回答那里都是包树的，要吃的话可以随便来这里吃，包树就是几棵树归你管，收成时树上的梨子就由你运走，包树的价格也不贵。我说我只是口渴了，不想包树。他就同意我吃梨子，不过也希望我帮他宣传他的果园。我也同意。于是我又知道一种规矩，也算是社会知识。回去之后我就把事情告诉同仁，还有这种办法的。

此外，我还跟梁思永先生做了些调查工作。除了先前所说的陶业，我们也做铜业调查。昆明有四种铜，第一种是红铜，所谓红铜就是熟铜，将铜块经锤打成薄铜片，再做成器物，像茶壶、锅等等。因为颜色是红的，所以称为红铜。还有一种像古物的提梁卣，是送饭用的，可以在火上烤。工厂在进城北城门的转角，就像台北往松山方向转弯的庙的对面，那儿会让我联想到昆明的红铜业。我常去那里调查，时间一长也成为朋友，店家也告知制作过程，我们也在旁观察。有些是打成片再组合，这就需要焊接。器物不论个卖，是论斤卖。因为器物使用材料不同，重量也会不同，就要论斤卖。

第二个是白铜，白铜也叫生铜，是用铸的，需要用模子，红铜就不用模子。白铜需要用熔化的铜汁倒入模子内，可做箱子的扣环、蚊帐的钩子、水烟袋、烛台，这顶上也会开花纹，也有讲究的、大一点的白铜墨盒。白铜铺与红铜铺不同，红铜铺的门面就是工厂，做好的成品就放在旁边；白铜铺则分内外，外头是卖场，也做细工处理，里头是工厂；白铜铺也用锤子与焊锡等工具，但用途不同。

第三种是乌铜。我在别处没有看见过，也常去。店家只准我们参观。乌铜制品像大花瓶、小墨盒、火柴盒，都是很讲究手工，价格也很贵，平常人买不起，只有有钱人才买得起，便成为昆明的重要财源。乌铜是以红铜、白铜作底子，有的是要锤打的，有的是模铸的，因为表面是黑颜色的称为乌铜，白颜色的花纹跟专人题字显示其制作讲究。听说老店主姓岳，后来几个弟兄各自分家做买卖，还听说工艺是传子，女儿、媳妇不传，我们问过店家，但未获回答。他们都不说乌铜变黑的原因，问到如何弄出白花纹，他们只说看过便知。当小的东西初成形时，也跟红铜一样呈红色，只看见工匠在上头刻花纹、题字，次日再去，只见工匠用细石头蘸水磨搓，就在红底子中露出偏白的颜色，原来工匠都在晚上秘密加工，白天只让我们看到加工的效果。有时看见工匠用手摸摸乌铜、有时还揿到脖子上，工匠说是乌铜用汗揿过就会出色，分出黑色跟白色，有时工匠又说是药物作用所致，反正都是业内秘密，未亲自试过也不知真假。

第四种是黄铜。黄铜分两种，一种是普通的做器皿的，情形类似白铜，不过颜色偏黄不偏白。另一种颜色是略偏金的黄色，主要是做神像。神像多是关公、观音、释迦牟尼、老寿星等等。做神像有技巧，分几个步骤，先做出神像的身子，用泥巴做的，然后再用黄蜡捏出神像头，黄蜡性软、较容易捏，也容易用刀刮除，泥巴就不如黄蜡方便。然后工匠先把松香加热成水，盛入浅盘子，待冷却后就是松香片，稍微拉拉、切开成各种形状、大小，再将松香片贴上神像，只留下一个开口，就等于把神像身上的泥巴、黄蜡封起来，再行烤火，松香、黄蜡就从开口流出。然后将铜汁注入神像，待冷却之后拿掉泥巴，即大功告成。黄铜铺与乌铜铺不同，可以全程参观，大概是这项技术没有独门技巧，会做的工匠也比较多。

此外还调查昆明的玉器业，也去过好几家店，我以前去北平的时候想看看玉器业，可是时间匆促未成行。据说昆明的玉器与北平相似，也许就是北平的方法。切割玉器有专用器材，架子的部分叫“坐车”，下头接着轮子，人就坐在架子上，用脚蹬着轮子转动，即可切割玉石，以往不知是使用何种材料做解玉的轮子，当时是用随处可见的汽油桶盖子，也算是废物利用，大小不一。轮子有各种不同的大小，小的与原子笔盖相仿。据说玉石的来源是缅甸，本地可能不出玉，有大块的玉石，也有翡翠。切割玉石除了需要轮子，还需要重要的“解玉沙”，将大块的玉石解开弄成薄片时，需要用大的轮子，人坐在坐车上，脚蹬着轮子转圈，一只手拿着石头块，一只手将解玉沙抹到轮子上，同时也拿水混着解玉沙，没有水，轮子会发出高热，解玉沙就无法作用。每天只见轮子一直轰隆隆转，产量也不知多少。玉需要高度手工，有的还要套环，难度很高，若是一不小心，快做好的成品就坏掉了，所以价格很昂贵。

云南也有很多象牙，大概是因为靠近热带的关系。不过这里的象牙通常只做成图章外形，要另外请人刻字。也有做成小玩意、上头刻花纹，像成套的象牙梳子，还有梳胡子的梳子跟耳掏、牙签，在昆明文明街的夜市到处都是。不过详细去观察，就发现制作过程也很耗时耗工，因为它虽然较结实，却也容易坏，不像铜制品，只需焊好就可修复。

（七）有关长沙的古物撤退

民国二十七年十一月第一次长沙会战，日本虽然未攻下长沙，可是史语所尚有东西留在长沙，所以对我们有些影响。所里起先说要派我去长沙，因为我来昆明不久，这样太劳苦了，就改派管理古物的李光宇先生去。长沙情势危险，平常人不得进入长沙，还是傅先生与兵工署做事的俞大维交情深厚，傅先生又与军政部长何应钦也有交情的关系，所方得以向军队交涉，给予李光宇一个“少将团长”的名义，也给他一套军装，让他以李团长的名义进城，不过因为要将东西运回来很不容易，只能在长沙大火之前将一部分东西（大概是一部分人头骨）带回来，李光宇先生回来之后就发生长沙大火了，幸好没有烧到文物[①]。不过听说长沙饯别的清溪阁那一带烧得最厉害，因为那一带是市区最热闹的地方。

---

① 按《史语所大事纪》二十九年四月条：“李光宇此行系疏运长沙的图书至重庆，并顺道把存桂林之古物运回昆明。”三十一年三月条：“日军侵长沙，本所留存长沙圣经学校的部分文物悉告损失。”《史语所大事纪》，页16。

（八）在龙头村的工作、生活

民国二十八年在昆明算是史语院较为安定的一年，研究成绩也不错。从民国二十七年搬到龙头书屋后，研究部分的房舍都布置好了；眷舍部分，龙头村内有位信奉回教的富人，人唤“王回子”而不名，有很大的院落和楼房，前头不很规则，后院则很讲究，从过厅起，厢房、后房、后上房都是二层楼楼房。同仁们差不多都住在这个地方，别处我也记不得了。三组的三个人，李济先生在上房的楼下，董作宾先生在过厅的南端楼上，梁思永先生住北厢房的东头，一层楼要住两家就是了，离办公房也近，住屋也还可以，所以在二十八年时大家能安定下来做研究。

李济先生那时做陶器的吸水量研究，因为找到的多是陶器碎片，无法做盛水量，就改做吸水量。他用的仪器是一个大一点、测量很精准的天平，平常把陶片放在天平上测量，响应寺空间狭小无法容纳，仪器就放在距龙头村有两里、东边的竹园村土主庙（昆明一带有很多土主庙）。要把陶片擦干净后称重，放进蒸馏水中，泡一段时间之后拿出来放到天平上再称重，先用头发拴住陶片再放上天平称重，数量庞大的各种陶片都要上天平，还得观察天平上的数字，进度有限，这就是李先生每天的工作。龙泉镇附近设有很多机关，李先生也兼任设在竹园村的中央博物院筹备处简称“中博筹备处”的主任一职。

董作宾先生研究《殷历谱》，节日间相隔多少天、多久时间都要计算。他经常与陈遵妫一起讨论，讨论之后就打大算盘计算，算盘很不容易打，另请高去寻先生用数学笔算帮着算，计算纸也很多。董先生就开玩笑：“现在我们这不是历史语言研究所，是数学研究所了。”

梁思永先生研究西北冈的铜器，也将铜器高低、顶底宽窄在旁画图注明。像董先生都用毛笔算术，李先生有时用自来水笔，梁先生不用自来水笔、毛笔，习惯用钢笔蘸 Watermen 的墨水书写，非此牌墨水不用，因为这种墨水不会褪色，他的手稿字迹到现在还很清楚，潮湿遇水也不褪色，同仁都要帮他买墨水。当他需要画精确的铜器图饰时，就去找营造学社的陈明达、莫宗江两位营造学社的绘图员帮忙，他们画建筑图的工夫都很仔细。营造学社位在龙头村寨门外以南的麦地村，两人白天工作，晚上还加班为梁先生画图，工作很忙。

高去寻先生负责大司空村发掘，又要写发掘报告，于是研究大司空村。我则把历次发掘的现象，像墓葬、灰坑、基址、础石等等，通通放到“历次殷墟发掘现象图”内。将从前在南京做过但是不够详细的图加以补充。我在南京时曾用大厘米纸画过，这次是用长二公尺多、宽一公尺多的大绘图纸画的。

虽然办公房很挤，可是在乡下没有应酬、心无旁骛，工作便很起劲。因为工作固定，人心也踏实了，傅斯年先生就领头要盖自己的住宅，在棕皮营村长赵崇义的西院弄了块原先种竹笋的地，预备盖五间左右房子，我拍过照片。这种举动就表示不想再迁了，要把龙头村当成史语所的固定所址。李济先生也在傅先生住宅的斜对门，中间有条路横越，傅先生在路南，李先生在路北，李因为家眷比较多，就加盖了较大的房子（房东姓名已忘）。董作宾、梁思永两位先生就在响应寺后山墙的后边盖房子，响应寺是五间房，就紧临五间房后边再加盖五间房，梁家人少，只在东边盖两间；董家人多些，在西边盖了三间房，于是就更接近办公室了。董先生爱写字，也是个文学家，跟傅先生有碑帖的来往，傅先生就题赠“平庐”二字，取其安定之意。此外，同仁又办了两间喜事。一件是董同龢[①]先生与王守京女士的婚事，王是联大的学生，就在响应寺的梅花树下结婚，没有请客，就是

① 董同龢（1911-1963），江苏武进人。1936 年清华大学中文系毕业后考取中研院史语所研究生，从事方言调查。1940 年参与云南方言调查，1941 年升助理研究员后与周法高至成都调查方言，升副研究员。1946 年以《广韵重组试萃》获得杨铨奖学金，后升研究员。中研院迁台后，兼任台大中文系教授，寒暑假时带领学生调查原住民、闽南方言。毕生致力中国古音研究、现代方言调查。关志昌，《董同龢》，《传记文学》，卷 43 期 6（1983 年 12 月），页 139-140。

办个茶会，请李济先生的老太爷当证婚人。全汉升先生也在同年结婚，我忘记他是否也在同地点结婚，但是还记得新房是在龙头书屋隔壁的李家，李家腾出好的房子充当新房，房子是二层楼房，楼房底下是喂马的。昆明人的房子都是下头养牲口，上头住人，觉得很方便。我们觉得时局安定了，已经先把存放重庆的书打包寄来，可是古物非得有箱子运送，几经交涉终于运来昆明，这意味要在此做永久性的工作了。

傅斯年先生原本住在重庆，后来也与同仁同住在龙头村，在观音殿内校《明实录》，我还曾经照过相。我当时手上有比较便宜的“禄来可得”牌照相机一台，另外李济先生有一台“禄来福来”牌照相机就贵得多，镜头很好。我这台相机原来是王湘先生的，在长沙分别时他将相机托给我，我再转托汉口的朋友保管，我想到在昆明有使用相机的需要，就询问保管的朋友相机下落，朋友说王湘尚未取走相机，我再请他邮寄过来。我洗好照片就送给傅先生一张照片，因为傅先生很胖，就说：“我就这个样子啊？”傅很威严，同事都不爱跟他讲话，可是董同龢不怕他，经常与傅辩论，傅有时还说不过董。董同龢是语言组同仁，傅先生虽然学问很广博，什么东西都懂，但是二组有像音乐这类专门的东西，董比傅知道得更多。有时不知道是什么事情，两人就在西文图书馆内抬起杠来，大家就在旁围观，傅先生有时就说笑话“董同龢最爱抬杠”。

在二十八年时，大家都在一块儿生活，工作时工作，闲暇时闲暇，傅先生爱下象棋，李光涛的棋也下得非常好，高去寻也会下棋，晚上无事就彼此下棋。另外还有个比赛，就是在厨房外边有个蛮大的水池，是调节农田用水的，在开饭前、吃饭后从餐厅出来，大家就到水边去比赛打水漂。当时响应寺的厢房漏水要修理房子，屋瓦就堆到旁边，有同仁看到瓦片，就拿起来打水漂，比谁打得多。打水漂有技巧，我最不行，不过跳两个就沉了，丁声树先生就很厉害，可以打到对岸去。提到丁声树先生，学问很好，经书很熟、记忆力很强，傅先生很佩服他，在昆明时还看不出丁不擅理财，到四川才知道此点，只见他很不讲究衣着，有很多补丁，都是自己缝补的。丁先生虽然不熟悉洋机器，可是很熟悉古书、也懂声韵，正符合二组的声韵学研究。二组也搜集了各种故事录音，有些是汉语，有些是边疆语，也采集了上海调、北方调、昆明调等方言，由吴宗济先生负责管理录音、唱片，晚上无事时我们也听听这些录音，有些是小调子，录音机也可以播放小唱片，也是一种娱乐。

丁声树先生还有件逸事，过年跟普通的情形差不多，二十九年过年之后通常会有一阵子吃素，偶有荤食，我们的住处虽然离街上很近、买肉也方便，但是厨子不买给你也莫可奈何。我们平常吃米的，很少吃面，丁先生平日对吃饭、穿衣并不讲究，只是在过年时想吃得好一点，就出面向大家劝捐了十斤牛肉，我跟陈盘[①]也捐出一袋面，让厨子来做平常不易吃到的牛肉面，让大家痛快一下。

（九）我的研究工作

我对其他人的工作并不清楚，就只说我的工作。第一是画现象图，因为殷墟发掘地点一部分在北部，一部分在南边小屯村里，要是按照地理，从河边到小屯村需有三公尺多的绘图纸，中间还有空地，若把所有的现象全画进图内，图会画不下。于是我就在空的地方画上发掘地、注明现象，以连线表示所在位置，虽然有些位置还是弄不太清楚，只能看中间的大图，不过总算是大功告成。潘悫先生很细心，我就把图交给他，告诉他怎么连，他也依样画葫芦，并另用透明纸描了一张图，然后在图上加色，以颜色区别遗迹性质，灰坑、墓葬、殷代墓葬、隋代墓葬都有各自的颜色，在潘先生细心工作下，整个图的效果很好。我们感觉是个宝贝，特别到昆明定做白铁筒保存现象图。

① 陈盘（1905-1999），广东五华人。字盘庵，号涧庄。中山大学文学院毕业。历任中央研究院历史语言研究所助理员、副研究员、研究员。来台后任教于台湾大学，1962 年当选中央研究院第四届院士。撰有《汉晋遗简识小七种》、《左识春秋义例辨》等专著。征引自陈玉堂编著，《中国近现代人物名号大辞典》，页 534。

撤退到昆明的文教机关很多，中央博物院是在竹园村；营造学社在麦地村；中央地质调查所在瓦窑村；中央研究院社会研究所在落索坡，龙头村的北边；北平研究院在黑龙潭。民国二十九年资源委员会的翁文灏到昆明的各机关视察，也来史语所，发掘图太大没地方挂，我们就挪开堆箱子的地方挂上图，在白墙上有相当突出的效果。翁看了就说中央地质调查所是很有名的地图测绘机关，都还没画出过这么好的图，对我们大加夸奖，潘先生也得到非常大的鼓励。

我完成历次发掘图后，接下来还是做整理工作。因为民国二十六年十五次发掘结束，起先只整理图，尚未研究真正发现的文物，现在局势略微安定，所里就希望我整理出来，便出了题目“殷墟最近发现”、“附论地层”给我。从前做的是片面的发掘，对地层排列都解释不清楚。若是按层位说，应当是堆积于上头的晚、堆积于下头的早，如此就无法解释为何在殷代的夯土底下出现隋墓？但是不同的发掘方法，就会对层位有不同的观察，再加上各时代发展出不同的建筑技术，如此即能提供完整性的解释。文章写好之后，我们研究所的出版品，像《殷墟文字甲编》、《集刊》等，在南京时都交给上海商务印书馆出版，相关事情就交给二组的杨时逢先生处理，因为杨是南京人，常跑上海。现在二组的东西又多，常让他去香港交涉，顺道把即将出版的东西一并带到香港出版[①]。

（十）云南农村社会、建筑调查

对我们来说，云南一切都很新鲜的，与北方大有不同，更想做农业调查。这里最特别的是农民割完稻子之后，未悉是种豆子还是其他作物，要

① 按《史语所大事纪》:“杨时逢赴香港与商务印书馆接洽积存文稿事宜，再赴上海调查。得知甲编图存及华北体质测量在日军封锁区，金文编、辽文汇、明清史料丁篇、汉魏六朝墓志铭存毁不明，其余皆可陆续刊印。”《史语所大事纪》，页16。

排空稻田的水，需要挖沟，沟内的泥巴很软，还留下不少的水，于是隔一段距离就见到沟的旁边插根柳木杆子，殷墟发掘时的水沟也有类似的间隔凹陷，当时不知何故，于是左思右想，猜想在很光滑的水沟壁钉上杆子，是要架板子、避免塌陷。固然昆明的情况未必可反推回殷代，不过昆明的水沟，未曾见到加板，只知农人钉的柳木杆子可以深及地层的硬土，得以固定泥巴、增加硬度，或许也可对殷代的情况有所参考。农人收割时利用连枷来打稻子，连枷是两根木头，中间用绳子连着，农民拿住一端，另一端来打稻子，就很像扫子棍武器，《农政全书》称之为连枷，北方都见不到了，可是却在云南看见。因为有这些景象吸引着我们，梁思永先生便主张调查龙头村，就是看每家有多少土地、怎么样分配的。因为那时候北方几个机构，像燕京大学、南开大学、乡建派梁漱溟等人，都进行过农村调查。梁先生既然预备调查，就向镇公所借来相关的地目、册子、地图等资料，准备抄一分副本，然后进行实际调查。这个计划不错，但是算是额外计划，不能耽误我们的正事，于是就在礼拜天进行。

昆明的居民不只是汉人，还有生活习惯与汉人大为不同的罗罗，便形成与迥异北方的风俗，像罗罗的社会是由女性亲自下田，男性在家看小孩，大异于其他地方，梁先生便预备调查罗罗的社会。种稻子的时候，犁地、插秧等都是很忙碌的工作，等到拔草的时候需要耘田，就是要把稻子的根前弄平，并拔除杂草，耘田者有男有女，女有女队，男有男队。耘田都要弯下腰工作，非常劳苦，过一会儿就要休息，休息时男女就会对唱起秧歌，与扭秧歌可能也有关系，歌词都是自己编的。不耘田时，平常走在路上、男女碰面，也会唱起秧歌来。那时因为要调查农村的各种情况，所以照了很多相片，预备将来出版时可以附上去。同仁马学良也记录很多秧歌的歌词，曾经给我一分副本，我觉得农民自己编的歌词内容很有意思，也将土话入词，真正作诗的人恐怕还写不了。有一座庙，每年到一个时期，不论罗罗与汉人都去参加聚会，地点是一个高起的地方，盖有房子，大家都要“跳神子”，就是在神的面前跳舞，各种舞蹈都有。我曾经写过一篇有关的文章，算是民俗学，不知道在哪里发表，别人跟我说：“这你也记啊？”

我们也与营造学社的刘致平共同合作调查昆明的建筑，一种与北方的大四合院差不多，比较特别的是“一颗印”，就是一座房子，整体成方形，大门在一头，前檐紧接是两边的楼梯，四边都是房子，也都是二层楼的厢房，上头是上房，下头是客房。从前檐的楼梯进来到客房一转，到上房再一转，非常巧妙，有关“一颗印”的测绘图跟文字说明都是刘致平做的。我们不但观察房子的样式、测量尺寸、也观察建筑结构，穷人家比较简单，富人家就比较繁多。

我们在安阳发掘殷墟的时候，发现每个阶段的建筑都要举行杀人牺牲的祭祀，场面很庄重严肃。我们在云南看到一户很富有的人家，开始建筑时就行祭祀烧纸，不知道祭什么神。上梁要请客、要敬神，完成时也要敬神请客，大家会去送礼。最妙的是在大门上会挂着羊头，羊头上头顶着一个鸡头，平常的大门是挂匾，他们就不挂匾而挂鸡羊头，这是取“吉祥”之意，以鸡表吉、羊表祥意，在北方未曾见过类似形式，更引发我们调查的兴趣。

全汉升结婚时让出楼房当新房的李家要盖座房子，李家虽有土地盖房子，可是家里比较穷，希望我在房子完工之后，帮忙他们介绍人家租房子，我就帮他们找好了人。在房子完工前，也有很多人想订房子，像一位上海医学院毕业，随搬迁的上海医学院同驻白龙潭（离黑龙潭不远，与龙头村东西相照，距离约六七里），每星期来龙头村史语所看病一两次的张姓医生，觉得这里需要他，也想租下房子，便预备订下李家后楼的上层，询问后才知道租房要事先预定，都已经被租走了。李家房子部分是租给中央博物院的总干事郭宝钧与大理考古队，剩下的部分则租给营造学社。郭是殷墟发掘团的重要人物，以前同地方政府、人民关系很好，曾经当过教育厅秘书，第一次殷墟发掘就来到安阳，于是事务方面都由他接头。郭当时新来龙头村，让我帮他找房子，他觉得我比他还要熟悉这里，实际上我没有事情就常出来，同地方大小都很熟，同地方相处得非常好的话，日后做农村调查不会有太大问题。

这时四组还用了一些当地人参与工作，也裨益于史语所与龙头村的友善关系，像是龙头村居民马家骧，四组就教他打统计用的机器，比如说计算人骨的数字，做完之后叫资料就哗啦啦出来了，待数字归零再开始计算新的数字。马家骧也与我们很好，我记得史语所在台湾举办七十周年庆祝，曾将过往的人名印成名册，我跟他还有通信，因为所里有人要去云南，我介绍同仁去找马家骧，请马协助招待，有他这个当地人领路的话，调查就没有问题，我就寄了本名册给马，马曾回信致谢，不过名册把“骧”印成“让”了，这是一个笑话。

（十一）云南民俗

二十八年年底并不算冷，龙头村却也下过一次雪，很快地二十八年年底、二十九年初就融雪了，也很少见。星期天我们依旧出外调查、游览。二十九年初龙头书屋的邻居李家要嫁女儿，下帖子给熟人，梁思永先生说既然要调查农村，婚礼也是其中之一，应该从头到尾观察，李家也很开通，先生平常不大讲话，有事都由太太出面，也希望我们从头看到底，我们有时为他的小孩拍照、送照片，他们就很开心。现在事隔久远，有点记不太清楚婚俗，一般好像是男家先到女家送礼，送的盒子（就是箱子）分了三层，李家有让我们看礼箱，第一层是新娘子结婚时穿的衣服，第二层也是新娘穿的，颜色是普通家常穿的，第三层是新娘子洗澡后穿的衣服。我觉得情形有些特别，所以还记得。让我们看过后，李家就收起礼箱。女方买给新郎的东西也相当现代化，是文房四宝之类的，没有买穿的衣服，不知新郎是否为读书人？出嫁当天，新娘穿戴凤冠霞帔，预备上轿前，还让我给她拍照。我忘记出嫁当天是否请客了。婚后数日要回门、有回门宴，男方配合女方，戴着官帽，李家也邀请我们去，可是正在上班，于是就未去拍照。

还有一种风俗是“观望”，不清楚是否为正月十五，当天有女性巫者（有个名词，忘记了），她坐着，让大家都来看，巫者可以望过去的祖宗亲人等。她用手捂住孩子的眼睛，问孩子说奶奶是不是来了，看见没有，小孩子随口说来了，她再说穿什么衣服等等。她只有这一天才作“观望”，北方也有类似仪式，北方的女巫者称作神婆，做的事情也类似，不过是给人家看病的。

（十二）云南的田野调查

在二十八年安定之后，也在龙头村附近做些田野调查，参与者不多。这是因为当地很难找到遗址，当地社会与北方又大有不同，对一切感到新鲜，民俗调查兴致也比陌生的考古高得多，从事考古调查自然更少，不过我还是趁着有空时继续做考古调查。当时曾参加安阳发掘的吴金鼎先生夙喜调查，到昆明后便组织“苍洱考古调查团”，出发之前曾在昆明城附近调查。靛花巷后面的圆通寺，是靠着山壁修筑，规模不小，也是观光胜地，游人甚多，我们曾去看过寺附近的断壁，也同吴先生提过。我们想发现“昆明模式”，就是说这里的史前人的居住究竟如何，然后就可以依此模式寻找，较不费工夫。在靛花巷时就找过遗址，却找不到，到黄土坡（西南联大后设在此）躲飞机时也考察无着。后来吴先生出发去苍洱考古，写信回来说他找到模式，他在洱海旁边的山坡上找到遗址，离洱海越近的遗址越是晚期、越远的遗址越早。吴说在昆明城内可能找不到，不妨到附近的西山、滇池一带试试，我们星期天时就上西山调查、顺便游玩，可是西山已经变成风景区，找不到古代的遗址。搬到龙头村之后，想到此地有山有水，金汁河流经响应寺附近，通到平地上的水池——松花坝，金汁河（高起的渠）就是从松花坝流出来的，或许会有遗址。地势高的金汁河一带没有遗址，河两岸是通路，松花坝旁边是陡峭的山坡跟地面都没有遗址。再往里头去是通往昭通的马队道，我就顺着小的“谷洞”——两边高、中间低，人走在中间——路入山，走了很远也毫无收获。后来还想继续顺路再做，可是路上平时路人很少，只有马队经过，里头也没有什么农田，仅有的农田都在高起的地方，只有自己一人进去又不方便。这时就想到龙头村隔三天就有集市，不少人卖便宜的连枷，我就买了一对充作手杖，既结实又不弯折。集市附近有铁匠，就请铁匠打了小锄头安在棍后，碰到稍高处即可用小锄试刮，再略高些就用两锄。同仁觉得这当手杖很方便，也用连枷当做手杖。后来搬到四川的时候，还随身携带着。总说起来，这里的考古调查成果相当有限。

（十三）蔡院长过世、甲骨整理

过了不久，二十九年的三月间就听说蔡元培院长在香港过世的消息。有说蔡是三月九日过世，不确。三月八日傅斯年先生就在山上的弥陀殿大殿外举行追悼会，可见九日之说不确。参加追悼会的包括所内同仁、中央博物院、营造学社等。傅担任主持人，并在会上讲述蔡院长生平，时间很久。因为蔡院长对大家都很和气，他没有来云南，大家都很关心他，现在他过世了，同仁心里都郁郁不快。蔡院长过世后，中研院院长的遗缺理应重行选举，再由中央任命，当时的总干事是朱家骅先生。可是长沙会战紧接而来、气氛紧张，同时广西边区也与日军有接触，放在长沙、桂林两地的东西都需要运回来，滇缅路却又遭到英国人封锁，情势便相当吃紧，日本人飞机又常来昆明，虽然在乡下的我们没有看见飞机，也经常听见警报，于是六月就决定再搬家，让芮逸夫[①]先赴四川考察，考察过后再决定地点、

① 芮逸夫（1899-1991），字慕城，江苏溧阳人，东南大学外文系毕业。1930年至上海任中央研究院社会研究所民族学组助理员，1934年起随社会所民族学组归并至历史语言研究所第四组，历任助理研究员、副研究员、研究员。1935年曾参与外交部考察滇缅未定界务，并考察西南少数民族。抗战时期随史语所内迁四川，1943年进行川南少数民族考察。1949年随史语所来台，台大考古人类学系创系后即长年任教该系。1950-73年间任史语所民族学组主任。1982年当选第十四届中央研究院院士。论文经编辑为《中国民族与文化》专书，另有合著之《川南鸦雀苗的昏丧礼俗》等，并主编《云五社会科学大辞典》之人类学专册。征引自郑仁佳，《芮逸夫》，《传记文学》，卷73期1（1998年7月），页129-132。

进行搬家。

情势一天比一天紧张，搬家之前就得预备装箱。此时图书馆的书都上架了，各单位预备做事情也都已开箱，却又要装箱准备搬家，于是分别装箱。比如说三组的铜器、陶器装箱，是有规矩的，装箱的王文林、魏善臣都是熟手。有的原先未开箱就维持原样。已开箱的，就运用田野、搬家累积的装箱经验——用棉花、纱布将器物缠起。原先在安阳装运甲骨的柳木箱子，箱子上头已有裂缝，此时就得更换新箱。我们既然要换箱，董作宾先生就表示，从十三到十五次发掘的甲骨均尚未编号分类，先前在南京急着将一到九次的甲骨出版《殷墟文字甲编》，所以127坑甲骨就只放到架子上，后来装箱，都没有再动过，现在离搬家还有段时间，也不知道搬家地点，不妨趁机开箱编号。三组同仁都可以帮忙开箱，编号就落到胡厚宣、高去寻两位先生身上。虽说离搬家的日子还长，但是认为这是紧张的工作，赶快帮忙装箱，就完成我们的事情了。

开箱之后，龙头书屋还有点地方，董先生在开箱之后，每一块甲骨都要拿出来，还包着棉花、纸，先前发掘装箱时已很用心，南京更加仔细，都是一个盒子里头一块甲骨，就算碎片也将编号写在旁边的纸上，不写在甲骨上，一盒一号搁在架子上，预备日后编分类号。南京吃紧时，只将盒子集中就装箱了。箱子经过多次搬迁才到昆明，长沙、昆明都放地下室，桂林放在地上，此时一开箱才发现一片混乱，上头的盒子底腐朽，盒内甲骨散乱，号码没写在甲骨上，就不清楚是哪个坑的。比如十三次发掘时，127前的甲骨有田野号，坑名、田野号都在甲骨上，分类号先写字甲（0）、字骨（1）、甲（2）、骨（3），再仔细编号，无坑号。现在拿到一块就写，127的比较多点，除127的也有田野号码，比如说YH125加深度。若是十三次发掘，比如说13:1001，是1001号，不管性质是石头、陶片，编号簿上会写有性质、坑号，一查簿子就知道了。十四、十五也一样。甲骨就没有写坑名，编号就不同。

于是胡厚宣与高去寻一人写号码、一个记录，若有可以合块的碎片，也许有两个编号，便趁机重组。董先生就描写重要的东西，进行分类。董就是依照内容分类，还有位管拓片的杨小姐协助。龙头书屋就是一整个组织，编号、登记之后，就交给杨小姐拓片，拓好后的拓片交给董先生研究、分类，分类之后再交人包扎。每天的例行工作看来简单，实际做起来却很麻烦。因为有不少东西是碎片，是否可以合成都得仔细考虑，所以胡、高合作密切，不过有时还是会出错。因为编号是从十三到十五次，有的有田野号，只有127没有。田野号又有两种，其中一种是重要号（取“重”前三笔成“千”，现在都称“干字号”。若觉得东西很重要，就特别给予一个号码，并绘图、照相、做相关记录，预备写发掘报告时直接参考）。比如说白陶豆就是〇〇一。有块被殷人锯成两半的龟版，其中一半刻了字，既结实又完整，我们就在版背面写了号，但运输过程中碎裂，一边有干字号，一边没有，无号的掉到另外一盒编号内，胡厚宣不清楚重字号的编号情形，就编了两个号，这是比较明显的错误。有的人觉得奇怪，明明不是同一坑的怎么在一起，于是就写文章将两块甲骨兜成一片，发现殷墟的东西是乱丢的，甲骨没有放在一起。我们后来就证明这原先是重要号的文物，对照重要遗物表后，发现早先田野曾制有完整龟版拓片。

工作从早忙到晚，吃了晚饭之后继续加班到十点。在晚餐之外，公家也加了夜宵。王志维就利用龙头书屋厨房的灶做拿手菜，以北方面食居多，不过式样会改良，有大卤面、炸酱面、还有用醋做卤醋卤面，跟大卤面一样吃的时候浇到面上就行，吃来既酸又甜，既简单又好吃，平常人还不会做，让我后来看到王志维就想起醋卤。我们在灶旁吃完面就去歇息，工作时也不觉得困、很有干劲。

胡厚宣编号完毕后，觉得研究院还要再搬家，未来难料，就与以前的老师顾颉刚[①]联系。顾颉刚是北平研究院历史研究所主任，考古所主任是

① 顾颉刚（1893-1980），江苏苏州人，名诵坤，字铭坚，号颉刚。1920年北京大学毕业。1921年11月北大国学门创办后担任助教。1923年提出“层累地造成中国古史”观，引起古史大辩论。历任北京、厦门、中山、中央、燕京大学教授。抗战期间先后任教于云南、燕京、齐鲁、中央、复旦等大学。1954年后专任中国科学院历史研究所研究员。编辑4册《古史辨》、创办《禹贡月刊》，对中国上古史、历史地理贡献甚多。著有《孟姜女故事研究集》、《秦汉的方士与儒生》等。征引自陈玉堂编著，《中国近现代人物名号大辞典》，页729。

徐炳昶，他的兼职很多，表面上不活动，可是实际上很活跃。北平研究院当时在黑龙潭，顾颉刚住在龙头村西北边、隔金汁河就到黑龙潭的浪口村。我们与北平研究院的人往来不多，顾颉刚那时还担任云南大学史学系教授或主任，是云大校长亲自聘请的，顾原先不应聘，去做教育部的西北考察团委员，西北转了一圈之后离开考察团，到云大接聘，不过一两年之后以空气太稀薄导致头疼、无法久住为由辞职，转到燕京大学历史系任教。既然狼口村与龙头村不远，可能顾就与胡厚宣有联系，后来顾颉刚离开云南，胡厚宣在十月初即辞职，辞职时只写信给李济、傅斯年两位先生，我们都不知道，人也马上走了。同仁间，张政烺常到傅先生家去，就先听闻胡厚宣辞职；我在胡离开的当日早上才知道消息，李先生还要我转达所上很快要搬到四川，很快会安定下来，劝胡不要在此时辞职，可是我已经找不到人，后来知道已经离开了。胡离职也是因为他写了很多文章，可是因为云南印刷困难的关系无法发表。胡厚宣后来去四川成都燕京大学古史研究所，成都燕大也是数所学校合校成立，利用内迁的燕大有笔款项成立的，顾颉刚不久也离开燕大古史所，后来即由钱穆[①]出长所务，钱穆管事时，严耕望先生也在这里做事。

（十四）长路迢迢到四川

去勘查的芮逸夫，经人介绍在四川南溪县李庄镇板栗坳找到了大房子，屋主是当地首富张姓人家，家里有院子，新地点便告确定。大概在九月的

① 钱穆（1895-1990），江苏无锡人，字宾四。中学毕业后因家贫辍学，任小学教员。1930年后历任燕京、北京、清华、西南联合、华西、浙江、齐鲁大学讲师和教授。1950年去港创办新亚书院，“以上溯宋明书院讲学精神，旁及西欧导师制度，以人文精神教育为宗旨，沟通世界中西文化”为办学宗旨。1967年10月迁台定居。1968年当选第七届中央研究院院士。著作辑为《钱宾四先生全集》。征引自陈玉堂编著，《中国近现代人物名号大辞典》，页738-739。

时候，朱家骅出任代院长，院长由国民政府直接任命，未经评议会选举，任命傅斯年先生做总干事，不过傅先生心里认为，人只能专任一职，已经担任史语所所长的他，不能再兼职，因此仅以暂时代理的态度来做总干事。史语所为了搬家特别组织小组，由李方桂先生[①]负责其事。搬家有两方面的事情要解决，一是路政的事情，李方桂与路政相关管理人员熟识，我陪同他面见官员（名字忘了），交涉路线、过检查站时的稽查事宜，因为事情很多，去了很多次。此外，也要与运输公司交涉。傅先生事先都接好头，只是让我们出面办事。运输公司有两家，一是利国，老板是东北人，与傅先生很熟；一是民生公司。利国公司小，车子比较少，价钱便宜一点。我们装箱完、接洽好运输公司之后，就分配如何运输、数量多寡。第一回是民生公司运的，却翻了车，幸好东西没有怎么损伤，我们就专找利国运货。利国接下生意，是另有企图的，它以运输钢板到重庆为主，车子载重有限，全是钢板的话容易超重、也减损车子弹性，因此就顺便装我们的箱子，可是又不想装太多箱，才能搭黄鱼赚外快。在战时过关卡要受检，要有公事，史语所有通行证让各关卡看，不过最后有些站还是要受检，所谓检查是检查人带的东西，不检查古物。战争时物资缺乏，钢板是战争物资，运到重庆不会受检，只要到检查站之前，货车上的黄鱼暂时先下车，司机会帮忙藏好随身行李，有的黄鱼怕行李不见，就自己拿着，过了检查站再上车。所以货运公司走一趟还要赚三种钱。

从龙头村出发北上出云南省境，先到四川西南、长江北岸的泸州，南边是陆路运输的终点——蓝田坝。在此上货轮走水路到宜宾，再换小船到李庄。由于从宜宾到李庄间的运输不归我管，我不清楚使用的船只种类、数量，不过从宜宾到李庄有很多木头船。我是最后一批去四川的，已经算晚了。李庄的板栗坳下面有一块形状很像木鱼的石头，称作“木鱼石”，木

---

① 李方桂（1902-1986），山西昔阳人。1924 年清华学堂医预科毕业，赴美国密西根、芝加哥大学修读语言学，1928 年获得博士学位。1929 年起入中研院史语所，研究汉语、西南少数民族语言。1946 年至 1974 年间先后任教于哈佛、耶鲁、华盛顿（西雅图）、夏威夷大学。著有 A Handbook of Comparative Tai 与《上古音研究》等书。征引自李壬癸，《我所认识的方桂先生》，《传记文学》，卷 52 期 2（1988 年 2 月），页 115-119。

鱼石下就是板栗坳的最底处，有个渡口可以让小船靠岸，人也可以渡河到江北。我们的船是否停靠渡口，再雇工扛箱子上山就不得而知，车子无法上山，运输就很麻烦。

从龙头村到蓝田坝要坐八天的汽车，每次一批约五车，我们为眷属们雇了有篷客车，而押运的人就得坐无篷货车，下雨的话再拿块布遮盖着。由事先分配好的同仁负责押运，两个同仁坐司机旁边，另外的人乘坐货车内。组织是这样，第一批走的人跟第二批押运人员都在第一关会合，第二批人看第一批的人要办哪些手续，第二批再带第三批，依此类推，所以大家都知道手续，也因此手续完备、顺利过关。

到最后一批就发生一些状况。第一是利国货运没有装完所有箱子，大概还剩七八箱，实际上装得紧些并无问题，但利国还想载黄鱼赚外快，不愿重装。我们是以批跟利国计价，发生状况后我们曾请利国加派车子，但利国已无车可派。我们本想另换公司，跟利国决裂，但是一想到龙头村的房子已经腾给别人使用，只好把箱子暂时交给北大文科研究所看顾，箱子的事情算是解决了。原先史语所在靛花巷的时候，北大文科研究所是跟着西南联大在一起，当史语所搬来龙头村以后，一部分靛花巷的房子交给文科研究所使用。文科研究所是史语所所长傅先生所办的，郑天挺[①]先生也在此服务，担任副所长，我们常开玩笑“傅所长是正所长，郑所长是副所长”。郑很能干，与傅先生好像是前后期同学，后来北京大学复员时，就担任总务长。阎文儒就是文科研究所的研究生。文科研究所后来也搬到龙头村的宝台山，记得山上的北边是镇公所，史语所在东边的观音殿、弥陀殿，南边是龙头村的小学，西边是另外一个殿，要上很多台阶，是独立的地方，文科研究所也借用这里，山上就有好几处机构。

---

① 郑天挺（1899，一说 1900-1982），福建长乐人，原名庆甡（一作字），入北京大学后更名天挺，字毅生。1920 年北大毕业，翌年入北大国学门研究所。1924 年任北大讲师。1928 年至浙江大学。1930 年起历任北大中文系、历史系教授、系主任，抗战期间任教西南联大。1952 年后调南开大学，任历史系教授、主任、副校长。著有《清史探微》、《清史简述》等，并与翦伯赞合编《中国通史参考资料》。征引自陈玉堂编著，《中国近现代人物名号大辞典》，页 614。

我是最后一批出发，第一晚就住在昆明附近利国的招待所，因为我们只是车队的一部分，要与其他车辆会合后再出发。一般的路线是第一天住昆明一带利国公司，第二天住曲靖，第三天住宣威，以火腿出名。第四天在黑石头或赫章二选一，两地都在山区内，一路上坡的山路很暗又不好走，也不安全。第五天住威宁，通常会在此休息一天，让爬坡过热的轮胎恢复，以适应下坡路线。车在威宁休息，人可以去附近一个湖参观，当地出产小鱼，居民就捕捉小鱼，晒成小鱼干贩卖。如果在山路一带走慢了，就不会在威宁停留；如果赶着过山路，就会在威宁休息。在黑石头、赫章、威宁一带的山区，其实都很危险，因为夜晚时老虎会下山觅食，人都不敢出来。在黑石头、赫章，司机、副手会留在车内、锁上车门，不敢出来。到了威宁，地方稍微平坦一些，车子可以围在一块，司机还是留在车内，万一有老虎过来，司机可以打开车灯吓走老虎。第七天住毕节。第八天住叙永，然后再到蓝田坝。

到蓝田坝之前会经过“赤水河”，要过一个很高的桥，车辆又是从山上迅速下坡，若是煞不了车就很容易冲下河，非常危险。而桥又太窄，车辆不能并行，要是碰着了，车子走得不平均，桥也会出问题。我从桥上看，就看见一堆车子沉在河里，司机说这是没有经验的，不晓得路况。我们的司机说，到这里特别小心的话就不会出问题。到了蓝田坝，我们就先等其他的车来。想着等大家一起会合再吃饭，可是等到晚上其他车都还没到，想说也许是停在蓝田坝的前面一站叙永，就暂且先去吃饭。蓝田坝归泸州管，泸州大曲酒很有名，在外头也很不容易吃到，我就喝了几杯，还在饭馆、尚未回去休息，李济先生来找我，问我们押的车里头箱子装的物品种类，箱子数量等，装车时都有登记内容、数量，也许就放在手边，可是已有醉意的我，翻了半天遍寻不着登记本。当时已经是晚上了，李先生就跟我说，有车子滚到河里去了，只有我坐的车来蓝田坝，明天一早要去接车，同时得准备拖车、绳索等相关工具进行拖吊。我等到酒意退了，才找到登记本。当晚就住在中国旅行社的招待所，从出发第二天起，沿途都是住中国旅行社的招待所，吃饭、住宿都可以在这里，房间也干净，这也是一笔大生意。

第二天就跟会开车、技术还不错的王志维同行，到达现场一看，幸好车子是在下山的河岸过桥转弯处出状况，翻到桥头下，路与河流之间还有小梯田，没有摔入很深的河里，有的箱子还在歪倒的车上，有的散落地上，只有几个滚到河边。我跟王到桥头去看，还颇宽敞，不知以前是否也有人翻过车？附近有间土地庙，没有受伤的司机就在土地庙里看车、等我们来。白姓司机是东北人，就是不大老实，后来才说是上桥之前想闪避对方会碰车，可是转弯过早才导致翻车，事实上他根本不用闪避也可以顺利上桥。白姓司机抓住方向盘转了七圈，都还没到底。碰到比较宽的小梯田，才停住车子，还听见有咕噜的声音，后来才知道是箱子咕噜咕噜地往底下滚。白司机的身体很好，说开车就得有技术，车有状况时千万要抓牢方向盘，随着车子滚，千万不能放松，否则会受伤。

第二天就开始用绳子拴好货车，准备拖吊，弄了两三天才拖上去。车拖上来了，又因为没有路无法扛，要再把箱子往上拉时，得雇用许多人力工。要拖吊车子上来之前还得先修好道路，否则车子上不来，又要多带工具，所以作业繁琐。我们大概找了三四台吊车，从前的吊车在前头有特别的机械工具，用车来拉，先把歪扭的车身扶正，再用绳子捆住车，用二十多人拉车，可是车子文风不动。柴油货车的车体很重、机器也很笨。于是第一天先修路，第二天进行拖拉，没想到拖拉的干麻绳质地不怎么好，承受重量就断开了。工人随即将绳子拿到河里浸泡变软，预备重行结绳再行拖吊。也有人试着发动车子，发现车子机件没坏、还可以发动，工人心里就振奋得多。赶紧再修路，等泡软了绳子重新结绳，工人使出全力拉车，又卸下货车载运的钢板，也发动货车引擎，经过多方设法，货车终于上来了。可是拖车又出了毛病，力量不足，得让其他车拖动拖车前进。到此时再将钢板放回货车，箱子分装其他车，经过两三天的折腾，拖吊作业总算完成。

白姓司机在休息时间讲起土地庙的故事，说人的一切都是命，命里该死，活不成；命里该富，穷不了；命理该穷，富不了，连元宝放到脚前都视而不见。他说就像土地婆常说土地公心里不公平，没有为穷人打算，元宝都给富人，越富者越多。土地公则说，土地婆有所不知，命穷的时候，要给元宝都不会要。土地婆不相信，就要土地公试给她看。适巧路上有群车夫要推车过桥，车夫都是穷人，因为过桥很危险，大家都张大眼睛、力求平安过桥，其中一个推车的要比技术，不可以睁眼过桥，看大家过桥是否会出错。土地公便要把元宝从桥头摆到桥尾，土地婆就在旁边，有缘者若碰到元宝，睁开眼、捡走元宝，就可以富。有的人碰到元宝跌了跤，可就是没有睁开眼看见元宝，最后没有任何人捡走元宝，所以说这都是命。司机最后说，虽然车翻了，但是人没有死，这就是命。我想司机是用此地的土地庙跟桥，自己编出这个故事，不过有他说故事，我们也不会寂寞了。

一路上大伙都是一样的饮食，不过到了威宁，那廉君先生突然严重腹泻。我在昆明出发前，到街上买了宣称可以救急、只要生病都可以吃的新药——阿斯匹灵。当时想，四川虽然靠近重庆，可是地属内陆，可能不像靠近边界的昆明一样容易取得进口的新医药，所以就买了点药带在身上，以备远行不时之需。我们身处荒山，又无人用过阿斯匹灵，我问他敢不敢吃，那说都快死了，没有什么好顾忌的，当然敢吃，吃了或许还有救。那廉君打开瓶子取了几片药服下，然后去歇息，我们还担心万一那先生的腹泻仍不止，到了毕节之后就要停下来找医生，谁知道那先生第二天起来，腹泻就好了。

叙永算是一个关口，也不算小地方，不过查得没有蓝田坝厉害，蓝田坝在江的南岸，过江到江北就是泸州，南来车到蓝田坝停止，北来车到泸州，可以在泸州装船。此行因为又要拖车，所以在平常不停留的叙永多待了好几天，便顺道参观。当时很多搬迁的机构来到叙永附近，像西南联大就把招考的新生搬到叙永上课，结果有很多在昆明考上的学生，千里迢迢来到叙永上课，但是在叙永上课的地方很少，是借用一间小庙来用。我们在叙永的时候，联大正准备教室的布置，尚未正式上课。

从蓝田坝到宜宾有四川民生公司的货轮。史语所特别组织的搬家小组，在昆明发货，多少车、车上的货物都有清单。到了蓝田坝点收之后要转送宜宾，蓝田坝由潘悫、王文林二位先生负责，都是十月二日从昆明出发的第一批人，到泸州找转运站住下接货。押车的人到蓝田坝上民生公司货轮到宜宾，再转木船到木鱼石，再上板栗坳。最后一批人来到蓝田坝装船，已经是三十年一月九日。因为货船通常不载客，并无专设客舱，可是押货者总要有地方住，水手通常要轮班，空出的睡铺就成为我们歇息之处，他们会在船上另找他处休息，当然我们要付钱给水手，所以水手除了薪水之外，也有笔外快。从泸州上船，十日停南溪，十二日到宜宾，若是晚上也行船的话，会更快到宜宾，可是货船在上水时，晚上都会停船，就耗费较久时间。像船下午到南溪的时间还早，船却停了，我们就下来到南溪看看。货船还答应到李庄时，可以用小船先接走行李，直送板栗坳，货船继续走到宜宾。

我到宜宾时看见木船，大船装得货多，小木船装得少，将箱子从大船搬到小船后，就开往木鱼石，当天是十三日，从宜宾到李庄是下水，走三个小时即达。木鱼石处也有组织，先前抵达的同仁们没有事情，就负责接船、指挥箱子搬往何处。从木鱼石上到办公房的山路都是台阶，有先去的同仁数过说有五一五阶，我自己很爱计数，就数了一遍有五〇八阶，跟同仁对证时，问我如何计算，原来我把没有台阶的坡算成一阶，算得比较严格，同仁就是把坡算成两步啊。因为所内有四组，箱子都标有记号，工人也不清楚怎么走，同仁就归类、指示方向、路线。同仁接箱子的同时，我顺便去看房子。板栗坳的张家花园包括六个地方，第一是桂花坳，第二是田边上，第三是柴门口，第四是牌坊头，第五是戏楼院，第六是新房子（茶花院）。取名板栗坳，代表这里原先有很多栗树，可是我们去的时候却遍寻不着，只见满处的桂圆树。眷舍宿舍是桂花坳、柴门口两处，其余都是办公处。

我虽是最后一批出发，却非最晚到板栗坳。十月左右，第二批或第三批出发的同仁，由王之屏押队，到宜宾下货船时，木船漏水，造成箱子泡水，紧急商借宜宾的明德小学进行开箱、晒经，他们都开玩笑“唐僧取经，到这里遇到河，结果猪八戒在这里晒经”。将自己戏称为猪八戒。其实我这一批在叙永也有两三个箱子掉到河里去，即在叙永紧急检查，一个箱子是装方志的，外头都有函套，所以没有出事，第二箱是陶片类的，湿了也不要紧，所以我们没有提出额外的要求。可是这一批在宜宾的箱子就湿了太多，民生公司也答应赔偿，于是增组一队，除了王之屏这一队的人，也加派后到的同仁一起晒经，大概要到一月十一、十二日才来板栗坳，等于晒了三个多月的经。

（十五）分配房舍、化解与地方的误会

三十年一月十八日，史语所所长兼代中研院总干事的傅斯年先生从重庆初到板栗坳，进行分配房子的事情，工作很不容易。二十九年六月间就找到了房子，到九月间开始修理，无人居住的房子都是破破烂烂的。像戏楼院就很类似昆明的龙头书屋，就是一个戏台、看戏的屋子、两旁是厢房，都是敞着，得在前方加上木条，钉成窗子、隔间，才能够办公。

李济跟梁思永两位先生都不想上山，董作宾先生上山，其余有些人上山，有些人没有，山下买好菜，要爬上去五百多台阶太过辛苦，单身的同仁就在山上成立伙食团。住房按照等级制分配。桂花坳有水池，可以浇灌旁边的水田。取名桂花坳，是因为坐北向南，旁边都是桂花的关系。房子跟门都很大，外观很漂亮，进去房子过了过厅，就是上房、后院，里头也讲究。愿意上山的同仁可以挑选房子，职级较高的杨时逢先生就住在桂花坳后面，是先住的人腾给他的。可是桂花坳房子太大、太高，要人多的话才可以住，人太少就不行。杨先生很气派，带有佣人，就分到大一点的房子。柴门口就次一些，原本蛮破烂的，也经过了修理，位在半山上，劳干、岑仲勉[①]、芮逸夫、董同龢等都是住在柴门口，从柴门口到牌坊头比从桂花

① 岑仲勉（1885-1961），广东顺德人。原名汝茂，号铭恕。北京税务专校毕业，曾任职税务处。1920年任广东圣心中学教务主任，之后专心研究史地。1934年起任交通大学历史系教授。抗战胜利后改任中山大学历史系教授。著有《先秦史》、《秦汉史》、《两晋南北朝史》等。征引自陈玉堂编著，《中国近现代人物名号大辞典》，页374。

坳来要方便得多。牌坊头是板栗坳的中心，盖有牌坊，上三四十个石阶才到牌坊头，原是张家歌功颂德所在。牌坊头的五间大房子比桂花坳还漂亮，用来当会议室、饭厅、合作社[①]、贵宾室等等。

办公室中，以田边上最大，由于紧邻着田而得名，以前是种地的住处，前后头都有房子，中间还有过厅，四周都有房子。一、二、四三组就分配到田边上办公。前头的大房子分配做中文图书馆，后头做西文图书馆，事务室、会计室、所长办公室都在周围的房子。二组办公房在中、西文图书馆中间的小房子，由于房间够多，所以一、二、四组的单人宿舍与办公房也都在此，北大研究所也在此地。三组则分到不能住太多人的戏楼院，后来规定我、高去寻、杜正雄书记可以住办公房兼宿舍，并代为看守，戏楼院的后院，那里有两栋屋子，隔了四五间房，工友胡占奎住在其中一间。

山上还有几个好地方，牌坊头的后院虽然是房东的住处，还留有空房，先来的凌纯声[②]先生就住那边，是很漂亮的厢房，从牌坊头的过厅可以到，也可以从旁边的路走到。花厅院就是有花、中间有喷水池的地方。牌坊头中间有五间大房子，两边就有花厅院，其四边都是房子，中间有花池，原本可以喷水，不过现在都不会喷水了。所秘书董作宾先生住南边，四组主任吴定良先生也住在附近，其他空房因为光线阴暗，尚未修理就空下来。北边的花厅院相当漂亮，就是招待客人的客房，五六月间来了一批客人，有西南联大文学院教授罗辛田（罗常培）、郑天挺、梅贻琦，就住北边的花厅院。北边的花厅院可以连接柴门口，所以柴门口要来牌坊头很方便，要上班也不远，从桂花坳来的话就远了些。牌坊头、花厅院还有楼。戏楼院

① 合作社前身系民国三十一年八月成立的“历史语言研究所管理委员会”，三十二年三月改称本所员工消费合作社，办理日用品供应。见《史语所大事纪》，页 16-18。

② 凌纯声（1901-1978），江苏武进人，字民复。1923 年东南大学毕业，赴法攻读民族学，师从 M. Mauss、M.Gramet 等人，1929 年获得巴黎大学博士。同年回国后旋入筹设中的中研院社会学所民族学组任研究员，考察东北赫哲族。1933 年因民族学组改隶于史语所第四组，即转任史语所四组研究员，其后从事湘西、浙江畲族、云南少数民族调查。1941 年组织川康民族考察团。1944 年兼任四组主任，调查西南民族，并出任教育部蒙藏教育司司长。抗战胜利后出任边疆教育馆馆长。1958 年起出任中研院民族所筹备处主任、民族所所长凡十五年。1959 年当选第三届中研院院士。论文经编辑为《中国边疆民族与环太平洋文化》一书。征引自李亦园，《凌纯声与中国民族学》，《中华文化复兴月刊》，卷 8 期 2，页 17-23。

虽然外有垣墙，里头就没有墙，不过小屋子的上头也还有楼，也还可以。我就分到戏楼院后门口的小房子。傅先生分配好房子之后，就宣布二月一日起一定要开始办公。

傅先生到此只是处理一些事情，顺道看看就走了，由李方桂代理所长。李方桂先生从昆明搬家起就开始管事，可是他不愿意出名，要跟他商量事情，就是他叫你做什么，他不动就是了。这个时候董先生就说了笑话：“朱家骅先生代理院长，傅斯年先生代理总干事，李方桂先生代理所长，我们这一群人就是三代以下的人民啊。”不久之后，李方桂先生要去成都的大学教书，就辞职离开，由董先生代理所长，而董先生此后也不说是“三代以下的人”了。

一切安排定了，要开始办公，可是当地却传来几个令人困扰的谣言。第一件谣言是当地传说中央研究院（因为中央研究院名气大，所以都不讲史语所等名称）是吃人肉的，装人头骨的箱子就是吃完人肉以后装箱运来的，乡人看见箱子里头装的人头，很难不相信谣言，也不容易说清楚。第二件谣言是说研究院很有钱，引起土匪觊觎。从前从长沙迁往桂林装船时，就有人传说此非中央研究院，而是中央银行，箱子里装的都是钞票。这一回则说中央研究院虽非中央银行，可是也很有钱，因此在他处抢劫的土匪就很想来抢，迫使我们请驻军在附近防卫。第三件就是戏楼院对面山上的草屋突然着火了，我们紧急灭火，有部分遭到烧毁，就有人说这是信号。我们就极力想解释清楚，以破除谣言。

适巧民国三十年六月九日是中央研究院成立十三周年的纪念日，我们就预备在山上开展览会、演讲会的方式，欢迎当地人士光临，同时还要请客，以拉近地方关系、做些解释。我当时因为泸州喝醉的经验，拿定主意不喝酒、不管事，所以有很多公家的事情我不闻不问，当时负责对外联系的是张官周，大概算是院里的职员，很能干。各组提供自己的文物展览，像三组就在戏楼院展览甲骨，四组就在田边上展览人头骨，图书馆也开放当地居民参观。牌坊头室内有木壁，就可以挂图做展览说明。纪念会由董代所长主持，请住在门官田的中研院社会所所长陶孟和演讲，陶后来也参政了，算是傅先生的老师辈人物，很能干，也很会讲话，陶的演讲内容不外乎是介绍研究院的成立、工作性质、贡献等等。四组的吴定良主任，他的口才也不错，也上台演讲，介绍他们研究的人头骨内容。我现在不记得吴先生演讲之后还有谁上台演讲。继芮逸夫先生之后到此做先头部队、也很熟悉地方的凌纯声先生原本预计要演讲，可是凌先生当时预备其他的事情，最后并未演讲。演讲会大概是中午十二点左右结束，即开席吃中饭，菜肴很简单，类似流水席，大概一点就散席了。经过沟通说明后，当地人知道研究院做些什么，此后双方关系就改善多了。

随着天气渐渐的炎热，原先在山下的李先生、梁先生也都上山来住到办公房内工作。早先在昆明，梁先生就抱怨昆明的天气不冷不热，人一点进取心都没有，工作情形不佳。四川的天气有冷有热，人会有精神得多，也就不会呆钝，所以他赞成搬到四川。他刚上山时，精神还不错，吃完午饭之后还会跟同仁打乒乓球。谁知道四川的天气，对有肺疾的他却是最不好的，不久之后又犯了病，只好休息。

在一切上了轨道，生活安定之后，所里恢复了先前暂停的讲论会，每两个星期举行一次，大致上就像现在一样，大家都要轮流演讲，题目要预先公布，开会时大家聚集牌坊头的大礼堂听。

四川天气跟昆明大不相同，炎热得多。办公时间相当特别，值得一提。从七月十一日起到十一月十日前，研究院办公时间改为上午六点半到十一点半，总共五小时，大概跟重庆相同。十一月十日起上午八点半到十二点，下午一点半到四点半办公，总共六小时半，时间比夏日办公充裕些。四川在十一月时，下午四点半天就黑了。而板栗坳是山上的低处，早晨会有雾，山上的树影也遮住了光线，因此视线不佳，也无法提早办公。

（十六）同仁的研究工作

在板栗坳，李济先生做小屯研究，梁思永先生研究西北冈，高去寻先生做大司空村，几个地方中，我除了大司空村发掘未曾参与外，各地都参与，于是我就把所有参与过工作的地点情形，就是每个遗址的图表、遗物、图等清理出来，大致上有五处：浚县刘庄（民国二十二年春，我与王湘共同合作）、第三次后冈发掘（民国二十二年秋冬，我、尹焕章、刘燿共同进行）、侯家庄南地（民国二十三年春，参加者很多）、南坝台（与侯家庄南地同时进行，规模较小）、同乐寨（民国二十三年秋，与西北冈同时，我、胡厚宣进行）。由于我清楚这些地方的状况，便由我清理，如果遗址包含文物多、分量重，就可出一份报告；分量若不够重，就只出一篇报告在《田野考古报告》发表，若能做出遗物更好，若不行的话，能介绍发掘经过、遗址情形亦佳，最重要的就是整理地形。这些工作分量很重，短时期无法完成。我计划先从刘庄开始，可是戏楼院空间很小，带来的文物无法全部开箱，只能开一箱做一箱。因此虽然我计划先做刘庄，但是实际开箱时，内容若是他地遗物，便需先行整理，工作内容随时会有变动。

刘庄遗址很大，先后发掘两次，主要是史前的彩陶、黑陶遗址，最重要的是有陶窑。我跟王湘共同合作发掘，陶窑的图都是王画的，陶片也是他整理分类的，我必须先找到王留下的资料才行。史前遗址的量非常丰富，比刘燿做的大赉店多，那里就没有陶窑，所以梁、李先生都希望将刘庄工作整理出来。刘庄发掘原属河南古迹研究会管理，此研究会的人都去中博工作，所以只有我来做。我做的刘庄汉墓，性质比较单纯，我就先行清理，也清理得差不多了。以往并不重视汉墓，因为时期较晚，虽然完整，但是带出来的器物很少；何况搬家时殷代的器物都带不完，更难想到带走汉代的。我只能做完当时画的出土记录、照相情形、汉墓情形，因为遗址照片都保存在河南古迹研究会的档案内，还得查古迹会档案才能找到照片、画图记录，工作便大费周章。后冈的资料归刘燿管，我、尹焕章、李景聃接手，后冈殷代大墓都是我们经手做到底，所以后冈殷墓也归我整理。由于环境不允许我短时期专做哪里，必须同时进行，就是依手上找到的材料而行。此外，我也整理以前的图，以前画的铅笔线在一段时间后逐渐摸淡了，得用钢笔墨水再上墨描清，可以拼的图就予以拼合。我在民国二十三年画过刘庄、后冈的图，离整理的三十年有七年，时间还不算很远，印象犹深，所以大致还可以写出来内部情形，有图就是说得更清楚了。所以，整理工作虽然没有完成，但是初稿也差不多了。

我曾经写过侯家庄南地的报告交给董作宾先生，让董先生写甲骨出土情形，后来报告下落不明，所以还是得把所有资料重新找出来，现在资料也不在手边，工作就比较困难。不过照片、记录、图画都归专档，我的报告另归一档，而记录当时用复写纸写了两份，回来交给李光宇先生归档，所以还比较容易找得到，就是要等到开箱才能做。

白天工作之余，晚上不想太早休息，我就从整理过程中联想到，若是以史语所工作为主，加入其他机构的发掘，将过去所有发掘遗址的地形整理，做成“考古春秋”也不错。叫春秋是因为考古都是在春、秋两季进行的关系。

夏日天气炎热，一般在山上，白天从事自己的工作，晚上因为蛇多不好出门，就窝在自己房间做研究或者休息。在我的屋子内，虽然空间不大，但是床、桌椅、书架具备，工作也很方便。我在昆明还买了当地特制的铜灯，当时一般人晚上点洋蜡（蜡烛），这盏铜灯形似酒壶，下为圆底，壶内灌充灯油，壶上有很长的壶嘴，从壶嘴伸出粗线做的灯芯，火苗很大，比洋蜡亮得多。嘴外的圈圈还有小洞通到罐里，若是油烧得比较多，就可以从此流入罐内。外头的圈圈也有助火的作用，灯火就像在油里燃烧一样，所以不会烟雾弥漫，非常好用，也方便晚上的工作。同仁看了铜灯都很羡慕，他们没有去昆明做手工业调查，所以不清楚铜灯。

我在民国三十年升等成副研究员，也参与所内集刊《田野考古报告》

的编辑。我负责的工作是作者送来文稿后，我先看格式是否合乎集刊的规格，要是不合就须变通，缺图就补图，缺照相图版就得补图版，这项工作完成后就请史语所在昆明招考进来、工作能力很强的杜正雄书记将稿件抄好，再送给研究所审查，若须修改则送给作者进行修改。这些工作与今天的编辑内容相近，只是以前都是自己人做，现在请外头做。我的工作还是属于比较初步的部分，曾经参与编辑工作的梁思永先生也开过编辑的玩笑，“编辑就是编编辑辑，哪里不好就编编，哪里不好就辑辑”。

来板栗坳工作的技术人员不多，只有潘悫、魏善臣、王文林、刘渊临、李连春几位先生。潘悫先生帮李济先生画图，魏、王、刘几位先生都负责甲骨文拓片，其中魏兼任合作社主任，王兼管甲骨的开箱与装箱，刘只管拓片，李连春管照相。董先生的工作室在戏台上，杜正雄书记要在旁记录，于是两人同一间房；戏台北边是拓片室，魏、王、刘三人同用一间；南边是照相房，李连春在此照相、冲洗相片。戏楼院北厢是潘悫先生的工作室；南边是高去寻跟石璋如的工作室；看台（大房子）是李济、梁思永、李光宇、李景聃几位先生的工作室。李光宇先生协助李济先生，有很多东西得放在工作室。李景聃作辉县的大铜器，所以也需要大桌子。李景聃先生工作不久即离职，空间让给李光宇先生使用。李、梁二位先生不上山的时候，我们也可以借用二人的工作室。

以前在昆明除进行正规工作外，也进行手工业调查，同时计划调查龙头村，已向行政机关借到各种资料，因为史语所迁到四川，便只好交还资料。在板栗坳一来因为距离镇上较远，交通不似昆明方便，二来因为梁思永先生生病，以及中央博物院特聘专人进行手工业调查，于是手工业调查就停下来。但是我的兴趣仍在，只要有机会出去走走，还是会顺便调查。

除了手工业之外，我们也对不少事情有兴趣，便于空闲时进行调查。第一是白塔，位在宜宾北边，河的北岸，据当地人说那里是古城，里头常有陶片、砖头出现，白塔位在古城之内。当时未先看过《宜宾县志》，董先生跟我同行调查，白塔是砖制的，与普通塔似乎无异，只有顶上刻有“绍熙二年”字样。当地捡到的陶片也属于近代的，我们对近代的认识很差，并不清楚时代，回来与营造学社专研文献研究的刘士能讨论，刘说塔要是从周围圆圈上去，中间是空的话，建筑时间较早，中间若是实心则时代较晚，可惜当时并未注意，因此也无法判断时间早晚，只得诉说地点所在，让他们自行调查。

趁着调查白塔之便，我与董先生谈过，希望多请两天假在外调查手工业，董先生公务繁忙就先行返所。由于宜宾的环境不像昆明可以当日来回，所以我只初步就“是否见过”为分类标准。昆明由于有很多玉器业，未曾注意银楼，宜宾则有相当多的银楼，也卖金、银饰品，银楼将饰品吊在小玻璃柜子展示，我看到牙签、耳掏、镊子、牌子，也买了一套。另外也有很多的金、银戒指，不过价钱颇贵。店铺分前后，作坊在后面，卖场在前面，要想去后头参观，得熟识前头的人才行。宜宾也有铸铜，与昆明有些不同。当地先把熟铜弄成块状，大小、重量不一，再卖给铜匠加工，可以打茶壶、锅子。另外还有拉成铜丝的，有的很细，我在昆明未曾见过。铸铜的工具也与昆明有些不同，都引起我的兴致。

在挂弓山一带出产陶土，连带有生产陶器。像板栗坳一带就多砂土，泥土很少。挂弓山位在宜宾跟板栗坳之间，因为板栗坳一带河岸是绝壁，还得坐船上去，到某地停下再往下走才到挂弓山。挂弓山的陶业与昆明有些不同，像昆明的窑是叫“牛饮水”，前头小后头大，就像牛跪下来喝水的形状一样，两边有门，关一个门将热气往上引流，将上头的器物烤干即可出炉。挂弓山则是中间大后头细，烧窑在中间，火往两边走，器物放在下头烤干，热气往上消散出窑。不过我没有看到开窑，就不知道实际烧制过程。用木炭作烧窑燃料，陶土是红土、焦泥，陶器以手制为多。拉坯的轮子有用脚踢的，也另外有人转的。有人说脚踢的是江西系统，也有四川系统的说法，但是确实情形不明。陶制品以盆罐（细的）、砖、瓦（粗的）为主。砖有铸模，瓦有半轮子，做陶业的并不多。有关这里制陶的情形，知道者并不多，我是刚到时在客栈吃饭，问起制陶情形，由于制陶业在星期天也不休工，又有熟悉情况的工友愿意带我参观等机缘巧合，才让我看见。

当地也有制伞业，做的是油纸伞。制伞也是需要分工合作，伞头（就是放竹签上伞骨以顺利开伞的部分）是要技巧的，在顶上钻眼、打圆洞都各有人做，做竹条、装伞骨也各自有人负责，实际作业是很复杂的。我也在泸州看过铸铁锅，有铸好的锅模，再将铁熔成铁汁倒入铸模，待冷却即成。这些有不少工业与昆明各有不同，制作过程都可以写出单篇专文章来，值得好好调查。

民国三十一年我还是进行汉墓跟殷墓的工作，《田野考古报告》因为送来的报告不多，祁延霈、王湘的调查报告也编排好，交给杜正雄书记抄完，董先生的工作也请杜书记抄，杜书记觉得这份工作很没有意思，因为他是昆明人，以前可以去城里，现在晚上吃饭之后除了牌坊头外就无处可去，星期天也只能去李庄，他觉得生活枯燥，就离职了。没有了书记，所有稿子就得自己写清稿了。

（十七）在李庄的生活

天气一热，蛇也多起来了，最先发现蛇踪的是柴门口，一组的岑仲勉先生是广东人，岁数较长、又爱吃，最先在厨房看见异状，之后就看见要觅食的蛇，蛇身长度大概有一人的身高，岑也不害怕，抓了蛇之后还带到牌坊头给大家看。岑就说可以跑到山下买点牛肉，可以搭配杀好的蛇，做菜请大家吃。当天晚上煮好了菜就请大家去吃，不过大家一想到蛇就会害怕，没有人敢吃蛇，岑先生却吃得很开心。由于山上的蛇实在太多了，所中雇用的本地工友就做了很多蛇夹对付。蛇夹是将长竹竿劈开一段，后头有很长的把子，很像剪刀，本地人经常用。工友送给每人蛇夹一副，出门时可充作手杖随身携带，碰到蛇就可以夹住其头，待蛇身缠绕夹上后，即将蛇反复摔打，直到摔死为止，蛇身自会张开。虽然大家有蛇夹，可是却不敢用。高去寻先生喜欢聊天，常去牌坊头一带，回程会经过花厅院后门，先上月台，再下台阶才回到戏楼院。有一次回来，他看见月台上爬了蛇，进退不得，又不敢用蛇夹，就退回牌坊头找人抓蛇。此后一到晚上，高先生绝不去牌坊头聊天。

胡占奎住在戏楼院的后头，附近有个池子，已经荒废长草了，胡看见山上有野生韭菜，就想到可以清理池子种韭菜。清理池子之后，屋子里面就有小蛇在爬，循迹察看后发现池子有蛇窝，大概有十条蛇，就予以清理，此后戏楼院就没有蛇了。

夏天的山上除了蛇多，蚊子也很厉害。在梁先生生病之前，中午打球之后会睡午觉休息，下午再做工。吃完晚饭后屋子还很炎热，大家就在戏楼院的外头搧扇子聊天，可是外头蚊子很多，不胜其扰。本地人就烧艾草，用烧出来的烟驱赶蚊子，我们也依样画葫芦。于是在炎热的夏夜，我们一边冒着热气、烤火闻烟，一边搧扇子乘凉，如果不闻那些烟，就会被蚊子叮咬。梁先生这时就觉得四川的天气真是不行。

傅先生九月份辞去总干事一职，回到史语所，就住在桂花坳，整修了相当于花厅院的地方作为住家，那里前后都有很大的院子，平地也多。傅先生就种了很多西红柿（本地称番茄），果实累累，也经常请大家去家里喝茶吃西红柿。于是大家的生活渐渐恢复昆明的常态，傅先生每天去工作，桂花坳的住客也越来越多，李光宇太太也住在大厅一带。南溪原是四川的米仓，张家靠着粮食生意，家业逐渐兴旺，在明末清初盖了这些房子。张家的后裔在民国三十年还住在那边，像李光涛、王志维二位先生就娶了张家的后人。王太太娘家就住在田边上、柴门口附近的张家，李太太娘家就住在上板栗坳的半山一带。汪和宗太太的娘家住在李庄街上。我们有不少同仁就是这时在四川结婚的。营造学社的刘致平先生以前曾经测绘过李庄的地图，后来写了文章发表在杂志上，送过我一份，不过很可惜在从考古馆搬到文物大楼三楼时，不慎丢失了。

我们也在山上开办子弟小学，校址在牌坊头董先生、吴定良先生住家附近、合作社对面，采光相当好[①]。老师由同仁或是眷属担任，像劳干先生、

① 子弟小学于民国三十三年成立，民国三十四年五月立案。

王守京（董同龢妻）、先请的罗小渠小姐（外聘）、后请的张老师（李光涛妻），芮逸夫、我都当过子弟小学的教师。劳先生教国文，我教地理，我们的学生年龄比较大，王守京、罗小姐就教低年级的学生。学生就是同仁的小孩，像劳先生的孩子劳延瑄就是子弟小学的学生。

牌坊头有大厨房，也有新盖的浴室。板栗坳不比昆明，昆明市内有澡堂，我们每星期或每个月可以定期去城里的澡堂洗澡，李庄就没有澡堂，跑到宜宾去的话又远、交通也很麻烦，于是就用公家款项在大厨房外面盖了浴室，每天由厨房烧热水，让大家轮流洗澡。这里的生活情形跟昆明不大相同。饮水得靠水井，水源是从田里渗流入的地下水，所以水质浑浊，打水上来后一定得丢明矾净水，然后厨房、浴室才能用水。浴室是砖砌的，用了洋灰磨光，相当宽敞方便。

医疗问题也得解决，因为交通不便，山下虽然也有同济大学附设诊疗所，但是往来相当麻烦，于是山上就专设医务室，从外面聘请医生护士各一人常驻，用职员的身份雇用。

我们人在板栗坳工作，但是却有几件事情使人心有不安。板栗坳有驻军保护，可是还是发生抢案。负责合作社的工友魏善臣出外办货，回到木鱼石准备上山时，从外头来了两三条船，坐着一些蒙面劫匪，他们不要货，抢劫魏身上的现金一千多元之后逃逸。魏回来之后向董代所长报告，董觉得光天化日之下遭到抢劫，事态严重，就写信向镇公所反映。因为木鱼石是上下山的必经之地，现在发生了抢案，大家都相当紧张，可是劫匪的木船是躲在对岸，看到有机会才过来抢，很难抓到。

另外有天晚上听见外头大吵大闹，却不敢出外一探究竟。次日我便询问山上驻军究为何事，士兵告知有外人要偷满山的桂圆果园，与果园的看守工人发生争执，因为在驻军管理范围之内，就抓了小偷，第二天经过一番教训才释放，所以在山下山上都不安全，大家心里也有不安。我住的地方是戏楼院的小屋，里头有个小楼，通道口在我屋内，相当谨慎。最早来的凌纯声先生就说我这里最安全，他自己住在房东家附近，都还觉得不安全，便将贵重的两三箱东西储藏在我屋子的棚内。

三十年过中秋节的时候，山上本地人很少，研究院的人很多，董先生就发起图画展览，让山上的小学生、研究院工作人员都画一张画，中秋节当天在牌坊头一带的大樟树下开展览会，我当时也画了图参展，内容是高挂天空中的月亮中有个小女孩，她把手伸长到地上想拿供桌上摆好的水果、供品吃。其他人都画得很规矩，月亮、云彩等等，我画得比较轻松，小孩子们很喜欢这张图，大家也渡过开心的中秋节。

七月间，中央博物院筹备处、史语所、营造学社就打算组织川康古迹考察团，但是没有组织成功，最后组队成行时已经是八九月了。考察团以中博筹备处的吴金鼎先生为团长，史语所的高去寻，营造学社的陈明达，中博筹备处的夏鼐、曾昭燏[①]、王介忱为队员。陈明达跟我们很熟，夏鼐这时还是中博的人，之后才到史语所。考察团以彭山为始，由先遣队出发看过觉得可以发掘，高、陈才参加发掘。李济先生要视察中央博物院的乐山仓库内文物保存情形，高先生陪同先去，再转往峨眉山，也想顺便调查是否有遗址可以发掘。所以戏楼院就剩下我、潘悫、胡占奎几个人。戏楼院后院有厨房、灶、两间屋子，可以在此开伙。潘悫先生的老家已经住在北京好几代了，潘先生对吃很讲究，吃不惯院内的伙食，便发起在戏楼院另组伙食团，同是北京人的王志维先生也加入，李济先生、梁思永先生上山时也参加戏楼院的伙食团，于是戏楼院另成小单位自行开伙。

板栗坳的生活很苦，交通不便，山上治安也有问题，所以人员容易流散。像李景聃的家眷住在山下，眷口颇多，为了养家活口便离开史语所。四组的凌纯声先生也觉得这里不合适，就离开史语所去教育部蒙藏教育司当司长。高去寻先生也去调查了。萧同炳医生在民国三十年底也离职了。山上戏楼院就只有我们几个人不管如何，依旧规矩工作。

---

① 曾昭燏（1909-1964），湖南湘乡人，中央大学外文系毕业，1937年取得伦敦大学考古学硕士学位后曾在德国国家博物馆、慕尼黑博物馆实习，1938年回国后曾参与沧洱考察团、彭山发掘团，1940年起任职于中央博物馆筹备处，历任专门设计委员、代总干事、代主任。中共建政后，任南京博物院副院长、二届政治协商会议委员、江苏省人大代表等职，1950年代初期在南京附近从事史前遗迹调查。1960年代初期与尹焕章合作整理江苏地区考古资料。1964年因精神疾病及高血压入南京丁山疗养院，同年底病逝。沈道初，《著名女博物院院长曾昭燏》，《紫金岁月》，1994年第1期，页18-21。

在板栗坳住了半年左右，我感觉肚子不适，会不明原因地疼痛，当我跟同仁交谈时，知道其他同仁也有类似感觉，我们就打算请医生看看生活情形，特别是厕所卫生。我不清楚其他地方的厕所如何，不过像戏楼院的厕所是跟猪圈在一起，就是挖个大坑而已，大小便都集中起来，里头倒水，猪有时会去吃大便。我们觉得如此太过危险，万一摔到坑里可不得了，于是只有雨天才在此上厕所，晴天就去山上。农人使用厕所粪便浇菜，其他地方也都是如此，猪圈的水是天天要抽出去的。当时在山上诊疗所服务的萧同炳医生是上海医学院的医生，跟我们一起来四川，也爱做研究工作，一看用粪便浇菜，就猜想可能在菜里有寄生虫，便购药“三道年”让大家服用，看是否有寄生虫随粪便排出。我在早上空腹先吃药，再吃早饭，起初没有感觉，到夜里起身解便，在让医生检验的盆内就发现一条蛔虫。不只我一人有寄生虫，像董作宾先生的次子董兴解便数次就找到十条小蛔虫。检讨之后可能是山下买的菜都有问题，萧医生就说不能吃生菜，一定要煮熟后才食用。山上的井水可能也有寄生虫，所以建议投明矾消毒。所以在这个地方处处都有问题。

民国三十一年初，诊疗所没有大夫，就请同济大学医学院的医生上山看病，上山的是位女大夫。因为在山上住，下山机会不多，从山下上来走五百多个台阶也很累，傅斯年先生很重视大家的身体健康，像三十年流行霍乱时，他就叫大家一定要打疫苗。有医生上了山，傅先生也叫同仁要去让医生检查身体量血压。当时不知何故，我一直觉得身体不适，大夫量了血压之后发现忽高忽低很不稳定，认为我可能心脏或血管有问题，消息传到傅先生处，他说三组已经有梁先生卧病无法工作，不能有人再生病了。他就请女大夫推荐同济医学院一位有名内科医生给我做进一步的检查；傅先生人胖，上下台阶很辛苦，有自己的滑竿，他也让滑竿带我下去找大夫看诊。大夫再量血压，这次就很平常，一时之间也查不出原因，只知血压不稳定，后来大夫就叫我时常要下山看诊，查查有什么原因。我在检查时，滑竿本来还在等我，我想好不容易下山，想买点东西再回去，就请滑竿先走。结果我下山有滑竿抬，上山得自己走回去，也闹了所内的一个笑话。

六、抗战后期的调查与研究

（一）西北史地考察团之组织

民国三十一年的春上，李庄的史语所、中央博物院筹备处、重庆中华教育基金会辖下的地理研究所三个机关合组“西北史地考察团”。这时政府跟民间都弥漫一股西北热。民国三十年于右任赴敦煌考察，归后盛赞敦煌景致，另外也有与我们关系不大的艺术考察团去，而更早些时候张大千[①]已经去敦煌了，各界因此纷纷组团去西北。史语所由傅斯年先生派劳干跟我去，派劳先生是其专精汉简，可以考察当地最主要的汉简，只是他没做过田野工作，我的田野经验正好可以补强，碰到史前遗址即可发掘，像瑞典的安特生（Johan Gunnar Andersson）曾在甘肃发现史前遗址，所以就由我们二人合作参与。我们是四月一日从李庄出发到重庆，筹备一段时期后才正式上路，团员们也见面开会。考察团团长由陕西武功的西北农学院院长辛树帜担任，是资深植物学家，起初是挂名的，不久就离任院长职，因为做院长就不能参与实地考察。总干事是地理研究所所长李承三。团分三

① 张大千（1899-1983），原名正权，后改名爰，号季爰，自署大千居士，四川内江人。国画大师。自幼随母曾友贞习画，曾随兄赴日习画、染织工艺四年，1919 年回国。早年致力于石涛、八大山人等诸家，并上溯至宋元名家，工山水、人物、花卉等。1936 年任中央大学美术系教授。1940 年代初期至敦煌莫高洞临摹北魏、隋唐壁画历时三年余。1950 年代后卜居海外，1978 年始定居台北外双溪摩耶精舍。征引自陈玉堂编著，《中国近现代人物名号大辞典》，页 428。

组，历史组主任是中央博物院聘请来的西南联大教授向达[1]，组员有石璋如、劳干；地理组主任为李承三，组员有周廷儒；植物组主任吴静禅原是辛树帜的学生，时任同济大学教授、理学院院长，史语所与同济大学同在李庄，但彼此并不认识，也未同来重庆，植物组没有组员。这些成员都是名人。团内的文书由劳干先生兼任，会计由石璋如兼任，事务由周廷儒担任。

我们在重庆印了一张西北史地考察团的名片，就等于是团体名单，以便与地方办事人员交涉。另外，往西北去最缺乏的是药品，若是生病就相当麻烦，正巧碰到了昆明的旧识张医生，他离开史语所之后到重庆政府组织管理卫生的事情，就告诉我们该带哪些药品应不时之需，一切齐备之后就待上路。甘肃油矿局有专车要往兰州去，我们就搭了便车。资源委员会的翁文灏先生在兰州要用车，就由重庆开部小包车过去，另外还有辆携带油料的工程车随行加油。要去油矿局还得带油，也是个笑话。油矿局的人乘小包车，我们就坐工程车，随车前往兰州。

因为有地理组、历史组的人，地理、历史都要看，所以一路走走停停，也看了不少东西。从四月一日起出发，到兰州油矿局换车前往酒泉油矿局，我们也随车同往，之后就没有那么方便了，直到六月十五日才到达敦煌，一路相当困难。一路上遇到了几件事情足以反映“行路难”。

我们从重庆到酒泉都很顺利，要从酒泉到安西有公路局车，需要买票，等了几天才买到票上车，一部车是载行李的，一部车坐乘客，车子很小，乘客的行李又多，因此人还得坐到行李上，所以极为拥挤。从安西很快到达嘉峪关，不过有一部车的轮胎坏了非得折回修理，又必须由另一台车拖回，却又不便载走乘客。司机便建议乘客暂时下车，行李可留车上，顺便一览嘉峪关风光，等车子修好回来再载客。我们就上嘉峪关游览，以关上的建筑为主，建筑的确不错，还建有瓮城，底下的洞里头有很多题诗，像

① 向达（1900，一作 1902-1966），湖南溆浦人，字觉民。历史学家、考古学家。1924 年东南大学毕业，历任商务印书馆编辑、北平图书馆编纂委员、北大讲师。1935 年赴英至牛津大学图书馆与大英博物馆研究敦煌古卷，并赴巴黎、柏林等地博物馆与图书馆抄录照相流散海外古籍。1938 年返国任北大文科研究所兼西南联大教授。1949 年后任中国科学院学部委员。著有《中西交通史》等书。征引自陈玉堂编著，《中国近现代人物名号大辞典》，页 171。

"一出嘉峪关，两眼泪不干"，"往前看是戈壁滩，往后想是泪汪汪"等等。我跟劳先生看得兴味盎然，当时还想测量，劳先生恐怕时间不及，劝我打消念头。其他人看完就先走了，我们走得慢，到关帝庙参观建筑，也见到许多人求签，据称颇为灵验，我们也去抽签，劳先生还研究签文，我忘记签文底下内容，不过底下有一行是事情不能放着不管的意思。我环顾四周发现其他人都走了，赶紧和劳先生跑回去，结果车子就在眼前开走了，还在车上的行李跟仪器也一并带走。我们无奈之下，只得暂住嘉峪关，后来有车回酒泉，我们就上车去酒泉同公路局交涉，表明行李丢了不要紧，但是仪器千万要好好保存，公路局答应打电话到安西，让当地照管箱子的仪器。同时正好来了艺术考察团，听闻我们是西北史地考察团，虽然之前在车上未曾交谈，但是大家都是中央的组织，也是要去敦煌考察的，就答应到安西会交代当地公路局人员要妥为照管中央机关的仪器。

我们因为随身行李都在车上，现在两手空空，感觉天气颇冷，幸好仪器没有丢掉。到第二天去交涉时，遇到搭载中央派驻的检查站人员前往安西的专车，他们要负责查验从苏联过来的货物与车辆，都毕业于西安设立的俄文专训班。起先检查站人员大概害怕考察团的人太多了，以其包租专车为由，拒绝我们搭车，后经再度交涉，表明仅有二人要乘车，也没有行李，他们才勉予同意，但是上了车之后，觉得我们侵占了空位置，也没给我们好脸色看，有人在我们上车后就很凶地问我姓名、籍贯，我说姓石，是河南偃师人，就有人再问我认不认识石杰？我说是我的侄子。石杰也念俄文专训班，在班上还有些小势力，毕业后他考上邮汇局，就没有去西北。由于中国人说关系，经此一谈发现双方是亲人而非敌人，就喊我做石伯伯，这两三天的路上开心得多，也顺利到达安西，下车之后还跟他们留影。

（二）历史考察团抵达敦煌

整个考察团这时已经分开，历史组往西去，主要是去敦煌、二里子河、居延海一带考察；地理组去青海、新疆、宁夏、甘肃一带考察，先去青海，再走当金山口到敦煌会合，地理、植物二组同行。所以三组走的路有些不同，因此所谓会计、文书只不过是个人之间换钱等类的事情罢了。

在安西没有汽车，要租牛车。坐牛车白天很热，晚上比较凉快，于是下午五点出发，经过三天三夜才到敦煌，我们到第三天还迷路了。敦煌县政府接到研究院公文要求保护我们，文中告知我们何时到达，在酒泉时我们也托人打电话告知，县府就派了马队来接。马队也不清楚路况，迷了路。我们在路上就碰到来问路的马队，我们回答也不知道，就回问他们要去哪里，马队告知要接西北史地考察团，我们当场表明身份，说已经走错路了。正好双方都走错路，又都碰上了，否则就接不到我们，双方提到这段情形都忍不住笑了。不过不知道路的我们，最后是靠着询问乡下老百姓，才顺利到达敦煌。

到了敦煌之后办了几件事情，第一就是调查附近的民俗、名胜等与历史有关的事项，都是正式工作之前的预备性工作。我们到达当日是阴历的五月五日，当地过端午节的习俗比内地热闹，不只吃粽子，还加上唱戏。另外还到敦煌的古城，是位在另一个地方参观。我们也参观月牙泉，形状成半月形。我们也了解鸣沙山的缘起，鸣沙山因为月牙泉位于平地，面对沙堆起的高山，沙砾颇大，不像河滩的沙那么细，人从斜坡往上爬去后，或坐或爬地从上头滑下来，就听见沙砾的摩擦接触声响，人多的话声音更响，这就是“鸣沙山”的由来。

第二就是要观察、研究、测量千佛洞。月牙泉与千佛洞不在同一条路上。千佛洞又名“莫高窟”。调查千佛洞时，天气正好很热，我们在下午五点时雇牛车出发前往千佛洞。往千佛洞有马路与车路两条路，在中心点的佛爷庙分界，骑马上山所走的马路是条捷径，车路沿河走，河是从千佛洞一带流出来的，围绕着鸣沙山（千佛洞附近的山都叫鸣沙山），因此较为费时，我们走的是车路。天渐渐黑了，车夫认识星星，夜里就依着星星的方向走，直到第二天的六点才到，走了十多个钟头。很巧的是，张大千当晚也前往千佛洞，早先去的人在千佛洞已有办公的地方，张在五点过后凉快了才骑马出发，大概十点左右就到了。到达千佛洞后，我们先去拜访隔壁张的住处，张也知道我们来了，双方一谈才知道路程时间的差距。他说我们“游戈壁”了，在戈壁上走错路就叫“游戈壁”，幸亏我们游得浅，还回得来，有些人游了多少天还找不到地方，所以这里也很危险。这一带都是山，不知道的人看见蜿蜒的山势，方向就容易混淆，要费番工夫。

张大千很热心地安排我们住的地方，张大千住屋子比较讲究的上寺，帮忙我们的艺术考察团住在比较宽大的中寺，我们因为去感谢艺术考察团的协助，双方商谈后就安排同住中寺，不过是分住在两边的厢房，不在一个屋子里。张大千注重吃，来这里有两三年左右，已将莫高窟各洞窟编号，他就领着我们看过每个洞窟。艺术考察团有四位成员，包括团长王子云及其夫人、雷震与邹道龙。史地考察团就我跟劳干，向达当时还在西南联大没有来，在兰州等不到他就先出发了。张大千从南向北给洞窟编号，就从第一窟看起。我那时有点不辨方向，觉得往千佛洞是往北走，实际上是往东南走，我老觉得太阳方位不对劲，就没想到是我辨不过方向。听他说第一窟在最南，我觉得在最北方，后来想他说南就是南吧，反正再下去没有其他洞窟，就从第一洞看起。张氏因为是专业画家，很重视画的技法讲解，如果洞窟的画坏了或墙上无画，就跳过不看。我看了一天之后决定退出，跟劳干说“艺术考察团是看画的，你是来作画上的题记的，可以看过画之后看哪些题记多，再决定记录什么。我是要来测量窟形、地形的，所以我不跟着你们看了。我准备第二天进行测量。”劳先生同意我的意见，由劳继续参观，我便准备测量仪器。但是有些洞窟很小，测量的仪器、照准器都进不去，很难测量。

与艺文考察团在敦煌C243窟中心龛柱留影，左起：石璋如、劳干、邹道龙、雷震。（1942年摄）

我们受到县府优待，让我们出钱雇工，我们便雇了二人，一位让庙里的喇嘛兼任厨子，一个是得识字的测量工友，由县府先行挑选。我就教工友从认数字开始一步步训练他。测量器材包括了皮尺，三十米、十米皮尺各一；平板仪有两个小机器，一个是测量近距离的照准仪，一个是远距离的望远镜，可是平板仪在窟内用不着，预备的标竿标尺也无法用，便借用当地较长的棍子，捆起来当做测量竿。我让工友拉住皮尺一端，放在指定的位置，我念出尺寸，然后我在预备好的方格厘米本上量一尺画一道线记尺寸，慢慢地先量平面，再量立面。测量立面就是在测量竿头钉钉子，把皮尺弄起来，一个皮尺来量高度，一个量平面，彼此互不冲突。

起初测绘的进行并不顺利，因为工人并不熟练，窟内又有佛龛、佛窟，还有神位，顶上又有藻井，这些位置都要测量记录，东西很多，刚开始既要费很多工夫，又要记录窟内重要题记，因此进度缓慢，一天才一个洞，工作又很枯燥。不过工人训练好之后，也渐渐知道头绪了。我记题记是因为从供养人、建造年看得到时代，所以在测量之外也得调查年代；劳先生记的题记是与佛经故事的年代、书写年代有关，与我的记录重点不同。

测量洞的大小之外，也要测量方位，因为洞随山势蜿蜒而建，方向各有差异，得用指南针测量记录。一个大洞就用一张纸，小洞就数洞合用一张纸，各洞之间彼此有多远亦须记录；距离路面、平地多远也各有不同，都需仔细记录。千佛洞中有些洞窟位在半山，可是当地在三月时分有庙会，必须游洞，有些洞位于绝壁难以到达，当地人便在洞壁间挖通道相连，却因此破坏了好些洞，使得壁画、塑像也不完全。碰到穿壁的通道时也必须记录方位、长度、宽窄、高度。只要是洞窟当时保存的情形，都在记录范围之内。研究艺术觉得我的工作很无聊，研究各时代的画就很有意思，只是大家专攻范围不同，所注重的也各有不同。

在测量的过程中，我们曾经先调查玉门关、阳关而暂停工作，没想到测量的工友却不知什么缘故被人打死了，我只好重新训练新人，幸好新人比较聪明，很快就训练成了，胆子也很大，四十四窟所谓“大佛窟”就是他作的，顶上有四十多公尺高，每一层结构的测量也是他亲自上去的，皮尺不够的话就再加上绳子绑上小坠子到底丈量，光是测量就花了两三天，我的方法比较费劲，从前大概也没有人那样的量过。后来有人不知道使用什么测量方法，说出了高度。测量整个佛洞的组织、山的高度时，就能用仪器了，最南的地方有瀑布，附近再上去有山，就从那里开始测量，直到北方的茶房子为止，当地照片已经印在书上。我们曾预备仔细测量，也跟劳干谈过，如果仔细做三个月的话，大概就不必回去过年了。总之，耗在千佛洞的时间是最久的。

测量的过程同时也要照相。量了洞窟之后觉得哪些值得入镜，就要拍照。劳先生用的是长方相机，可照近照，我用的是方相机，适合照近、景点的特写，像雕塑等。另外顶上有些人像雕塑，因为很高，就得摆上桌子，桌上再摆两张凳子，人站上去拍摄，因为距离太近会模糊，所以要闭起眼睛照，若不小心摔下来的话就完了。我们记取安阳的教训，照完相片立即冲洗，若是照坏了当场还可以补救。不过在千佛洞一带，因为河流流经盐滩，使水质呈碱性，不利相片冲洗。我们必须在夜晚十二点之后，天气凉爽，流经盐滩的河水尚未被日晒蒸发出盐分之前，取水储存水缸内。庙内的饮用水也是在夜晚取用，人若是饮用白天取的水则会腹泻。暗房是在炕的旁边，用棉被堵起缝隙，再将照相的红单子盖住顶上权充克难暗房。洗好的相片也挂在那边晾干。夜里弄到很晚才能休息，早上很早起来工作。劳先生最喜欢看相片，要是照得不错的话就会连声称好，要是自己没有拍好、拍歪了，就会跺脚说："糟糕，拍坏了。"嚷着第二天要再拍一次。冲洗相片也就是有拍坏了立刻补救的用意在内。

我们本来有三台相机，一个是长镜头，一个是近镜头，另一个是广角的，要用比九乘十二还要大的底片，这是预备摄入整个景点之用，这种底片当时已经很久，在重庆找不到新的底片，结果因为底片已经过期了，用这种底片所拍摄的景点照片全都洗不出来。因为洗照片耗费的时间太多了，不能天天洗，我们就在照完相后次日冲洗所拍的底片。我们刷牙用的钢杯有刻度，可作量杯，随身带出来的都是可以多用途使用的。

在当地的生活大致上很安定，工作较为轻松的时候就出来散步。有件小插曲，就是艺术团内的邹道龙，很会画画，一天晚上睡不着，跑到九层楼去大喊，千佛洞附近护卫的驻兵，住在上寺一带，一听到喊声就想大概不是好人，找到九层楼去抓人，当地的驻兵比较野蛮些，并不相信他所说的身份，便到中寺来查问，我们听见外面的吵声也出来察看，证明他是艺术考察团的人，但是驻兵跟张大千比较相熟，也比较有名气，就说要张出来保人才可以。张大千见此情况，就说上九层楼干什么呢，也说了一句当地俗谚"真是嘎哇"，意思就是顽皮小孩的举动，也算是保出人来了，以后我们晚上就不怎么出门了。

我们本来预备在过年之前好好测量地图，结果油矿局十月间差人送信，因为油矿局撤销敦煌办事处的关系，下星期有车要回酒泉，询问我们是否搭乘，若是不回去的话，就无车可坐了。我跟劳先生商量之后，想到若是雇用牛车，随身携带的仪器经不起牛车的颠簸折腾，会被震坏，于是决定坐油矿局的车回来。原先预备制作精细的等高线图，现在就要大为简化，将预备一个月测量的工作在三天之内测完，不过这张图并未上墨，我在这里遍寻不着，可能是在搬迁的时候被人误当废纸丢弃了，这张重要的图就此下落不明。

（三）调查玉门关

我们除了测量千佛洞之外，也曾到其他地方调查。我们跟敦煌县长陈谷冰有些交情，陈县长是湖南人，跟同是湖南人的劳先生谈话之后很投契，陈太太也常常照顾我们的饮食，让我们在当地过得不差。陈的办事能力跟政绩都不错。当时省政府听说在玉门关、阳关附近有人种大烟，就下令县长彻查，以玉门关、阳关一带的水草田为调查重点。陈县长知道水草田附近有人居，就要我们跟着调查队伍去，可能会有些新发现，于是我们就去调查玉门关、阳关。

调查队中，有熟悉地方的县政府科长、技士等五个人，还有我跟劳干两人，加上七个实际查缉的士兵，由当地的农会会长当向导。调查队从七月十六日起组织，七月十七日出发。这一路上经过了不少地方，许多地名并没有出现在地图上，只留在向导的脑中，当时我就赶快把他记下来，以免忘失。调查之后敦煌的陈县长也要我们赶快做份记录图给他参考，让他熟悉地方。

第一天住在札八查（蒙语名），属于平地地区，还没出戈壁，附近有农田，住在当地一户农家内，农家正忙着割麦子，农家的主人从前在县政府当过差，也就欢迎我们住。他的房子很大，两边有大炕，家中养了不少马。调查队看了当地的农田，查无所获，便转往南泉，十九日到达。南泉有水有草，也得好好调查，当地住在帐篷之内，白天太阳炽热时，就窝在各自的帐篷歇息。当时还下了一点小雨，顿时凉快不少。一路上赶路的结果，二十日就到了小方盘，即玉门关。小方盘有土城，城内、城外都堆了很高的牛、马粪。原来这里是水草田，过客都要歇息，当地有个规矩，就是头一批住在城内的牛、马粪是第二批过路旅客的燃料，所以才堆了牛、马粪，这也是我们的燃料。刚到城里的时间还早，就趁空转了一圈，略作测量，预备在此居住，农会会长也赞成住下，可是军队以交通要道，怕遭偷袭为由拒绝，只能在此吃饭。当地曾有人挖掘出来一些东西值得进一步研究，原本想趁机试掘的希望便告落空。

军队要赶往最后的地点去，走了好几天之后，经过了土壑落，当地是山口，位在甘肃、新疆省界附近，过去之后往南边就是南疆，往北边就是北疆，在通往南疆的口上头筑有烽火台（墩），以狼烟为讯，狼粪烧出来的狼烟，烟雾甚浓可以直冲天际。我们在这里曾看见一个平地，山底下有往南疆去的路。顶上有平地，就去开了几个坑，队伍也在当地埋锅造饭，在此住下。调查队走到边疆，也算是向上面交差。在这里往新疆看去，看见满地红色的花朵，非常漂亮，根据以前种过大烟的向导告知，那些红花就是罂粟花，可见新疆有人种植罂粟花。甘肃敦煌因为抓得紧，至少在治境之内是没有的，陈县长如此也算是有些交代。

在这一带回程经过几个地方，回到小方盘，军队还是不愿意停留，不过他们同意我们要求挖两个坑看看的要求，停留的时间比上次久一些，挖完坑之后就出发，军队在大、小方盘都不停，走到后坑一带才愿意住。因为后坑虽然位居大道，却是闭塞的地方，没有人愿意住，旅人通常都住到大、小方盘，但是对军队来说，后坑这种地方不易遭到偷袭，枪不会被偷，最为安全，可是这里晚上有狼群出没，非常危险。向导知道这里有狼群，看到军队坚决在这里停留，心中颇有抱怨。我们白天到时正热，汗出如浆，但是身上的毛衣又不能脱，幸好汗水很快便蒸发了。晚上凉快了，军队坚持夜宿，情况就危险了。我们听见有此起彼应的狼嚎，听着狼群的嚎声与奔跑声愈来愈近，军队就先把所有的马匹集中到中心。军队、县府、向导都有带枪跟子弹，县府人员平常都打猎，射击技术不差，只不过是用的是比较差的单发枪，军队的枪比较好，一次可装五发子弹，军队便指挥大家排成圆形，等到狼群迫近时就下令开枪，来吓走狼群。最初马听见狼嚎声还有鸣叫，后来狼群汇集声势高张时，马鸣便停止了。狼群逐渐迫近，军队下令开枪，一阵枪响后大概打死了几只狼，狼群便往后退却，因为以往它们只听过是单声枪响，没有听过十几只枪密集射击的声响，就退走了。但是士兵们不敢放松，仍注意警戒以防狼群再度袭击，狼都没有再来。不过我们也知道此地不宜久留，便迅速上马连夜离去。要是住在大方盘、小方盘就不会有这些事了。

后来我们走在路上就比较慢了，经过酥油陀、人头疙瘩、香炉墩等地，都是水草田，只要过一个戈壁就会有水草田，距离远近不一。酥油陀是蒙古人聚居之地，蒙人吃酥油，平常人想吃酥油来这个陀，故名酥油陀；人头疙瘩就像人头，是一个墩。像酥油陀、人头疙瘩是经过水草田的中间，在大、小方盘就不是如此。我们经过水草田中间的路时，路旁用一层芦苇、一层石子、一层泥土筑成挡土墙，以保护路面，而不被两旁高草淹没，石子就是从戈壁滩拿来的，土是水草田附近的淤土，都是就地取材搭建的。要是直接到小方盘就见不到了，所以我们也趁机增长了见识。又，香炉墩像是一座香炉，上头很大下头很小，就是蕈状石，中段遇到水跟风的风化作用而侵蚀，这是李承三先生后来解释给我们听的。

从玉门关回来之后，我们要在县政府里略作休息，因为县长虽然派了人同行，可是目的不同，而他也想了解各地情形好作报告，就叫我们留下来将各地地形作一介绍，因为我们身上都有带指南针以记录方位、路线，我们也希望借县政府的地方整理路线图，陈谷冰就向我们要了一份副本保存。后来地理研究所从青海、甘肃交界的当金山口，先经千佛洞，再到县政府，也来探望我们，彼此都联络上了。陈谷冰县长也要地理研究所的周廷儒（会测绘地图），将当金山口到千佛洞、敦煌城的地形图做一份副本给他。他这样做就是想了解地方情形，说不定另外有人会来考察，县府也好作介绍。

（四）调查阳关

按照本地人和古书之说，阳关位于玉门关之南，山南称阳，故名阳关，阳关的方向略偏南，不是正南，实际上阳关位于敦煌南方的“南湖”之南。南湖很大，土地也很肥沃，住了不少人，在我们调查时即有二百多户，好像乡下比敦煌城还富庶一些。而玉门关附近的“西湖”差异很大，西湖当时已无人居。我们继调查玉门关之后，出发调查阳关，时间从七月三十一日开始，八月九日回来，来回大概十余天。我们在下午出发，首至南湖店，从敦煌到南湖大约有一百四五十多里，南湖店位于两地中间，在沙漠地区的人、马大概走七十里路左右就须歇息后再赶路，因此就会在南湖地歇息。我们是晚上八点左右到达南湖店，吃了晚饭之后就先睡觉，等到月亮出来后再上路。在沙漠地区走路，就是在白天天气炎热时休息，等到晚上月亮出来、天气凉爽时再出发。走到南湖时就已经天亮了。

南湖的东南方、地势较高的地方有“草湖”，在调查时，草湖已经比南湖高两丈了。原来是草湖长了极茂密的芦苇，冬天枯萎之后即自行堆积，久而久之就垫高泥土，原来地上的水流就流入地下看不见了，而水流还是经草湖流向南湖，水源不竭，所以南湖的水质相当好，也使得南湖的土壤肥沃。南湖一带民风纯朴，素来不种大烟。再往草湖南方去，离此行要调查种大烟的水草田相当远；在南湖之外又有民性强悍的哈萨克人，比起玉门关一带的哈萨克人还要凶悍；而队上又不太熟悉阳关一带的情形，所以原先有十四个人的调查队伍，在此地又增加四匹马、四个人，总共十八人浩浩荡荡地出发。

调查队在下午从南湖出发，经过一个小沙滩，到达山水沟一带的南坝，那里的“营盘”有县方派人修理坝的施工队，在此略事休息整队再行往南出发。调查队的人觉得我跟劳干先生两个读书人，骑马技术不怎么高明，就挑拣两匹行路很平稳但是速度不快的老马让我们骑，因为我们的马不快，就用前头领路，后头有押队的方式将我们夹在中间保护。老马并不在乎行经沙与石头相间的戈壁，但是后来行经沙窝时就不同了。沙窝看起来像是个深口，从山口吹过来的风掺杂沙子堵住了深口，越吹越深，本地人称为“沙窝”，马掉进沙窝后举步维艰，得花很大的力气才爬得出来。我们两个在沙窝上也因此踉跄不已，走得很慢，前后队伍的人都在努力喊叫助威，让它们多卖些力气走，不过还是走不动。我向远处眺望，看见山上有座小龙王庙，我们的老马却因为沙子已经埋到马肚子高度，跳不出来了，年轻的马还可以一蹬一跳地出来，但是老马很难蹬跳、也越晃越深，这时我跟劳先生见到附近有好些白骨，看不清楚是人骨还是兽骨，我们心中有数却也心照不宣。幸好老马虽然跑不动却还有毅力，再加上后头的人鞭打马臀之后，也鼓勇缓步爬出沙窝，到达硬地的戈壁滩就一切如常了。由于先前过于劳累，我们便决定先休息，等亮一些再走，时间是八月一日，我跟劳先生都困倦难眠，就想起沙窝的白骨究竟是什么，如果马走不动躺在里头，我们两个的下场大概也就是白骨头吧！马儿若是爬不出来，那儿又没有水，下场也就是这样。不过我们有大队人马，当然是不太可能的。

八月二日就到达摧毛头，是个水草田，跟戈壁方向平行，戈壁方向是往边疆去的。摧毛头有十来多户人家，离南湖有一段路，不过行政上归南湖管辖。队上在此地的戈壁滩休息一天，此地的水草田比起南湖并不算大，但是比起附近仍属不小，也有不少民家。八月三日一大早，趁着天气凉快就赶紧出发，到达距摧毛头约七十里、也是水草田、比起摧毛头还小的多坝沟，此地有种田，但平时并无人居。此地是“住两次”，就是人待上两个时期，第一个时期就是春上的耕种，用水浇灌田地，整地好后种下麦子，农人住到麦子出芽时再浇水完，就先回去多坝沟，在麦子成熟前会短暂来回几次，维持适度水量，去的人也不会多，大概十来人左右，也可以从摧毛头用牛车载着农具到多坝沟耕种。第二个时期就是麦田秋收前后，农人再为麦田浇一次水，让麦子更为饱满金黄，即可收割麦穗携回，麦秆等则弃置于地，即回家准备过年。

我们去的时候正好是两次之间，有一些农人正好来此察看。这时地方上正因为哈萨克人的骚动而不安，这一带因为戈壁滩向南走，多坝沟、摧毛头一带正好开了口子，农人就在附近较高的山墩放哨，以防万一，哈萨克人若来，他们即发布警报，然后迅速离去。后来农人才告诉我们，放哨的一看见我们有两匹快马先遣，后有大批人马随之在后，就以为是哈萨克人来袭，示警应速取道小路逃离。先遣队因为不熟悉南湖一带路况，所以领队的快马走了较耗时的南北向大路，调查队来到时只见当地空无一人，但是有牛、车、农具，有的碗内还有饭，甚至还有一驮跑得很远的毛线团，也找到了打到一半的毛衣，我们正纳闷不已，领路的人就已经想到可能是我们不慎吓跑农人了。

到达多坝沟是白天，理应休息，不过看见这一带的山顶上有狼烟墩，显示在汉代在此也曾经驻过兵，我跟劳先生便想爬上去看。两人上去才知道山区岩石为片麻岩层，遇到风、雨吹蚀，但尚未崩落，碰到人一施力时便呈片状崩落，上山的路就在我们走两寸滑一寸的情形下缓步前进，最后也爬到顶上，只是上头已经空了，不过下来时很方便，只要滑下来就可以了。

来多坝沟察看的农户有男有女，在我们到达前正准备吃饭，听到有哈萨克人要来的警报就匆忙离去，锅子匆忙未及带走，米还放在旁边准备下锅，附近应有水源，是东西向的，有人说可以流到西湖去，不过有人说这里是水尾，再过去就没有水了。我们看了此地一圈并无发现即打算离去。调查队本来还想再往前走到甘肃、新疆边境的葫芦斯台（或湖绿寺台，写法很多，属于南湖）一带，领路的人说那里是哈萨克人的势力范围，我们见到多坝沟对哈萨克人的警戒情形，再走到哈萨克人的范围去更加危险，因此决定在此折返。

回到摧毛头是八月四日，我们向当地人叙说多坝沟的情况时，就有当时也在多坝沟的人告诉我们，他们听到放哨的说哈萨克人来了，平常这里除了哈萨克人之外，不会有如此大批人马来临，所以便仓皇离去。正在打毛衣的太太听到人来了，也赶紧逃走，打的毛衣活儿起先还带在身上，所以线球跟着跑了好一段，后来也不知道丢在那里，居民并未告知离开的方式。我们会跟居民发生这一段误会，一方面是因为地方行政力量不及于此，治安不好，游牧民族的哈萨克人，生活习惯与汉人大不相同，在秋收时就四出抢掠，不停留当地，尤其是在盛世才治理新疆的时候，哈萨克人在俄国支持下就谋求独立，也发生了动乱，也会影响到这里；而先遣队在摧毛头只说要往前去，也没有说要去多坝沟，未能事先沟通，也是造成误会的原因之一。

回程在摧毛头一带又稍事察看，此地地势不错，可以很清楚地看见戈壁滩上的来往情形，有些旅客会跟当地人上去观景，我跟劳先生先在下头看过之后，再上去远眺，规模、形式比起多坝沟均好得多，地势又高，亦不像多坝沟那样闭塞，住民也比较多，在此略事休息后即返回南湖。

回到南湖之后，我跟劳先生一直在想阳关的确实地点何在，劳先生说是古董滩，也有其他人说是在寿昌城、红山口，我猜想是在龙王庙。我会想到龙王庙的原因是，过了沙窝之后的龙王庙位在山口上，适合做关口，现在已经被沙子盖住了，什么都没有。劳先生认为古董滩在戈壁上，以前曾住人，有捡到五铢钱、铜镞，以及其他小东西的记录，应该就是阳关。那里只要下雨冲走沙子就会露出小石头，就很容易捡到东西，只是我们没有捡到而已。古董滩上也有房屋的痕迹。我们在古董滩上找到很多陶片，有光面的，也有绳纹陶。我们经过古董滩的边缘，直接到龙王庙，两地都在南湖之南。我觉得这里的关系很像是嘉峪关跟酒泉的关系，酒泉是聚落，嘉峪关的关口以军事防守性质为主，不一定要住很多人。关与城之间有一段距离，关、城可分离。龙王庙是个检查站，南湖就是住人的。但是我们手上的证据并不充足，所以也无法确定。

寿昌城跟红山口均位于南湖之西。寿昌城是唐代的称呼，汉代称为龙勒城，也与阳关有关，都在附近。我们前去考察。寿昌城是平地，比起古董滩的规模还大，也有城遗址的规模。在这里我们捡到了“阳关砖”，一般人到南湖的时候都会找阳关砖，由于有光滑、不渗水的特性，可以当做砚台。我跟劳先生也捡了砖带回来。阳关砖的表面黑亮，每块砖的光滑黑亮面都有所不同，后来实地察看后才知道阳关砖在戈壁滩上是散置的，有的砖还有半截在泥土内，每块砖的受风面都不同，大风夹带沙子不断吹蚀在砖上就好比石块在磨，日渐磨光了迎风面，就成为我们见到的光滑貌。

既然有这么多砖，我们就进行试掘以找出砖的来源，结果找到了墓葬，只是我们停留天数不多，找到的墓葬有限。墓葬内曾经埋了人，只是发掘时已经空了，墓葬就是以砖砌成，就是阳关砖的来源。这些墓葬是唐墓，汉墓虽然用砖，但是数目很少，唐墓才大量用砖。我们从此联想到玉门关一带的城墙是土的，那里不是聚落，用砖的需要也少，就以土砌墙；这里的土质比玉门关还要好，人也比较多，有用砖的需要，即可制砖。然而阳关的城墙也可能是土砌，而非砖砌，因为砖在当时相当珍贵，只有大军官、行政人员此类有身份、有钱人才用得起。

红山口位于寿昌城西南的红山，红山口是否为玉门关口，则是项疑问不得而知，也没有人说这里是阳关，只说是在附近而已。红山并不高，我们也上去过，山上有烽燧，就是狼烟墩，位于红山顶，龙王庙以前可能也是烽火台，只是如今成为龙王庙。如此这一带就有两个烽火台了，关与烽燧应当是有一定的关系，因为需要烽燧示警好作防备。至于阳关的确实地点则仍待考究。在南湖做了几天工作后，我们便从南湖回到敦煌。劳先生对于这次考察，曾经写过专文发表[①]。

（五）黑水流域调查

所谓黑水流域包括了额济纳河、二里子河、居延海，在各地区有不同

① 劳干所著,《汉代边塞的概说》,《边政公论》,3卷1期（1944年12月）;《阳关遗址的过去与现在》,《边政公报》, 4卷9期至12期（1945年）。

黑水河调查，驼队出发，尚有草树，右二为劳贞一先生（石璋如 1942 年摄）

的名字。甘肃油矿局预备撤销敦煌办事处，西北史地考察团只好结束在敦煌千佛洞的工作回到酒泉，预备转赴二里子河调查。十月的天气渐渐地转冷，若要调查便须准备御寒的设备，我们就先买了本地人穿的老羊皮袄。筹备期间，我们就通知居延海驻酒泉办事处的人前来调查的日期，我们走的是大路，耗费时间较长，大概要十来天，他们走小路的话，只要骑一两天的骆驼而已，所以他们觉得时间还很早，而我们在通知之后就马上出发了。

我们往额济纳河流域出发，第一段是从甘肃交界的鼎新分枝出的临河，沿途有临水镇，当地再过去是金塔县城。临水镇因为出产盐的关系，镇上

驼队远离烽燧（1942 年摄）

相当热闹，镇外临河的附近有一大湖，供应附近的盐产，所以盐商在镇上川流不息。当地取盐，就是让人穿上雨衣，手上拿着畚箕，走到湖中将湖水舀上来倒入桶内，等到水桶满了以后回来盛入自家盛盐处，再行晒盐，所以原料根本不花钱，只要算人工成本，所以镇上有车行跟店铺，可以让我们观察这里为何热闹的原因。金塔虽是县城，可是只是行旅过路所在，就不像临水镇那般热闹。金塔再过去就是三墩，鼎新。我们主要是要去鼎新，是甘肃、宁夏两省交界，从前叫做毛目，二里子河到此改称额济纳河，此处才可真正称作是黑水流域。在这里我们预备考察所需的食物（羊肉、盐、面粉、油等）、用品（锅碗瓢盆都有）、骆驼队、饮水等等，都委托比较清楚情况的鼎新县政府处理。要过额济纳河时是靠牛拉车，在牛车上堆着很高的草，人坐在草堆上，车夫坐在牛后面的草堆上指挥过河，当地人都是用这种方式过河。过河之后就改换骆驼队前进。这里没有专门店家制作御寒皮袄，就根本买不到了。

我们的骆驼队有五匹骆驼，劳先生一匹，我一匹，向导一匹，行李一匹，工具仪器等一匹。第一站是双城子的遗址，已无人居，城墙也只剩下断垣残壁，作为调查队，每到一地，当然要测量这些地方。是领队告诉我们地名：天仓（可能是古人晒谷子的地方）、大湾、地湾等地，调查队都会在各地住上一晚，在戈壁地上扎营，靠着我们携带的各种厨房用具（像砧板、菜刀、擀面棍），烹煮食物用餐。领队也是队里的厨子，不过烹调技术实在不行，第一天在双城子煮羊肉尚可下咽，但是第二天起就觉得羊肉过硬，非常顶牙，勉强咀嚼后齿根很疼，第三天我跟劳先生就不能吃羊肉了，只好改吃揪片（一种面食，就是把厚面团用菜刀揪一下成片，放入锅中烹调即可食），等到牙齿好一点再吃点羊肉。羊肉煮得硬可能是与燃料有关，当地很少柴跟煤，多以牛粪作燃料，虽然很费火却火力又不足，煮面的话还可以，煮羊肉就不行了。

在某地的墩休息，顺便进行发掘，我们就找到了陶片，还有字纸，字是隶书，就是“居延纸”，是这次调查的大发现。发现之初只知是字纸，却未想到字体的意义。当地因为少雨，埋藏土内的纸未受风吹雨淋，所以除显破烂、字迹不完整之外，大体情形良好。监识字体是劳先生的专长，经过鉴定，纸上的字是东汉的隶书。这份“居延纸”虽然只是一块，可是有相当高的价值，现在也收藏在史语所内。

我们另到“黑城”，是西夏时期的城市，有河流经过，据说中国人去攻打西夏黑城时，进行额济纳河改道，原河道因此断流，城内人无水喝就渴死许多人，西夏也就此灭亡。我们来黑城就是预备做测量，其城墙大致上还算完整，墙上还看得见石头、陶片、破磨等等，城形方正，规模不小，城外附近还有建筑，中间有圆顶，外形很像是回教的礼拜堂，只是颓圮了。这座建筑与兰州的回教清真寺大有不同，应该是西北民间的庙宇，在黑城几天，我们测量城墙，参观庙宇，对之照相绘图，也看了城内的地下井、建筑房屋等，就是一个完整的城之组织。

调查巴颜卜古图山（狼星山）穿上皮袄（劳贞一 1942 年摄）

当天晚上睡觉时，向导拿出菜刀放在水桶上，我们询问何故，向导就说黑城的人民因为河流改道缺水成为炕死鬼，炕死鬼会偷水，我们不保护水的话也会成为冤魂。

天气渐渐寒冷，此行出门在外，睡觉时老羊皮袄、狗皮褥子、毡鞋都是很有用的御寒工具。老羊皮袄穿在身上比人的身高还要长，要是不先折起束腰，就会拖在地上。睡觉时就反穿老羊皮袄，袖子用绳子绑起成为裤子，扣起扣子，衣襟部分留一小缝隙呼吸，人就包在大皮袄里，羊皮毛很长，越吹风越暖和。狗皮褥子有帽子，可以铺在地上，隔绝地上生长的骆驼刺（草类，无叶，只有梗子，会把人扎痛，为骆驼的食物），让我们躺下来、被风沙盖住时不会被刺痛。骑骆驼时穿上毡鞋，有很厚的鞋帮，离地很远，还配有皮袜子，相当保暖。

因为已经预先通知调查日期，离开黑城之后，我们原本打算继续往居延海前进。可是天气已有变化，向导说我们离居延海大约还有两天的路，我们粮食带得不多，未来一两天内即将下雪，若是能够在两天之内赶到居延海，或许回程的食物还有指望；若是赶不到的话，我们就有饿死的危险；若是即时折返，路上不再考察，还可以平安回去。我跟劳先生想向导的说法有些道理，与其赶到居延海，然后因为下雪无法调查，又有饿死的危险，还不如尽速折返稳当。所以我们就因为差了两天的路程不能到居延海，自此折返，心中自然有些遗憾。

回到酒泉之后，又做了新的计划。劳先生的工作已经完成，可以回到李庄，我的调查工作还未开始，我原先是以考察安特生的“史前六期”（齐家、仰韶、马厂、辛店、寺洼、沙井）为预定计划。于是劳先生先带着一批东西坐车直往兰州，我则坐分段车转往武威，即凉州，预备调查隶属民勤管辖的沙井遗址，民勤位于甘肃、宁夏交界，古名镇番。我预备到民勤后委请县政府帮忙组织调查队伍，从武威到民勤有民间的货车可通，我下车后就寻找车行，正好有车近日装货完毕要往民勤，就说好到了民勤再算路费，我先付了订金。没想到说定之后，向导说近日即将下雪的天候应验了，而且还是大雪，货车虽然装完货，却因大雪不知何时停歇，近日无法发车，车行就退了我的订金，我只好回到兰州整理东西。

原本预定先做完沙井遗址后，安特生剩下来的遗址就分布于陇南、青海一带，离沙井很远，我就可以专心在陇南调查。现在无法成行，暂居兰州民众教育馆，主事的主任好像是英国留学生，可能是朱家骅先生的学生或朋友，非常协助我们，特别拨了两个屋子供我们住宿、做整理工作。劳先生当时尚未回四川，还在兰州做整理。按照兰州一带的天气，大概要到明年三四月以后才能恢复调查。由于我们做了些千佛洞的洞窟调查，因此对于各地的洞窟也有好奇心，想一探究竟。艺术调查团曾经跟我们提到从东往西来的路上，参观过河南巩县的石窟、洛阳的龙门石窟，是以绘画研究为主，两地我都去过。他们说了之后，我们也请院里的总办事处通知两地，希望也能去看看佛教石窟的情形。在兰州整理东西，有一部分是劳先生的，还有一部分是我的千佛洞，可是我还有一大部分研究还没有进行，更别提整理了，于是我想到不如到巩县、洛阳的石窟去考察，来年再去陇南考察史前五期遗址。

（六）泾水流域遗迹调查

民国三十二年一月廿九日，我离开兰州，坐北线到平凉的车，也可直达咸阳、西安。我在车上想到，平凉是陇东要地，北接宁夏、东南接壤陕西，便想以平凉为中心做史前遗址调查，一来可与宁夏、陕西遗址做些比较，二来又可与陇南洮河、湟水流域的遗址做比较，这都是在车上临时想到的计划。不过车到平凉时，正在下大雪，比武威的雪还要大，计划便泡汤，只得继续前行。二月二日到达隶属陕西管辖的邠县，古字为“豳”，现写为“邠”，因豳近幽，既容易误认又难写，唐代就下令改豳为邠。大陆的地图将邠写成彬，又差太多了。古字“豳”就是两头猪，中间有山，两边是沟，也就是养猪的地方。说豳是养猪的地方，诗经上即记载有养好的大猪给公家，小猪给民家的句子，而据本地人说邠一带所饲养的猪仍然供应西安市场所需。

我们出去工作时，随身携有护照，事前研究院也会发公文给地方。我当时的护照上只说我可以在甘青宁工作，后来再补上豫，没有写上陕西，那时车站上都驻有中国旅行社的人协助住宿，晚上都要把护照给他登记职业、要做什么工作，他因此知道我是西北史地考察团的人，家在河南，在闲聊时他就建议我不妨在豳县多住几天玩玩，也许是时近年关，往来客人很少，车未满座之故。他告诉我这里的专员也是河南人姓赵，与县长是军校同学，交情很好，认识他或许会有助于我的调查，又顺道参观当地的风景区，我想想也对就去了，事前我也不知道专员的姓名。

我拿着西北史地考察团的名片前去拜访赵专员，他一知道我的身份，就说我们是同学，可是我已经不认得他，他自我介绍是赵寓心，原来也是河南大学预科的同班同学，只是念完预科之后又改了名字去上军校，难怪我对他的名字没有印象。自我介绍之后就打开双方的话题，他问我从事的工作，我告诉他是史前调查，他问我愿否在当地进行调查，我回答目前工作区域不在陕西，他却说反正都是为公家做事，到处都可以，也愿意给我必要协助，如此公私都说得过去。

当时再过两三天就是旧历年了，吃早饭前的街上人潮较多，但饭后因为有事要忙人潮渐退。赵专员安排我住在当地的小学，小学生都放假回家了，学校里除了我之外，就是一个派来的勤务，年纪蛮大了。头一天我清早起来，就上山去调查，希望能发现一个遗址，如果能有规格的话，以后的调查就很方便，不过跑了一上午一无所获。第二天去北边的七星台一带，南边是豳山，也一无所获。第三天是过年，勤务说外头没有卖东西，建议我晚些起床，他会先煮点东西让我吃早饭，晚上校长会请客。那天很冷，风吹得很凶，不能出去调查，不过我也待不下来，就走到东门城墙去看看，想城门是否有说明是何时建筑的字样，一看在城墙上就有彩陶片，提起我的兴趣，我抠下彩陶片打量，又发现一片彩陶片，原来是打城墙时把彩陶片一并打进去了，我既然有所发现就先回去。我在等早饭时略作休息，没料勤务在过年的时候，很仔细地做了顿火锅早餐，到下午两点才吃早饭，可饿坏了。吃完早饭没多久校长也来请吃晚饭，我就往校长家去，这时天虽冷但未下雨，校长家在泾水流域北边，河里已经结了很结实的冰层，可以无须船只径自步行渡河。我问校长这样可以走多久，校长说大约要到二月天以后冰层才会解冻。我再问附近有无高处，校长回答在学校后面有一略高的台子“老虎煞”，台下就是当地的垃圾堆，我觉得很有趣，恨不得当晚就过去看看。

次日上了老虎煞，是个高地，从前的人在此打窑洞居住。我后来请赵寓心帮我寻找工人，拨了几个河南来的难民给我，我就在此挖掘，找到了彩陶，数量不少，也有蛮大块的。不过挖掘址是窑洞，可能也有其他地方，我只是挖一下想了解堆积的情形，把窑洞挖到底了看不出来了，便换一地再行挖掘，确实是不小的遗址，这也是我在邠县第一个找到的遗址。

县府派了位科员陪同我在老虎煞挖掘，结束老虎煞工作后，我问科员附近其他的风景区，他告诉我位在邠县城的东边有“鸣玉池”，也带我去看。其得名是因为水会吱吱地叫唤，泉水相当清澈，很像玉一样，涌出成小河汇入泾水。当地的地形南边靠山，从山上流下小瀑布，会发出吱吱的声音，流入很大的水池，水相当清澈，在我看的时候水不叫了，而是冻成了冰柱，瀑布规模不大，是相连很长而成的。池水虽然不动，边缘也结冰了。我才知道冰柱看来就很像玉嘛。

我在找到两个遗址之后就进行测量，将属于邠县城一部的老虎煞遗址、整个邠县城都测量了。邠县与邠山的关系是县城后头有邠山，左有河水皇涧，右有小河过涧，都相当长，最后汇入泾河。鸣玉池在邠县东边，也流出条小河。邠县的地形总结说来就是“一山三水”。

在工作期间，赵寓心还告诉我，过年之后省内各专员区域各县内的县长、镇长、乡长都会出席区政会议，开会之前希望我去说几句话，这样就认识这些人，到各地调查时都可以获得协助。我觉得这个办法很好，我就想应该要讲邠县有关的主题，而非我专长的殷代文化。我就到街上的书店找书，老板原本是从山东逃避日本人过来陕西的藏书家，因为邠县在陕西的北边、房价便宜，就搬到此地，可是为生活所迫，就另外去西安等地办些铅笔等文具回来供应小学所需，顺便开店卖自己的藏书。我在旧书店找了部《诗经》，里头与邠县有关的是《豳风》、《公刘》，我就临时恶补一下讲了《诗经》与豳的关系。公刘到邠县一带有“夹其皇涧，溯其过涧”的语句，正好与地形相符。专员公署、县政府的人平时也没有注意这些，一听我提起来，才知道原来在古诗上有很多与邠县有关的内容，便希望我多留一阵子多走几个地方进行调查，于是我就在这一带调查各处。专员跟我说他的管区是泾水流域一带，我并不清楚管多少县，我只知道至少三个县而已。

在我调查之后，赵专员也开始关心相关事情，跟我说曾听闻泾是高地的意思，公刘便是先到泾，再往豳来，泾附近也有些高地可以调查。他派人陪我去调查龙高区，是地方上的乡区，取自龙马村、高王村（山上最高的地方，实际是平原）的首字，在申报馆的地图上就只查到高王而已，走一天就可以到。

陪同者看我这一系列调查，随身携有指南针测量方位，并进行绘图，就想到他的家里常出事，新生儿也经常夭折，很多风水先生看过之后都画了符，却依旧无效，我的指南针也是罗盘，便希望我能帮忙他。我虽然告诉他指南针不是罗盘，我也非风水先生，但是他希望我无论如何都去看他家的地形，于是就绕了点路去他家里。他的家原来住在沟边，底下是沟，他就在沟壁打窑洞居住。从原上下来的坡相当陡，雨量不多，所以冲积情形还好，附近一带算是较平坦的台地，也有台阶可通，不过沟边他的家平地很少，院子很小。附近还有风口，家门就面对风口。我看了情形之后才了解所谓“风水”也不得了，真要是刮风下雨的时候，院子的风会非常凶猛，吹入家门的风也很强劲。风水先生虽然知道问题，但是用画符的方式来镇，并不能解决问题。我就告诉他加一堵较高的墙在沟边或许会有改善。我这时才知道，古代的人选择遗址也是讲究风水的，像老虎煞、鸣玉池都是与水有关、离水不远的地方，以便于取水，可是如果不能好好利用也是枉费了。

乡公所位在龙马村，因为当地没有旅店，领路者就带我去乡公所住下。我觉得这里是原上，心中有些失望，认为可能找不到什么东西。第二天在附近一看，看到一个沟圈，人如果直接走就要下深沟再上来，相当辛苦，于是就走较平坦的沟圈绕圈前进。在沟圈的半中央有泉，人可以从沟附近取水。原上经人步行越走越深，逐渐成为路谷，很像山谷，两旁的断壁越来越深，我就在断壁发现了灰土。到另外一地就发现灰土内还有东西。我在调查时，仍时时携带着在昆明时定做既是手杖又是工具的小掘头，用它挖了一下灰土层就找到一个小盆子，就是盂碗等小器物，虽然兜不全，但可看出大半。我就很高兴地带回去。天已经黑了，我就回到镇公所客房，把标本放在房内桌上，晚上因为困倦睡得很熟，未曾再行收存。翌晨镇公所的清扫工入房，看见客人怎么在桌上堆着破陶片，误以为是垃圾就扔掉了。我醒来只见桌上干干净净，盂碗没有了，我就在吃饭时询问镇长，镇长也不清楚，帮我问了清扫工，才知道已经把它扔到沟里去了，要去底下捡也很不容易，只好算了。我两三天的工作成绩就这样没有了，我却因此了解原上不见得是一片荒凉，也是有东西的。

所谓“沟圈泉源”就是与一山三水相对的，也是一种地形，无山无水，水在沟圈之内。这里与《诗经》也可以找到相对应的地方。领路者住的大概是早饭头，到龙高得越过深谷的三水河水系的小河，我用随身携带的气压计计算要爬上两百六十公尺高，比邠县高两百多公尺。这里由于平日少人迹，陡坡有角窝，还可以扳住，不过还是很吃力。《诗经》有“度其隰原”，隰就是低的地方，只有陕西才如此叫。我们下坡，翻上高地，再上原，就几乎与《诗经》所述相同，高地就是原。

在龙高之后，我们转往过去叫三水县的栒邑县。到达栒邑之前有两处有意思的遗址，一是土陵，一是公刘墓，土陵在公刘墓的旁边。公刘墓在原之下，是个台地，泾水在这里弯曲，我们到这里略作停留。乡下人请了很会讲话的土陵人来陪我聊天，他问我汉光武是否为光头？我回答不知道，他说有根据可知汉光武是光头，就是土陵出了汉代陶器，上头都是光面的，没有花纹，而公刘墓所找到汉代以前的陶器就是有花纹的，这就是因为秃头的汉光武帝对有毛、有花纹的东西都很生气，便命令陶匠不许制作有花纹的陶器之故。我可领教了乡下人的说法了。

公刘墓是个大塚，有人说是“金盆养鱼穴”、“线穿珍珠陵”。会叫养鱼穴是因为公刘墓在小平原上，原边等于是第二台地，周围的圆圈看来就好像盆子，墓形有一头大，一头小，外形的整体轮廓看起来好像鱼形，就像是盆子养了鱼一样；而分开段落看起来又好像是好几颗珍珠，有线穿过去，所以就有珍珠陵之说。“左有龟蛇二将”，“右有牛马二军”，意思都是风水不错，龟蛇都是指泾水，泾水弯曲之初像是龟形，接续的后段则像是蛇形；牛马则在东边，距离较远，我未曾过去看。“南有奠杯”，“北有龙口”，奠杯是因为周围的石头山上有石头窝，泾水流经石窝再缓缓流出，像是祭祀盛酒的奠杯。北边地势较低，形成一个进入的口，所以就是龙口。在风水的说法中公刘埋在这里算是相当好的。

有人说公刘迁徙是从东北方向，经三水、到龙高、再至邠，我们便循着这条路线考察。从龙高到栒邑，是从原上到低处的隰，栒邑位三水河旁，也等于“一山三水”的性质。从龙高到栒邑有车可达，经过很长的下坡路到三水河就抵达。我们大概住了两三天，先去北处寻找古城也无所获。三水河是泾水的支流，不大不小，涨水时却相当凶猛，平常亦无法行船。栒邑大概有两三个遗址，其中之一是温凉泉，位在栒邑南边，由泉水汇集成的小溪最后汇入三水河，在三水河北岸稍远，泉水冬暖夏凉，不会冻结，故而得名，遗址规模很大，有很多绳纹陶片，因为泉是自沟里流出的，地形上属于沟泉地形。另外在温凉泉的南边有个鸡嘴遗址，因为很像是鸡的嘴而得名，是个石头堆，顶上有未塌的石头的纵剖面，下面是台地，再往下去就是水。台地临水处有温凉泉流经，泉水终年不结冰，所以当地还可以种稻，在北方颇为特别，也因此出名。

过三水之后就到新民乡，行政管辖隶属邠县，三水是比较大的河，去的时候走的是岸的东边，回来走的是西边，我们先到高地的张洪岭，然后再走即到邠县的北极乡，新民乡有小遗迹。北极乡离泾水比较远，是较大的平原，地面上没有树，居民也不兴筑地上建筑，与龙高区、新民乡明显不同，于是从远处看不出来是聚落。此地居民都住在沟边，从路下去沟边各家，就跟早饭头一带一样，只有路与路旁碾米麦的石滚，成为聚落痕迹的提示，也因此遗址比较少。像龙马是沟泉地形，复因有聚落而易引人注意；同样是沟泉地形的新民乡，则因为没有房子、上头无人，就不容易注意水的情形。再往西去就到达邠县以西、地形位置不错的长武，原本可作车站，只是因为地方经济较穷，所以大汽车站仍旧设于邠县城内。长武还有座大庙“招仁寺”，我到了县府外头，看见两座石头佛像，就询问佛像来处，乡民就说招仁寺附近要盖房子，挖掘时发现了石像、石碑、其他小石像等，佛像既高大又好看，所以运来县府，其他的东西就不知道摆到哪儿去。我请县府派人带路至寺，方知唐初在此曾有不少士兵战死，为了安抚英灵才建了招仁寺，后世经常于原址重建。我因为测量与殷墟发掘均与建筑有关，对建筑也感兴趣，顺便测量招仁寺的位置、大小，可惜后来资料已经丢失。

往东去发现几处原边弯嘴的遗址，在原的边际会弯曲，形成一嘴突出处，因为附近通常会有泉，就会有遗址。再往下走就是大佛寺，也是建于唐代，属于邠县管辖，佛寺不小，我便顺便测量附近区域的地形。顺着大佛寺旁边的沟过去，有个“水帘洞”，洞内也有佛像，出来洞口的原边靠外就有一个小瀑布，比鸣玉池的瀑布还大些，水声淙淙，远望好似竹帘。民间传说唐三藏取经，有孙悟空跟随，也曾经过这里，于是便将唐僧取经的路线与地名扯上关系。

我认为张家河的地形非常好（位于沟边，附近有水经过），便予以测量。在我画图的时候，有位年约五十多岁的老翁，在当地专门开渠，见我拿着指南针画测量图，就攀谈起来，他约我翌日早上在对面山坡上见面，看他的测量工具。次日我依约到达，老翁和二三人已经等在那里，两个人扛了像大板凳、有柱子般粗的木质物品，有相当结实的两只脚，柱子中间开了槽，槽中又钉了三根突出的钉子，上头有特别的记号，老翁说是开渠专用的。另外在外头还有竹竿，里头打通了，架在凳子上头，他说槽子是倒水用的，就把水添入，看到水跟钉子平齐就是水平，再看竹竿棍子上头拴了手巾、做下记号。人再从远处看，距离有多远，就在底下钉橛子写多少高，代表挖多少深，一步一步地低下来，方法虽笨，可是相当准。他从山上引水下来，沿原的边际走，再盖小渠将水导入田里，他说泾水流域从上到下有不少他做的渠。我想到，三原、泾川两县均以渠水浇地，是否也是用这种代代沿用的工具测绘挖掘？

我在邠县、长武、栒邑一带从二月七日起到三月一日回到邠县城，找到老虎煞、鸣玉池、龙马、公刘墓、土陵、太盘、郭村、马家河、栒邑城、温良泉、鸡嘴、张洪镇、坡头、南头、百子沟、龙背头、卧龙、沟脑头、黄盘、弥家河、和子原、凤头、药王洞、碾子沟等二十四个遗址。找到彩陶、黑陶、绳纹陶，这些都是以后进一步发掘时的基础。

我的工作既然告一段落，便打算离开，赵专员愿意介绍我去过了山的泾水流域南边调查，那边是汉唐陵墓所在地，他介绍一个要去乾县办理公事的人与我同去，我们便于三月十三日坐车到了乾县，此地因有唐高宗、武后的乾陵而得名。乾陵除了高大的墓塚之外，还有无字碑，从山下上坡的路旁有很多人像，其中包括各国使臣朝见像，以及马等动物石像，相当好看。远远便会看见高阙，我才知道宫与阙的关系。不过人像的人头有不少被砍掉了，像各国使臣的头都不见了，前头的人像就还有头。同行者本身是佛教徒，他特别领我去看一座相当讲究的寺庙，也解释各神的关系，说了不少故事，我在乾县也大概停留了一两天。

再往东走到了醴泉，当地有盖在九嵕山上的唐太宗的昭陵，都是名胜，像赵村有古代的石鼓，特别盖了屋子将石鼓放在屋子的小楼上，就是赵家石鼓。昭陵跟乾陵有些不同，昭陵的前头相当陡，下头是赐葬陪臣的墓地，得绕路从后头走上去，乾陵则是从前头走上去。昭陵的门朝南，埋葬时是从后到前，埋好之后就断路形成绝壁，让盗墓者无法进入。昭陵上头有独有的小松树，当地称作万年松，只要有些水就可以活了。因为山底下有不少大臣墓，均刻有碑记，我就同时予以记录。这趟调查虽然是出乎原先的史前遗址计划之外，可是也有助于我对于整个中国历史的了解，所以还是很有价值的。

昭陵当地的昭陵小学，就是我暂宿的住处，我跟小学校长交谈时想到，以前我到宝鸡遗址调查后，后来在岭上被人抢走了行李的地方，就是发生在醴泉以北。这一回我是公务员身份、可以寻求地方官员协助，跟上次的平民身份、不能找官方协助不同，我就想到若是能借助校长的力量，想个办法找回地图、日记、记载图，小学里头需要参考地图，请附近的人提供地图，我就可以买回来，也就找得到我的日记。可是我再想，若是真的找到人，官方要不要法办呢？若是办的话，将引发地方上的冲突，对校长也不好；若是不办，就公家的立场也不能不办，仔细考虑之后也就算了，也许东西因为没有什么用处，早就被烧了也说不一定。

我于三月二十日到达西安，找到了昆明的朋友阎文儒，他在北大文科研究所时跟我们很熟，是向达的学生，相当清楚佛教艺术，也对龙门石窟有兴趣，希望两人同行。他告诉我当时要往洛阳很不容易，因为经过潼关时，日本正在炮打潼关，相当危险，车票也很难买，真的买到票要是坐在外头被炮轰到了更危险。车行途中会经过山洞，比潼关还接近炮阵，也很危险。而他有朋友在地方党部做事，跟铁路局也有交情，所以可以想办法买到车票。他叫我在西安稍候，或许还拿得到送的车票，可以去洛阳调查。

过潼关的时候，火车都必须熄灯、停止排放蒸汽烟与鸣笛、趁夜晚加速穿过去。日本的炮阵就在风陵渡，有时也会看见我方火车通过，便进行炮击，也曾经有击中火车的记录。

（七）龙门调查

早先人还在西安的时候，我写信给李济主任，一方面报告邠县发现经过，原先陕西不在预定调查范围内，可是意外发现周代的都城，就希望征求他的同意，调查完龙门以后，先行调查与寻找其他周代都城，像邰、岐、丰、镐等的位置，再回到甘肃洮南继续调查，约定以西安为联络处。我们以前在安阳就从事殷代都城的发掘，如果能够将商、周都城一并考察，应该可以对此时期的历史有所解释。以前因为北平研究院在陕西进行调查，虽然他们没有调查周代都城，但是我们就不便越区工作，现在终于有机会研究了。

我已经去过两次龙门，首次是在幼年、上学之前，因为各地乡下人来关帝庙大会师的同时，会顺道去龙门烧香的关系，便同家人去了一次。后来在民国二十二年夏天，北大的刘复、郑颖荪预备到河南调查石窟，请求李济先生协助，史语所便把事情转给河南古迹研究会的郭宝钧处理，当时大学刚毕业没多久、正在河南古迹会做事的我，就被郭先生指定陪他们前去龙门。刘复、郑颖荪只是做两地佛像的研究，带着没有脚架的大相机，得用手端着，不太方便，夜里也不能工作，我带的相机有脚架，他们便借用我的相机以便夜晚工作。我当时对佛像并无兴趣，只因安阳附近也有古老的佛像，让我对石窟组织有些兴趣，我就比较注意石窟的构造。这次就是第三次去了。

龙门是在西边的伊河与东边的香山寺中间，本来没有桥可以通过伊河，得坐渡船，交通因而不太方便，不过在二十二年时已经盖了桥，交通方便得多，所以我们就沿伊河流向、按照石窟的排列，从西北到西南进行测量。调查龙门的方法跟敦煌一样，都是进行每一个石窟的记录与测量工作，阎文儒负责记录，相当仔细，我负责测量。我们住在龙门附近小镇上的小旅馆，待了半个月左右。

龙门有几个洞值得注意，排列相当整齐，一是我们观察最久的宾阳洞；二是比较早修建、有很多石刻的老君洞；三是洞壁上镌刻古代医术药方的药王洞。龙门石窟的佛像运用当地的水成岩刻凿，与敦煌的泥塑佛像相当不同。在最有名的看经洞，山上还有武则天兴筑的大庙奉贤寺，供奉卢舍那佛主神（又名毘卢遮那、卢遮那，都是释迦的化身），这座佛像是最大的，庙内也有不少刻石。东西南北四个方向都有佛像，而此处的佛像构造比较特别，共有九个，以佛为主，环绕弟子、菩萨、武士、天王各二共达八座，加上释迦牟尼就有九座。天王像似乎是在唐代或更早之前就雕刻了。而在唐代，修筑佛像与身份等级有关，只有皇帝才可以筑某一级的像，天王像就是武则天才能做的。有尊身着盔甲的武士雕像颇为奇特，朝拜者都要去抱武士的“佛脚”，有人抱不住，有人抱到大腿的部分，也有人抱比较细的交接处，方式各有不同，据说抱佛脚是有福气的。此外，人也要比力气，将小圆石往山顶上丢，若是能丢到神像头顶，表示力气很充足、福气也高，这里的石头就不太多；次些就丢到神像手上，石头就多了，一般人大概就丢到这里；而力气不足孩童的大概只能丢到神像脚边。其实龙门的碑文也很多，不只是唐代的，也有早至北魏、隋，晚至五代、宋代，数量相当多，甚至还有成群的小佛像。

东边的香山寺，位在上登封的道路旁边，附近有处大石窟，以前是讲经处，在窟内看来很小的佛像，出来之后才知道很大。再往东走，有尊戴平帽的佛像，未曾看过类似样式的佛像，颇为特别。香山寺因为交通较以往方便，便列入我们的调查范围之内。

研究院曾经为我们到巩县调查出了公文，我们本来可以继续往巩县去，不过已经四月了，阎文儒教书的学校已经开学，无法再耽误了，因此先回到西安，再回学校去，我则预备转往耀县去考察药王洞。

（八）渭水、雍水周都城调查

回到西安，我收到李济先生的回信，赞成我的办法，短时间内，就让我独自在陕西从事调查。我背着行李、器材走路，总有诸多不便，就再找了王世民协助，两人一起上路调查。

也因为我在短期内不会回到西北，中央研究院、中博、地理研究所、北大便另组“西北科学考察团”继续调查工作，可以说史地考察团是前身，科学考察团是后身。当时，我还带着西北史地考察团的印章到西安。不过，我并不清楚为何要另外组团，日后才晓得向达不愿意再代表中博参与，向达、阎文儒后来就以北大名义参与考察，因此北大才参与，后来也去了敦煌调查。我也碰过人家询问，为何阎文儒对敦煌洞窟的研究方法跟我一样，我起先也莫知所由，只想到或许跟夏鼐有关系，是夏鼐进行的，日后方知晓曾经共事的阎也亲自参与敦煌的工作，我才明白其中原委。

我去药王洞，一方面是想看洞内的神像，另外就是靠水的药王洞，或许会有遗迹，可是其附近有铁路，若真有遗迹也早遭破坏，故一无所获。而药王洞附近有要冲——北岭，有很多的石碑，称作碑林，当地人就把石碑集中一起放在房内，也有人拓碑，我在此曾抄下碑目，这里的碑文纯文字者不多，多与佛像兴筑有关，原来民众只要捐献香油钱，就可以开小佛像，旁边就立下石碑，记载佛像兴建的时间，如此使我们能够从佛像式样与碑文来考察洞窟修筑时代的差异，许多洞窟本身并未留下年月日记录，有了碑文就有助对修筑时间的考察。不过我后来因为时间太仓促，等不及找人拓完全部碑文，只就现成拓好者买下一部分带回让史语所图书馆收存，等于是资料搜集，研究人员经常做这些事，以方便史语所四组同仁进行相关研究。

因为李济先生答应我留陕调查，从五月起，我就前往渭水流域一带进行周代都城的考察。为了方便，我并未按时代顺序考察，而是以交通远近为对象，就从渭水附近的镐京开始。武王都镐，我就从西安顺着大路前行，走到丰镐村。当地离渭水有一段还不算太远的距离，也有两条小河流入渭河，小河规模与距离比起邠县要大要远。丰镐的堆积层相当厚，比较少彩陶，却有很多龙山期的陶，也有周代的文物。丰镐原来是武王都城，至东周时离弃，秦始皇又在附近兴建阿房宫，秦末项羽焚毁阿房宫，汉代又挖掘昆明池，所以地层乱得厉害，村内虽然还保存一点，但是也不敢说是否就是武王的宫殿，只能说应该是地理上的镐而已。

再来就调查是文王的都城——丰，理应沿河南行，唯河流难行，因此就沿着大路走到东滨丰水的秦度镇，我也在此觅一旅店住下。有人告诉我，去某家店吃早饭定要喝酒，此店号称酒是依照周代传下的古法制作，可请店家代为配菜，既以调查周代为目标的我们当然想亲自见识。进入店内才知道是论斤卖酒的，我跟王都量浅，只见店家用各种大小的壶盛酒，人多就用大壶，人少就用小壶，我点了小杯子，配上小壶，再配上本地的饼当早餐。店家端酒上菜，酒看起来很像是米汤，原来此地制酒是将制酒的植物浸泡，没有沥过，就跟米、汤一起放下去煮，就不会有酒渣，据说这就是周代的“醴酒”，也就是酿酒过程、仪器不分开的意思。或许周人监于殷人好酒亡国，所以不着意喝酒，但是又有喝酒的需要，就用这种方式来制作淡酒。

秦度镇相当大，由于滨河的关系，修渠、筑堤是当地要务。“灵台”遗址据说是文王建的，“文王作丰，太王作岐”，灵台的土层断面显示曾经遭到厉害的挖掘，有相当厚的堆积层，我当时想到此处是否就是文王的宫室。除了灵台之外，其他著名的遗迹还有靠北方、临河的张家坡，堆积层也相当厚，依照土层断面显示是殷周相接的地方，遗址不错，后来就出了铜器。再过去的看花宫，后来发现了夯土台，跟张家坡的铜器有关，也是重要遗址。考察丰河的东岸之后，就想去西岸，因为根据镐、豳的经验，丰应该在丰河的西边，西边可能另有天地，也应有河流经过。往西走就到了鄠县，遗址也很多，设有县府，因为没有旅店，我们就住在县府，附近有鄜乌岭，再过去是丰河西边的涝河，与渭水之间有个遗址，堆积很厚，也有可能是镐。

鄠县居住的居民有不少姓姬，据称是周王室、周公的后裔，还保有家谱，在鄠县县府工作的姬姓后裔，带领我们参观，聆听民间故事。他说在当地一定要吃一种周代传下古法制作的“姬疙瘩”，当地有店铺专门制作，很像包了肉馅的饺子，只是没有饺子的外型，反而像面疙瘩，吃的时候加了很多辣油佐料，红色的辣油浮在汤上，除了辣味之外，其实吃不到特别的味道。一般说四川、湖南吃辣，陕西也吃辣，是相当特别的，这种特殊的民俗以往经常被人忽略，其实也值得探究。

我们也在鄠县的小学进行调查，因为有相当厚的堆积，便采集了陶片标本，准备带回县府时，经过一座东西向的兆丰桥（南北向河水），时至五月，天气很热，兆丰桥上有卖凉粉的小摊贩，我们就略事休息喝凉粉。摊贩看见我们带的标本，就问是在哪里找的瓦碴子（陶片），我们回答是在小学找的，摊贩就说不用跑远，附近就有不少。我们问清楚地点后去察看，果真如此，就是当地农人将种田时找到的陶片弃置处。事实上，沿鄠县内的小河寻找后也发现不少东西。所以丰有可能在这两条河的中间，确实位置得等到实地发掘才会清楚。诗经有云：“姬伐于崇，作邑于丰”，崇国与殷有合作的关系，周文王灭了崇国之后才建都于丰，就在丰河的西边建都。

在渭水流域调查有几个重点，我在秦度镇住宿时，白天调查，晚上也可以整理文物。再往北边去就是丰水，又有条小河鄠水，文物都不少，真正调查渭河流域的旁边反而文物不多，因为一涨水河面变宽，岸边遗物也留不住，所以人也会往后退。渭水南边有红朝村，再过来是斗门镇，也可以住人，我在这里把张家坡等地遗址的遗物都带来做整理，待了一段时间，时间是五月间。当地的民众教育馆平常不开门，也没人住，我就借了民众教育馆做整理。我整理的方式是把能画、能照的东西都画图、照相，完成之后就不带走，否则行李会太笨重，只带回具有各遗址代表性的遗物。

六月至七月初我调查雍水流域，雍水从岐山、岐县流出，最后也流入渭河。不过雍水规模小于渭河、泾水，却大于丰水，有很多支流。我首先调查形状很像位于扶风县南、形似凤凰展翅的飞凤山，扶风也靠近河。我就在扶风调查了一段时间，找到很多遗物。然后北向转往离唐代修筑的法门寺不远的任家，当地村民多姓任，曾经出了相当有名的函皇父铜器组，所以我就打算寻找铜器的出土地点。说到函皇父铜器事件，在重庆还很有名，因为挖掘的村民在重庆卖掉铜器之后，拿到古董商给的钱，为了分赃一言不合，即状告法院，法院就要查办是谁挖的、谁卖的。我在任家探问时，因为诉讼尚在进行中，村民都不想多生是非，结果一问三不知。我们无奈，只好去调查断面，有个种田的村民看见我们在仔细观察地形，我们尚未开口，就被他询问来意，他说此处土地是坏土，平常村民饲养牲口，用粪便来做肥料，需要掘软的泥土来覆盖，就是所谓“垫土”，每家旁边都有垫土堆，此处的土壤却太坚硬，不易挖掘，所以成为村民口中的“坏土”，坏土其实就是夯土，经过捶打使得黄土的组成分子层变得紧密，就不易弄碎当垫土。从村民闲聊当中也无意间透露，坏土的主人因为找不到覆盖的软土，只好来挖自家的地，就找到了函皇父铜器，却也因此扯出官司。于是在闲聊中，我们就知道铜器的出土地点。

离开任家之后，我前往岐阳堡。太王、王季、文王三代都以岐山一带为都，就是现在的岐阳堡，当地还盖有供奉三位国王的“三王庙”。钱穆曾说今天的邠并非周代的豳，周豳应在晋南，梁山亦是。实际上梁山就是乾县的乾陵所在，往岐阳堡、扶风、法门寺都在同一条路上。这里距北边的山较近，可是也有相当距离，从山上流下的水就冲入沟，离山近的沟就浅，远者则深，要是选离得远的路走，又没有桥，就得不断上下坡，让人走得非常疲累。所以人宁可走沟头，不会走得累。岐阳堡一带前后左右可说都满布了沟，有的沟有水，可以供居民生活，居民另外也用地下井水维生。

“岐”就代表了两座歧出的高峰。

现在也有人说岐阳堡是都城所在，其实岐阳堡再过去有“宫里”，据说太王在此兴筑宫殿。后来有人调查凤雏村，由于此处有四合院式样的周代建筑，就说是周代的都城。其实凤雏村是否真是周代都城尚待进一步的确定，只能说这一带应该是岐，也有不少地点疑为都城而已。现在的岐山县并非周代的都，时代已经很晚了，也离岐山更远，反而是岐阳堡接近岐山。岐山的后头有麟游县，位在山上，从北边下去就是邠，从岐阳堡经麟游到邠，路程并不远，只是山路较为崎岖难行，待在邠的时候就很想翻越山到岐阳堡，可是村民说山里有土匪，所以才打消主意。麟游也很值得调查，村民个子多矮小，与岐阳堡、邠的居民大为不同，未悉是否与饮食有关系？附近居民只要见到矮小的人，就知道是从麟游来的。其实可以到这里做民族学考察。

为了调查岐阳堡，所以我待得比较久，发现东边紧临沟边一带有两个遗址，一是彩陶，一是拍纹陶，先做了一个遗址。岐阳堡的东边有沟，有水流出，居民便可取水维生。我们就在沟边缘发现拍纹陶，进行挖掘之后又发现有白灰面。从前在后冈发掘时也曾发现过拍纹陶与白灰面在一起。在此地进一步挖掘后发现早已遭人破坏，只剩下一点点遗迹。再到另外一处做时，发现白灰面似乎也跟彩陶有关系，所以白灰面是彩陶，还是拍纹陶系统，就有疑问。

白灰面通常高于平地，安阳的白灰面有很多层覆盖，岐阳堡的白灰面则是坑，似乎是半穴居。前者的白灰面的中心有烧火的痕迹，后者则无，最特别的是还有墙壁，因此我们推测白灰面是住人的，就好像蒙古包一样，这算是一个发现。居民利用石灰来糊穴居洞，一方面可以填平，有助于洞穴的干燥，俾便人居。不过我想铺石灰应该是偶然的，因为住了人就会生火，无意间烧到石灰石做成石灰，发现可以用，白灰面就是慢慢形成的。所以安阳早期推测白灰面是祭祀之用，可是后冈、辛村、大赉店等都有，所以此时对白灰面的性质弄得清楚一些，便修正为居住洞穴。

从陕西的遗址堆积层显示，彩陶在下头，白灰居中，拍纹陶在上。而若是人工二次堆积，因为人挖掘倒翻土的关系则呈相反。白灰面就是石灰糊起来一层，石灰跟拍纹陶有些关系，拍纹陶是东部的文化，东部近海，可以将蚌壳敲碎，再烧成石灰。西部靠山，若要做石灰，得用水成岩的石灰岩烧制。用蚌壳烧的跟石灰岩烧的，有经验者一眼即可辨别，经验稍浅的我们倒看不出来。而山上的石灰岩遇水容易风化，未悉蚌壳制的石灰是否也如此？

岐阳堡现在住有不少居民，也出很多东西，并不只有任家出铜器，只是居民不说而已。后来依照金文上头载有与铜器有关的，都是这一带出土的。周人不管都丰、都镐，都要来岐祭祀，武王伐纣之前也来岐祭祀，完成祭礼之后就留下铜制祭器，现在才会被人找到。

寻找豳、镐、丰、岐，周都只剩下最早的邰尚未调查。邰的古字为鰲，既难写又难认，不过这个字既代表时代，也反映地形，上下头都是原，原上种植作物，下面有人居住，也反映了农业的情形。周的祖先后稷即以农业起家，所以后人将鰲改为较好写的邰，同时纪念后稷。

我因为交通的关系，到六月才前往邰。邰大概是属于武功县管辖，顺岐阳堡往西方的岐山县走，即沿着岐水往上溯。我在这里也调查蛮长一段时间，学校已经放暑假，我们就借了当地的高等小学作为歇脚处，考察的范围从武功县到凤翔县为止。武功也有河流，我们先从这里开始，发现河岸附近出土遗物以拍纹陶为多，地形背山面水很类似豳，所以我们猜想这里是邰。七、八月间绕行到凤翔再回到武功。我们探查过一圈之后，找到几个值得再探究的遗址，日后有机会就能进行发掘工作。不过已经六月了，天气非常炎热，实在不利考古工作，遗物跟器材背上身也很辛苦，于是我们就打算暂时借一处进行整理，同时考证邰的确实位置，预备天气凉快之后再二度考察。

我想到武功设有西北农学院，据说是于右任建议设立的，一方面纪念后稷以农业起家，又建都在邰的关系，另外于右任是三原人，距离武功很近。西北史地调查团的团长辛树帜是西北农学院前院长，既然来到武功，不妨一试。当我到达位在山上的西北农学院，又巧遇大学同学刘潇然，大学毕业之后各奔东西，他乡遇故人自然高兴不已。他知道我的来意之后，就带我去见院长，院长也同意我们的请求。虽然时值暑假，学生还住在宿舍内，无法提供多余宿舍给我们住，却愿意借教室让我们整理、居住，与教授们搭伙吃饭。西北农学院所在的山上蛮平坦的，只是有山上的老问题——缺水，我们去的时候正值夏天，缺水更严重。此地以打深井的方式取水贮存，然后告诉大家要节约用水，不能浪费水。他们不知道古人也是住在山上，不过住得比较低，以便取水。

当我们整理时，发现在西安街上买到的陕西省地图上记载“姜嫄嘴”，就在武功附近。姜嫄就是周人之母，姬姜关系密切，所以想去姜嫄嘴考察。可是当我从农学院下山之后，询问地方时，没有人知道姜嫄嘴，当地名“颜村”，我就想到也许是“姜、嫄”二字合音成为“颜”了，而姜嫄嘴一带确实也是遗址，是伸入渭河的嘴，与渭河形成“湾嘴”地形，因此居民取水也相当方便。所以姜嫄、秦度都与都城有关，也与人名有关系。

渭水南岸、丰镐村系统的普渡，在阴历四月十六日曾经找到两个铜壶，上头刻有铭文“莒季姜作醴壶子子孙孙永宝用”等十三字，六月间上了《华北新闻》的报道，当时我正在扶风调查，铜壶后来被西安警备司令部征收去了。九月时西安便举办铜壶的展览，报纸也报道发掘经过，我看到展览消息之后便亲自去普渡，找到发现人杨永祥（小名三罗），此人带有七八分傻气，年纪二十二岁，据他说也是在准备种谷子、清理村东废地时，无意间铲出了一个铜壶，因此把壶肚掘了个孔、弄坏耳环一个，后来仔细清理后发现是两个壶，将尘土扫尽后就将壶穿在扁担上担回家了，沿路喊着“都来看，都来看，我发财了”，消息传入官府就将铜壶没收了，他也没发财，不过他也不在乎。我再问发现的土壤为何，知道是夯土，跟任家的情形一样，因为杨挖完壶就走了，并不知道里头是否有人骨，不过我猜想当地应该是墓葬区，那么渭水南岸，丰镐村系统也有墓葬区了。

我在丰水一带找了二十个遗址，有丰镐村、回回坟、张家坡、马王村、斗门镇、开瑞庄、福应寺、落水村、普渡、灵台、台北、姬家堡、礼贤村、涝店、崔家坟、兆丰桥、疙瘩庙、杜家坡、姜嫄嘴、白龙湾等。

邰、邠、岐、丰、镐五个周都，前三者依山，丰跟镐就傍水。丰附近本来还有一条河，但是唐代干枯了，所以后人不知，镐附近也有滈水，再往南去很远处是山，北边是渭水，当然还是有山水的关系，只是规模变大了。唐代就把五个都的古字给更改了，右边加上个耳朵，变成“邰邠邸酆鄗”，字典部首有“左阜右邑”，邑就是都城，也是地名的意思。我之前提到钱穆先生认为豳县在晋南，他认为豳会变邠，邠与汾有关系，周豳应该在山西，因此以往之说为误；当然还有别的理由，就是河间有稷亭，是后稷的遗迹；又根据《孟子》内的文句，认为过了梁山到岐山，传统说法认为梁山是乾陵所在的梁山，唐墓在山尖上，周墓在大平原上，因此位置不同，乾陵就建在梁山上。钱穆则认为晋韩城（河津附近，汾河于河津入黄河）西北的吕梁山就是梁山，等于把周的发源地从陕移到晋。前人坐在书桌前研究，没有实地步行考察，自然会有这种推想。现在大陆也有人支持此说。就实际地形来看，从韩城往岐山去得走三、四百公里山路，陕北的山、沟长满密草，现在也没有人敢走，若是真要照推想来走的话，等于是给太王出难题了。不过现在还是有人相信这种说法，就认为豳在安邑的盐池那里，盐池要过黄河有两条路，向南得过茅津渡，再往西去得到潼关过黄河的风陵渡。《诗经·大雅·公刘》有周人到渭水“取砺取锻”，若真要从汾水到渭水取砺取锻，第一很远，第二还有中条山阻隔，实在很不容易。

再来提都城字形的演变，像丰水一带长满了茂密的水草，所以会叫丰。滈水现在已经没有了，只有滈池，以往出水量很大，所以汉武帝会挖昆明池。鄗后来写成“镐”，不知是什么时候改变的。我想到的是武王伐纣，把其他国家的重要礼器都运往西边周地，当时的周人是穷光蛋，不见得有很多铜器，我们从考古也知道周初的铜器很少，以后才有很多铜器。而武王拿到重器之后陈列于庙堂之上，宣布他从此也有重器，所以改镐京，我认为是有可能的。而伐纣之后有将禹铸九鼎从殷都迁到雒邑之说，是否真有九鼎已无从得知，但是实际的意思可能就是灭亡他国、自己定都的意思。周武王迁走殷都的东西应该是可能的，就是打仗胜利取得战利品的意思，也有不少类似的历史故事。我在一篇考察周代都城的文章内，对于个人判断说得很少，现在说得清楚些。

本来我调查完了后预备再做第二次考察，可是我接到所里来信，叫我停止在陕西的工作，因为我原先计划调查西北边疆，却跑来中国中央。所里说的也有道理，我们的工作虽然不能说对历史有什么贡献，可是也将殷商与周的历史做了衔接，我后来也写了专文《关中考古调查报告》（早在大陆报告过，后来发表于《中央研究院历史语言研究所集刊》第二十七本，一九五六年四月）叙述考察经过。

（九）李庄讲论会报告

我出来是慢慢地从重庆到成都，回去时因为赶路，取道川北广元，经过重庆停留几天，就返回李庄。广元也有佛教石窟，不过只是参观而已，没有做记录。我返回李庄要处理几件事，第一是治疗疥疮；第二是要将出去两年多的支出报账；第三是向所里递交简单的报告，所方再报到院里，院里每年都有《中央研究院会报》，刊载各所每年的活动报告；第四就是要在所内的讲论会上提出报告。有关报账，我向萧纶徽先生报告了出差的天数，然后请他处理。其他要写报告等事，都必须等我治好疥疮才可以进行。

我在院里的医务室医治疥疮。以前提过医务所的萧医生，与同仁、眷属处得很好，病理讲解也很清楚，护士小姐也很亲切，后来萧医生离职，换成绰号“开水先生”的张医生，因为许多同仁去看病，张都说要多喝开水，久而久之医务室就门可罗雀，他也被起了绰号。因为只有医生，医务所的陈设非常简单。检查之后，我询问要如何治疗疥疮，张医生叫我将床单、被褥拆下，衣服也脱下，一起放到洗澡间的大锅炉去煮滚，洗完澡之后用药膏涂抹患处，后来疥疮就治愈。我怎会得疥疮，是因为六月在雍水流域一带调查岐山时，当地很穷，当时暂住放暑假的小学的宿舍内，遭到跳蚤叮咬的关系。我曾经听人家建议，去华清池的温泉泡澡，那里就像北

本所南溪李庄牌坊头（1944 年摄）

投温泉一样有各种分级，我洗了几天依旧无效，所以就回到院里再行治疗。

出外两年，第一年在甘肃，第二年在陕西。在甘肃与劳干先生共事，或许劳先生已经报告过了，陕西部分只有我一人行动，这个部分就一定得亲自下笔，于是决定写陕西调查。关于房舍问题，离所期间夏鼐曾经住在宿舍内，不过在我回所之前夏鼐又离开了，所以我还有宿舍住。新入所的屈万里[①]先生帮助董作宾先生整理、管理甲骨，已经用了我原先的办公房，不过二组的李方桂先生离开李庄去成都，空出田边上的办公房，我就带着

① 屈万里（1907-1979），字翼鹏，山东鱼台人，启蒙后由有生员功名的父亲屈鸿生亲自授读古文培养旧学根底，1931 年因九一八事变爆发自郁文学院辍学返乡，受齐鲁大学国学研究所长栾调甫推荐给山东省立图书馆长王献堂，自馆员做到编藏部主任，阅读馆藏文字学书籍，始决心治甲骨文。抗战时期将馆藏书籍先运曲阜，再运至乐山，随即辞职赴重庆，1940 年任职中央图书馆，1941 年入中研院史语所。抗战胜利后返中央图书馆任职，致力版本学。1949 年曾任中央图书馆台办事处主任，并任教台大多年，并客座普林斯顿、多伦多、新加坡南洋大学等校。1966-67 年曾任中央图书馆馆长，1968-72 年任台大中文系主任，1972 年当选中央研究院院士。1973 年 1 月至 1978 年 7 月间出任史语所所长。著有《殷墟文字甲编考释》、《尚书今释今义》等书。林抱石，《屈万里》，《传记文学》，卷 37 期 2（1980 年 8 月），页 143。

李庄板栗坳戏楼底座雕墙（1944 年摄）

相关的东西去田边上工作。董作宾先生是代所长，觉得三组同仁到二组去做研究不好，就腾出他在戏楼上的办公房让我用，我就回到戏楼上做研究。董先生则搬到子弟小学所在的厅前院，那里还有窗户小、较潮湿的空房可以使用。

我的讲演就跟平常讲论会的形式一样，也有同仁提问。或许有人觉得我是在游山玩水，也有同仁看到我虽然带回的文物不多，却拍了不少照片，也有画图，成果也算丰富。回程经过重庆时，我曾经拜访傅斯年先生，不过时间不长，因为他很忙碌，我也紧张，只概述调查经过。我也让他看了在敦煌测量洞窟的图，他希望我好好保存测量图，当做未来研究的依据。

我这时想到以前只做实际测量，在田野也没有想到地形类型多寡与分布问题，这次不妨处理地形分布。同时也把我找到的器物，排出时间分布先后顺序。于是从一月到四月正式演讲期间，我就依照这两个念头来构思报告。至于周代都城问题，因为调查得太过简单，就未在讲论会上报告。

我把所调查的六十六个遗址分成九种地形，七个时期。九种地形是沟圈泉源、一山三水、河滨台地、原边弯嘴、泉边溪旁、山脚沟泉、双河交会、河滨弯嘴、沼旁渠滨。七个时期是龙马期、邠县期、丰镐期、浒西期、斗门期、张家期、鸣玉期。

沟圈泉源地形，遗址很多，有龙马、张洪镇、坡头、南投、龙背头、卧龙、沟脑头、黄盘、凤头、药王洞、碾子沟等十一个，都分布在泾水流域。因为水源不大，所以能养活的人也有限。一山三水，就是山在背后，水在左、右、前的地形，邠县、栒邑、仓颉庙、鸣玉池、南古城等五处，因为水源比较多，规模比起前者要大些，不过因为调查的关系，在泾水、雍水一带只有五个。这五处遗址都相当重要，也有人说栒邑就是邠县的前身，所以栒邑跟邠县都是一山三水性质。河滨台地有四处，为公刘墓、和子原、海家河北、扶风东关。若要说有证据显示周豳在晋南的话，陕西有公刘墓，因此是周豳的证据是更为充分的。这种也是小规模的地方，泾水、雍水都是小河，遗址邻近河流，才会有这种地形的遗址。

原边弯嘴有三处，是平原的边缘、转弯的地方，土陵（公刘墓再上去一点）、太盘、郭村，都在泾水流域，文物相当多。泉边溪旁，即溪从泉流出，泉与溪有关，人住在泉的旁边。与沟圈泉源的不同是在于前者规模较大，人住在泉旁，离水较近；后者是人住在上头，泉在下头，规模较小。有温凉泉、鸡嘴、百子沟、弥家河等四处，也都在泾水流域。山脚沟泉，就是山脚下有沟、泉，有任家、岐阳堡、宫里、周公庙四处，都在雍水流域，因为雍水流域一带旁边就是山的关系，所以有这种地形。

双河交会，就是两条小河交会处。这种地形相当多，雍水流域有开瑞庄、涝店二处、渭水流域有王家堡、王家堡东、羊尾沟、浒西庄、十里铺、扶风北关、夹嘴、车头坡、下湾、河交、三王庙、瓦窑头、三岔河等十三处，总共十五处。这种地形与一山三水类似，双河交会的平原后头非山即岭，只是有两条小河交会，之后再流入大河而已，由于地处平地，水源丰富，规模就比较大了。河滨弯嘴地形最多，丰镐村、马家河、回回坟、张家坡、马王村、斗门镇、福应寺、落水村、普渡、灵台、台北、姬家堡、崔家坟、疙瘩庙、杜家坡、姜嫄嘴、白龙湾、礼贤村、飞凤山等十九处，都是渭河流域，离渭河相当近，有规模的遗址大概多属这种地形。沼旁渠滨，渠常常是人工挖掘的，不过这里是从很低的池子（当地人称沼）挖出渠的，兆丰桥就是这种地形。这些地形是否适用于其他地方，或许有部分适用，因为只要遗址附近有小河、有山，就会有类似的地形。

七个时期是以陶片所呈现的特征来划分，当然并不是说一个时期是一个地形而已，有的地形有好几个时期。起名字只是说它这个遗址具有某一个时期的代表性而已，这跟地形、山、水的流域有关，也跟出土的器物有关。第一期是龙马期，这里的陶片是最早的，彩陶很少，以红陶为主，彩陶陶片只画有红色条子或方格。这里还找到石斧。地形大部分在比较高的地方，住的人也比较少，属于小遗址。第二期是邠县期，也是彩陶遗址，多一山三水地形，因为我在老虎煞发掘，有找到一些遗物，所以认识较清楚，龙马也是一样的情形。我在报告中有较仔细的统计。这里有红陶、灰陶，黑色花纹很多，大型的钵、盆、瓮较多，也有石斧、石环。丰镐期为第三期，分布在渭水流域一带，丰都不是这期的，丰的下层是彩陶、上层是拍纹陶。我们现在还无法确定周都的地层与器物，只能确定位置。这个遗址相当大。就像小屯是殷代的都，下头也有龙山期遗址，两种情形很类似。我们找的就是有龙山期的遗址，至于周都究竟是否有拍纹陶，则因为规模很大，又被汉武帝挖了昆明池，所以地层混乱，或许原来的周都已经不见也有可能，这就需要好好的发掘才行。我现在只能确定丰镐期比邠县期还要晚。这里相当特别的是找到了磨光的石戚，就是古代砍头的兵器，比起石斧还要进步。浒西期是第四期，这里没有找到石斧，地形多属于双河交会，以灰陶为主，分布在丰水流域。

第五期是斗门期，地形是河滨弯嘴，灰陶时期，在这里找到了盛东西的豆、盛水的鬲。鬲在殷墟找到很多，而斗门期是早期鬲，有三条比较尖的腿。我在斗门镇也做了挖掘，所以也比较确定。张家坡是第六期，张家坡也是河滨弯嘴，渭水流域一带，鬲很多，豆也不少，也出了铜器。大陆在我调查之后也在此地发掘，找到很多遗物。它的堆积层、断面看得出来非常厚，也有很多灰土坑。最后一期是鸣玉期，鸣玉是一山三水，分布在泾水流域、邠县东边。邠县是蛮早的，也有晚期的鸣玉，似乎很奇怪。这里也有不少鬲，以晚期鬲为多，脚很短。所以这里的地层显示晚期性质的地形也可以有早期的形式。但是早期性质的遗址目前还没有晚期的遗址。只要还有人居，就可能有晚期的堆积，当然我们还没有找到可能是一个原因。在讲论会时就有人问我类似的问题，而傅先生也听了我的演讲，不过离本行太远，因此没有发问；他究竟怎么想，也不得而知。

（十）追记《六同别录》

《六同别录》是史语所在李庄时期所办的刊物，由所内同仁写稿发表。李庄在古代的别名就是六同，刊名是傅斯年先生取的。因为抗战之后《史语所集刊》无法出版，所以另行设立刊物让同仁发表文章。民国三十三年秋天，在李庄没有办法排版，重庆或许可以排版，但是也无法做画图、刻版的工作。例如中央博物院的苍洱考古团曾经在大理一带发掘，他们在李庄写出报告，送到成都出版时，成都给两种出版办法，一种是自己写版石印，另外一种就是古代的木刻刻版，在抗战时期还在用。后来他们选择刻版，图画也是刻版，因此印得也不多。在李庄附近无法刻版，只有一家石印，也只管印刷，写字、用墨都得自己负责。装订也得另外雇工。所以李济先生、傅斯年先生便要我们自己写文章拿去石印，石头的面很大，所以本也很大，董作宾先生的《殷历谱》就是用石印方法出版的，由于效果还不错，所以傅先生就希望大家多加应用。

既然所内同仁过去写的田野报告，交去上海印刷的部分音讯全无，商务印书馆送香港的部分复因香港沦陷而无踪，因此我们对于追回东西已不抱希望。同仁又想到文章内有很多图版，此时不便印刷，便决定另起炉灶，自己写版、画图，然后不放图版。我在《六同别录》写了三篇文章，也顺便尝试拓片的印刷效果如何。第一篇文章是《小屯后五次发掘的重要发现》，文章附了墓葬图，而且放了陶片拓片，石印的效果居然还不错，这就表示放拓片是可行的。我第二篇文章写的是《小屯的文化层》，也要放地形图，印刷效果也可以。第三篇《安阳后冈的殷墓》也是一样。我还记得《六同别录》第一本有我、董同龢的文章，我个子小，字也小，印出来的效果还不错，董同龢高头大马，字也写得大，周法高的字比董还要大，不过大字印出来的效果却不好。大家一看就说我的小字比他们的字还清楚些。这大概是因为他们的年龄比我轻，用毛笔时间没有用钢笔时间长，而写石印得用毛笔，所以也看得出一些年龄上、教育上的差距。话虽如此却也有例外。像图书馆的张政烺，年龄比董、周还轻，写得一手好毛笔字，石印效果也是最好的。

我们写《六同别录》，从民国三十三年后半年，写到三十四年上半年。文章要作，要写，写完之后要校对，而校对之后不能再印，只能附校对表而已。另外的问题是，如果有印不清、印不出的字，印刷工人会自作聪明，未曾询问作者就自行写上他们以为对的字，造成我们校稿、读稿会觉得很奇怪，读者也很别扭，校稿变成了苦差事，不校也不行，校对之后又可能出错。

总结说来，史语所从民国三十年迁来李庄，到民国三十五年回南京，总共六年的时间，我只有民国三十年、民国三十三年到三十四年上半年待在李庄，时间约三年半左右。民国三十一、二年我出差，三十四年抗战胜利后我又奉派参与接收复员工作。所以我在李庄的时间不多，对于李庄内部发生的事情所知有限。而我离开李庄之后，暂用的戏楼上办公房自然又还给董作宾先生了。

在李庄这段期间，我们增加了新同仁屈万里先生。屈先生本来是山东图书馆的管理员。山东图书馆的馆长王献堂先生，以学问渊博著称，山东在抗战中沦陷，所以就有某单位津贴王先生，让他住在李庄研究，屈先生随同前来，也补到史语所工作，跟随董先生整理甲骨。当时《殷墟甲骨文甲编》已经做好了，屈先生就整理、管理乙编的拓片。抗战才结束，大概比我参与复员工作还早，屈先生就离开李庄史语所，到中央图书馆工作。

七、抗战复员及来台

（一）参与接收南京各文化机关

得知抗战胜利，同仁的心里都很高兴。大概是九月底的下午，董作宾代所长告知重庆已拍快电要所上派遣人员，于次日下午抵达重庆，再与其他机关会合共同到南京参与战后复员，董先生决定派我去，实在是很仓促。通常所上是派四组的芮逸夫出外交涉，我负责对内办公，可是由于日本人把史语所变成博物馆，里头有很多陈列品是原史语所三组未带走的文物，四组的文物不多，因此得由熟悉三组文物者负责。董先生还说，我次日一早就得下山先与社会所的丁文治（社会所派的复员代表，是丁文江的幼弟）会合，下午再动身前往重庆。当天晚上，董先生再找我，说后方的人因为生活贫穷，不太重视穿着，在后方也很少人穿西服，现在做了接收代表的我不能没有样子，他就把战前在南京做好、未曾穿过的西服借给我，要我装入行李箱，到了南京之后再穿上。因为时间仓促，我住房、办公室内的东西、抽屉的信件等通通都来不及整理，第二天就下山离所了。

我跟丁文治到达重庆后，又与地质所的赵子铭君一起搭乘军机专机在十月四日抵达南京。我们下了飞机之后，没有人来接机。大家离开南京已经七八年，对于南京业已生疏，以前也从未去过机场，正感觉彷徨的时候，适巧碰到到机场洽公的空军吉普车，他们知道我们是接收研究院的人，就顺路带我们到两路口，让我们再换马车到鸡鸣寺一号的中央研究院，其他先遣人员都已经先到了。参与接收者另有植物所所长王家楫先生[①]，王先生个性沉稳寡言。总务人员有高玉华和某人。蒋复璁[②]先生是政府派在南京接收文化事业的特派专员，也负责领导接收小组。

我们在南京办的第一件事就是清理工作。南京市内的研究院区计有史语所、社会所、心理所、总办事处，院区以外的单位另有气象所、天文所、动植物所办事处。当时的研究院区环境非常乱，又因为日军曾经在院里养马，破坏甚大。日本占领南京之后在史语所原址设立的博物馆，战后已经先让蒋复璁专员贴上封条。残破混乱的景象让我们不胜唏嘘。像田野考古找到的、在整理之前都放在蓆棚子内的陶片，就被日本人为了筑铁路[③]，将陶片跟石器当成废物垫土铺在铁轨之下，使得编号磨灭得无法辨识，全变成废物，此其一；史语所二楼浴室的搪瓷洗澡盆，被日军弄下来放在庭院内，当做喂马的饲料槽，此其二；心理所的研究人员不多，建筑规模不大，日本人把它充作宿舍，变成榻榻米与日人的洗澡间，此其三；日本人也破坏研究所后方地下室供应暖气的锅炉间，此其四。在这些景象之外另一个强烈的对比，就是地质所前面的小广场，原先日本立碑称颂筹备接管南京文化事业负责人的功勋，这时已经不知道是遭国军还是老百姓打碎，所以我看不到碑文内容。而研究所的后方、鸡鸣寺山下，有我方在战前兴建、让政府高官可以避难的防空洞，战前都有宪兵把守，现在我方接收人员也在洞口贴上“里头危险，闲人莫入”的告示。

院长楼位在史语所东，高约三层楼，由于蔡元培院长过世后尚无新任

---

① 动植物研究所在抗战之前原先是合一的，抗战期间才分家。在南京时王家楫另兼任成贤街的办事处主任。

② 蒋复璁（1898-1990），字美如，号慰堂，浙江海宁人，1923 年毕业于北京大学哲学系，曾赴德研习图书馆学，1940 年任中央图书馆首任馆长，曾赴沦陷区搜购善本书籍充实馆藏，1945 年负责南京文教接收工作。1948 年 12 月至 1949 年 4 月分批疏运馆内图书迁台，1954 年将中央图书馆在台复员，1965 年故宫博物院在台湾复员，直到 1983 年共担任八届院长，致力于文物编目与维护修缮、人才培育与国际宣传，使故宫跻身世界级博物馆，1974 年当选中央研究院第十届院士。著作辑为《珍帚斋文集》。曾接受近史所口述访问，访问记录辑为《蒋复璁口述回忆录》。

③ 日军为了军事运输，从鸡鸣寺、研究院东北墙起兴建小铁路，穿过研究院，到达地质调查所一带，开山洞通往玄武门，附近也筑有防空洞。

本院南京接收人员与日人管理人员，左起：谷田泷康（日人）、赵子铭（地质所）、王家楫（仲济）主任、高玉华（总务处）、石璋如（史语所）（1945年摄）

院长，院长楼楼下的厨房跟饭厅还可使用，我们几个就住在院长楼；因为史语所遭封闭，我们就去可以进入的总办事处办公。气象所位在鸡鸣寺西边的高地，天文所在南京北边最高的紫金山上，两处在接收的时候都被贴上封条，我记得上到天文所就一定要备车，还必须从山下载水上山。这两处的大型器材情况还不错，日本人也来不及搬走，所以还可以继续使用。成贤街一带的动植物所办事处情况也还好。清理工作需要耗费许多时间，由高玉华负责。

我负责清点史语所的贮藏物。在清点之前，尚有部分日军驻留，他们稍后才走，我等到日军离去之后才进行工作。总负责人是蒋复璁先生，他组织了“清点委员会”，由南京各学术机关联合组成，共同开会决议清点原则。蒋复璁先生在日本人离去前跟我们说过，博物馆里头大部分的陈列品

在南京过10月10日（本院总办事处大门，1945年摄）

是从故宫朝天宫仓库搬来的，听说仓库建筑很讲究，日本人无法破门而入，便在墙上炸了洞，再将东西搬出来展览；有些陈列则是从零星的私人收藏拿来的，也有不少石碑；另外也有部分随同故宫文物南运的北京机关所属文物，这些实际上不是故宫的东西。我们实际上没有参观过，据日本人的说法是，凡是挂在墙上的字画并设有柜子收藏者都是故宫的文物；柜子内的器物摆得很少，属于史语所的一部分则未遭移动。所以文物可分有主物与无主物，故宫展品跟非故宫展品两大类。

清点委员会决定清点原则之后，实际上的清点是由几个人办理，丁文治是总干事，另外北平故宫派了一个科长、两个科员前来清点。故宫方面印了一张有B4纸大小的纸，上头列了日本编号、中国编号、文物名称、分类，复写三份，一份给故宫，一份给清点委员会，一份给地主史语所。我们因为不懂技术事宜，只去看过几次清点，实际上进行清点的人也不能太多，就由两个科员办理，我看见的清点方式是：字画上都有名称，卷起时也有字画的名称在纸背，清点时就把我们的号码写在前头，另外再印一张条子写上号码贴在字画上。两个人记录，一个人贴号码，一个收藏。由于重庆前来的接收人员不多，也临时在外面找了几个人参与，不过主要还是由故宫的科员书写、分类。清点耗时很久，做了一阵子之后，社会所出身、专研社会经济史的丁文治做得意兴阑珊，就另由他人接替总干事的职位。其实，丁文治辞职，除了背景不同之外，也是因为丁跟故宫的科长有摩擦，科长屡言丁文治是个外行人的关系。清点的时候，我们只是在规定的时间之前集结等候开放时间而已，虽然是地主，也不能以地主名义自行开门。蒋复璁先生另外派人专责开门，下班时也负责贴封条。清点的时间很久，从三十四年末起，一直做到三十五年春天才告一段落。

清点完成的后续工作就是将文物发还各单位。除了故宫、史语所的有主文物以外，还是有不少无主文物，就由接收小组发出公告，限定一定期间内由原单位及物主来提领。发还的原则很简单，就是有任何能够证明文物所属的证据，再经过委员会的证明，就可以发还。发还时也有收条，由总办事处存查。属于史语所的文物其实不多，主要是带不走的侯家庄花土，我们原先装的箱子并不好，日本人倒还不错，换了新的好箱子，顶上还有玻璃罩，照原号码写字。日本人也做了小模型说明，模型现在还在南京。发还故宫的文物之后，史语所的空间就腾空不少，只剩下一楼还有一些无主的石碑。委员会决定逾期未领的无主文物统归史语所收藏，无主文物的确实来源并不清楚，有很多并非史语所原先的收藏，或许是日本人在南京找到的也说不定。

有关房屋修缮，也是件大工程。史语所是战前兴建的四层建筑，四楼原先规划为仓库，窗子开得高而光线不足，进行人员分组后由成员较少的四组进驻。整体而言，整栋房子盖得非常讲究，屋顶是钢筋水泥，顶上又铺了一层油毛毡，上头又弄了一层水泥，再铺设琉璃瓦。南京没有像这么高又讲究的房子，本来地基是稍微高一点的，我们为了坚固，还做了地下室。日本最初轰炸研究院附近的考试院，后来日本攻陷南京后，考试院、中央博物院筹备处都变成日本人的军事机关、组织，所以这一带也遭到我国空军的轰炸，房屋受轰击后，从脊上裂了条很宽的缝，因为屋顶的油毛毡保护的关系，屋内虽然没有漏雨，可是雨水累积冲蚀造成水泥裂缝加大，屋顶也移动了七八公寸宽。我们接收的时候就讶异何时跑出一块前檐？经检查发现原因后，修理时就先卸下屋顶琉璃瓦，最后再装回。有关的修理、寻找包工都委请高玉华先生办理。因为这是史语所的建筑，代表史语所接收的我有督工的责任。记得工人检查时，搭了竹鹰架，大概一公尺四十、一公尺五十为一层，分层检查，上头应该是搭有木板，不过工人怕人随意上去，所以从第一层起就抽掉木板。我凭借着年轻胆子大，以及有运动的底子，便用翻单杠的方式一层层地翻上去，到了顶层就有木板桥走了。不过我想到屋顶一有斜坡、二无扶手、三无经验、琉璃瓦又滑，所以就不敢再上去就下来了。后来回想起来，我这样的行动是很危险的。

修理完房子之后，史语所大部分人员还住在李庄，尚未搬回南京，不过傅斯年、李济几位先生经常前来南京洽公，就顺便来所小住。此时，蒋复璁先生在民国三十五年间在南京为收容一部分学生创办“临时大学”，校址设在金陵大学。临时大学文学院院长是从史语所一组离开的丁山，沈刚伯也在文学院做事，他们请我过去帮忙，我不知道该教什么，他们就说让我教考古吧！于是我就在学校兼课两个学期，也是我第一次在大学教课。

我在这一段时间都从事事务性工作，除了兼课还算是一件正经的工作之外，研究工作均告停顿。等到接收工作快要结束时，我犯了脚肿的毛病，除了肿之外还流脓。有人说是香港脚，也有人说是饮食营养失调的关系，看了好几位医生，既服用也外用好些药却都无法痊愈，无法进行工作，于是研究所另派一组的王治平与另外二人来接替我的事情，让我休养。在重庆工作的原史语所事务员吴亚农很热心，知道我要去南京接收，还把他保管的钥匙交给我，让我可以开门，谁知道我回到南京才发现日本人都已经换了锁，旧钥匙完全没有用。吴亚农这时正巧复员回南京，顺便来史语所看看，见到我的情况，就建议我将阿司匹林锭磨碎成粉末，再撒到患部，或可痊愈，我请人买了药来依样行之，居然痊愈了。

总办事处在清理院区的同时，另在北极阁一带盖新宿舍，新宿舍完工之后同仁才能搬回南京住。原成贤街的动植物所办事处改成高级人员的宿舍。三十五年年底，史语所全部从李庄启程，人员与押运文物一起坐船回到南京，傅斯年先生还在大楼的演讲厅请同仁聚餐，一方面庆祝大家都能幸运归来，同时也说过去的种种辛苦都已经结束了，从此之后我们可以安心工作，史语所八年的流离可说是告一段落了。

因为中央博物院曾经委托我们代为接收，因此我们除了接收中央研究院之外，也接收其他几处。第一处就是位在南京中山门之内的中央博物院，原址是宋代王荆公（王安石）的半山园，在民国二十六年抗战爆发前，中央博物院建筑尚未竣工，修造之前曾经举办征图、竞标，由建筑师徐敬直获选，徐对于设计非常认真，人长矮胖，除画图外还亲自监工修造。到中博离开南京时，屋顶、大门虽未造完，地下室二层与地上两层建物已造得差不多了，所以日本人在抗战时就维持原样，设立军事司令部。等到日本在战后撤军以后，整处房子空旷一片，贴封条也只是形式。我跟高玉华前去接收，觉得房子结构还很结实，日本人仅略为修缮，因此要完工成屋还需要相当的工程。我当时拍过相片，后来底片被人拿走，也没有印出来，所以现在也不复记忆了。中博有三个馆，自然、人文、工艺三馆，中间有大殿，分布在园区之内，不过三十六年中博按照原图整修，庄严富丽的前门也建起来了。

我们也去接收汪精卫位于颐和路三十四号住宅“双照楼”，是双拼式格局，两边的窗户距离很近，似乎搭块板子就可以过去了，我不知道中间是否有可以收起的板子。一栋楼是汪精卫住的地方，有的柜子当时已空无一物；另一栋则是汪精卫办公处，位在楼下，比几间研究室还要大，围成一圈的桌子上都有电话，标示外交、内政等部，表示高层官员在这里开会议事，可以直接打电话给部属交办事项，不知道国民政府是否也是如此？二楼则摆了许多汪精卫收到的礼物，有不少牌匾，由于政府要将房屋移做他用，就把礼物划归中博处理，就由我们代为接收。我们接收的时候要做三份复本记录，原地一份，接收人员一份，中博一份。中博找了上海某大学商科毕业的李权进行抄写，李权非常能干，礼物其实没有名字，价值也有限，可是登录造册时就得费心取名，总共有一千七百多件，也花了不少时间处理。至于物品中是否曾有价值较高者遭人拿走就不得而知了。由于此处跟中博都无人看守，接收物就暂行放入中央研究院总办事处三楼的社会研究所，那里还空着不少比我现在的研究室略大的房间可供贮存。社会研究所整修时，我们就把它们先搬到其他已修好的房内，待社会所整修完成、人员尚未回来时再搬走，前后也花不少时间。史语所离开南京之前，有一部分东西存放山西路的仓库，我们既然来到山西路附近的汪宅，便想就近寻找东西，可是经过打听只晓得东西早被搬往南门附近，之后下落杳然。

（二）在上海进行文物接收

我也来到上海接收上海和平博物馆，日本占领上海时原址为西本愿寺，是根据京都大庙西本愿寺而命名，汤恩伯接收上海时把接收物资存放于此，改称和平博物馆，空间甚为广阔。一楼中有高大佛像，后面是住持居住地，还有很大的院子，厕所也盖在这里，大殿附近就不设洗手间。大殿是念经之处，有不少蒲团垫，庙前的大广场与大殿大小相若，可以让一千名信徒在外头念经，佛座底下有很大的地下室，楼板建筑很结实，从庙内有台阶可通，在庙门外也有车道可以下去地下室卸货。地下室放的是在中国战场阵亡日军的骨灰坛，所以日本人在此地非常恭敬。这里是军队代为看守，移交教育部，教育部再给中博接收，不算是我们直接接收。我们接收时就住在住持屋内，时常在佛像一带走动，可是不知道是否为心理因素，经常闻到一种腥气，有可能是烧骨灰的时候烧得不够干净的缘故。平常佛寺烧香时，有香烟味可以遮盖腥气，现在接收后没有人烧香，地下室的气味经过台阶散溢出来，就让我们闻到了，心中虽然觉得不对劲，可是也没有办法。

我们在这里要接收军刀，其实就是指挥刀，这些刀非常讲究，分三种品级。日军缴械时，除了枪支以外，也一并交出军刀。国军就把枪支等拿走，国军不要军刀，于是就成捆地大概是五十把一捆，搁在和平博物馆，总数大概有上千把。日本人对于军刀是很讲究保养清洁的，国军却将之随意摆放。我们从前都不清楚军刀的区分，也不知道该怎么叫，后来才有人说出名堂。另外有些瓷瓶瓷罐，有些很讲究，有些普普通通。也有很少的字画、书，不过书画是由中央博物院自行接收。另外还有各式衣服，包括穿破的军衣，还有一些不太清楚的服装，反正都是他人不要，最后变成中博接收就是了。我们接收之后，在中博派人来之前，还得住在当地负责看守，我跟李权都轮流住了一段时期，幸好南京尚未开门，我们也没有工作，所以还可以应付。后来三十五年中博回来之后，就设立了中博上海办事处，因为办事处很大，他们来到上海就有地方可住，也就变成了招待所，第一任主任就是李霖灿[①]先生。中央图书馆看上庙外的空地，想要在这里盖图书馆的阅览室，把佛殿留给中博，我就不清楚后续情形如何。

我们也代表史语所收下了几件东西，不过它们都不是我们直接接收，而是经过转手送来的，一是毛公鼎，一是安阳大鼎。毛公鼎在名义上是由中博的李权保管，他也住在史语所内，实际上是史语所的人代为保管。毛公鼎很有名，铭文全文四百九十七字，外头花纹不多，以前的人并不清楚形状。后来有个商人陈咏仁在三十四年将毛公鼎献给蒋委员长，政府交给中博，中博无处可放，再于三十五年暂交史语所收存，等于我们替中博接收看守。潘悫回南京之后就负责看守毛公鼎，有段期间他常说“我跟毛公鼎住在一块”。毛公鼎的铭文讲的是毛公的事迹，跟《尚书·文侯之命》的

① 李霖灿（1913-1999），杭州美术专校毕业，受业于林风眠门下，精于书画与原始民族图腾研究，抗战时亲至摩些聚落研究云南摩耶族，来台后曾任故宫博物院副院长。著有《中国画史研究论集》、《摩些标音文字字典》等专书。

记载内容相近。举例说毛公鼎铭文开始为“王若曰”，与《尚书·文侯之命》相同，而尚书此篇是西周时期的，所以毛公鼎也是西周时代的文物。

安阳大鼎就不是由史语所代为保管，在三十七年时直接送交中博，因为我从事安阳殷墟研究，所以中博就来问我相关事情，鼎的正式名称是“司母戊鼎”，高一米三左右，鼎上花纹很多，不过只有“司母戊”三字，而在安阳出土，所以有安阳大鼎之名，是由将领王仲廉送给蒋委员长拜寿的。

当初第九次发掘的时候，我们就听说在四盘磨（洹河南岸）附近出了大鼎，因为重量太重，盗墓者吊不上来，同时在过程中弄掉一只耳朵。这清楚显示南边跟北边的文物不同。后来此鼎来的时候，也只有一只耳朵，把掉的耳朵放在鼎内，我就想起当年村民说的故事。后来中博从四川过来的小胡先生，既会画图又有巧手，就想办法黏合了鼎耳，成了完整的鼎。司母戊鼎因为太重，所以没有搬来台湾，可能现在放在北京的历史博物馆。

据说大鼎出在武官村，后来大陆在武官发现武官大墓，又在大墓旁发现一墓葬，他们说是司母戊鼎的出土地，于是司母戊鼎就变成西北冈出土了。但是，此一墓葬里头是空的，至于鼎是否确实在此出土也不可考，旧说也不是武官。就我所知，王仲廉也是听前安阳中学校长、安阳专员赵质辰的建议买的，王、赵都只听说有出土的讯息而已，也不知道确实出土地。原来的盗掘者可能是想把大鼎卖给日本人，可是他们都已经死了，所以也无法知道出土地何在。他们把鼎说成是西北冈，可能是想借由西北冈来提升身价，好卖个好价钱，这也有可能。就像以前安阳出甲骨，可是就被说成是汤阴一样的道理，因为其他人就找不到东西，只有他们有找的专利，可以继续靠挖掘赚钱。后来在小屯西部、四盘磨东部，中共找到了妇好墓，就出了很多的鼎，因此推测四盘磨附近是能出大鼎的。而司母戊鼎只有东西的确是真的，确实的出土地点仍是件悬案。

（三）良渚调查

当我暂住在上海的期间，我也去浙江良渚遗址调查，良渚位在西湖西北。在战前，施昕更在住家附近调查出良渚遗址，写了一本报告，在出版前寄了一份清稿给梁思永先生，想请以考古著名的梁先生写序，梁先生把报告交给刘燿，要他先看里头的情形，还没看完就爆发抗战，事情便耽搁下来。在复员之后，我知道事情原委，也看过报告，就想去见施昕更，也想实地观察良渚遗址，到了西湖住下时才知道施已经去世，西湖博物馆的何天行先生说馆方已出版施的报告，就送了一本给我，还带我去调查良渚遗址。此地在施昕更发掘后尚无进一步发掘，我就在那里观察地层堆积层之余，也捡了一些陶片，知道遗址所在。

良渚的墓葬与北方大不相同，当地人过世之后不像北方是放在自家农田、山边自家土地里，而是放在庙旁的厢房内，我看见一排排的棺材，询问是否为空棺，才知道是有人的，至于是否将来再找地方埋葬，我已经不记得何天行如何回答。我也去看了笋山，位于良渚北边，地势略比良渚遗址高些，当时施昕更只做良渚，没有发掘笋山。何天行说笋山有遗址也有陶片，就不知道是否为良渚文化的扩大。

这里也还有很特别的黑陶。听何天行说因为这里的陶土不同，当时还有人制作黑陶，我就很想观看制作过程，可是知道通往出陶土之地得翻山走一天的路，沿路有不少土匪，无人敢去，所以也没有去成。良渚现在是一个非常有名的遗址，不仅出黑陶，也出了玉器，后人找到的玉器数量很多，范围也变大。不过玉器的原料产地目前还无从得知。我因为现在不研究史前的东西，所以也不大清楚了。

（四）史语所复员及同仁研究情况

民国三十六年史语所迁回南京之后，同仁都很高兴回来，图书馆、三组随即开箱、上架恢复工作。此时原先留下来的文物，包括在总办事处楼下、史语所楼下的文物与无主物都需要处理，就另设二栋活动房屋储存。这个时候图书馆位在一楼原三组整理 YH127 坑的工作处，三组因为东西比较多，就使用二楼的大间，二组在三楼，四组在四楼。

当时董作宾先生接受芝加哥大学的邀请出国，傅斯年先生也因身体健康不好，要出国养病，由夏鼐代理史语所所长职务。二楼西边的两个小房间分别是董作宾先生跟我的研究室，甲骨则存放在二楼西边的大房间内。我的研究室与傅先生的研究室隔着一道门，他的研究室也兼做外宾接待室，所以大概有我研究室的两倍，董先生去曼谷之后，研究室由郭宝钧先生使用，他当过昆明时期的中博筹备处总干事，搬到李庄时他去中博服务，此时回到史语所任职，负责整理河南古迹会发掘的山彪镇遗址，这也算是三组的研究范围之内。李济先生在二楼东边的大房间办公，那边的小房间则是高去寻、夏鼐的研究室。同仁们有了自己的研究室之后，就继续忙于研究工作。

我们这个时候也在忙甲骨文的研究，一方面是开箱、拓片的进度都很紧迫，另外傅先生在出国之前就希望把积存的稿件全部印出来，也再印一次《六同别录》的文章收入集刊内，原先在上海印刷的稿件又有一部分找回来了，又要恢复出版专书与集刊，所以我们都忙于催稿、编辑、校对、出版、研究等工作。

我还记得开会的时候看见门顶上有史语所的衔牌，直书“中央研究院历史语言研究所”等字，由傅斯年题字。另外傅先生后来又写了一篇陈述史语所历次搬迁经过的文章，收录在陈盘先生编的《傅斯年全集》中，文中还提到我们在板栗坳立碑的经验[①]，我现在只记得“搬回来之后永不搬迁”的话，代表傅先生的期望，孰料史语所两年之后再度搬家呢？

此段期间的小插曲是，高去寻从李庄回南京后要回北平探视家人，傅斯年先生就委请高押运傅先生在北平所购买的铜器，于是高就坐船从北京经上海回到南京。这批铜器也被列为史语所的收藏文物，锺柏生已经拓下铜器铭文了，可是还没有人研究。我想傅先生当初买下这批铜器的用心，是希望妥善收藏，不让文物外流，同时也提供研究参考。只是我们都进行自己的研究工作，没有时间旁及于此。当时因为空间不足，我们研究室都有柜子，于是铜器就暂时放在我研究室的柜子内。有人向傅先生打小报告说有研究人员在自己的研究室内公器私用，傅先生最重视公私分明，最讨厌公器私用，他在研究院内也非常注重这项原则的贯彻。于是他来到我的研究室，打开柜子就看见了他买回来的铜器，柜内都是公家的物品，没有其他私人物品，我留在那里等于负责看守铜器，他也没说什么话就出去了。从此他不听研究所内的闲话。

民国三十七年的时候，研究院预备把原先设在上海的物理所、数学所搬到南京九华山，整院一片欣欣向荣的气氛。但是我的身体出了状况。我生病前正在整理杂乱的乙十一基址，遗址的础石全都乱掉了，我就想到用小铜元当做础石，编上础石号码，放在桌子上排列。我突然咳嗽不止，经过医生诊断为肺病，傅斯年所长听说我生病之后，坚持不要我工作，要我在宿舍休息。我住在九华山的宿舍，他坚持我一定要睡下休养，他会这么坚持是因为梁思永先生不肯休息，没有好好调养，所以健康不佳。他还说三组的人不多，不能生病了。傅先生还派人来看我是否有好好休息，看见我睡下了才离开。我开始根本睡不下，可是睡久了之后就不能动了。

在南京时，我有段时间睡在病床上，不过我也亲身参与或病后听说了两件研究院的大事。我亲自参与的是在生病之前的民国三十七年六月九日，研究院庆祝成立二十周年，当时在研究院办了很热闹的庆祝活动，上午开

---

① 按《中央研究院历史语言研究所七十年大事记》1946年条所载：5月，中研院史语所离开李庄，立碑纪念，董作宾题额“山高水长”、“留别李庄栗峰碑铭”，由陈盘撰文，劳干书丹。

会，晚上就请吃饭，从总办事处到地质研究所前头的空旷处，桌子一路排开，放上酒跟点心，夜里灯火通明，称作游园会。刚开始的时候人很多，爱去那桌吃、喝酒都可以，可是天候不巧，打了响雷下起阵雨，大家就集中到总办事处的讲演大厅去。我记得研究所内还有杨希枚领头唱平剧，非常热闹。九月的时候，研究院开了第一次评议会，选举院士[①]。我这时就卧病，没有去研究室了。这个事情相当大，所以我还清楚一些。

从三十四年到三十八年，我没有好好读书，只做了一点点历史研究工作而已，心中惭愧之至。三十六年的时候，史语所的讲论会恢复，起初人并不多，就在招待室内举行，大概等于两间研究室的大小。有一次讲论会因为白天大家都忙于研究，就在晚上开始，结果同仁照样出席听讲。我记得我在讲论会上讲殷代的兵器，将兵器做了整理，分“弓矢戈刀砺”五类。我们有位李先生，曾在日本人在南京设的博物馆做事，我们继续留下他工作，他擅长画图，就帮我复原、画了这五类兵器。这五类兵器因为已经开箱、画图，所以演讲时我也带到现场，放在大盒子内，让同仁亲眼看见实物，因为口说无凭，有了实物大家就清楚原貌如何。傅斯年所长也有来听演讲。这种演讲其实也算是自己的研究成绩，也有讨论的过程，跟现在差不多。我那次演讲会大概有一小时多，有了实物之后的演讲自然不大一样。我当时主张车、马、步兵的武器不同，空说无凭，实物摆出来之后就很明显地看出差异，车的笨重、马的较小、步兵的较轻，同时彼此的纹饰也不同。相信我的推论与否则自在人心，但是实物是明显呈现差异的。所以做学问还是有实物为证比较好。不过我当时讲的也只是初稿，并没有立刻出版，是等到台湾之后才出的。

① 史语所有专任研究员陈寅恪、傅斯年、李方桂、赵元任、李济、梁思永、董作宾，通信研究员胡适、汤用彤、陈垣、顾颉刚、梁思成，兼任研究员冯友兰等人当选第一届院士。

（五）史语所播迁桃园杨梅

三十七年八、九月起，前方传来国民政府战事不利的消息，史语所又有装箱准备搬迁的讯息，可是我不在研究室，也没有人告诉我外头状况。这时装箱的材料不够，数学所、物理所要盖房子，买了批材料，这时数学所已表明要搬到南京，物理所没有回音，史语所就把他们买的材料拿来做木箱。那时只有史语所有预备搬迁的动作，其他所都没有动静。数学所的书跟仪器不多，容易搬，史语所东西多，必须及早准备。

史语所当时除了预备前来台湾之外，也同时进行同仁疏散的分配工作。当时据说要家眷少的才能先去台湾，因为听说台湾很穷，养不起太多人，去的人也只能吃香蕉皮，所以不少人打消先来台湾的主意。董作宾先生当时还在美国尚未回国，郭宝钧先生就出主意让董的家眷往后方撤，郭先生的眷口多也往后方去。来台湾的人并不多，选定文物押运者后，于三十七年十一月底开始装船将文物运往台湾。十二月眷属快要出发时，董先生回国，知道甲骨要运往台湾，他决定不去后方，要随研究院一起去台湾，也告诉我可以同赴台湾。我那时并不在乎，我家里只有我跟石磊而已。

对我而言，这个消息的传来，如同前来南京接收一样，都是非常仓促的。本来我们是不预备走的，可是我们担心万一共产党来了，会没有房子住，就去乡下看了栋房子，只想说共产党真要赶走我们的话，也还有栖身之所。董先生告诉我可以去台湾的时候，距离出发只剩下一两天，我也无法起身处理搬家的事，所以说叫我休息等于害了我一样。研究室内的东西我一样也没有动，公家的东西已经先由公家收走了，一样私人物品都没有拿，像我挂在宿舍墙壁上的大地图，是因为对地理深感兴趣而买的，就来不及带走，只能带走真正要用的东西，两天后赶往上海。这种情景让我想起日本人仓促离开中国，跟我那时的境况相去不远。我们到南京的时候，看见街上有不少小贩在卖日本人留下来、带不走的东西，被清理的人拿出来卖钱，我们也趁机买了一些以前不容易看到的书。我那时还看中过一幅装在镜子内、非常讲究的壁画，因为身上的钱不够，就看好价钱，准备第二天再去买回来，放到研究所内，谁知道已经被人买走了。我就想到我宿舍、研究室内的东西的下场，大概也不出于此吧！前西北考古调查团干事，后来从地理研究所转往地质调查所的李承三先生，住在后楼，离我家很近，他预备去广西，比我还先离开南京，就把家里搬不走的东西全部送给我，他买了很讲究的地毯，柜子也一样。所以我的宿舍也有一部分东西是他的。真要清理我的宿舍，会找出一些不错的东西。我后来也不知道李承三先生的下落。

我等于是在未获通知的情况下匆促离开南京，先前往上海，再等船往台湾。我们有一部分人在上海是住在研究院的招待所内，上海有好几个所，日本人在那边盖的房子都很讲究。动物、植物、物理等所都在那里，也有他们的宿舍。另外史语所从北平迁上海时，曾经在小万柳堂办公，那里也安排一些同仁的家眷暂住。因此我们在上海也停留一段时间，这时我因为慢慢下床走路，身体渐有起色。

我在民国三十七年底坐船来台湾，当时在船上只感觉到晕晕乎乎的，来台湾之后住在台湾大学医学院的教室。当时因为没有地方住，就住到教室里头。人多的可以住一间教室，人少的就两家住一间教室，我就跟萧纶徽家共住一间教室，教室有前后二门，萧走前门，我走后门，两家中间用帐子拉起来隔开。公家只给一家做了一张方形大床，上头可以搁两张榻榻米，全家人就挤在一起、睡在上头。这就是我们的住。李济先生比我们早来一段时间，家眷多，也住在台大医学院，虽然我们到这里很苦，可是我们从基隆下船，一早来到台大安顿行囊之后，休息到第二天史语所三组的同仁就在李济先生的带领下，步行到圆山做遗址调查去了。所以说我们的工作兴趣还是很高，第二天就跑去做调查。

圆山遗址是日本人发现的，也有发掘，林惠祥曾经携带了一批陶片、石器到中研院社会所收存。我们打圆山公园的北门人，沿山的路旁树有指示牌，日本人立了“圆山遗址”的牌子，立牌之处就是一处遗址断面，断面内可清楚看见陶片、贝壳。游圆山的游客很多，可是并未留心这里，有人看见我们去看，还另外在山上捡了贝壳，觉得我们很可笑。

民国三十八年阳历二月，刚过完农历新年，史语所搬到杨梅。中博到台湾之初，先租了铁路局在杨梅的仓库，中博搬往台中之后，将原先使用的铁路局仓库让给我们。我们租下为铁路局所有、较高大的平房——货仓，作为堆放箱子的地方；民间所有、较低矮的平房——米仓作为办公兼单身同仁的宿舍。在米仓附近还有厨房，也同时在旁边设了饭厅。公家在米仓附近，与大成路、旧镇公所一带租了一批房，再加上原先的公家宿舍，作为从南京来的公务人员的宿舍。这个时候我们住得非常狼狈，比如说米仓附近的宿舍，多是楼房，楼下是百姓做生意的地方，楼上让公务员住，另外连堆杂物的号房都租给公家住，像王志维就是住号房。有次有个慈善性质的救济团来到这里，预备帮助我们一部分人，还要照相，就有人认为已经很穷了，还要让人拍照，觉得很没有面子，就反对照相。可是也有人说，救济团一片好意，拍摄大家穷苦的情形，还可以让更多人知道我们的苦处，愿意出钱出力。朱家骅院长很接近职员，也很关心大家的生活，曾经亲自去看过宿舍。

当时有许多同仁的小孩就读杨梅中学，杨梅中学的校长与大成路的游锦章有亲戚关系，就劝他把余屋租给公务员，我就这样分配到大成路游家楼上，那里是我跟高去寻先生两家一起租的。游的房子是并连着，一侧的房子楼下租给人家做生意，上面是空的，就是我的宿舍。另一侧的房子就是房东居住使用的。房子有张大床，中间有门可以拉起来，我分配到北边，我家只有我跟石磊两口，高家则有三口人，要住大地方。因为我先去，人口简单，觉得这里可以住，就同意住下。高先生一看，说两家怎么能住一张床，就不住这里，请公家改分配其他地方。刚来台湾的时候，我们的确很穷困，住的办法其实很不合适。在台大医学院的时候还两家住一间教室，一家一张床，中间还可以分隔，这里要长期居住，却两家一张床，自然是很不合适的。我是比较晚来杨梅，像先到的芮逸夫、杨时逢，就住到单间的公家宿舍，内部虽然都是榻榻米，可是住的条件已经很好，像旧镇公所至少也是每家一个小单位。史语所有一部分人到台大教书，就住在台北的台大宿舍，没教书的就住在杨梅。

我住在游锦章家，吃饭也在游家。晚上洗澡让我们大陆来的人觉得很特别，这里将烧水的炉子放在水池里头，炉子并不大，用炉子散发的热度加热池水，人要洗澡就舀水在水池外冲身，要是想跳进水池里泡澡，一不小心很容易被炉子烫到，这种经验对从大陆来的我们都是很新鲜的。

（六）杨梅的逸事

民国三十八年十一月，中央研究院总办事处从广州迁台，中研院正式迁台，在师大对面的平房办公，这栋平房后来也是胡适院长夫人胡江冬秀的住所。原先中研院正式迁台之前曾在台湾成立管理性质的委员会，以管理来台的研究所，由数学所所长周鸿经兼任总干事。十二月后委员会即撤销，由总办事处接手管理。朱家骅院长就在这里办公，他也特别来过杨梅慰勉同仁。

在杨梅居住的军公教人员，除了研究院人员外，就是驻守的五十二军。杨梅有中学、小学，可以解决小孩的教育问题。五十二军的军部在杨梅中学附近，军队分散配置。因此，在杨梅街上行走的，除了当地居民、研究院的人，就是五十二军的军官。我在杨梅巧遇一名曾在邠县陪我在前线调查的军官，他原先是属于警察系统，来台湾之后在五十二军做事，他带我参观他的家，相当不差。他时常跑外勤，后来告诉我，他的直属长官、前邠县专员也来台，他应该算是高级行政干部，不知道跟谁来台的，住在台北西门町附近道教总会，一进门就可以看见。我上台北的时候也去看过他，大家很巧合地在这个小地方再度重逢。

类似情形还有一例，我住的地方有位邻居，将邻近车站的空房租给一位阎姓人士，他从海军退役后就转到国家所有的运输公司担任副船长，平日便往返基隆——杨梅之间。杨梅中学内有几名外省籍教师，其中一个阎副船长的妹妹，与李孝定也有姻亲关系，因此爱吃、爱跳舞的军官都常常来阎家聊天说笑。我虽然不爱跳舞，可是跟他们很熟识，所以有时也在那边聊天，一跳舞就走了。有一人常来跳舞，口操河南口音，彼此虽然见面，却从未交谈过，后来我的大学同学、时任“国大”代表的刘雨民，住在台中，看见我在《大陆杂志》上连载刊登的《中国彩陶文化的解剖》，就写信询问社方此文作者是否服务于中央研究院，社方便请他写信到杨梅跟我联系，我们在河大同班、同屋，毕业之后他去上中央军官训练班，后来从政，已经久未联络，他来信询问我是否见过担任五十二军参谋长张孝传，是我中学同寝室的同学，毕业后去上海上中国大学，我中学毕业后在家时还接到他来信告诉我上大学的事，后来就未再通信、见面，我依刘信所告到五十二军找张孝传，一见面才发现他就是平常到阎家跳舞的河南老乡。我

在杨梅留影（1950 年摄）

们分别甚久，在台湾也碰了不少次面，但是都认不得对方，彼此一说起来也都笑了，以后就有谈天的对象了，真是他乡遇故人。

杨梅中学是从一年级起招生，学校还没有高年级，学生虽然曾经在外地读过二、三年级，但是来到杨梅中学依旧得从头读起。石磊以前在大陆上完中学一年级的课，来杨梅还是得读一年级，跟潘木良（潘悫的孩子）、李前鹏、杨月荪、杨宁荪有的同班有的同学。开完学校的家长会之后有餐聚，我毫无顾忌地吃饭，没有仔细咀嚼，没想到饭里夹杂小石头，崩掉了一块牙齿，令我感到疼痛不已，餐未尽当即离席，校长就介绍我找当地的牙科大夫诊治，大夫毕业于日本的医学学校，作风相当实在，诊断说幸未伤及牙神经还可以补，补牙的材料相当实在，时隔近五十年后还好好的，我现在有好些牙补不到三年都掉了，简直不能比。

杨梅的西医也有分两派，跟杨梅中学有关的两个西医，一位是游锦章的亲戚，是个文人，是史语所的所医之一，作风比较老派。另一位离史语所很近，也是所医，他平常每隔几天来所，就一定要给大家量血压，作风比较新派，两人彼此路数就有不同。这两位医生后来都从政，担任桃园县县议员，监督地方县政。史语所跟杨梅地方上沟通得很好，交情也很不错。

这种交情好还有例可证。史语所所长兼台大校长傅斯年因为接受台湾省参议会与郭国基参议员质询，郭大炮对傅大炮，引起争执而发病，在十二月二十日去世。台大学生因此群情激愤，为了平息学生的抗争，台大特别画了块地设立傅园纪念傅先生，与美国弗吉尼亚大学后头就是杰弗逊总统墓一样。杨梅中学知道傅先生过世就召开纪念会，请史语所的同仁分别就傅先生的生平经历、学术志业致词。后来史语所想搬离杨梅，看台北的地方时，所内有不少同仁因为与地方人士交情友善，而不愿迁离杨梅，杨梅离新竹很近，新竹以风城出名，杨梅的风也不小，杨梅以客家人为多，与我们交情很好，彼此也都有感情。

（七）中研院定居南港

一九五四年底，中央研究院史语所从杨梅搬到南港，结束多年流浪生涯，有了自己的家。一九四九年底，总办事处从广州搬到台北，结束早先由委员会管理迁台的数学所与史语所的局面，实际上留在大陆的所比迁台的多，不过也算是研究院迁台。

一九五〇年六月间，台海局势紧张，杨梅火车站仓库位于交通路线，面临安全的威胁，研究院便计划另觅场所储藏图书跟标本。大家都在构想哪里才是安全的地方？有人建议远离铁路、在杨梅附近就地储藏。车站北边附近临河一带的高地，上头未种水稻，相当平坦，便有人建议在此购地建屋，可是想到当地离铁路不远，安全问题仍无法解决，便告作罢，后来当地被别人买下来建屋。新竹也曾有人愿意提供青草湖附近的地供研究所使用，但与我们首以安全、次以离台北不远的原则不合，亦告作罢。也有人建议搬到台大第六宿舍后面靠山处一带，可凿山作防空洞，也离台大很近，可是经过调查发现台大东北边的蟾蜍山有高射炮阵地跟司令部、基隆路一带有兵工厂，也不合乎安全原则。

一九五一年，政府计划疏迁中央机关，希望减低敌机轰炸所造成的损失，公文下来之后，对研究院造成压力，比各所还要着急。可是因为政府财政困窘，无法提供疏迁经费，以及之后的建设经费，让自一九五一年七月起获聘为史语所所长的董作宾先生，上任后立即面临如何执行疏迁计划的问题。早在一九五一年春，朱院长曾邀请通信研究员胡适先生到杨梅参观史语所，看见杨梅仓库与储藏室的规模，觉得不是办法，协商由胡适先生在美国寻求财务支援，胡适先生找到了中华文化教育基金会、洛克菲勒基金会出钱，听董先生说前者出美金五千元，后者美金一万元，总共一万五千元，钱虽然不算少，供应疏迁、购地的费用仍有不足。于是再向政府请款补助，当然政府的经费支出有预算表的问题，不像基金会可以立刻拿到钱，但也同意补助三〇九万台币，这也就是中研院迁到南港所能运用的总经费。

曾有一种说法，就是中央研究院迁到南港时，因为朱家骅先生身兼中英庚款管理人，就用了中英庚款的经费，我当时不管钱，对于这种事情无从评断。但就我所知，研究院从政府分领的分四批共三百万的经费作为建屋等相关费用，相对说来购地的价格并不贵。化学所后来是利用中美教育基金盖的，都与中英庚款谈不上关系。朱家骅、杭立武两位先生曾担任中英庚款管理人，有关中英庚款的事，从朱先生任职中央党部秘书长时就跟随的孙斌先生，带来与整理了所有朱先生的档案，万绍章可能还比较清楚些。

当年胡适先生与朱家骅先生在杨梅的合照，现在也是研究院早期难得的历史文献，我曾经写了合照者姓名，也登在院内的刊物上头。这是因为对于合照者的记忆，刚开始时大家不会觉得很重要，可是时间一久，有些就难以查出了。像档案与信件，如果年代没有写上去，久了就难以考订时间。能像陈雪屏先生交游广阔，还认得出好些人来的总是少数。像蔡元培院长当年在北平出席宴会，有许多人只是因为和蔡先生有交情就与会合影，我们后来也只记得所内人士。上次开汉学会议时，我把照片放大，请大陆的人士来指证相片，他们也只认出几个所内人士，我也写在照片后面，后来有人看见了，说大陆方面也认错人了，这是题外话。

所方有经费后积极寻觅地址，在台北附近找到了三块地方，就是木栅、士林、南港一带。寻找新址的要求有几项：一是离台北不远，二是有山可以挖山洞储存图书文物。朱院长也希望研究院能自成一个单位。用这几项要求衡量各地，木栅虽然自成单位，却有水患问题，便不予多作考虑，后来政大就在木栅复校；士林当时还没有路，若是修路将增添太多支出，也不予考虑；曾有人说南港现址是朱家骅先生跟马先生钓鱼时碰巧发现，可以自成单位，在附近的庙就有现成的山洞；过去傅先生安置研究院所考虑的是远离市区，南京的研究成果不佳，就与研究人员晚上多跑出去活动有关，李庄则远离市区，没有外界诱惑，研究成绩就好得多。南港离台北虽不算远，但还有一段距离，综合的条件便相当不错，成为新的院址。

看好南港的院址后，院方在一九五二年五月就买了二十三甲七分地。里长李木德帮了很多忙，李木德当时就住在现在蔡元培馆后面、植物所旁边的工房附近，现在仍有民居所在处。他的主屋面南，现在已经拆了。李木德就是贪杯，所以早逝。李福人则是前市议员李金璋的父亲，做土地代书，也会写状子打官司，相当厉害，住在史语所一墙之后的大屋。李木德跟李福人虽然同姓李，但并不和睦，所以只能买到李木德与李福人两方之中为李木德所有的部分，无法买成一整块地。我们也向政府申请河滨地三甲二分，预备挖山洞盖图书馆，前头盖仓库。买好土地之后，利用小台车道来运送建材，人员也可以搭台车进来，另外也有条牛车路可通，总之路况与现在完全不能比拟。

研究院第一次有整体的院区规划也是在这个时候进行。以前南京各所成立，建屋均各行其是，像南京的地质所门就向东，史语所在东边，门却南向，不尽协调。朱家骅院长是最有理想的人物，只要获得李木德的帮忙，预备从圆拱桥的大坑溪起到四分溪一带，也就是史前考古所谓的夹嘴地形，做整体规划。朱院长找了名建筑师关颂声[①]的基泰公司来规划，预备从正门起开东西向大路，建筑分列两旁。河滨则设了旗杆，每天可以升旗，也是中央机关要举行的仪式。

相继产生的问题就是屋子是要采流行的方向，还是传统朝向？本地的大房子都是坐北朝南，东西厢房，李福人、李木德的主屋都是如此。日本人盖台大的时候，觉得朝南的阳光四季变化太多，又会射入屋子，北方则少阳光变化，于是将南边设计成长廊，屋子朝北向。顾虑到研究院是学术

① 关颂声（1892-1960），字校声，号肇声，广东番禺人。1911 年入上海圣约翰大学就读，旋即转入清华学堂，在校时曾以足球、田径选手身份参与远东运动会赢得银牌。1913 年考取公费留美，入麻省理工学院攻读建筑系、构造系，1917 年毕业后再入哈佛大学攻读市政管理硕士。1919 年归国，即监造北京协和医院施工。1921 年与朱彬、杨宽麟共同创办基泰工程司，任总工程师，参与政府公共工程建筑。1949 年随国府来台，公务之暇提倡体育，1955 年全国田径委员会成立，任主任委员，资助杨传广等选手训练。《关颂声先生事略》，收入国史馆编，《中华民国褒扬令集》，初编第 12 册（台北：商务印书馆，1985 年）。

机关，应该要避免阳光的刺激，就决定朝北。不仅研究室如此，住家的门也一律朝北，像仓库就是两个门朝北，一个门朝东，以便研究人员出入。像研究大楼位于仓库北边，中间有一条路的情形，两边的研究室就一边朝南、一边朝北，但是大门还是朝北，后门朝南，主研究室也朝北。不过当大楼越盖越多时，像近代史研究所大门就朝南，但是郭廷以先生的研究室门朝南，窗户还是朝北的。到后来梁序穆盖植物研究所的时候，房子大门朝北，朝南成为走廊，研究室窗户朝北，门口都朝南。最初大家还会谈朝向的问题，后来住习惯了就不特别谈了。

在原来史语所、眷宿用地还有高压铁塔，政府规定不可以在下面兴建建筑物，如果不搬走的话，研究大楼就没办法盖了。朱院长后来想办法把铁塔搬到别的地方去，兴建工作才得以进行。

住家则是由两个方块构成，大致上东边是住家，西边是研究室，东边靠近马路，人员眷属方便进出，由于高压铁塔的关系，设计之初是羊齿形，以对角线排列，中间房子最多，西南、西北的房子少，占满整个院子，就像是雁行一样，设计师认为如此一个房子可排两家，看起来也不错。但是由于土地的关系，实际上并不整齐，后来便要做修改，经过大家商量，就把中间变成运动场，圆圈周围成为房子，于是东边四栋八家，中间一栋两家，西边原应四栋八家，因为人不多实际上只盖两栋。宿舍分两批盖，采平房双拼式，第一批一栋两家，经费较充足，有三房、一厅、坐式抽水马桶，第二批盖了七栋十四家，只有二房、一厅、蹲式抽水马桶。我没有参加分配会议，不过分配原则蛮公平的，就是按年龄、资历、工作性质分配，年长、资深者就排西边邻近办公房，年轻、资浅的就排东边，要看仓库、图书馆、库房与监工的管理的也需要宿舍。陈盘在筹备期间最先来，其次是我，李光涛、高去寻等，北边的房子因为已经让监工者住过算旧屋，就分给陈盘（靠东）跟我（靠西），西边房子就给看仓库、图书馆的李光宇（靠西）、王志维（靠东），再往南边给资深的高去寻（靠西）、杨希枚（靠东），北边给管明清档案的李光涛（靠西）、管事务的汪和宗，东边八家由南而北就给严耕望、杨时逢、王宝先、黄庆乐、张秉权、潘悫、黄彰健、徐高阮。当时并未宣布什么条件，就接受指定的分配，后来也没听到不满的反应。

眷舍只有有限的十六间。其中有间紧临着单身宿舍，起先因为是个坑，就空出未建，结果因为近史所筹备处的吕实强、李毓澍要来，需要宿舍住，所以才盖了房子，让吕实强住东边，李毓澍住西边，彼此互不干涉。像吴缉华台大毕业后来史语所工作，也结了婚，就紧临严耕望旁边做加盖。当时民族所筹备处的凌纯声等人因为住在台大附近，所以就没有住在南港。任先民、李亦园都还住在单身宿舍。近史所的郭廷以也有师大的宿舍可以住，所以就不住在南港。

眷舍之外重要的是仓库，由南向北开始，大概有一百五十坪，把箱子排列堆积在中间，窗子两旁安排人员。仓库的南窗边缘都很高，北边就低得多，都是与采光有关。仓库晚上锁门之后也不可以进出，仓库内也没有水，以避免埋设的水管失修造成漏水，所以洗手间就放在仓库外面，仓库东门外面就有独立的洗手间。这些都是经过考虑的。

仓库在一九五四年春完工，完工之后第一个交屋，交屋顺序依序分期修筑：仓库一批，研究大楼二批，单人宿舍、眷舍、号房为第三批，最后为会议室。因此经费也分四批申请请款。仓库完工之后就可以准备搬迁，为了管理仓库，就先盖了第一批宿舍，以利看守，由李光宇（管标本）、王志维（管图书）先行住下。

这一次搬家，只要上卡车，开到台北签收即可，也要注意避免夏日烈阳的照射，房东也不急着收回房屋，时间充裕得多，不再是以前的匆促装箱、上船，比起以前更有头绪。杨梅有几位单身同仁，管图书的王宝先，三组也有黄庆乐、刘渊临，都可以押车上台北让李光宇、王志维接管。押车时也看到了一件社会现象，我们到这个时候才知道社会上有划分范围的组织。从杨梅到南港必经临时工汇集的台北大桥，临时工以台北县为范围，不准外县市分沾。临时工看见所上的卡车，就来询问去向，所上已经将装卸作业包给杨梅工人，也随车同行，台北工人一听到卡车开往地盘之内的南港，就不准杨梅工人留在车上，好说歹说之后才放了第一批。工人后来回去打听清楚，只要到基隆就不是台北工人的地盘，他们也管不着了。于是以后的车都说去基隆，就再也没有问题了。

盖完仓库、第一批宿舍后，接下来要盖齐眷舍与研究室，才可以让杨梅的同仁搬来台北居住跟工作，研究室因为相对次要，还可以稍晚完工。工人之中以林清和最资深，在盖宿舍的时候，最前方的徐高阮旧居是先盖成的，就作为工寮，号房尚未完工。工人晚饭之后，在一起拉胡琴唱曲子，拉着琴觉得腿上冰凉，只见好几个人的腿上都盘上了蛇，林清和也在内，大概蛇听到音乐很喜欢就盘上来了，倒是没有攻击的意思。因为买地时，在研究大楼外面、考古馆大门附近，有旧民居，前头的大树下有蛇窝，晚上有不少蛇出没，南港多蛇，居民平日都不敢掉以轻心，只有我们并不清楚。铲掉大树，除掉蛇窝之后，蛇踪就少些了。

图书文物搬完之后就是人员搬迁，原则上一家一车，限期在十二月十五日前在台北办公。有的人先来上班，家属暂留杨梅，等假日再回杨梅搬家。台北的眷舍附近有好些运动器材，小孩们玩得很开心，比杨梅好得太多了，所以大部分家眷也来了。

有关研究大楼的空间规划，还有个故事可说。朱家骅院长年龄较长，考虑较周详，主张在每层楼设立洗手间，他也知道年轻人会有意见。果然，王宝先就说房子的空间有限，底下留两间洗手间就够了，省一间空间就可以多一间研究室。总办事处也同意修改设计，反正要方便的时候就晓得了。后来大家使用后才知道，每一层楼都有洗手间是方便很多的。这也是因为当时大家过惯苦日子，凡事都很节俭，也是一种美德，只是对自己很不便就是了。

以前在杨梅时上班不定时，有早有晚，搬到南港以后每天要升旗，当然不一定全部都出席，可是上班就有定时了，八点要上班。于是从杨梅带来的义宽、阿炮、义圳三兄弟就住在门口号房，从门口骑脚踏车摇铃到河边，也有相当的距离。小学生上课要打钟，研究院上班摇铃，展现跟以往不一样的气象，有浓厚的团体生活气氛。

早先在杨梅时曾经想到先将图书与标本分开，等将来再行调整，但是实际上很难执行，因为下火车的时候很难让工人听从指示分类排放，所以还是混在一起。搬到南港的时候，由于都是自己作业，就可以分类，图书、标本各有摆放系统。我们也做了清册，开箱就方便得多，这些都是从不断搬家所累积下来的经验。因此就可以打开常用的书供研究人员利用，至于杂志跟善本书则暂未开箱。

图书馆是走仓库西门，研究室走东门，至于西门跟图书馆中间则用箱子作墙隔开了，窗子底下大概有两公尺多宽，每人一个桌子，有的桌子是杨梅带来的，有的则请杨梅带来的木匠在台北制作。到一九五五年的时候便有些规模，研究人员也可以做自己的工作，标本虽然不能开，但是已经可以整理自己的稿子。东边则按四组来排列。从一九五五年的春至夏天，都是在仓库工作。到一九五五年夏天杨梅部分全都迁来台北，仓库、研究室、单人宿舍、眷舍、会议室都完工。

按照规划，院长、总干事各有房间，后面就有会议室，有三个门，中间有张大桌子，是用三张桌子拼成的，会议室虽然不大，但是比起研究院和平东路办事处还大得多，办事处旧址是日式宿舍，空间狭小，进去得脱鞋上台阶。南港的院长办公房相当大，比研究员的研究室大，分隔院长、秘书两部分，位在南边。北边则是总干事带着干事、秘书们工作的办公室，办公室两边跟会议室中间，有两间小房间作为厕所跟工人房。当时和平东路办事处的人都没有来南港，办公室就空着。外来的宾客如要演讲、宴会，都在会议室举行。

董作宾所长因为家中人口众多，靠薪水生活相当辛苦，也希望好好休息，正好香港的大学有研究所请他去，所以完成南港的工程后觉得无愧同仁，就在七月辞职，八月离台。院里就聘李济先生接任所长，聘请屈万里先生做秘书。研究大楼盖好之后，家具在十二月做好，分配大楼研究室就是李济的事，刚好与宿舍分配原则相反，东边靠近宿舍处给资深者，西边远离宿舍的给年轻人，李济所长的办公房在大楼的东侧门北边，事务室是东侧门南边，这里都是一屋两间，屈先生就与李所长共室，再过去就是一屋一间。大楼底下十一间，上面二十间，中间是前后门间的过道、过厅。

过厅东边十间、西边十间，就是下头四十间、上头四十间，不过上头的会议室就占了四间，紧临的有两大间，拐角为小间，其余组织就一样，进门的都是大间，其他小间都是一间一人。紧临所长的屋子没有人，再过来就是我的办公房，事务室旁边就是资历最深的陈盘办公房，再过来就是李光涛的房间。一九五五年史语所研究大楼落成、李济先生刚接事，就在史语所楼上东边的会议室开过院士谈话会，出席院士甚少，外国的院士几乎都没有来，只有台北几位院士，像李济、李先闻等先生，加上香港的董先生。谈话会并不算正式会，所以也没有什么选举、决议，只是大家见面而已。

那时我们还没有考古馆，朱院长觉得应该要让外宾参观我们的宝贝，所以就在仓库的东南角上做好几个柜子充当陈列室，再局部开箱取出些器物摆到陈列室，于是外宾可以参观图书馆、陈列室、研究室。董先生离开之后，研究人员逐渐搬到研究大楼，仓库渐渐空旷，技术人员仍留仓库，图书馆、陈列室也空间相对扩大。

史语所当时有好几所一起办公，像植物所、民族所筹备处、近史所筹备处都在这里，也相当热闹。郭廷以先生相当能干，是东南大学毕业生，曾经做过教育部边疆司长，跟董作宾先生是河南同乡，数学所的许光耀也跟郭友善，所以近史所成立的时候他们都帮了忙，否则若是李济先生管事，近史所就不太可能成立。郭先生跟李先生两人平日表情都很严肃，私底下都很提携后进。不过两人似乎交情不深，平常一起坐车的时候也没有说什么话。郭廷以先生曾经在河南大学教授西洋史，我也修了课，在台湾见面时郭先生还记得我。

中研院只有两个研究所迁台，来台的研究人员相当有限，朱先生对中研院设立新研究所，有甚殷切的期望，便想从史语所先分出民族所，次分出考古所，在章程里头早订有考古所的名称，然后再从史语所分出近史所，让研究所多一些。不过李济先生当时曾想在台大成立考古研究所，后来他去美国考察，回来之后也没有继续推动，便未对中研院成立考古所的事情表示意见，朱先生也没有推动后续发展，成立考古所之事遂寝。

自从史语所迁来台北南港之后，就要打铃上班，展开自己的研究与整理稿件工作。由于李济先生经常待在台北不在南港，我受命协助处理部分事务也占去我部分时间，不像以前杨梅时期形同无正式工作那样有空，虽然还未停止在台大授课，但是付出的时间也相对减少。

（八）在台结婚

中央研究院已从杨梅迁到南港，院方以朱家骅院长为首的总办事处、数学所、史语所两大所在此办公，院方也打算在台湾立足生根，不再回大陆，研究人员在南港配有眷舍，生活渐趋安定。就有同事看我跟石磊父子二人住在空敞的眷舍，就希望我成家。于是在好友李霖灿、其妻黄守淳的介绍下，结识黄在四川工作时认识的同事，我的同学也一直劝我结婚，就于一九五六年底成家，算是个人人生中的一件小事情。今日李、黄二位都已过世了。

八、台湾考古与教学工作

（一）瑞岩调查

史语所来台同仁于稍行安定后随即开始调查。我们来台第二天就去了圆山遗址。台湾对于考古跟人类学可说是丰富的宝藏，板桥林家的林熊祥、林衡道父子管理的林氏学田专做文化事业，他们就希望史语所对台湾进行田野调查，于是就由林氏学田赞助，史语所三组（考古学组）、四组（人类学组）来从事调查工作。实际组织调查团时，就由研究社会学、人类学，在法学院任职但是在文学院开课，对于台湾的民族与分布地区都很清楚的陈绍馨[①]先生做团长，成员有史语所的李济、董作宾、芮逸夫、石璋如诸先生，台大教授陈绍馨、助教陈奇禄[②]，台大学生何廷瑞、刘斌雄、宋文薰[③]

---

① 陈绍馨（1906-1966），台湾省台北县汐止人，1929 年考入日本东北帝国大学法文学部，1932 年毕业后留校任助教，1936 年返台后曾协助父亲经营农场，闲暇时研究民俗。1942 年起以“嘱托”身份任职台北帝国大学文学部人种学研究室。抗战胜利后，罗宗洛接任台大校长，派陈绍馨、林茂生与黄得时负责接收台大文政学部与预科，随即任教历史系。1949 年参与创设台大考古人类学系，教授社会学、人类学、民俗学。1957 年以《台湾的社会变迁与人口变迁》获得关西学院大学文学博士。1960 年与龙冠海等人筹设台湾大学社会学系，任该系教授。对人口学与社会学研究致力甚深。历年论述结集为《台湾的人口变迁与社会变迁》一书。林铭章，《陈绍馨》，《传记文学》，卷 61 期 2（1992 年 8 月），页 142-144。

② 陈奇禄（1923- ），1948 年毕业于上海圣约翰大学，1966 年东京大学社会学博士。1976 年当选第十一届中研院院士。曾任文化建设委员会主委，现任台大名誉教授。

③ 宋文薰（1924- ），台湾大学历史学系毕业，历任台大考古人类学系助教、讲师、副教授、教授。曾带领台大师生进行多年长滨、卑南考古工作，1988 年当选第十七届中研院院士。现任台湾大学荣誉教授。

先生等人。调查团便调查麻丝托邦（泰雅语），以后改名瑞岩（以分隔两族的村前大石为名），在大石下发掘时，曾找到两把石刀，建筑也相当特殊，让我们兴致盎然。

三十八年八、九月间，调查团先到南投的埔里一带，再上山进入麻丝托邦。因为要走山路，李济先生体格较胖，董作宾先生体力较差，便经常走走歇歇。因为山路很窄又阴湿，所以很容易有蚂蟥，像有一次休息的时候，李济先生觉得小腿发痒，便褪下袜子一看，学生知道有蚂蟥钻进去，便赶紧把蚂蟥弄下来。走山路的时候，我就想到：路这么窄，人要怎么生活？北方有山、有平原，山路也不像台湾这么窄。再想到邠县的沟圈地形、原边地形，都是从山上到山下取水。那里原住民取水的水瓶，有三个耳朵，两耳在瓶口附近，一在瓶身中段，有绳子穿过耳朵，水瓶就可以背在身上运送，瓶身很高，瓶底较尖。我看见此地的原住民身上背着篓子，后头跟着一只小狗，不用车就步行出去，只要弯下身子即可取水，回来再把水倒入挖好的储水坑即可。从原住民的生活是可以想见新石器时代人的生活。

我们要上山到麻丝托邦时，如果走深沟的话，既绕路又浪费体力，必须要经过吊桥。吊桥是用绳索穿好，底下铺着木板，走起来会随着人的步伐摇晃不已。李济先生发掘过山西的遗址，坐过滑竿，也走过吊桥；董作宾先生一看到吊桥晃荡就不想走了，学生们愿意搀扶董先生过吊桥，一人在前，一人在后地保护他。可是因为步伐不协调，又大为增加重量，吊桥晃荡得更加厉害，陈奇禄先生便提醒大家，桥上的绳索本来就是让人扶的，不要担心。经过这样一说，团员就一次一人过吊桥，不过董作宾先生还是不放心，非常小心地抓牢绳索缓步走过吊桥，走过桥之后直说实在是太危险了。

过了吊桥之后，我们又发现瑞岩的石头位在高处，没有路直通，只有一些较突出的石头充当脚窝，得手脚并用的爬坡上去，对于体力很好的原住民并不成为问题。可是我们过桥就费了一番工夫，要爬上去更加辛苦，胖胖的李济先生光走山路就已经出了一身汗，这时就得靠后头的人推着才上坡；董先生则是由一人在前拉着，一人在后推着上去的；芮逸夫先生虽然比李、董略为年轻，时常在外做民族调查，体力不成问题；我们几个还可以马马虎虎地上去，最后大家上完坡，就先休息。

住在瑞岩的泰雅族来欢迎我们，平日他们的食物都是让人从山下买好再带上山，陈先生事前通知他们调查团要来调查，所以他们多准备白米饭、菜，最重要的是将自己酿的酒与我们共享。我们也向原住民说明董先生素来不喝酒，原住民就向比较年轻的我、陈奇禄先生、三个年轻学生劝酒，原住民用了很特殊的双杯，就是在一根竹子的两头都有杯子，通常是结婚的时候才用的，有仪式性的意义，更亲密的就是共用一个杯子喝酒。何廷瑞告诉我喝酒有门道：就是喝酒的时候要提得高，让比较多的酒向下流，流到另一方的嘴里。所以两个人抱在一起、脸对脸喝酒的同时，也努力抬高手上的杯子。我就按照何廷瑞说的门道喝酒，男性原住民喝完之后轮由女性上阵，酒是非喝不可的，这样子喝下来之后，有些原住民就喝醉了，我、何廷瑞、宋文薰先生懂得窍门，居然还没有醉倒。喝完酒之后还要唱歌，唱什么都可以，原住民唱完之后，就由我们唱。原住民很佩服我们几个人，说我们的酒量很大，跟他们喝下来居然都没有醉倒。董作宾先生不喝酒，很早就去休息，李济先生在闹酒的时候去休息，陈绍馨先生在敬酒的时候也喝了点酒。陈奇禄先生还有我们几个年轻人，就陪他们跳舞，直到深夜才休息。我以前在大陆从未碰过这种情况，蒙古人虽然也喝酒，但是顶多是帮你擦完杯子之后让你再用，也没有像台湾原住民这样子亲密、热情。当时是八、九月间，山上天气还很凉快，并不怎么冷，我们既唱歌，又喝了不少酒，加上爬了一天的山路，感觉相当疲累，当夜睡得极沉。作田野就不怕喝酒，而我自从四川喝了泸州大曲大醉之后，已经许久不碰酒以免误事，这时作田野倒无顾忌，所以喝多了一点。

第二天就分配调查工作，有人调查生活情形，碰到不清楚的地方，就去找村中较年轻、在下头上学而懂汉语的学生，请他们代为询问长者，我跟陈奇禄先生二人调查建筑、地形，有些可以问人，有些就靠我们自己观察。陈奇禄先生很会画图，画得又快，在学校也教导学生如何在田野画图，把房子的结构、外观、雕刻、内容物等都画了下来，他还把画登在《新生报》，也出版了专书，在民俗学上非常有用。

碰到我们不了解的，像有些房子用石头片建造，有的只用石头片铺地，我们想要知道石头片的来源就得问原住民。有的是我们观察的，像原住民的衣着服饰，穿着很短的裤子，佩把刀、带条狗。原住民有艺术的天才，可以用番刀砍柴、在木板刻上装饰花纹、猎捕猎物，番刀等于是万能刀一样。我想想古代的工具，像是石斧、石刀，用处都很广，大概也与原住民的情形是一样的。

一行人回到埔里时住入日本人供公务员住宿的招待所，那里设有客厅，里头铺了地板，卧房则铺了榻榻米，有餐厅供餐，整体空间宽敞。当时的埔里风景优美，比起台北还要好。我们住在招待所的目的是要调查日本人曾经调查过但未发掘的大马璘。大马璘位在埔里附近的台地之上，何廷瑞他们以前就去过了。遗址附近有个国校，我们就在学校休息，顺便考察大马璘。遗址的陶片不少，也有些石器，据说遗址的中心是在南边的树林之内，林子内的土地是属于某姓地主。当时刘枝万先生尚未进民族所，老家就在埔里，对于考古、民族学兴趣盎然，听说我们来调查就常来看。我们调查之后觉得大马璘遗址值得发掘。遗址位在台地上，台地的西边是河边平地，有小河经过；北边也有条河，因此远眺即见二河夹住中间的平地，近看只见许多人家以及学校，无从窥见奥妙；东南则有大道穿越，也是交通要地。

另外我也调查大肚河北岸、隶属台中县管辖的营埔，大肚河南岸就是彰化县境，因此营埔离彰化非常近。营埔紧临河边，即河滨台地，大肚溪从东南来，到营埔附近转弯西向，营埔遗址就位于弯角处，在河的冲积下形成断面，我在河岸看见堆积层并不太厚，断面也只是局部呈现而已，不过据估计遗址规模应该不太小，也值得发掘。营埔的遗址性质跟大马璘不同，大马璘出了拍纹陶、石器等等。不过比较大马璘、营埔两地，大马璘因为有小学校可以住，离埔里镇有段距离，离民家较远，更适合发掘。调查这些遗址之后，也让我对台湾的遗址有一些了解。从埔里回来之后就忙着进行《瑞岩民族学初步调查报告》写作，因为陈绍馨先生催得很急，希望尽速完稿送交省文献会出版。

（二）大马璘发掘

民国三十八年十一月，史语所与林氏学田商量发掘大马璘，当时无事的我就参与发掘，发掘团以李济先生担任名义上的主持人，调查瑞岩的原班人马也多参与了大马璘的发掘，可说是史语所与台大共同合作，林氏学田提供经费。参与者有史语所的李济、高去寻、潘悫、石璋如几位先生，台大的陈奇禄、宋文薰、何廷瑞、刘斌雄等师生。发掘时间从三十八年十一月十四日至十二月一日，共半个月时间，我们住在国民学校里的校长房舍，房舍情况不佳，离学校有段距离，不会干扰学生作息，学校离工作地也相当近。我们沿用安阳的老方法，先划分数个区域，高去寻先生作一区，宋文薰先生、何廷瑞做助手；我也有一区。由于地下遗物分布情况一切未明，所以就先挖探坑，这是最简单的方法。潘悫主管田野的测量、照相，也管编号，彼此分工合作。白天进行发掘，晚上进行文物整理，不过这种编号只是做大部分的，细节部分则要由专人处理，我们聘请当地两位小学毕业女性负责，男女共同在田野工作在大陆上是很少见，像苍洱发掘时曾昭燏领了一批女工发掘就已经是个特例了，另外还有部分工作让女工做，这也是台湾发掘与大陆中原不同之处。

开了几个区域的坑之后，有发现灰土坑，但是这里的灰土坑并非安阳的穴窖，相当破烂，最主要发现了石棺，石棺采用四到六块石片作成，六块的石棺是比较好的，就是两块作帮，两旁各一块，上下各一块。其他条件较差的就是用拼凑成的，跟汉人的木棺很类似。石棺有比较完整，也有残破的，无一棺内有人骨。最有趣的是发现了石制耳塞，有圆底，顶上突出柱状棍，后来出版报告有印出来（石制耳饰）。最初我们也不知道耳塞的用途，只看见它放在人头旁边，猜想这可能是耳朵摆的东西。我们又看见瑞岩一带原住民的大型耳饰是塞入耳朵佩戴，才想到大马璘的应是耳塞子。其余以石刀较多，陶片也不少，不过看不出陶片究竟是什么性质的，很少完整的器物。

发掘的时候有个插曲，瑞岩的泰雅原住民听说调查队到大马璘，就有四五人来参观，因为我们参观、居住、调查过瑞岩，他们也要过来住。我们虽然没有酒招待他们，他们还是要和我们一起唱歌。潘悫、高去寻没有参加瑞岩调查，他们看到原住民的举动就觉得奇怪，其他人并不在意，反而觉得让原住民参观调查工作之后，或许会提起一些让我们有兴趣的事情。在瑞岩调查中，我们无法知道原住民的埋葬方式，听说是室内葬，就是葬在屋内石板地下，大马璘的石棺葬就看不出来是否为室内葬。不过原住民参观之后，对这些兴趣缺缺，只想唱歌，所以当晚就办了唱歌会。幸好校长宿舍有片院子，还算宽敞，所以参观者当晚还有地方住，第二天就回到村里。

我们曾经到树林子去开坑，想看里头是否有与发掘地相同的现象，找了几处都无所获，所谓的“中心”是否真的存在，仍待考虑。我们发掘之处是葬地还是住地，恐怕两者都有。从前也想到，由于大马璘遗址是石棺葬，或许与原住民的祖先有关系，不过这也只是田野的想法，欠缺具体证据证实。我们只能看田野的堆积、分布的情形，遗物出土的情形。星期天也是休息的日子，刘枝万先生曾带我们去看日月潭，因为不算太远，就当日步行来回。日月潭原住民是邵族，与瑞岩的泰雅族不同，不过我们只去日月潭坐船、简单看看，就赶紧回来准备工作。

发掘完之后就赶紧装箱，采用装煤油筒的箱子，一个箱子可装两个桶，当时有商店贩售，所以我们就买下来，等当地有往台北去的车，才能搭便车回来。如果要找专车，非常不容易，有些司机愿意协助调查队工作，彼此协议有空当时就带人、带货同行。潘悫曾经测绘一张大马璘的图，我们本来也想做附近区域的详细测量，但是时间上不允许。后来听说台大有详细的地籍图，载有田产、绘有等高线图，因此我们就只做发掘区域一带的测量图，不必再重绘等高线图，出版的报告就使用了台大的地籍图。

日本在台北帝大设有标本室，接收后仍保留下来，大马璘发掘的遗物即运往台大的标本室，工作暂告一段落。而我与陈奇禄合作的瑞岩调查报告也已完成，因此我三十八年的工作也暂告结束。

（三）唭里岸、江头遗址调查

一九五一年间我辗转听说到唭里岸、江头两遗址有石器跟陶片，正好人住在台大，就与台大助教宋文薰先生、文学院教授方豪[①]先生一起去做小型调查，唭里岸在士林附近、江头在淡水一带，都是日本人早先发现的遗址。我们只在江头捡到几块陶片；在唭里岸听路人说其兄捡到石器，愿领我们去看，原来是石斧，他们就把石斧送给我们，这些遗物现在都在台大标本室。方豪在调查后兴致勃勃地说，从大陆渡海来台者，多会在热闹处立庙，我们何不寻找台北附近最早设立的庙？我们在唭里岸一带找到一座庙，现在忘记主祭神了，只记得庙上大门画有门神，在台北很少见。方豪就说这里可能跟码头有关，是先民从渡口上岸后暂居往来之处，只是现在海岸线发生变化，不若昔日繁华，所以看不见以往盛景。

① 方豪（1910-1980），字杰人，后改杰人，浙江杭县人，1935年晋升天主教司铎，传教之余研究宋代对外交通，开始对宋史进行研究。1938年入四川辅佐于斌主教复刊《益世报》，1941年起历任浙江、复旦、辅仁大学等校教授兼系主任、院长职。抗战胜利后曾短暂任《中央日报》主笔。1949年后任台湾大学历史系教授，并担任三届中国历史学会会长。1969年任政治大学文理学院院长6年，1974年获选为第十届中央研究院院士。1975年获教廷颁受蒙席头衔。著有《中西交通史》、《方豪六十自定稿》等书。林抱石，《方豪》，《传记文学》，卷38期3（1981年3月），页142。

（四）第一次圆山发掘

史语所也与台北文献会合作第一次发掘圆山。第一次发掘时，我们住在台北南边的台大，圆山在北边，有时台大天气晴朗，圆山却下了雨，当时气象报告不发达，也不能打电话问天气，造成了我们的困扰。因为我们在台大一带雇请工人带到圆山时，却下雨无法工作，要不要付钱给工人呢？另外，当时有新闻记者消息灵通，天天跑到工作地参观，问我们一些问题后，就写了消息发给报社。以前在大陆，董作宾先生参与山东滕县考古调查，山东大学参与的学生们下笔很快，经常写文章到北京的《世界日报》发表，董先生还没看完、整理完滕县的文物，这些学生就先报告了。

类似情形既然重演，我们无法同时应付记者又观察现象，于是与记者订下原则，记者不必每天来，我们会定期报告整理情形，以及彼此的关联性。这些采访记者相当年轻，现在也出任监察委员，他们私下告诉我因为资浅，本来应该指挥摄影取景拍照的，结果变成资深的摄影指挥他们。事实上，在工作的同时我们不准非工作人员摄影，只有特定时间才开放非工作人员摄影。我们与新闻记者约定好之后，便可不受干扰顺利工作，他们也还有消息可以报道，彼此两利。

圆山属于朝阳的方位，遗址有东、西两部分，第一次发掘东部遗址。当时在山坡下的动物园养了梅花鹿等等，靠南的部分就是我们发掘地。因为有斜坡，所以我们就在斜坡上开坑，几经考虑后决定一部分顺着山坡开探坑，一部分与台地、等高线一样，形成平面以便观察堆积。作山坡侧面也可以观察堆积的开始与结束，因此各有好处。我们在圆山也发现了人骨头，而没有石棺，与大马璘的情形不同。我们后来想到的解释就是，圆山贝塚一带的土有利骨头的保存，使之不受侵蚀，大马璘的黄土侵蚀得厉害，不利骨头的保存。

圆山遗址经过两次调查、一次发掘，我们当时只注意陶片、骨头、蚌壳、石器等，并未注意研究贝的不同以及用途，实际上贝是先民的食物，也是一种装饰品。

在第一次发掘之后，我们也比较清楚圆山遗址的面积，真要细究面积的话，遗址往下伸展得相当远，可到山下的临济护国寺一带。另外在山下平地也有一块界石，我们也沿界石往下寻找是否有贝的堆积。圆山是个公共地点与游玩地，平常进去都要买门票，我们与许多工人进去工作也要买门票，因此经过交涉，管理单位同意我们从办公处的大门出入，无须再买门票，也方便得多，与他们熟悉之后，中午也可以在办公处的陈列室休息。我们曾经撰写一份发掘报告。

有记者问我，遗址文物分布范围变化的原因？我做的解释有些过火。我打比方说就像玉山上的雪，冬天下雪雪线就下降，夏天融雪时雪线就上升，这种变化很难精确地说明，可是也与贝塚的情形相近。贝塚附近有基隆河流经，坡地与基隆河的交会会因水的深浅而变化，从前在水高的时候平地就狭窄，日后水低时平面就扩大，因此也影响人居分布。在解释见报之后，李济先生也看到报道，就笑着跟我说："你这种比方容易引人误会，圆山怎么会有雪线呢？"因此也成为一个笑话，至今记忆犹新。李先生的意思就是告诉我，新闻记者会报道你说话的内容，所以要非常谨慎，不可妄言。

（五）个人进行的各行业调查

三十八年，史语所虽在杨梅火车站的栈房办公，但尚未开箱，能做的研究有限，我就在杨梅附近调查手工业，一方面撰写瑞岩调查报告。杨梅附近有小河流过，离游家不远，居民常到河边洗衣服。有居民利用河边附近的小块土地种菜，就取河水浇灌。杨梅本身的农地并不多，周围以黄土地为多，居民就在西边什么作物也不长的黄土地上种番薯，后来韩战回来的“反共义士”就住在那里，东南角的山上还可以种茶。杨梅最大的产业是种茶，镇上的大型茶叶工厂就位于镇公所附近，紧临南北大道大成路。居民也用黄土制作砖瓦，于是就有窑业。这里制作砖瓦与大陆不同的是采取非手工的半机械化，规模也较大。比如制砖，大陆的砖模是长方形，中间做两个方格，放入砖泥经刮平后即成两块砖然后放入窑中烧，这样就做得慢了很多。台湾砖厂的规模也比大陆大。我现在记不起来详细的制作法了。后来我写了《杨梅的砖瓦业》投给《台湾文化》，《台湾文化》与陈奇禄先生有关，我们既然共同写瑞岩调查报告，他就趁机邀稿，我觉得砖瓦是台湾特别的东西，就写了文章让他刊登。我也看过采茶叶的过程，采茶要到比较远的山上，采下的茶叶就一把把地往篓子里丢，采茶的多是客家人，都打赤脚步行至山上采茶，采下的茶叶就送往茶叶工厂加工。茶工厂有很大的烤炉，可以转动，工人再拿铲子搅拌，还有许多程序，我本来想写有关茶叶制作的文章，可是因为我有很多过程不了解，想再详细询问工人时，工人觉得是一切稀松平常，我为什么不了解？工人也不知道该怎么说，所以后来采茶的文章就没有写成。

一九四〇年的工作，以到台北整理大马璘遗物为主。当时台大跟研究院商量之后，给史语所一个宿舍，潘悫、胡占奎、我、吴缉华同住，我不常在宿舍，潘先生因为要协助李济先生《殷代陶器图录》的图，星期一到星期六在台北，星期六下午回杨梅住两天，胡占奎先生就留守台北。食的问题本来可以加入伙食团，但是伙食团离宿舍远，我不想跑太远吃饭，就到附近的小馆子吃，台大也有不少教职员、学生在小馆子吃饭。交通问题，我到杨梅火车站很方便，但抵达台北、通往台大当时虽可坐火车到万华下车转小火车到台大站下，可是小火车班次有限，当时的汽车也很少，因此若是搭不上小火车就得步行，我大部分到台北车站下火车，再步行到台大，不过我并不觉得累。我整理大马璘的文物主要就是做陶片、石器分类，潘悫先生则利用台大的照相房进行大马璘遗物、殷代陶器的照相，我们从大陆带来一批照相材料，已经过期了，若不赶紧用就报废了，所以要加紧照完。我把陶片拼好版之后，就让潘先生照相，回到杨梅之后再仔细看我画的草图，让助手黄庆乐先生画，潘悫先生还负责其他工作，所以另外找人手画图。周龙先生就在这时进所，他是左撇子，画断面图的观点也与一般人不太一样，可是也有一套，我有许多复原的东西都是请他画的。

台大考古人类学系于民国三十八年成立，李济先生有一处做人类学研究的地方，底下是工作室，上面是藏品保存室，得爬小梯子取下，设计相当不错。标本室的仓库、陈列室由芮逸夫先生管理，我就用陈列室不开放的房间，把柜子搬空，摆张桌子就开始工作，我整理出来的遗物交予潘先生照相，我大概三天在台北，三天在杨梅，工作比较不固定；潘悫、胡占奎两位先生的工作比较固定。

陈奇禄先生主持的刊物《台湾文化》，朱家骅院长组织、让董作宾先生出面的《大陆杂志》也先后出刊，两份刊物都需要文章，四处邀稿，高去寻先生忙着带两个孩子与台大的教学工作，所以坚持不写稿。我就在杨梅一面整理过去的文稿，一面也从事附近产业的调查，顺便帮两份杂志写稿。有关产业调查，我好几次去当时并不算出名的莺歌调查陶瓷业。制缸时，工匠先做底，次用泥条子逐条往上盘堆，大概两三次才可做成，然后晾干，再行上釉、烧制，也相当耗费人工。莺歌烧窑是用烧煤的土窑，不像北投用比较高明的电窑。莺歌出能烧陶瓷器的灰陶土，杨梅的黄土只能烧砖瓦。莺歌也分大窑、小窑，大窑与昆明瓦窑村的情形类似，烧制粗笨的器物，小窑就烧精致的器物。因为这些与台湾有关系，我就写成《莺歌的陶瓷业》一文交给陈奇禄先生发表。另外，调查原住民之后，我对原住民生活印象深刻，认为原住民生活是古代生活的缩影，穿着简单，带着刀，后面跟着狗就出外打猎；刀又可以防身作战、开路、捕猎、雕刻，所以写《寻求古代文化的三途径》，主张考古发掘地下材料、研究文献资料、调查民族文化为三种探究古代文化的途径，发表在《民族报》。

我住在游家的楼上左边，回家得先经过右边的游锦章家，我看见他将祖先牌位紧靠着边墙放着，供桌上有一个大的木制豆，每到初一、十五就会供奉新鲜水果或干果，一般在大陆只摆盘子不摆豆，我觉得相当有意思。

笾则是竹编的，在冬天看见老太太们提的竹制暖手炉，里头有个小陶器放炭火，就是笾的变形，已经从原先的祭器转变为手提用的。豆是陶制品，最初有陶器、木器、漆器数种形式，像殷代就是漆器豆，后来还有铜制豆，我后来看到的大木豆与古代的木豆相较，虽然在表面上还原，但性质则有不同。在用途上，笾在古代祭祀是盛干果的，豆是盛黍稷类，现在豆则盛水果。所以我就写了《从笾豆看台湾与大陆》在《大陆杂志》上发表。

《大陆杂志》的总干事说“联合国同志会”举办每季演讲会，当次演讲因为定在炎热的夏天，年长者不愿意担纲，所以才请我演讲，这是我生平第一次发表演讲，由于不熟悉麦克风，就靠得太近，讲演完毕后，记录说虽然后排的听众听得见，可是他坐在前排，根本听不到我的演讲内容，所以就请我自己写，这样就与平常先记录、由讲者修改再行发表的程序相反。

一九五一年以后，我写了几篇小文章，一是登在《公论报》的《杨梅土葬三步骤》。此文起源于房东游锦章的老太太过世，我看见当地居民都在家里料理一切有关丧礼事宜，与大陆明显不同，此其一。在死者过世的入殓，台湾采用薄棺，与大陆采用讲究的柏木、杨木棺材明显地不同，此其二。埋葬时，当地居民都选在东边地势低、相当潮湿的低地，只要浅挖泥土就可见水，也不深掘，他们说以前就是如此，只要在这块地任找一处即可埋葬，无须看风水。埋了一两年之后就要捡骨，只见木板都已泡水腐朽，只剩人骨，经过清水洗骨之后进行“洗骨葬”，这是第二步，就是将骨放入外面是棺，里头是“金斗瓮”的罐子，罐上有盖子，旧棺则予以弃置。洗骨葬时就须慎选地点，杨梅人通常选在靠近平镇交界一带的红土山坡底下平坦处放金斗瓮。挖坑埋葬金斗瓮后，就要做坟堆、立碑记，有些人就做了精美的墓塚。据当地人说，客家人都是如此，我不知道他处的客、闽人士是否也有类似的情形。这篇文章虽然篇幅很小，在当时看起来没有用处，可是因为没有人谈金斗瓮，就可以从这篇小文章中略知一二；而碑记、日记、笔记小说也可以提供一定的参考。

《一个虔诚者的拜历》，也是看见杨梅信佛、信神虔诚的老太太，在初一、十五及其他重要日子，或联合或个人，到庙里或在家里拜拜。我问过老太太每年、月、日要拜什么神，她们都仔细地告诉我，我就记录下来写成文章，也登在《公论报》的“台湾风土”版，这个版也是陈奇禄先生主编的。

（六）我的研究情形

傅斯年先生逝世满一周年时，史语所预定出版“傅斯年先生逝世周年纪念刊”论文集，每一组都要撰写文章报告各组的工作，等于以各组工作情形告慰傅先生在天之灵。我写的是《考古工作》，傅先生是五十五岁去世的，在古人五十岁以上都算是老人，但在现代算是年轻的，我就以史语所发现的五十五处遗址为本，述其概略以纪念傅先生。

《中央研究院历史语言研究所考古年表》（以下简称《考古年表》）则花了我不少心力。最初本来打算将《考古年表》分成两部分，一是研究院史语所的考古部分，一为中国自古至今的考古年表，打算附在史语所年表之后。我还在大陆的时候就写好一箱稿件，但是稿件全留在大陆未能带来台湾，在杨梅仔细思量后觉得研究院的考古是采用科学方法的考古，古代中国的考古涉及相当多的传说，也欠缺科学方法而未尽确实，便对中国考古年表予以搁笔，决心完成研究院的《考古年表》。写作时，我想到遗址调查发掘以后都有呈所的工作报告，我就以现成的工作报告为素材，简单述及参与人员、发掘所得，作为年表内容。我为此曾与李济先生商谈，他认为这份《考古年表》也等于是整个所的工作记录，有相当的价值，因此继傅先生逝世周年纪念刊之后，我倾全力写完《考古年表》，成书时请李先生作序。同仁们彼此商量，认为《考古年表》内包含调查年表、发掘年表、遗址包含情形等五表，有些提到还没有发掘的遗址情形，等于是提供日后的指引，并不愿对外公开，便决定不标价、不对外贩售，只限于所内流通。像教育部长张其昀先生以“极为重要”为由，极力向李先生索取，几经商量后李先生才给了张其昀部长一本，所以外人知道《考古年表》者极其有限。日后，这分年表也不若先前那般宝贵，外人可以向所索取后便遭索取一空。现在新进所的同仁看见器物都不知其来历，若是有了《考古年表》就可以知道编号来由，所以他们都复印一份保留在手边。像现在仓库的管理人员手上也还有这份年表。

刊于《台湾文化》的《台湾有肩石斧与有段石斧的经济阶段》，有肩石斧与有段石斧是不同的，台湾两者都有，福建也有很多石斧。金关丈夫曾经写了有关台湾的石斧的文章，我就以金关的材料为基础，来比较台湾、大陆的石斧，探讨经济发展的情形。

一九五二年，我因为没有出外调查，大马璘遗迹整理也告一段落，就比较少上台北，常待在杨梅写作。这段时间比较重要的是《小屯C区的墓葬群》，登在《史语所集刊》二十三本下，本文因为墓葬群现象复杂，用力甚多，耗时甚长。我把安阳发掘的重要部分经过整理归纳都写在文章内。从前的殷代墓葬相当零散，无法整理头绪，现在虽然不零碎了，可是有叠压、有排列，也有与基址有关的，我的研究还只算是初步工作，因为只限于小屯C区。这里的墓有一人葬、三人葬、五人葬、多至八、九人葬的，也有车的零件散落排列的车坑，器物坑等等。三人葬往右是五车，再来是五人葬、多人葬等，器物则在另一方，而马队用的弓又与步兵用的弓不同。最特别的是还有个小罐子，还有石头璧。因为车坑前头还有坑，里头的两人呈跪姿，也有以往未曾出现的象骨、龟骨等。而以前说过我们开坑有不同，以前做得很细密，后来就做得比较大，里头的东西也看得清楚，发现的现象也比较多。我就跟屈万里先生讨论是否这些排列与军事组织有关，车队就是其中一分子，一个车队有五辆车，一个车上有三人，并且是三人一组轮流上车。我们重建这个地区各坑的所有现象之后就发表了文章。

《新石器时代的中原》刊载于《大陆杂志》四卷三期，也是跟李济、屈万里两位先生讨论过才发表的，也差不多是我们工作的总结，以前也无人进行归纳。前人提到新石器时代有三种文化，一是彩陶，在地势较高的地方；一是黑陶，与拍纹合在一起，在东南地势较低的地方；一是灰陶，真正位于中原地区。三个不同地区来源的文化在中原会合，这在以前还没有人说过。李先生仔细看过之后也赞成这种说法。《记绥远的粮窖》在《大陆杂志》五卷十二期发表，《酒泉的制玉工业》则发表在《技与艺》，都是将以前西北调查的经历在台正式发表。

比较闲谈性的文章则是应《中央日报》邀稿所写的《案头考古学的缺憾》。我从事的是田野考古调查，有人则是坐在书桌前，对于地层堆积、叠压、器物分类都不清楚，光靠文献来说话，而且都讲器物部分。我就做了些分析，光照文献讲，没有层位观念，推论容易出错。有些会参考铭文，但也只适用于较晚的时期，更早一些的没有铭文，只有花纹可循，有人会讲花纹，有人不讲花纹而看器物形，只是器形虽有早晚期差异，但是分辨难度甚高。器形碰上了伪造问题特别复杂，若是碰上古董商为求增值所为的仿作，大致上还按照原器形做，只是假古董而已；若是碰到纯粹求新奇、增值所作的伪做，做了别出心裁的新器形，混杂在真的器形中，就可能误导研究者的判断，所以还是得有所保留，有人就有注意，也有未注意的，我就在文章中也做了些说明。

郭沫若先生是有参考一些田野考古资料的学人，并不算是案头考古学家。他流亡日本的时候听说董作宾先生在写殷墟第三次发掘的大龟四版时，就想尽办法向史语所要得资料，不久就完成他的著作《卜辞通纂》，一举成名。郭沫若先生推论古代是奴隶社会的说法对青年学子影响甚大，他根据马克思主义的观点，论断殷代是奴隶社会，也就认为殷墓的殉葬者都是奴隶。可是后来田野考古的资料多了，此说法就值得商榷，但是那是过去的事了。我作殷墟 C 区的墓葬群，那里的殉葬者就不是奴隶，而是军队，是有不同的。他被中共捧得很高，成为独一无二的人物，他曾说迁到台湾的史语所研究人员是“拿着金饭碗讨饭吃”。

郭沫若先生后来跟胡厚宣先生合作《甲骨文合集》，就是把所有的甲骨文收录出版，由胡厚宣先生实际负责，台湾艺文印书馆取得双方同意翻印出版，销路算不错的。对于研究甲骨文的人们很有助益。

《周都遗迹与彩陶遗存》的文章也于此时完稿，发表在《大陆杂志》

一九五二年的特刊上。我认为周都附近一带算是适合人聚居之地，所以从上古到现在均有人居，就形成彼此叠压的现象。

一九五三，在工作方面则发表了几篇文章:《陕西耀县的碑林与石窟》、《陕西长武县出土造像记》，均发表在《历史语言研究所集刊》，这些是就过去调查时手头上的笔记、照片，就记忆所及整理发表的。因为尚未开箱而无法进行新的研究工作。《汉唐的国都陵墓与疆域》发表在《大陆杂志》，这篇文章是因为我在陕西调查时，发现汉、唐、周代陵墓差异甚大，周代陵墓位于岭上较低处，汉代略高，唐代位于山尖，是最高的。这就与气派相似，唐代的西北疆域比汉代还要大得多。文章发表之后，傅乐成向我说:“这篇文章没有人能够写得出来。”我问他原因，他说未曾去过陕西，就写不出这种文章，只有亲历其境者才写得出这种介绍。以前的人光写汉、唐陵墓的情形，也没有考虑到疆域的情形。所以调查也可以扩大人的眼界，是很有帮助的。《河南安阳小屯殷墓中的动物遗骸》发表在《台大文史哲学报》，《台湾大马璘遗址发掘简报》、《台湾红毛港等十一遗址初步调查简报》（与宋文薰先生合作发表）均发表在《台湾大学考古人类学刊》创刊号。我另外写了本小书《中国的远古文化》，是应付授课之需，由张其昀主持的中华出版事业委员会出版，当时有限制，最多只能五万字，写的时候还要计算字数。内容写得很简单，不过也把过去民国时期的大陆考古成果、一九五一年后的台湾考古做了简略介绍，今天看起来当然是不够的。

一九五五年的我虽不够努力，也写了三篇文章《云南华宁瓦窑村的窑业》（发表在《中央研究院院刊》第2期）、《殷代的铸铜工艺》、《小屯殷代的建筑遗迹》（两文均发表在《历史语言研究所集刊》26本），这些都是以手头的材料、笔记整理而成。我自己立下一个原则，手工业发表于《史语所集刊》之外的刊物。因此第一篇文章与陶器研究有关，而材料取得相当不易，有发表价值，就遵守原则发表于《院刊》。第二文就是在长沙期间，利用几个月的时间把前人未曾整理过的铜范找出几项原则，这时重新整理稿件正式发表。第三文将各种建筑，如灰坑、基址、墓葬等建筑物分类，指出其性质差异。一九五六年，我发表《关中考古调查报告》于《历史语言研究所集刊》第27本;《记昆明的四种铜业》于《中央研究院院刊》第3期；与宋文薰先生共同撰写的《铁砧山史前遗址试掘报告》,《台湾大学考古人类学刊》第8期。《关中考古调查报告》是我做了一年的调查，着力甚多的文章，分量很重，占了当期集刊近半本的篇幅，此时正式发表。《昆明的四种铜业》仍然依照我前述的原则发表于《院刊》。铁砧山的试掘结果因为与台大有关，就在台大人类学系的刊物上正式发表。

（七）任教台大考古人类学系

台大考古人类学系于民国三十八年秋季创系招生，原第一班学生在三十九年都转系，不过还是有人转入，就是李亦园[①]跟唐美君[②]，二人成为首届毕业生。第二届学生有三人，包括张光直[③]、林明汉、任先民。李济、芮逸夫、高去寻等诸位先生都在台大任教，一九五二年秋起我也在台大兼课，教授四年级的“田野考古学”，教授田野考古的方法、测量、整理等等，也让学生辨识采集的标本。我也教学生如何运用测量的工具，以实际

① 李亦园（1931-),台湾大学考古人类学系学士、美国哈佛大学人类学硕士,专长文化人类学、比较宗教学。曾与多位青年学人参与《思与言》杂志社编辑，系列性引介西方行为科学理论到台湾。历任中研院民族所助理员、助理研究员、副研究员、研究员、副所长、所长，1984年当选中研院院士。著有《信仰与文化》等书。

② 唐美君，曾任台大人类学系主任，是陈绍馨的女婿，不幸因病过世。

③ 张光直（1931-2001),台北县板桥人,生于北京,为台湾白话文作家张我军次子。1954年自台湾大学考古人类学系毕业，1961年获美国哈佛大学博士学位。先后在哈佛、耶鲁两大名校任教，担任人类学系主任与讲座教授，1974年当选中研院院士，1979年当选美国科学研究院院士，1980年获选为美国文理科学院院士。张氏在1970-80年代之际来台进行高雄凤鼻头遗址研究。70年代时结合台湾学界，进行台湾自然人文的历史调查，这项涵盖浊水溪与大肚溪流域的“浊大研究”，内容包含地质与考古，是战后台湾大规模的整合型计划，更从中培养出不少新生代的人类学者。1986年推动台湾史田野研究计划，1988年台湾史田野研究室成立。张氏专长考古人类学、中国上古文明史，在国际学界享有盛誉，先后出版专书10余本，论文100多篇，其中《古代中国的考古》为大学教授中国考古学及上古史主要的教科书。参见 David N. Keightley, “Obituaries: Kwang-Chih Chang（1931-2001)”, The Journal of Asian Studies, Vol.60 Iss.2（May 2001）, p.619-621.

动手做为优先。

我只在有课时才上台北，其余时间仍在杨梅。授课的教室原先在台大人类系馆跟文学院之间的小教室一楼，后来转到二楼上课。我第一次去上课，因为平常不在这里往来，在教室门口碰到当时考古人类系三年级的张光直时，他也不认识我，还问我要找谁，后来报出名字来才知道我是老师。

讲田野考古方法的时候，我就把安阳开坑的情形，从第一次一直讲到第十五次的方法异同。高去寻先生在台大开设“中国考古学”，专讲考古发现的器物，虽然也会提到安阳，但是着重实物，不讲方法，不会与我讲课范围重叠。我也教学生如何分辨公尺、市尺、英尺，如何使用指南针，以及如何运用复杂的指南针测量深度、偏度、垂直。起初学生对这些大概兴趣不高，直到拿实物到课堂上，并教授如何调查、发掘、记载等等田野工作的手续与方法，例如讲到记录，我就把田野所有各种表格拿来让学生看，也让他们实际做记录，这样才提升了学生的学习兴趣。

田野考古分做两部分，第一学期是课堂讲授，第二学期是田野实习。田野实习是比较重要的，因为在课堂所学都必须到田野实习才见分晓。不过学生初下田野，也只是像安阳第一次一样的初步调查，还不知实际情况，就不能用像安阳十五次一样的复杂方法。到一九五三年春季一开学就进行田野实习，实际上在寒假期间、尚未开学前我就带领学生先做短时间实习，功课结束后再进行一段实习。这是因为先前的时间太短，只是做个例子而已，功课结束后就要再做一段时间，也可以做较长时间的遗址发掘，针对前人调查过、值得发掘的遗址做发掘。这些都是要让他们能够在外从事考古工作，田野只不过是考古的一部分，学不会田野就无法考古。在发掘之前，李、唐二人都要学做毕业论文，他们就与李济、高去寻两位教授学习，我不负责毕业论文的事。

（八）尖山实习、首次环岛调查

第一年的实习地点选定从前日本人在台湾曾经调查但未发掘的桃园县大园乡尖山，国民学校比邻而设。先前曾在圆山发掘，这次就选尖山，看是否会有不同的现象。尖山是军管地区，平民无法自由进出，国校附近就有驻军。我们到达时询问岗哨卫兵，得知要先获得驻军司令的允准才行，我就和司令商量，说我们从事考古工作，要带学生来此地实习，希望获得其同意。他当时不了解考古，任我费尽口舌都不同意。我听到司令操着北方口音，就问他过去在哪里服务，他说曾在西安做过防空卫戍工作，我就谈起到过西安、参与西北史地考察团的往事，他还记得史地考察团的相关报道，以及政府曾下令保护调查团的事，我就告诉他西北史地考察团也在做考古的工作，他知道我的工作性质后，就改变态度、同意我们在此考古。

我们先到国民学校勘察环境，要先上座小山转好几个弯才行，山本身比圆山略大些、并不高，视野相当宽广，离现在的大园机场也不太远，所以军方才会在此驻兵。我们询问学校是否有空间以进行整理，学校愿意在星期天的时候借空教室给我们，租住在邻近学校的军队岗哨附近的空屋，我，唐美君、李亦园两个学生，宋文薰助教四人同住。我家虽然住在杨梅，离大园不远，可是因为考古工作早出晚归，也不方便回去。做田野工作就是要真正住在田里，我也希望这样地训练学生，好习惯这种生活。

刚去的时候天气还好，就在学校附近的半山腰上开了两三个坑观察下面的情形，谁知道以后连日天雨，只能待在租住房内，颇感无聊，就常讲故事、讨论别的问题。正巧岗哨的卫兵中，有位潘瑞常在门口听，也加进来聊天，家人带给他一本《古文观止》，希望他闲来无事的时候可以读书。潘瑞把这本书借给我们看，下雨时我就讲起《古文观止》中的文章，他也听得兴味盎然。晚上的灯光不亮，可是潘瑞不站岗的时候，就会有固定几天过来，希望我选几篇文章来讲解给他听，讲完之后他还会发问，相当好学。

实习规定，如果挖掘的材料不多的时候，两个星期可以回家一次，材料多的时候就不回家。我们的材料并不多，因为天雨工作时间不长，所以也没有用上学校教室进行整理。当地出的东西有小石斧、灰陶片、黑陶片等等，搜集的资料不太多，因为待在尖山近三星期的时间中，工作两三天就一直下雨，下雨天数多于工作天数，搜集的文物也不足进行长时间整理，只是让学生了解田野工作的实际情形，如何发掘、搜集材料。这时正值寒假，国校开学之后，大学也要开学，田野实习就告一段落。

我当初也不知道潘瑞的姓名，事隔多年之后，在三四年前，潘瑞来找吴文彬，吴向他提到我在史语所工作，潘瑞就说起以前在大园听我讲过《古文观止》的事情，后来潘瑞来见我，我才知道潘就是当年的卫兵。潘瑞听了我讲书之后对读书感到兴趣，后来升学进修，毕业之后分发到南部的加工出口区，在主任秘书任上退休，他问起其他人的下落，我告诉他没有人做到像他这么大的官。有许多人的求知欲很高，像潘瑞是个很有志气的人，就有后来的成就。我们虽然在尖山的收获有限，可是因为我们的影响，可以让一个人弃武从文，日后也从政，也算是意想不到的收获。

在考试完了之后，学生等于已经毕业，我再带学生出去做较长时间的调查工作，算是考古人类学系的第一次环岛调查，成员与上次相同。出去调查与发掘情况不同，在发掘时就从杨梅带了小平板仪，好做测量图、坑位图。调查的随身装备讲求轻便，以画图本、皮尺、照相机、指南针最为重要，如果遇到一处遗址就可立即来制作简单的轮廓、地形测量图，太过繁重的平板仪就不便携带。我们身边都带着一个装备包，以及随身换洗衣物，宋文薰先生因为跟随日本人国分直一、金关丈夫等人进行过多次调查，经验丰富，所以有大背包，较大的器具都在他那里。宋的发掘经验是在后来的发掘工作中累积的。

五月十六日从台北出发，我们调查沿海地区，预定环岛一圈。每到一地后就先与当地县方的文献会联络，请派向导指引，县文献会对于县内文物古迹的研究是文献记载的，虽然与考古调查不尽然相同，不过现在的古迹下也许堆积了先民的聚落，提供了可能的线索，因此其协助仍有必要。首站到达新竹县竹北地区的红毛港，从形式看应是不错的港湾，但已淤塞，不再是交通路线，只剩下渔船停泊。新竹素以多风著称，但是此行碰上难得一见的大雨，只能大致观察形势，捡了一些陶片，证明以往有人居住过。

第二站到达苗栗后龙附近，靠海的新港，当时要调查沿海，有时虽然会走铁、公路线，有车可坐，不过大部分都是依靠步行，平常去看的人也很少，这里也找到一点陶片。刘枝万先生听说考古人类学系进行环岛调查，就从南投赶来苗栗与我们会合一起工作，他因为经常跑文献会，与各文献会的人熟识，对我们的调查助益甚大。

我们在台中略作停留，没有进行调查，就到台南城北附近的六甲顶、三分子遗址，这两处日本人曾进行调查，我们根据日本人留下的线索再行调查，也是想寻找合适的遗址进行日后的发掘。这两处位在市区附近，虽然没有人发掘，但是来往者众、难以找到遗物，不过还是有点陶片。当地文献会黄典权[①]、石阳睢（很有学问，是当地名人，为前成大教授石万寿的伯父）非常帮忙，也介绍很多台南汉人建筑古迹给我们。二十日即到达高雄，在文献会人员带领下到寿山找寻遗址，唯无所获。寿山也是军事要地，下面是西子湾。再到半屏山，后来变成开采石灰的矿山，东、西均有陡坡陡壁，两处都有遗址，只是西边的遗址比较容易找到陶片，东边因为坡临农田，就找不到东西，后来就被水泥厂买下，一片片地采走，真正进入历史了。

南下到屏东恒春城、垦丁进行调查。垦丁那时只是海滩，没有什么设备，人迹也不多。我们沿着海边寻找痕迹，看见不少海里的蚌壳，并不是先民吃过的，其次跑到高地寻找，再跑下来到珊瑚礁山洞一带查探。山洞里有蛇或其他动物，所以当时也不敢进入查探，只敢在外头看看而已，也找到点石斧、陶片，是这次调查找到东西最多之处。我们觉得那里形势不

① 前成功大学历史系教授。

错，日本人曾找到石棺，后来就让台大的李光周发现遗迹了。

再前往玛家村三地门一带调查，不只是考古调查，也是民族调查。三地门从前居民不多，后来山上陆续有人搬下来，现在人就多了。我们在山下略作休息，李亦园说他身体不好，无法爬山，唐美君的身体比较好，可以上山，谁知道李的健康后来比唐还要好！于是李亦园留下，我、宋文薰先生、唐美君三人便上山往玛家村去，山路可行牛车，不过我们全靠步行。当时天气很热，走到山底下热得不得了，正巧山底下有个相当大的水池，水是从山上流下来的，水池可能是浇地的，或是有禁忌的，我们第一次来都不清楚情况。宋文薰先生、唐美君汗流浃背，就在休息的时候，一见四下无人，就脱下衣物到水池游泳去了。我不会游泳，就坐在旁边休息，游完上来之后觉得还有体力，就继续走，就在快上坡的时候，忽然下起一阵大雨，浑身衣物湿透，幸好附近有间小学校，我们就冒雨跑到学校避雨。本地人就说大概是有人动了池塘，才会下起大雨。很巧合的是唐、宋下去游泳之后就下了雨，我们才知道当地人的禁忌与迷信程度之深。

玛家村的居民是排湾族，这里是其老祖宗的发祥地，有故事说祖先来到这里，找到看蛇的工作，蛇下了蛋之后吃掉自己生的其他蛋，只留下一个蛋，从中出来一个女孩子，她敬拜太阳神，因此村民都敬拜太阳神。我们在这里是调查村内的建筑。我曾经参与瑞岩调查，也一直想进行其他地方的调查好做比较，玛家村正好可以作为比较。玛家村有座破屋，没有房顶、墙，只剩下房基，村民说是村内最早的房子，在头目过世之后，房子倒塌后没有再修盖，成为村内的圣地。房址呈长方形，还有数根石柱，东向，南北均有门与柱，南边的柱虽然断了，但还立着，北边的柱就倒塌、残破了，可是上头有个圆洞，村民说就是太阳。村民说法的真实性不得而知，我觉得可能是与建筑方式有关。另外，屋子底下铺有部分的石板。我们就根据现存形式画了测量图，作为成绩。玛家村虽然位在山上，但离城市不算太远，因此有不少居民，从当地还设有小学即可知。

我们二十三日回到屏东，二十五日就到达台东，拜访文献委员会的刘桂林先生，他领了我们看几个地方，首先到一处海口，是台东往绿岛的港口，先民可能也在此上岸。其次到卑南遗址，属于居住遗址，遗址圈的背后是山，后来发现的墓葬离居住地很远。著名的月形石柱位在王家的后院，原有的石台阶也还在，只是破了。石槽通常是用来喂猪的，也有人说是通往屋的台阶、梯子等等。我们初来就很少见到石槽，后来听连照美说已经没有了。

看完卑南遗址之后转到台东海边的都兰卡沟，我们是从台东走到都兰的，当地也有一所学校，附近有小旅店可住。听人说卡沟是在学校西北边的沟，挖沟时发现了石棺，石棺就在路旁无人看管，也被踩过已经破掉，我们去的时候就略做整理。我们在校园里看见花台，有大圆石片，中间有洞，日本人说是从前的钱，也有人说是粮仓底下防鼠用的。粮仓一般有四柱或三柱，上有小屋子，有的柱上头有大小不一的圆石头，有的是扁形石头，就是防鼠板，原住民现在还有木制的防鼠板。石棺的分布很远，大马璘、垦丁、都兰都有石棺，石棺的用途似乎不一。后来第二次才知道山上有整块石头打出来的石棺，位在路边，后来都被人搬下来，一个差点被日本人买走，幸好被县政府拦截，现在收藏在省立博物馆，另一个在县的教师会馆门口。我觉得石壁可能是现代的而未予注意，后来才知道石壁的特殊性。我第一次看见的东西都倍觉新鲜，有的知道，有的不知道，要听人说了之后才去找到、看到。像花莲的三仙台，以往可以让人从上头走过去，现在都已经沉入海里了，后来政府才修了可以跨海走过去的桥。沿海的居民经济情形大多不佳，我在海边也见到了船。

从都兰到花莲，找骆香林先生（《花莲县志·史迹篇》的作者），他擅长绘画，曾从画家的观点说过，台湾的山上树木像毛发一样茂密，很难用任何手法描绘，因此台湾的山水很难画。花莲多地震，听文献会的助手说，人碰到地震的时候，心思往往纷乱，连在最熟悉的家里都分不清楚方向。他带我们去他的家里看，平常闭着眼睛都知道楼梯的位置，可是地震的时候上下震动，头都昏了，怎么都找不到楼梯，所以地震也是花莲蛮讨厌的东西。我们到花莲之前就先看了坪林遗址，位在火车站对面的山上，风景不错，出土的蛇纹岩也是主要的矿脉，台湾玉也出在这里，也有人做过遗址调查，我们也捡了不少东西。

文献会带我们在花莲看了在花莲女中旁边、范围其实不大的花岗山遗址。知道花莲市内有遗址时还让我们极感新奇，这也是此行最后调查的遗址。这次出去到六月六日就回到台北，从花莲途经宜兰回台北时，我们借宿宜兰县文献会卢正先生的家，他说了不少文献上记载的近代宜兰古迹，日本人大概也没有调查很多的宜兰遗址，我们就未多做调查，也没有找到石器。从五月十六到六月六日，共二十一天，调查十二个遗址。

（九）大甲、圆山实习

考古人类学系第二班有任先民、林明汉、张光直三人。这一班的田野工作也是在二月进行，地点在大甲溪附近的码头路，在溪附近的高地上发掘。我们住在大甲镇上，每天上山去找遗址，这里就靠我们自己找的。我们打算中午在山上做饭用餐，不打算下山，大甲当地只有罐头可买，就带了罐头上山，到了中午，正好发现了人骨，心中相当兴奋，手上沾着泥土，没有水可洗手，就用手巾擦一下手，再打开罐头准备吃饭，只闻到阵阵臭味，原来是罐头发霉了，我们只好饿着肚子继续发掘。晚上回到镇上，我们用纸头包好骨头，装在包里带回，我们也绝口不提。因为旅馆有忌讳，如果给旅馆知道了，就绝对不会让我们住的。我们就把人骨紧紧包好，藏在床底下。第二天要继续工作，我们也没有在离开旅馆的时候交回钥匙，只说为了方便进出，想把钥匙带在身上，实际上是怕旅馆清理房间的时候发现人骨，会增添许多麻烦。张光直爱写文章，就把发现情形投稿到报社，报社在大甲镇有特派员，可是都不知道我们在此发掘，直到张光直的稿见报后才晓得。后来才转到铁砧山发掘。这次调查、发掘的地方都不多，因为第一次调查时间太长、走得太远，这次就决定只在大甲作发掘，最后也算是有些成绩。

在铁砧山调查的时候，在野外忽然看见了蜥蜴类的生物，看到人会跳起来追逐，宋文薰先生有丰富的野外经验，知道它有剧毒，人千万不能被咬到，一看见它只有闪避或打死它。我也只有在这里才看过，台湾其他地方都没有。

在一九五四年四月进行第二次圆山发掘，作为毕业田野。第一次是在圆山东边、养梅花鹿的附近，归圆山管理处管辖，不必特别交涉，发掘也算是台北文献委员会的事情。第二次则是圆山西边，是军管区，西区的大门设在公园那里，发掘前必须先取得驻军同意，山坡下也有条路通往驻军指挥部，设有岗哨，只有驻军才可以通过。我那时就跟岗哨说好，抄山坡的路走到指挥部去交涉。我到了指挥部跟业务负责人商谈，说曾经发掘过圆山东边，这次发掘西边，特来知会一声，他很干脆地同意了。我走出司令部预备开工了，见到以前尖山防炮部队的负责人，彼此略微寒暄，我只当他是刚来的客人，走到岗哨问了士兵，才知道此人已经换防到圆山当部队司令。我立即折回再去拜会司令，彼此相视而笑，觉得很有缘，并笑称以后我到哪里发掘可以事先通知，让他当开路先锋。他告诉我现在换防来圆山，也许日后我们又在某处发掘相遇。发掘地会经常与防空地区有关是有原因的，因为考古要找古人的居住地，而古人居一定要避水，因此有点高度的小山最为合适；而小山又因为视野很好，具有国防价值，军队也会驻兵，所以我们才经常会与军队打交道。

这次的发掘方法也有不同，每个学生分到一块负责地区，开坑之后任先民、林明汉就做出土深度、文物数量的记录，记得很清楚。张光直则作了一个一公尺方的坑，一个两公尺方的坑，做坑内深度、出土种类与数量的比较，他兴趣盎然，便对圆山很了解，也知道这里与东边的情形不同。

在圆山发掘有项禁忌，就是发现文物后的进一步发掘，就要挖土与堆土，可是土常常流到山坡底下，土块经常滚得很远，以前东边既无人又空旷，比较没有关系，可是西边有军队司令部，我们就怕土块滚到司令部一带或路上，造成驻守士兵的困扰，所以要很小心。事后的发掘记录都让学生来整理，也是一种学习。

（十）树林狗蹄山实习

第三届考古人类学系的学生有丘其谦、陶树雪、许世珍，后两位是女性。实习地点在树林镇狗蹄山遗址，在镇西，狗蹄山底下有间小学，遗址位置就在小学附近，这里也是日本人发现的。我们看了遗址认为值得发掘，即展开工作。遗址位在山区的缓坡，所以可以工作。我们后来才知道树林除了有小学以外，还有酒厂、镇东的中学，因为我们只在小学附近活动，没有多走动，中学的校长还是河南大学第一班毕业生，是我的同学，毕业后分到辉县办师范成绩卓著，调教育部办事，是李敬斋的侄儿，跟他见面时也听到当地不少文献古迹之说，也知道他很注意地方文献，只是与考古没有多大关系。

以前的发掘像从杨梅做到大园，可说是从南向北，这次则是从北向南，至于十三行发掘都已经是比较晚的事情了。发掘地虽属山坡，但上有平地，等于台地一样。这次的同学与以前不同，有两位女生，另外丘其谦是教过几年小学之后才读大学的，跟前几届从小一路读上来的学生大有不同，因此跟小学生很亲近，我们也与小学的交情很好，当我们洗陶片、标号，有小学生在旁边看，丘其谦还可以安抚他们。这一次的天气也很好，所以可以开比较多的坑，有东西向、南北向、灰土坑，可以用平板仪测量坑位跟出土物，也有相当丰富的材料，以及很大的石器，所以师生都很高兴。树林离台北很近，可以靠火车往来，再加上这届有女生加入实习，要租屋还得租两间，因此我们并未像以往实习一样住田野。这两位女性后来结婚，陶树雪、许世珍去了美国，没有再从事考古，只有丘其谦留在学界。

在狗蹄山发掘后，听闻平地的砖瓦厂附近有遗址，因为砖瓦厂要取土，就发现土的断面有灰土，曾经前去调查，这表示树林除了狗蹄山之外还有其他遗址，只是没有那么值得发掘而已。

以往几届的实习因为材料太少，无法进行整理，这一次材料较多，所以回校后可以让三个学生做整理，并撰写报告，整理完毕之后，他们也粗略地分类，写了一份简单的报告。总之，因为机会的关系，遇见了好的遗址，所以成绩比起以往要好些。

（十一）东海岸调查

一九五六年的田野实习学生只有第四届的黄勋臣，我跟宋文薰两个老师带着一个学生做毕业考察，所以培养大学生的成本实在是太高！记得黄勋臣个子矮胖，毕业后似乎没有留在考古界。我们三人坐车到一间国民学校，再步行走到东海岸的大港口休息，准备从此地回头考察，此地是秀姑峦溪入海之处，交会口有一小岛，很像长江口的崇明岛。水流很深，有小船通行，黄勋臣会游泳，衣服一脱顶着高高的浪头，自己游上岛，我跟宋两人坐在岸边看着他游，他虽然游上小岛，可是一无所获。我们再考察位在山上的大石槽，下头有塞子，约一人身长，应该是岩棺。山上也有房屋遗址，将山上的石头交错堆放、加上小石柱充作桩组成。后来下山到一农家住宿，发现农家下头一床一铺，一进门的形式是先见木桩、再见铺着榻榻米的地板，与山上石屋遗址大致相同，只是更现代化而已，我们就推想农家的木屋应是传承于山上的，山上的民族移居山下。不过我们并未打探当地是何族原住民，实在可惜。附近的学校还在路上捡到一块大石盘，也是原住民留下来的，被校方就放在校门口的圆圈中作为装饰。一行人下山后，行经东部的车路上，发现因车经常辗压道路而露土的石棺，就此知道东部也有石棺。此次调查大概就是这些发现。

回来之后，并未特别撰写文章，只在《台大考古人类学刊》刊载消息提到遗址调查情况，这一次只进行调查，没有发掘，所以也没有捡东西回来做整理。

（十二）大甲调查

一九五七年，我忙于南港的工作，一来不愿意跑远去台大上课，二来台大的学生也只有一二人，像一九五六年由两个老师带一个学生去田野实习，外人会想成是出外游玩。一九五七年的第五届考古人类学系学生，主修人类学的学生未修田野实习，只有修考古的杨君实、再加上历史系的潘武肃来修课。潘武肃是湖北人，除了历史之外也对考古有兴趣，参加过一九五七年的台中大甲调查，上课跟作田野找人骨陶片都很认真，大甲那里找到几座墓葬。不过与其说他喜欢考古不如说是更喜欢玩，此后并未听闻毕业后走上考古嘛！我们出外调查，会找民家或饭馆包饭，潘极爱喝汤，一碗接一碗地喝，但是民家的汤煮得不多，潘又一直讨汤喝，后来就在热水中加点食盐、味精充数，潘照喝不误。我碰到几个湖北人都有类似的嗜好，也算是趣闻。

杨君实读大学年龄较长，经济情况也还算不错，所以提个皮包来上课，曾被学弟误认为是来授课的教授。既然学生不多，我在中研院既要做研究，复因李济先生经常不在所里，由我代劳处理琐事，所以也不便跑台大，因此就让学生到史语所上课。南港没有遗址可发掘，我就让杨先去仓库认东西，当时开箱的文物不多，所以并不困难；再做调查测量练习、平板仪调查练习，所内有不少仪器，我给杨君实一副罗盘针，要他测绘与记录会议室、仓库、研究大楼、东大门到旗杆间的道路形式等在地图的方位分布，对刚学测量的新手非一两天可完成，也够他忙的。我教他先用皮尺确定自己在标准姿势下的步伐长度，日后才能有换算公尺、英尺的基准可循。他的基本功学得不错，后来台大毕业后留校任助教，不久即来史语所做助理员。

一九五八年我忙于史语所的事情，并未在台大兼课，可是考古人类学系的芮逸夫、高去寻、宋文薰诸先生先后出国，芮的系主任职由凌纯声教授代理。高去寻教授担任课程“中国考古学”无人授课，凌主任就请我代高先生授课，因为情形非常我就同意了。凌主任进一步要我再兼田野考古，让学生在毕业前有机会实习，我只好答应了，于是我一九五九年又很忙了。

（十三）大坌坑与十三行遗址发掘

一九五九年三月，观音山下的石头显示有铁的痕迹，不知道是被铁敲击，还是有铁矿反应，还是铸铁等，有人找上台大地质系的林朝棨[①]教授，林先生就希望与考古人类学系一起去调查观音山附近是否有铁矿，我们与台北县文献会的盛清沂联络后，由林朝棨、我、杨君实三人于三月二十一日到当地调查，结果发现附近的十三行、大坌坑遗址，考古人类学系找到两个遗址，自然相当满意，有无铁矿则是另一个问题。凌主任希望系上学生能在台北附近作田野实习，我就选定以这两处遗址作为实习地点。这一届的学生比较多，有两女四男共六人：丁洪学、王崧兴、徐人仁、石磊（石璋如子）、凌曼立（凌纯声女）、陈清清（陈绍馨女）。其中有三位是系上教授的子女，在台大也不多见。

① 林朝棨（1910-1985），字戟门，台中县丰原市人。1931 年台北高等学校毕业后，获保送入台北帝国大学理农学部古生物学科，为该系首届学生。1934 年毕业后留校任助教。1935 年入台阳矿业株式会社任地质师，从事探勘油田、金矿等地质探勘。1937 年为逃避日本征召，匆赴伪满新京工业大学任教，未久转任国立北京师范学院（后升格为大学）教授、主任，曾掩护学生从事抗日地下工作。1946 年返台任教台大地质学系，利用寒暑假与假日带领学生到野外考察、实习。1952-54 年借调至台湾省建设厅任专门委员兼矿务科科长。1957 年与王超翔等人发起成立中国地质学会。1963 年发表之《台湾之第四纪》等文，奠定台湾第四纪地质之研究基础。1967 年获得日本东北大学理学博士学位。1968 年在台东长滨进行地质调查时发现八仙洞有旧石器文化层，即会同宋文薰、连照美等率领田野工作队从事发掘，证实该地为台湾首次发现的旧石器时代文化遗址。1970 年发起成立中华贝类学会。1973 年主编《中山自然科学大辞典》。对台湾地质、地形、矿业均有所专研。林铭章，《林朝棨》，《传记文学》，卷 65 期 5（1994 年 11 月），页 147-148。

三月十八日一行人先到当地理解情况，由本省人王崧兴出面交涉，看见一家门口附近灌木丛围篱旁边堆放许多陶片，我们猜想或许与遗址中心有关，便登门请教，屋主前来应门知悉来意后，说他家孩子出痘子不见生人，不准我们来。我们无奈只能拿着公文到镇公所交涉，镇公所帮我们出面再交涉还是不行，有不少人在旁围观，说附近地势稍高的荒地，陶片比民家还要多，原来那里是附近民众弃置犁地所得的陶片之处，我们就决定在此发掘。到三月二十八日前都在近海的十三行工作。我让学生各负责一坑，并教授记录、画图，租下一栋道路边、离工作地较远的楼房做休息处以及夜晚编号陶片的工作处。后来楼上装不下这么多陶片，经人介绍转到一栋尚未开张的车库堆栈做整理，也住在这里。

有一天，学生发现侧躺的人骨架，旁边有个罐子装满琉璃珠，再旁还有人头，算是一大发现。本地人说，出天花的孩子就是被鬼魂骚扰才得病，这个白发小老头（我年龄不大已有点白发）很厉害，能找到人骨架驱走了鬼魂，小孩病就好了，所以大家不能再与考古团作对了。这时候的地方人对于鬼魂还是很相信的。

大坌坑工作于较晚的四月三日结束，大坌坑靠近观音山区，我们原想或许在那里有铁矿，可是在那边的史前遗址与十三行完全不同，两者时间相隔甚远，由于实习期有限，我们只能做一个开始而已。

台大有个习惯，就是毕业生要办谢师宴感谢老师。而这一届学生有三位教授的小孩，像凌曼立是凌纯声教授的女儿，所以谢师宴最后还是主任来办，陈绍馨教授就笑称谢师宴“应该是主任来办，这是主任请主任”。当天老师、助教、学生都到了，由凌纯声代主任主持谢师宴，酒喝完以后，凌先生还问大家是否同意再买酒来喝？这是因为自己请自己，所以也希望大家能够痛快畅饮。

（十四）隘寮调查

台大考古人类学系芮主任想请我继续兼课，我说系上出国短期进修的教授均已回国，本不愿意继续教课，但是为了应付学生田野实习的需要，仍从十月七日学校开学后再开一年课，让三、四年级合班上课，此后我就不教这门课。当届四年级学生有金在先、陈瑞丽、王人英、陈秀霞、谢继昌、宋龙生、阮昌锐、柯恩庄、严棉、吕承瑞，三年级有吴燕和、陈春钦、蓝天益、杨福发、王乃川、许嘉明，这些学生毕业后也不一定从事考古。

我最后一次开田野实习课，是在二月十日同宋文薰先生、学生十二人分批至台中转集集支线到隘寮站，到隘寮遗址，计划实习十天。遗址位在火车站北方的小山上，从山坡爬上山，一路的门牌都是“隘寮大石巷”，我们找到大石巷四号的陈鹏家，请他将空厢房五间、另加牛房、猪房租给我们。所谓牛房、猪房是原先养牲畜的厕所，后来都搬迁了，只是维持原空间。女学生另外住在一处，彼此房间都有隔间，也有厨房、储水池，只是水源有困难，也缺洗澡间。在此又碰到刘枝万先生，他就带着我们到处看看，先察看水源，发现各家均隔出自用的水源池，他人不可擅取，而水源是从山缝流出，村人再将竹竿打通相连作为水管，将水引入水池。从大石巷下去二十米，有地方可以取水洗衣服。我们得从水源池取水爬上山储入储水池，因此要节约用水，早上用的洗脸水集中起来浇灌植物，这种生活与先民生活的差别只在于先民没有储水池而已。

这里只有一点地在种农作物，在住处之北有块较平坦的空地，便决定在此开坑。我们测量地形时，原来只带了一个旧平板仪，再加上小经纬仪，就觉得设备不够，希望再借平板仪，班上的吴燕和跑去附近的学校顺利借到了，于是器材算是够了。工作首日，我们请了几位工人，陈家三位女儿也担任工人，陪同女学生工作，由大姐、二姐帮忙开坑，三妹拿测量方向的标杆，结果一天下来，因为测量时标杆不可随意移动，她就嫌太累、决定不干，就换性情稳重的大姐接手测量。

一开坑就发现下头是砾石层，于是稍微转到较高处再开坑，就发现陶片，越往上、接近水源，陶片越多，陶片有绳纹陶、黑陶片，另有石斧子。第二天、第三天就累积相当陶片，我就教授如何洗、编号、分类、包装等田野手续，然后我暂时离开先去买箱子预备运回陶片，让宋文薰先生接手。期间学生做了两千分之一的测量图，到十六号完成，十七日我就教授各种照相技巧，因为当时照相并不普遍，像水平、垂直照相、层位照相、出土现象照相等都要教。十七日以后我又离开、回来台北处理二十一日研究院的展览会相关事宜，让宋文薰先生接手。这个展览会是为了即将召开的院士会议举办的，另外也跟胡院长商谈下一年度拟邀请小尾郊一来台担任访问学人的相关事宜。

（十五）授课方式的更动

一九六二年春天，台大开学。以前教课都是教授在台上讲，学生在台下作笔记。由于学生毕业要作毕业论文，大家都在讨论如何作。通常硕士班会有一位老师指导，可是大学部学生对于选题、如何写作论文等概念都不清楚，于是我们商讨出一个办法，就是上课的两个钟头中，第一个钟头由学生先提出问题，第二个钟头由老师作答。后来觉得不太合适，因此决定每个人都要写一篇文章，三年级离毕业还早，四年级则迫在眉睫，于是就先让他们确定题目，四年级先报告，三年级后报告，再让大家进行讨论，这样对学生作论文也有帮助。提早确定题目，是为了学生的题目万一发生重叠，还有时间更改。这种在大学部进行教学变通的办法，是个很新的尝试。我在日本京都大学看见讨论会的形式，就在台湾部分仿照这个办法实行。虽然这是一件小事情，可能这些学生也忘记提什么题目了，我还留下一份记录，按照时间先后顺序排列，可以让其他人参考一下：

因为时间的关系，有的时间有两人报告，三月二十四日报告人有两位，宋龙生《仰韶与龙山石器的比较》、阮昌锐《殷代的陶器》；三月三十一日为谢继昌《台湾的史前文化》；四月七日为陈瑞丽《殷代的陵墓举例》；四月十四日为王人英《殷代的雕刻工艺》、金在先《殷代的铸铜工业》；四月二十一日为陈秀霞《殷代文化的特征与遗址的分布》；四月二十八日为王乃川《汉代的陶器和漆器》；五月五日为许嘉明《战国的陵墓举例》；五月十二日为陈春钦《春秋战国的铜器》；五月十九日为吴燕和《略谈佛教的造像与壁画》；五月二十六日为杨福发《隋唐的都邑举例》；六月二日为蓝天益《战国时代的陶器》报告，当日外籍生柯恩庄则未提出报告。学生报告题目从仰韶到隋唐，只有吴燕和谈佛像与壁画，学生的题目大多与我课堂讲义的大纲所列举者有关，自行找像中研院的报告作为材料，再加上自己的意见汇集成文章。学生在报告前要先赶出文章，也要视课堂上讨论的情况，决定接受意见与否，进行修改，最后再交给我。我后来没有再教课，所以不知道这种情况有没有改变就是了，不过这是我在教学生涯中，一项比较大的改变。我在一九六四年又在台大代了一次课，与前次不同的是改由我讲课，题目也必须由我定才行。五月台大考古人类学系也有十二位毕业生：陈中民、谢剑、黄士强、许泽民、陈静远、李真理、王德先、陈两全、李锺毓、林瑞光、于彳亍、赵明华。

九、对中研院、史语所重要活动的回忆

（一）中国历史学会成立

中国历史学会于一九五四年三月间正式成立，是由各大学历史系与中研院史语所、近史所（筹备处）等机构合作成立[①]。记得第一次的演讲是由姚从吾[②]、沈刚伯[③]等资深史学工作者演讲，都没有年轻人说话的机会。

---

① 中国历史学会第一届理监事会成员包括：胡适、张其昀、方豪、钱穆、李济、姚从吾、罗家伦、蒋廷黻、萧一山、劳干、郭廷以、刘崇鋐、张贵永、董作宾、毛子水、朱家骅、李宗侗、凌纯声等。

② 姚从吾（1894-1970），河南省襄城县人，原名士鳌，字占卿、存吾，后改名从吾。1917年中华大学预科毕业后考入北京大学文科史学门，1920年北大毕业后考入北大国学门为研究生，1922年赴德国柏林大学留学，专治蒙元史与史学方法论，并留心中西交通史，1928-31年任波昂大学、柏林大学讲师。1933年返国入北京大学历史系任教授，讲授史学方法论、蒙古史、辽金元史，1936年兼任历史系主任。抗战期间曾奉命于西南联合大学筹组三民主义青年团支部、组织国民党西南联大党部，1946年随北大复员，次年任河南大学校长，1948年当选国大代表，同年将第二批故宫文物运抵台湾，1949年起担任台湾大学历史系教授，1958年当选中研院院士。姚氏论著经门人编辑为《姚从吾先生全集》。林正言，《姚从吾》，《传记文学》，卷49期6（1986年12月），页134-135。

③ 沈刚伯（1896-1977），湖北省宜昌县人，1917年毕业于国立武昌高等师范学校，1924年考取湖北省官费，留学英国伦敦大学攻读埃及史及英国史，1927年返国后曾任教于武汉、中山、中央、金陵、政治等大学。1948年应朱家骅力邀应聘至台湾大学，兼任文学院长暨历史系主任，于傅斯年过世后曾短期代理台大校务，1969始辞文学院长兼职。1954年任中国历史学会首届理事长。1970年当选中研院院士。1957-72年间在哈佛燕京学社赞助下，与李济共同主持中国东亚学术研究计划委员会，此会系国科会成立之前奖助人文、社会科学研究之机构。沈氏论著辑为《沈刚伯文集》。林正言，《沈刚伯》，《传记文学》，卷46期4（1986年10月），页140。

（二）第二次院士会议

一九五七年四月二日至四日举行第二次院士会议，正式召开前已经开过几次非正式的谈话会，本次会议在史语所举行，并无院士选举。开幕当日，蒋“总统”还亲自来到史语所会议室致词，所方也倍感光荣。这一次院士会议只有朱家骅、吴大猷、陈省身、凌鸿勋、李先闻、王世杰、李方桂、李济、董作宾、萧公权十人与会，吴大猷与陈省身当时尚在美国工作。这十人正好涵盖数理（陈省身、吴大猷）、生物（李先闻）、人文（王世杰、李济、董作宾、萧公权）领域。院士会议曾议决一些条文，不过与史语所并无关连。

（三）朱院长离职、胡适先生接任经纬

我受李济先生的委托，协助他处理所内事情。一九五七年夏天，由于天气炎热，又没有外人，尤其在星期六快下班、星期天的时候，同仁常穿着拖鞋、汗衫上班。八月四日星期六，是个闷热的阴天，下午五点多蒋“总统”突然偕同蒋夫人、带着随扈来到院里，大概是要找朱家骅院长的麻烦，蒋一行人抵院时，院方已经下班了，多处门房深锁，卫队直接到所上，就碰到还没回家的严耕望先生，严先生先请一行人至会议室暂坐，随即来找我告知上事，我才刚到家脱下衣服，马上穿回衣服出来。我到所时只见到蒋“总统”一行人已出所的背影，无法对他们有所招待，谁知道这样就出错了。中央研究院有固定的上班时间，蒋“总统”来所时已属下班时间，不能说中研院偷懒不上班。后来不知道有谁说了什么话，朱家骅院长就在

十一月辞职。

有人说，蒋总统对朱家骅在民国三十七、八年跟代总统李宗仁合作的往事还在记仇，我想这就跟王世杰先生从总统府秘书长下来是一样的。朱家骅先生辞职、胡适先生正式就职前，由史语所李济所长代理院长职。朱先生辞职之后，中研院召开评议会，评议员提出三个人选：胡适、李济、李书华，“总统”就圈选胡适先生。做过驻美大使、北大校长的胡适先生，抗战时帮了中国不少忙，政治上坚决反共，四十几年大陆清算胡先生，台湾眼见大陆批胡，于是就捧胡，使台湾与胡先生合拍。若非大陆清算胡先生，以他的自由派立场，“总统”也不太放心的。当局既然有心安排胡先生出任中研院院长，自然就要虚位以待，朱先生必须辞职。

胡适先生在一九五七年底获蒋“总统”任命为中央研究院院长，胡于一九五八年始回国就职，胡先生在解决美国的私务回国之前，经胡适先生推荐、蒋“总统”同意，由李济先生自十二月中起代理院长职。一九五八年四月十日，胡院长的就职典礼在考古馆举行。“总统”当天也到场致词，讲了很久，对胡院长提倡的五四价值、自由主义在褒中有挖苦之词，胡院长一发言就说“总统你错了”，台下立即鼓掌，没有几个人敢说这句话的。

（四）一九五八至一九五九年间所内动态

一九五八年是史语所成立三十周年，所上虽然不举办所庆，可是预备出版论文集，我就告诉同仁准备写文章供论文集之用。我除了忙论文集外，也忙着考古馆的相关事宜。史语所的考古馆于一九五八年初落成，有两层楼，每层各有两个单位，上头两个单位要做陈列室，下面的东边单位做技术研究的研究室，西边做仓库。多人参与后续的内部布置工作，特别是管理标本的李光宇，在二月底就要把标本运往考古馆仓库。因为胡适预定于四月回国参与院士会议并就职院长，必须在三月十一日前完成西边陈列室布置，在短时间内就要完成开箱、作展示柜、制作展品说明等工作，届时好提供参观，使得工作非常紧凑。在就职典礼前又增加了新的任务，就是考古馆楼上一定要加小便池，因为“总统”泌尿系统不好、常跑厕所，而位于大门楼上的陈列室的原始设计又是没有水管的，于是委请建筑顾问关颂声想办法解决，这也是一段小插曲。

在第三次二届[①]院士选举中，史语所的劳干先生获选为院士。院士会议之后，胡先生再请假回美国六个月处理事情，再度由李济先生代理院长职，李先生要负责兴建胡适的院长住宅，经费不是公家出的，而是由总统拨出特别款项兴建，大家在兴建时有个共识，就是关颂声的设计都是以平地为基础，像考古馆虽有两阶台阶，一修路就只剩下一阶，又像是位于路边的员工住宅，道路面高于住宅，下雨时雨水就往下冲，在南港不实用，这都是我们的经验谈。因此这时就建议变更设计，屋子一定要高过路面，不然会淹水，所以胡院长住宅就高于路面三到五台阶。

李济先生代理院长时聘请了史语所研究员、台大法学院教授全汉升出任总干事，全氏负责将总办事处迁来南港，在会议室办公，在南港上班的人就多了。院方在六月九日举办庆祝会，发餐券给全体同仁，让同仁携眷来吃面，每人发个寿桃，就像办人的生日一样，这是以往所无的。在南京的二十周年院庆，有大型酒会等活动，这次就单纯得多。

胡适先生回国后随即召开院务会议、评议会，通过一个案子：在史语所成立甲骨研究室，由董作宾先生主持其事。考古馆的落成让史语所有充足空间来做甲骨研究，所以才会成立甲骨研究室。就编制而言，成立“室”而非“组”是因为在组织规程中“室”可大可小，大者可与所平等，小者可附属于所。不过这时我们也没有想太多。一九五八年初，李济所长、管标本的李光宇、画图的技术士都先后迁入考古馆，像现在东南角的颜娟英女士办公房原预备做技术室。董先生要回来的话，研究室就得安置好，而取出甲骨研究也要有空间放，甲骨也归属于李光宇所管的标本，所以甲骨

① 因为第二次院士会议没有选举，有院士选举就称“届”，无选举称“次”。

文研究室就安排在考古馆。于是在一九五九年时，董作宾研究室就安排在李济研究室的对门，就是考古馆进门后右手上去第一间。房内有一张大桌子与几个书架，陈设简单。甲骨文研究室成员为屈万里、张秉权、刘渊临几人。

由于中研院当时只有考古馆算是比较好的房舍，因此第四次第三届院士会议仍在考古馆举行，会议时间从一九五九年七月一日开始。那时院士名额不像现在这么多，而人文组院士选出三位：凌纯声先生、杨联陞先生、刘大中先生。

（五）中研院动态（一九六一至一九六二年）

中研院在一九六一年至一九六二年间有几件大事，第一件是蔡元培馆落成启用，由胡院长在美国募款兴筑，要让世界各地学人来华期间有地方住宿，等于学人宿舍一样。胡院长最初委请关颂声设计规划，打算每一间都是套间含浴室，后来觉得太浪费空间，就变更设计，集中一处设男、女浴室、大型洗手间，只留下一处较大的套间供携眷者使用，但是也没有浴室。第二件大事就是早期的眷舍只有两户有抽水马桶，一九六二年就让其他户也装上抽水马桶。

第三件大事就是公路局通车，原本南港是靠小铁路煤车、或步行来往。这时胡院长与北县公路局交涉，以方便同仁的交通，于一九六一年九月一日正式通车。胡院长先作讲演，然后剪彩。第四件大事就是筹建傅斯年图书馆，从胡先生就任中研院院长之后，开始将纪念性人名作为纪念馆、建筑的名字。第五件大事是傅斯年奖学金正式设立，胡先生出了力，报名者甚多，经过审查后有三位学生获得奖学金：中文系于大成、考古人类学系吕承瑞、历史系曾野。第六件大事是十月三十日举行胡院长住宅落成、胡太太回来台湾欢迎会，下午在美而廉举行，参加者包含总办事处、化学、数学、动物、植物、史语、民族、近史等单位同仁及眷属一百八十人，就非常热闹，至今记忆犹新。

（六）促进中日学术交流

一九六〇年我前往日本京都访问研究（详后），赴日期间，王梦鸥、陈奇禄、吴相湘、某留英人士等几位先生都来过京都，暂住我处，与平冈武夫[①]熟识，均赞成学术交流。我在京都时，花房英树[②]经常参与平冈举办的定期讨论会，平冈就与我提到双方学术交流的事情，当时大陆虽有夏鼐、刘燿去过日本，但日本学者因手续烦琐，尚不便去大陆访问，跟台湾的交情还不错，就希望来台湾访问。我回国后曾跟胡院长商量此事，他乐予玉成，台湾无法提供经费赞助，只能请他们住要付钱的蔡元培馆，其他支出必须让在战后重建上已有所成的日本负责，像天理教就有提供类似奖助。胡院长因为与入矢常有通信，对于日本的中国研究有所了解，也批示

① 平冈武夫（Hiraoko Takeo），生于1909年，1933年京都帝国大学中国哲学文学科毕业，1939年起任职于东方文化研究所经学研究室，该所于1948年并入京都大学人文科学研究所，任职该所担任教授至1977年退休。1950-56年任该所中国古典校注及编纂组组长。1966年赴台湾大学、东海大学讲授中国经学。1970年参与《世界大百科事典》中国哲学部门修订。撰有《经书的传统》、《唐代的诗》等专著。征引自严绍璗，《日本的中国学家》（北京：中国社会出版社，1981年），页301-302。

② 花房英树（Hanabusa Hideki），生于1914年，早年毕业于广岛文理科大学中国文学科，1945年参加东方文化研究所工作，1948-55年间与平冈武夫等人在日本各文库进行白氏文集版本的全面调查，1950-56年参与中国古典校注及编纂组工作，整理白氏文集。1958年起任京都府立大学教授。1974年参加《世界大百科事典》中国文学部分修订。撰有《白氏文集的批判研究》、《白居易研究》等专著，并编有李白、白居易、元稹等诗歌索引。征引自严绍璗，《日本的中国学家》，页181-182。

同意日本学者访问。第一批通过了花房英树跟小尾郊一[①]，花房先来台湾，一九六一年十一月十七日，日本学者花房来华访问一年，是中日正式学术交流的开始。

到阴历年（一九六二年二月间），花房想环台游览一周，可是我正忙于田野实习的准备工作，无法陪同，就由王梦鸥陪同，于二月七日出发游台。我田野实习忙到十七日，就回来台北处理院士会议展览会相关事宜。胡院长身体不佳，平日住在台大，很少来南港，第四次院士会议举行的二十四日，上午是院士会议，下午是茶话会，院长将亲自与会。花房听闻胡院长要开院士会议，就向我表示，因为胡院长身体不佳，一直未能见面，他想当面向胡院长表达玉成来华访问的谢意，我就想利用茶话会的时候帮花房完成心愿。不过当天因为在场的人实在很多，胡先生又要讲话，因此花房在茶会上只跟胡先生略作寒暄，无法深谈，胡院长当天就过世了。

（七）胡适院长过世及其丧事

一九六二年二月二十四日当天，史语所同事陈盘（盘庵）先生当选院士，自然相当高兴，也立即同胡先生合照留念。下午茶会的时候，胡先生身体不佳，但精神不差，亲自主持酒会、讲了一段话，众人情绪皆佳，凌鸿勋、李济、吴健雄、吴大猷、刘大中就接着讲话，胡适再作结语。茶会散会之后，我跟高去寻、陈盘两位先生一起走，走过现在的胡适纪念馆一带，只听到“哗”一声，就未再听到声音，我们没有深究，继续走回家。

① 小尾郊一（Obi Kōichi），生于1913年，1941年广岛文理科大学汉文学科毕业。1945年任东方文化研究所助教，1946-52年间先后任职广岛文理大学、广岛师范学校、广岛大学，从事六朝文学研究，1959-77年间任广岛大学文学部教授。1962年参加《诗品》综合研究。1970-74年参与《世界大百科事典》中国文学部分的修订。1976年任《文选集注》综合研究负责人。撰有《中国文学中所表现的自然与自然观》、《文选》（日译并注释）等著作。征引自严绍璗，《日本的中国学家》，页518-519。

李济先生由于吃得不多，就找了董先生、我一起去吃晚餐，李先生就说胡先生不好了。后来又听人说胡先生躺下、不行了。我们赶回去一看，胡先生已经躺在地上了，因为胡先生常住台大、也在台大医院看病，就赶紧找到台大校长钱思亮，请台大医生来诊治，医生急救到十一点多，就宣布没有救了，送到医院去吧。因此胡先生就在二十四日过世[①]。这天天气晴朗，没想到也是胡先生的忌日，真是悲哀。

二十四日晚胡先生的遗体即送林森北路上的极乐殡仪馆，到三月一日开放瞻仰遗容。胡先生由于为人和平，力主研究院应该与南港旧庄的民众睦邻而居，跟各界人士都有往来，跟拉洋车的也是好朋友，所以瞻仰遗容时有很多人前来。停灵处也是同日决定。三月二日公祭当天，有七十五个单位致祭，个人更不计其数，从早上开始，到下午四点钟才回到院里，沿路上还有民众在路边摆出香案、燃放鞭炮，就好像妈祖出巡时的礼数一样。回到院的大门口举行迎灵式，由李先闻先生做主席，之后就抬到会议室停灵。

其实在会议室停灵，也是有过一番意见的。在胡先生过世后的第三天，二十六日就召开了小规模的治丧委员会，出席者都是院内各所所长，有化学所魏岩寿、民族所凌纯声、植物所李先闻、动物所梁序穆、近史所筹备处郭廷以，以及总办事处秘书万绍章。这时大家商量要李先闻负责院务，这时李先闻先生才说出全汉升辞去总干事一职之后，胡先生就物色李出任总干事，但李以有高血压宿疾、健康不佳为由推辞。李先闻先生很后悔地说，如果他答应了胡先生的邀请，胡就不会说太多话，也就不会过世。

治丧委员会曾提出几个问题，停灵处、坟地问题、胡先生的抚恤金、胡太太生活跟居住的问题、是否要募捐等等，都是日后讨论的主题。由于极乐殡仪馆不能长期停放遗体，在院内找地方停灵就是当务之急。第一处是原史语所旧图书馆，搬迁后成为仓库。图书馆的名字比较好听，治丧委

---

① 据台大医院魏火曜医师的诊断是“先生久患心肌阻塞症，因兴奋过度，心肌阻塞导致心室震颤。心脏失去了输送血液的功能，心跳越来越弱，终告不治”。胡颂平，《胡适之先生年谱长编初稿》（台北：联经出版公司，1984 年），册 10，页 3902。

员会跟外界人士，特别是北大系统的人士，一听说要停灵在仓库，群起反对甚力，提议就告吹。第二处是史语所对面的会议室，当时总办事处已经搬到数理馆，为近代史研究所筹备处使用中，因此郭所长不赞成用这边。第三处是胡院长住宅，可是大家一想起这不是研究院出钱、是由"总统"拨出专款兴建的，此时又已封存，预备日后作为胡适纪念馆，总干事杨树人也明言不宜使用，因此也不成。经过一番商量，以及北大系统的压力，郭廷以所长同意停灵于会议室，近史所筹备处搬到仓库办公。不过郭先生仔细想过，仓库的空间比起会议室更大得多，会议室虽然名称好听，其实空间有限，所以他最后才同意交换。停灵处在三月一号算是解决了。

胡先生灵榇回院之后的第一夜守灵，因为不能把房子关起来不让人致祭，也说不过去，就由邻近的史语所轮流支援。三月二日前半夜由屈万里、高去寻，后半夜由陈盘、石璋如负责，主要就是要维持灵前烛光长明不灭。三月三日白天有人上班，总办事处就可派人守灵，由于热头的丧礼已过，来的人比较少，晚上人又多了些，晚上前半夜是管东贵、王恒余、徐高阮，后半夜是胡占奎、杨君实、陈文石负责。三月四日是星期日，前半夜为刘渊临、陈仲玉，后半夜为严耕望、汪和宗负责。三月五日星期一开始，我们请总办事处万绍章先生找专人来接手。到了三月六日星期二，全省县市议长前来吊祭胡先生，院门口挤满游览车，让我们奇怪胡先生跟议长也有这么大的交情啊！

治丧委员会接下来要考虑坟地，以南港附近为考量。看坟地因为是大事，第一次就有陈雪屏、杨亮功、钱思亮、杨树人、李先闻、胡太太等人到场。第一次是河西的山头，山势还不错，不过经估价做道桥就要三十二万，院方没有多余预算支应，此地便属不宜。再来蔡元培馆底下的坡地，比邻以往未修浚的四分溪畔，一来局面太小，二来下雨天有可能因为河水泛滥而淹水，也不宜。又有人看上河南一处大转弯，中间是看地的茅草屋，也是怕淹水。胡太太则提了福山公园背后北边种茶的福山，现在有座庙的地方。由于这里离院稍远，大家下午才去看，看了之后觉得山稍陡不宜。晚上谈论时，觉得数理馆旁边附近、胡适纪念馆的空地，就是现在的喷水池一带，因为天线在上头经过，就没有盖房子，或许很合适，第二天实地察看，觉得经过规划，后面是纪念馆、前面是墓，就像台大傅园一样也不差，可是地点仍然悬而未决。

另外出了大门的山上也有一处公有地，当时有位工友王冠球就自行盖屋住了下来，我们没有办法处理公有地的事情，就请教育部长黄季陆跟公家交涉。王志维在最早研究院买地的时候看过，所以很熟悉地方，朱家骅先生看中两处，一处是蔡元培馆一带的山地，但因朱先生觉得山地西向风水不佳而未买；另一处是现在的庙一带，一字圈，坐东朝西。王冠球因为公有地要做胡墓而迁居，领了补偿费，发了笔小财，一字圈以南据李福人称是其私有地，修墓时他明言不可让出，因此修墓时就要远离其地。茅屋所在地就是现在的胡适先生铜像。经过许多程序以后，直到七月才说定，当即进行墓地修筑，有让治丧委员会出面，实际是胡院长生前的秘书王志维负责，他在胡院长过世后才转到总办事处服务。

施工期间我去看过几次，就是去观察地层堆积。这里地层两公尺到三公尺是黄土层，三公尺以下就是风化的石头，由于墓地只挖到四公尺就停止，并未挖深，因此山上虽然可见暴露的石头，可是地层下真正的石头则未曾看到。墓地的修筑是先挖了坑，再用水泥砌成隆起，再作通道的台阶，所以设计的平地就比土地还高。

凌纯声所长主持三月十四日的院会，决定几件事：一、胡适宅成为胡适纪念馆；二、登报征集胡适信札；三、民族所大楼（在现在总办事处位置）更名为胡适馆；四、院内刊物出纪念专号。后来第三项决议虽已通过，并未真正执行，后来成为朱家骅纪念馆。

治丧委员会也要处理胡适纪念馆的用途，为此开了好几次会，到六月六日的会议，建议保留书房、卧房原貌，大门进屋内厅堂处挂上胡先生的照片；史语所设立研究胡先生的胡适研究室；坟上要设胡适纪念堂；中研院在和平东路设置的联络站取消，原屋提供胡太太胡江冬秀居住。七月时，正式成立胡适遗著整理委员会，主其事的主委是北大毕业、胡先生的学生毛子水。

八月十九日去看墓地的时候，就已粗具规模，十月十日再去看，就已接近竣工，之后就要开始筹备安葬工作，首先是灵堂前兴建牌楼；其次是从灵堂到墓地沿路两旁要搭棚，以提供参加者签名与避雨；第三是胡先生的墓志铭，刘渊临将之拓片交治丧委员会保存；第四就是事务分工，灵堂、墓地、路边都要分派人手，路边有个餐厅，现在已经不在了，当南港下雨的时候，小棚子容纳不下太多人，餐厅就可能是来宾的避雨处，因此也需要人手。十四日，墓地的顶棚就已搭好，挂上蒋“总统”亲笔题的匾额，墓志也放进去了。

十月十五日正式安葬。餐厅一带特别安排了张秉权、黄彰健、王宝先、我四人，像黄部长、行政院长等到场时，该如何安排座次，都是我们要负责的。没想到当天来宾要么就在灵堂，或者到会议室对面的研究大楼去，路上也有很多人，餐厅反而一个人都没有，我们几个变成无事可做。十五日早上的雨势不小，没想到九点半以后雨就停了，因此就很顺利启灵至墓地，十一点半就放入墓穴、盖棺，进行告窆式。李济所长、王世杰院长就讲了几句话，葬礼便告结束。参加跟参观葬礼的人实在很多，山上也挤满了人，备极哀荣。

王院长上任后任命阮维周当总干事，阮想到胡适住宅虽然要改做纪念馆，但是还有足够的空间可以供总办事处使用，便预备把总办事处搬过去。葬礼之后同仁听说了办公室的事，报纸上也登出来了，于是就以陈盘院士为首连署反对，共有八十人连署。在十月十八日的院务会议中就讨论这件事情。我因为牙疼未出席院务会议，其他人都去了，在会中提出这个问题，大家发言反对，因为胡适住宅不是中研院出钱盖的，中研院无权使用它嘛！当日院务会议就决定胡适住宅是单纯放胡先生遗物的纪念馆，不做办公室。

（八）王世杰先生接长中研院

料理胡先生的后事之后，中研院评议会提出三位新院长人选：吴大猷、王世杰、朱家骅，总统圈选王世杰先生为新任院长[①]。其实蒋“总统”早就安排好了，圈选只是个形式而已。四月二十八日王世杰先生就职，仪式非常简单，不到一小时就结束，与胡先生就职时的时间真是差太多了。

这时院里的房子盖得比较多了，各单位不像先前都在史语所附近；也因为王世杰院长不把院长室放在数理馆，而改在民族所，所以他与史语所的关系就比较远，与民族所比较亲近。有人曾听王院长亲口说，他不在数理馆办公的原因，是因为去数理馆（现在物理馆的位置）要经过高压线底下，他觉得很危险，所以才要把院长室换位置。而进大门之后直接进离门近的民族所，也比较方便。

朱家骅院长的时代，移开一条高压天线，只因经费不足，无法移掉另一条。继任的胡适院长并不管这些事，到王世杰院长的时代，建筑已渐渐增多，移不掉剩下的高压线了，像后来新设的欧美所附近也是有高压线经过。王院长既然移不掉高压天线，人总可以搬家吧，所以就搬动院长室。王院长时代也新盖了总办事处，在民族所后面，底下是总办事处，上面也设有院长室，包括一间套房跟洗手间，院长可以在里头休息，设备很好，不过王院长从未进去那里一天。后来这间总办事处就是现在的合作社。

总干事办公室离院长相当近，可说是院长重要的助手。王世杰先生接任院长后，任命阮维周做总干事，他还有前任杨树人的服务印象。杨树人不接受院内为他买的车，也不坐院长公务车，只坐交通车。星期天还会来

① 据王世杰于1962年5月31日日记条，“嗣余在再三向评议会同人说明不愿候选，评议会于正式开会时，推出吴大猷、朱家骅及余为三位候选人”。《王世杰日记》手稿本，第7册（台北：中央研究院近代史研究所，1990年），页1。另据李永炽监修、薛化元编纂之《台湾历史年表》则载王世杰于4月28日就任中研院院长。

院里看看，总干事、总办事处都还是为院里办事的。阮接任总干事后，一星期的晚上还会住蔡元培馆一两天，不过后来也辞职了。

继阮维周接任总干事的是专长公共卫生的袁贻谨，他扩充了旧宿舍，以及新建植物所后方的宿舍，也有所建树。袁贻谨为人一丝不苟，设计的时候，还想按照等级、眷口数做划分，像史语所那时有陈盘与高去寻两位院士，陈的家眷比高多，因此眷舍就是独栋的，高去寻跟身为研究员的我在同一排连栋屋，就预备多我两坪，但是这样的规划给设计师带来不少困扰，因为设计图要考虑全局，牵一发而动全身，不能忽多忽少，后来基泰向袁如实反应，袁才放弃这种规划。宿舍还是由基泰设计，设计不差，经费也很多，监工人员可能有收受贿赂，于是房子用的材料太差，砂子多、洋灰少，根本不沾黏，在墙上钉钉子就会掉下一大片洋灰，房子盖得很不好。第二年刮台风的时候，张秉权那里的三连栋房子墙壁就被吹垮、断开，砖瓦砸下，幸好大女儿跟二女儿及时躲在床底下未被压伤，非常危险。后来总务主任薛世平离职后，负责接收的杨光华为人很负责，现场勘查之后决定拆掉重建。杨与陈履安有交情，不久之后就离开中研院，先转到国科会，后来做了以辞修纪念基金成立的辞修中学的校长。杨光华离职后，再由王志维接任。

王院长上任后，中日学术交流的事情依旧继续办理，花房英树跟小尾郊一是首批人选，胡先生还在世的时候，小尾希望能够提早来华访问研究，我就跟胡先生商量，还未完全谈定时胡先生就病了，胡先生过世后我跟万绍章商量，胡先生知道事情，但尚未作批，是否要继续办理，万说既然知道，应可继续办理，提早来华不成问题，就援花房前例办理。我们写信告诉小尾可以来华，以及胡院长过世的消息，他很高兴能来访问，就在胡先生过世不久、玉象出国展览之后，小尾即于一九六二年三月二十九日来到台湾，当时花房尚未回日本，两人还同在研究室一段时间，均住在蔡元培馆。花房于四月间去了香港一趟，于五月六日回去日本。花房跟小尾虽然对经学都很有研究、都很喜欢游山玩水，但性格仍有不同，花房很爱交际，小尾并不爱交际，特别用功搜集资料，他们在史语所的图书馆也都很用功。

（九）第二届亚洲历史学家会议

一九六〇年冬天在菲律宾召开第一届亚洲历史学家会议，当时由亚洲各国决定，会议每两年举行一次，第二届会议在台北举行，这是在中国所举行过最大规模的国际会议。早在一九六二年五月二十五日，因为这是全国性的大事，就由“教育部”出面召集筹备会议，由“教育部”长黄季陆主持，出席者多为各单位代表，像近史所张贵永①，台大历史系沈刚伯、姚从吾，中央图书馆长蒋复璁，台大文学院长方豪，文学院的陈维纶、张乃维，民族所凌纯声，台大考古人类学系芮逸夫，史语所石璋如，“教育部”司长刘先云，历史博物馆包遵彭（馆长）②、昌彼得、陈奇禄、万维英、宋曦、王德昭、柯树屏、吴祖禹等亦与会③。由于黄部长事务繁忙，事先已经先说好由张贵永先生主持，因为张先生英文很好，在台大、师大都有兼授西洋史课程，由他主办最为适合，这决定事先并未告诉我们，与会者当天再同意由张先生主持。

① 张贵永（1908-1965），字致远，浙江鄞县人，生于马来西亚槟榔屿。进入清华大学就读后转赴德国留学，1933年获得柏林大学博士，再赴英国研究，1934年返国任教中央大学，曾任系主任、史学研究所所长，教授西洋史。1948年赴英国讲学。政府迁台后至台湾大学历史系任教，并担任中央研究院近代史研究所研究员。1965年受邀至柏林自由大学客座，主讲中国思想史与中国近代史，于是年冬季病逝。著有《张致远文集》等。陈哲三，《张贵永》，《传记文学》，卷28期5（1976年5月），页121。

② 包遵彭（1916-1970），安徽省定远县人，字龙溪。先后肄业于复旦大学及政治大学。1940年起历任三民主义青年团安徽支团筹备处三组组长、中央团部编审、海军总司令部新闻处长、中国青年反共救国团文教组组长、幼狮通讯社社长，1955年受命筹备国立历史博物馆，1956-69年担任历史博物馆首任馆长。1968年起至过世前出任中央图书馆馆长。包氏曾获教廷封为额我略勋爵。著有《中国海军史》、《中国青年运动史》等书。林抱石，《包遵彭》，《传记文学》，卷38期1（1981年1月），页143-144。

③ 列名筹备委员者计有：张贵永、张其昀、张隆延、张乃维、陈奇禄、蒋复璁、方豪、萧一山、柯树屏、凌纯声、刘崇鋐、刘先云、罗家伦、毛子水、包遵彭、芮逸夫、沈刚伯、石璋如、姚从吾。见《第二届亚洲历史学家会议论文集》（台北：1963年），页iv。

“教育部”的刘英士，非常能干，就跟张贵永先生出主意，内部要先分几组筹备事项：论文组要决定向谁邀稿、负责论文等相关事项，由姚从吾跟我主持；议事组负责对内对外的事务，让年富力强的陈奇禄、与图书馆人士主持；事务组负责财务筹款、一切杂事，由张乃维主持；接待组组长让包遵彭出任；秘书处由陈维纶出任。在筹备期间是以事务、议事、论文三组任务最重要。论文组很快就要决定向谁邀稿，让议事组提出邀请。我自己除了向人邀稿之外，也要写一篇论文。我们并未限制题目，因此邀稿者多就自己所研究的专长提出论文，篇幅长短不一。

当天也决定，会议地点将在省立博物馆，因为省立博物馆外观气派，同时接近台北车站，交通非常方便。而筹办处的地点，也考量交通因素，中央图书馆、历史博物馆二单位在植物园，台大、师大也在市区内，所以决定设在台湾大学。

第二次筹备会是商量与议事组有关的事务性事项，我就没有出席。第三次筹备会在七月十一日举行，多谈论论文相关事项，决定大会将于十月六、七、八、九日举行，因此时间上相当紧迫。原定讨论事项是论文，可是会中改成讨论财务，因为是“教育部”负责出钱，就由“教育部”职教司的李振云报告预算与财务，决定印成单篇论文在大会上发放，除了邀请来宾以外，旁听者也可以获得论文，就跟现在一样，不过这在那时已经是一大创举了。

我这个论文组除了自己写论文以外，自己没有收过一篇稿，反而是主持人张贵永先生经常跑进跑出地催稿、收稿。到八月二十八日都已经差不多了，收到的论文也多进入三校阶段准备付印，不再接受修改，下来就是陈奇禄先生的事情了。这次会上张贵永跟陈奇禄可说是最忙碌的两位先生。

九月三十日，《中央日报》刊登消息说十月六日亚洲历史学家会议亦将在台北召开，内容就是把议事组的单子抄上去而已，公布了有十三国、与会者一百五十三人，本国九十九人，外国的五十四人中，包括菲律宾十六人、新加坡七人、美国跟日本各六人、韩国与香港各五人、澳门、泰国、琉球各两人、越南、加拿大、吉隆坡均一人。后来实际与会者比报上说得少，共一百五十人，本国增加成一〇二人，外国学者减少成四十八人。同报道也提及议事规则与论文的概略题目。我因为素来只看《中央日报》，至今依旧如此，所以我只看到《中央日报》刊载相关消息，不知道其他报纸是否也有提及。

开会之前一日的十月五日，《中央日报》又刊出消息，第一届大会上所选出的会长柯培拉（Domingo Abella）、秘书长柯斯达（Horacioa de la Costa）神父已到台湾，每天都去会场，也与张贵永、毛子水等人日日长谈会议该如何进行的事情。另刊登一条消息说，葡萄牙籍的泰克塞拉（Manuel Teixeira）神父与"本国政府"洽商，盼以葡籍身份与会，获得"政府"同意补助，已于九月间来到台北。我想刊载这些新闻的用意，不外乎表示这次会议是国际性的会议，议题广泛，有这么多历史学家愿意参加的意思。

五日下午还有一次临时会议，就是处理开幕当日报到的事情。事务组事先准备好发给与会者的小包（有论文与名牌），我们再检查有无遗漏，也先领取了自己的一份。

十月六日会议开幕日，《中央日报》以一千一百余言的长篇社论《对亚洲历史学家的希望》指出：来自各国的历史学者，本着探求真理的信心，共同研讨亚洲各国以及其相互间的历史，并且交换研究心得、资料与方法，此种学术界的盛举，足以增进亚洲民族彼此间的了解，同时有助于各国间文化的交流。

十月六日天气阴，南港下了小雨，台北天气略佳。八点五十分报到，九点开幕，由张贵永先生做主席致词，然后进行"总统"致欢迎词，蒋"总统"虽未亲临现场，但要在场宣读欢迎词，张贵永先生也同时宣布本次会议名誉会长是蒋"总统"，名誉副会长为副"总统"兼"行政院长"陈诚，陈诚也以行政院长身份到场致词，九点四十分就顺利结束开幕式。

十点开始进行会议论文宣读，由菲律宾柯斯达神父、新加坡的札神父担任会议主席，都是英文论文，不过名字都翻成中文，由于会中宣读论文甚多，因此主席就是宣布每人宣读时间多久、控制会议进程而已，也不用说太多话。我没有入场聆听，不过会议手册上都有刊载议事表。发表人、论文题目为:（新加坡）奈恩《亚洲过分都市化与劳力的分散》、（美国）奥哈拉《亚洲大都市的特质》、（泰国）苏蒙耶狄《曼谷市》、（新加坡）威廉《早期新加坡》，都与都市化有关。午餐由黄季陆部长请客，原预定在中国之友社，改到三军俱乐部举行，吃得不差。

下午是分组讨论，分中文、英文两组，两点三十分开始。中文组：虞君质《东南亚佛教艺术的考察》、石璋如《先史时代的台湾与大陆》、朱云影《中国衣冠文明对于日韩越的影响》、包遵彭《郑和下西洋之宝船考》、原定罗香林发表的时间改由凌纯声《华南东亚及中美洲的树皮布的打石棒》替代、黄嘉谟《美国早期对于台湾的认识和接触》、（日本）岛田正郎《远东地区水田、旱田耕作与游牧民族间家产承继制度之比较研究》。英文组：（菲律宾）沙弗勒《菲律宾殖民时代的行政系统》、（葡萄牙）泰克赛拉神父《葡萄牙和西班牙人早期与婆罗洲的接触》、（新加坡）崔黄宁《英占北婆罗洲的历史因素，菲律宾要求其为领土诸问题》、（澳门）皮尔斯《澳门最早警察》、黎东方《马六甲的缔造者 Parameswara》、何炳棣《明清统治阶级的社会成分》、陈绪纶神父《万历年间的北京城》。当晚由台北市市长周百炼在台北宾馆做东举办晚宴，宴后在艺术馆观赏平剧:《古城会》、《拾玉镯》、《金山寺》，共三折戏码。

当晚《中央日报》的石敏来访问岛田正郎、何炳棣、简又文、石璋如，访问登在翌日报上，我会被采访是因为写了与大陆有关的文章，最后刊登我的访问部分比刊登我的文章还要多。记者会访问何炳棣先生，是因为何在留学考试中抡元，诺贝尔得主杨振宁还只是第三名而已，在诺贝尔热时候意义更为特殊，所以风头颇健①。简又文先生研究太平天国多年，记者亦熟识他。报上都有刊载他们的文章。曾任教河南大学的李先闻老师素知我研究殷墟，读到报纸之后还问我做起台湾，是否改行了？我就说这是从考古附带引发的问题。

七日是星期日，上午是参观行程，参观台大、中央图书馆、历史博物

---

① 何氏曾来台湾住过一段时间，跟胡适院长相谈甚欢，执礼甚恭。

馆。我们在南港的都先去中央图书馆参观珍本藏书，有些人兴趣缺缺，也有兴味盎然者，再去史博馆转一圈，十一点就有人宣布参观国防研究院，是文武职官的受训场所。国防研究院的地址就是现在的阳明山中山楼，那时是盖得很漂亮的现代式建筑，礼堂豪华，装有电气设备、幻灯片、留声机，是为了“总统”讲话时可以使用，也在此听了十分钟简报，我们这些在山下授课的教职员看到这些设备，顿觉山下学校礼堂之不足。这里因应山坡地，下面是斜坡，采阶梯式建筑，地面光滑，我不小心还摔了一跤，以为会受伤，幸无大碍。我想那时没有几个机关像这里是这么有钱的。

中午在餐厅用西餐，到这里参观的一百多人，只占餐厅中人数的一小部分，可见餐厅之大。学建筑的、后任教文化大学的卢毓骏以“中国建筑”为题发表演讲，带了不少模型讲解。饭后大家参观图书馆，是中国宫殿式建筑，藏书有十二万册，两层楼的上面是书库，下面是阅览室。因为我们常去中图、史博馆不觉新鲜，这里却耳目一新，所以看得很仔细。之后再到中国文化研究所参观，另一个山头当时就正在兴建中国文化学院之中。

下午继续英文论文，我没有参加。晚宴由国防研究院院长兼中国文化研究所所长张其昀招待，在侨园请客，也吃西餐，这里有相当大的草地，令人印象深刻。

八日上午有英文组，也有中文组，不过我没有参加。议程为：陈绍馨《在西班牙占领菲律宾、荷兰人占领台湾时汉人如何殖民》、吴景宏《泉州与菲律宾贸易的兴衰》、曹永和《明末中国的海外贸易》、琉球照知《十九世纪中叶传教师在琉球》、韩国金海草《早期经中国传入韩国的基督教》、（日本）宫川尚忠《清末教案总考》、赖永祥《历代宝案——琉球外交方面文书集成》、（日本）市川健次郎《古代日本水田耕作的问题》、（菲律宾）柯士达《1760年英国占领马尼拉》、卫惠林《台湾土著社会组织的结构》、李亦园《台湾土著各族社会宗教构成》、刘枝万《华南与台湾的瘟神信仰》、王萍《Alexander Wylie对中国数学的影响》（英文稿）。

中午在静心乐园请吃中餐，由七院校合请客。下午来中央研究院参观，来了三辆车，分停图书馆、考古馆、民族所。大家先到胡先生灵堂献花，以后就是自由参观。李济先生也在蔡元培馆作专题演讲，中英文题目——《中国人类学上的几个问题》“Some Anthropological Problems of China Reconsidered”均已预先公布，到场者很多，因为李先生的题目与讲稿都是英文，不过在场的外国人少，所以是用中文致词。

晚上王世杰院长在圆山饭店金龙厅请客吃中餐，比起静心乐园自然是气派得多，不过静心乐园的方法比较好，一桌一个主人，大家随便坐，坐满再另找桌。我们的主事者求好心切，用了院士会议的老办法，把宾客名字写了牌子预先安排好，让大家按序入座，没想到这次人太多，不像院士会议才几个人，因此天下大乱，许多人找不到自己的位置。所以，这一点算是个失败。

九日上午宣读论文，三位主席是蒋复璁、萧一山跟我。前二人事情都很忙，像蒋听了两篇宣读论文之后便先行离席。宣读的论文有沙学浚《从地理观点看亚洲历史的发展》、胡秋原《中国是亚洲涡动的镜子》、陈盘《楚都丹阳考》、苏莹辉《瓜沙史事系年》、严耕望《北魏六镇考》、姚从吾《说阿保机时代的汉城》、吴缉华《明代延绥镇的地域及其军事的地位》、屈万里《中国传统古史说之破坏和古代信史的重建》。因为要去青潭国际研究所参观，上午议程于十一时十五分结束，所以有些论文念过就算了。

国际研究所是“外交部”办给内部人员训练的机构，与匪情研究中心的设备相比都差不多、不算坏，有陈列馆、也有图书馆，我们问及外借事宜，得知必须由机关出面协调。这里的图书馆藏书性质与史语所是大为不同的，因此也费了不少时间参观。午餐就由国际研究所的卜道明请客，由福湘食品公司主办，中餐相当不错。

下午二时十分回到会场，继续宣读两篇论文，一为身兼世界书局总编辑的杨家骆，报告他们所出的套书；另一为简又文，研究太平天国史三十余年，报告很久，到三点十五分才结束。这一次会议，都没有保留发问的时间，因为会议要报告的论文实在太多了，赶着宣读完毕就了事，也实在没有多余的时间能够让人发问。就论文来谈呢，有些人报了名，后来未提交论文给大会；当时在会议上发表的文章，有些后来编论文集的时候并未全数交稿，因此分中文、英文部分编辑的论文集，总共收了六十篇文章，其中中文十五篇、英文四十五篇。中国人像李济先生、王萍教授都是用英文发表论文的，会议的致词也翻译成英文，以便外国学者了解。以上所述的才是当时会场发表论文的情况。

论文宣读结束后进行全体合照，闭幕式由张贵永先生主持，“教育部”黄季陆部长致词，简单隆重。同时选举本届亚洲历史学会会长，由最辛苦的张贵永先生任会长，陈奇禄先生任秘书长，这会的规矩就是既决定下次会议的地点，也让这次会议地主国最辛苦的主持人担任会长。总说起来，这次开会成果还不错，张贵永、陈奇禄两位先生非常努力，没有他们也就办不成了。大家也决定第三届的会议将在香港举行，会场是香港大学，会期在暑假期间的八月间。

晚餐是由各社团邀请在东方饭店吃西餐，会中还有结束演讲。十月十日是国庆日，外国代表就在陈奇禄先生的计划下赴中南部游历参观，十月十二日离台归国。

（十）史语所文物出国展览

一九六二年二月胡先生过世后、处理相关事宜之后，我们就准备史语所文物（玉象）到西雅图参展，因为要托运到国外，尚须保险，由于李济所长不愿亲自处理此事，就由我负责办理。玉象出国前，史语所委托化学所研究玉象的质地，结果化学所只能做称重、比重、硬度分析，材质系归地质调查所的事情。做完之后，才去参加记者会。我们在考古馆进行装箱、封箱，便想拍照纪念，大部分人都来了，只有高去寻先生不来，因为他不赞成玉象出国，认为回不来的话，谁能负责？他认为照相就是要负责，所以不肯来拍照。

（十一）史语所交谊厅开幕

李济所长从一九六二年起就觉得要常跟年轻人谈谈，就想设一个交谊厅，让同仁有轻松谈话的空间。李所长在盖图书馆的时候正在国外，因此图书馆的建造是由芮逸夫代所长带领造的，设计上为求方便并兼顾防火，四方位都设了门，李先生回国之后就封了东门、西门，理由是设太多门反而不安全。李先生找了许久设厅地点，或采光不足或出入不便，后来找到图书馆原东门附近的蛮大空间设交谊厅。一九六三年二月十一日完成筹备、举行开幕式。当天因为开幕特别备有茶点，交谊厅设备就像休息室一样。李先生希望我上台报告筹备经过，话未说完芮逸夫先生即说交谊厅是大家都有参与筹备、要让大家讲话的园地，就想要先说话，也不必再提筹备经过。于是当场就让大家提出对所上的建议，发言相当踊跃，李所长等大家说完话之后再让我说些话，我不能再重复前面的内容了，于是我就以李所长所谈到的“聊天”为题，说聊天可以上下古今谈，说得好说得坏都可以，何妨把聊天作个记录公布出来，后人就知道这份“聊斋志异”，干脆不叫交谊厅、叫聊斋更合适，同仁大笑。不过后来交谊听没有改成聊斋，还是沿用原名。

（十二）石虎出国展览

史语所在一九六四年的大事就是石虎出国展览，是陈仲玉于三月四日押运去纽约参展的，故宫提供一批展品，史语所亦然。早在一九六三年十一月就听说故宫直接找研究院接头，要史语所出标本参展的讯息，因为此事根本未同史语所李济所长照会过，李所长决定不置可否。十二月三日，王院长找我去商量，说国际展览会故宫要出东西，中研院也应该出东西，他们都没有跟李先生说，希望我去说。王院长说自己本来也不赞成，可是“总统”直接下了条子要中研院参展。故宫的院长是蒋复璁先生，跟史语所常唱反调，要把我们的东西拿去故宫展览，在蒋“总统”面前很有面子，说不定参展也是他的主意。

后来跟李先生一再商量后，李先生才勉强答应，从谁负责、保险、装箱等事情都谈了条件，像装箱就要分内、外箱，内箱大小要与接近石虎尺寸，并予以填充减低冲击力，从十二月一直到三月间才商量好，箱子也做好。除了这些条件外，也列入展览期间也不准照相，如有需要者请其购买史语所相关出版品、预备在参展时在石虎底下放镜子，让参观者可看到内部构造等。

装箱的程序完全按照安阳的方式进行，用布缠住石虎、棉花垫住再装箱，并检查是否有缺少，也同时进行照相。装好后还有“监察院”派监委检查古物、“经济部”也派员处理保险，双方处理完毕后还在箱旁照相、内箱贴上封条，史语所最后贴上外箱封条。

故宫与史语所出国参展的文物统由军舰护送至美国，故宫自行运到基隆，我们从南港押运到基隆时，第一次只来了辆说负责运送古物的卡车而已，我们说必须有筹备参展的组织派人出面才行，后来单位的人到了才放行，送行者还开了车跟在卡车后面到基隆。所内、故宫、负责组织商量后都觉得陈仲玉是本方押运的合适人选，故宫方面则推派李霖灿。到基隆的时候，对方说我们来得太早，还不能上船，要我们先休息，休息回来故宫就已经上船了。我们这些送行者，包括李霖灿的妻女、陈仲玉的父亲等就跟上军舰参观，看见内部有七层，也参观了陈、李的住处，内部有卧室、客厅、浴室一应俱全，比陆地的建筑还讲究，都很满意。下午我们这些送行者都上了岸，看见开船的时候还要放鞭炮。我们就回来了。

（十三）石虎、汉简回国经纬①

一九六五年二月十五日李济所长找我谈话，原来要出国二个月，出国期间希望我能代理所务，我想李先生是做研究的人，他该做的事情也做了，期间应无特别的大事需要处理，于是我就同意代理所务。这时张光直在高雄发掘，高去寻先生跟几个人打算去参观，我也愿意同行，后来有人说我代理所务期间不能出去，万一出事了要找谁代理？我想这说法也对，只好放弃参观了，真是可惜。

王世杰院长的时代，所长要向院长定期提出所务报告，李所长在出国前就已拟好报告内容，我想照章即可，没想到当天王院长突然想听听我有关四组一室的报告，我起先不解其意，后来才想到是否王院长碍于李所长的分量而不便发问，就希望我为他解答疑问。其实李先生有些事情并不清楚，也还要问我。我会成为王院长询问的对象，可能与王先生刚就任院长的欢迎会有关系，王院长想知道各所状况，专心做学术研究、对有些事未尽了解的李所长就让我这个比较熟悉所内情形的人来报告，结果王院长就记得我了。

王先生也跟我说原定十八日结束的纽约世界博览会，又将要延期一个月到十一月十四日闭幕，政府已经同意延期，因此史语所的文物无法如期回国，希望我能够知道这件消息。李先生回国后，也谈了谈有关的事情。

史语所的汉简与中央图书馆（以下简称中图）的善本书均在美国国会图书馆保存，要一起回国，于是各单位为此开了几次筹备会议。当时担任中图馆长的蒋复璁先生在会中支持汉简回国，但是他力主汉简有文字，因此也算是图书，就应该与善本书一起交给管理图书的中图保存。这批汉简

① 有关汉简送至美国寄存中胡适与傅斯年的角色，另可参考邢义田，《傅斯年、胡适与居延汉简的运美及返台》，《史语所集刊》，第66本之3（1985年）。

最早是西北科学考察团发现的，因为交给一组的劳干先生研究，所以才成为史语所的东西，蒋复璁先生也知道这点，所以才想要争。汉简最早是西北科学调查团的东西，交给北平由黄文弼、徐鸿宝负责的相关组织来保存，“七七事变”之后从北京南运香港，在香港拍照后运到美国，胡适先生在做驻美大使的时候暂交国会图书馆内代为保存。

八月二十二日政府发表消息，以中图馆长蒋复璁先生出任故宫博物院院长，常务委员多人，以王云五为主任委员，委员有王云五、王世杰、李济、陈雪屏、叶公超、罗家伦、连震东、阎振兴等人。八月二十四日，王院长告诉我两个消息，一是汉简将与善本书一同从美国运回，汉简则放在史语所。因为蒋复璁先生一再主张汉简放在中图，王院长希望此事能与蒋复璁先生再行商量。二为石虎即将回国，希望我与“教育部”官员孙璧琪协商。

我在八月二十六日去找蒋复璁先生，说到汉简要跟图书一起回国，那么之前已经说好汉简将存放史语所，不过开会时对汉简归属有些意见，现在不妨好好谈谈。未料蒋先生的态度有所转变，只说史语所是否找得出证明汉简存在史语所的相关档案，再写信告诉中图，汉简确实是存于史语所的文物，此事即可告一段落。蒋先生不再是中图的馆长，态度就有所转变，也或许与故宫的常务委员中包括中研院的王世杰、李济等先生有关系，他总要顾虑两位先生吧，所以就对我们帮了忙。我回来后就请王志维先生寻找胡适档案、万绍章先生寻找总办事处档案，看看是否有相关资料？因为总办事处是到台湾之后才设立的单位，并未保存大陆时期的档案；胡适档案也无所获。后来李济所长请考古馆的李光宇协助搜寻所内是否有相关档案，结果找到一件汉简运至美国之前、朱家骅致中国驻美大使馆信件的副本，正本寄给驻美大使馆。既然胡适档中无资料，我们后来才写信询问驻美大使馆正本内容，驻美大使叶公超查了馆内档案之后，通知总办事处万绍章，使馆档案里有正本，档案则封存于仓库内，汉简的归属问题算是解决了。

我们并不清楚这批汉简数量究竟有多少，后来驻美大使馆才查出一九四〇年在美装箱、入藏国会图书馆善本书仓库时共有十四箱。我后来去美国国会图书馆的时候，导览者告诉我，汉简曾经在我脚底下的地下室贮存着。

补充问答

陈仲玉：

汉简后来是我拿回来的，跟石老虎同一批船回来。我跟陪同的驻美文化参事（后来做到“教育部”文教处处长）鲍幼玉到国会图书馆，他们带我们到地下室善本书仓库，仓库有恒温空调的处理，我看见十四箱都在里面。我发现有些汉简是封在纸制的手提箱里头，箱子外头看起来很漂亮，上面有编号，绑绳还连着驻美使馆打的铅封，箱子的手把一提起来就断了，于是我就跟鲍幼玉在美国紧急找到木匠制箱，后来把十四箱汉简直接装入三个大木箱内，与中图的一百多箱善本书一同包租一个货柜，雇了货柜车一路运到旧金山外的奥克兰（Oakland）海军军港。我因为还要回纽约处理石虎的事情，就委由中图押运善本书（后来担任清华大学图书馆馆长）的张东哲一并押运汉简。石虎则是坐火车运到奥克兰会合。

石璋如：

汉简要运回台湾，就有保险问题。中图的人询问研究院，汉简要保多少额度的险，王世杰院长就来问财产所有人史语所该保多少？总办事处的万绍章说：“有钱就好办，没钱就不好办。”因为要保险就要交保费，可是研究院跟史语所经费有限，无法缴纳高额保费。后来万绍章想到去问中图究竟保多少钱，研究院依样即可，后来的事情我就不甚清楚了。

陈仲玉：

后来汉简回国都没有保险，因为文物是坐军舰回台湾，保险公司不敢保险。那时越战已经打了，不过规模还没有升格就是。

石璋如：

十一月八日，“教育部”由次长邓传楷领衔召开古物会合的会议，只管汉简跟善本书的事情而已，决定善本书一〇二箱、汉简十四箱回国后先存起来，另组点验小组执行清点。开会的结果：图书给图书馆，汉简给史语所，结果还要报告“经济部”。出国的时候比较简单，回国的时候还要组欢迎团。

陈仲玉：

我们坐的是美国海军的运输舰盖菲将军号（General Gaffey）。

石璋如：

“教育部”主办的欢迎团有宪兵中校军官搭乘的两台吉普车做前导，后头跟着十辆大卡车，最后是欢迎团搭乘的巴士，在“教育部”会合，十点出发。车队因为要走麦帅路去基隆，不经南港，我们这些在南港的人还要先进城去会合才行。“立法院”、“监察院”、警备总部、历史博物馆、故宫博物院、中央图书馆、“经济部”、“教育部”等九个单位的人，再加上故宫的人以及陈仲玉先生的妈妈与太太都在这班车上，卡车上也站着宪兵，感觉上非常神气。上船之后招待接古物的人去喝咖啡稍作休息，我则去参观军舰，上次送行看见美国的军舰有七层，这回看到了八层，多了一层，似乎更大、更神气了？

陈仲玉：

我们去美国参展、回来台湾都是坐同一艘船盖菲将军号，只是上一次送行的时候美国军方没有开放底层参观，回台湾的时候才开放参观，所以感觉上船变得更大了。最底层都是士兵在住，美国人也不让我们下去的。

石璋如：

我就奇怪，怎么这一艘比先前的还大？原来如此。其实美国人吊东西很快，行李也已经先下船了，我们等在船上的时候，美国人在半途还休息吃饭，我们也下船逛逛，回来就发现东西都已经吊完了。我们这几箱在他们眼中真是小事情。我只见宪兵用无线电指挥联络，非常威风，基隆的民众也围观在路旁看这批归国国宝，显得非常热闹。这一大批人马因着文物的关系分成三路，故宫、中央图书馆、中央研究院，我们因为与大巴士的路线不同，就不能坐巴士，要另坐一车，陈仲玉、押车士兵随着卡车回南港，比我们先回来，就在考古馆门口等着。我们就把东西卸下、存到考古馆东边展览室、封大门，手续是相当仔细的。第二天再作清点验收，由接船的几个单位以及所内同仁执行。我们的人有些住在市区、住研究院附近的比较多，预定八点半在考古馆开始清点，结果当天早上坐的交通车因事来得晚，有些人比其他单位还晚到。人员到齐之后即在陈列室开始工作，由于是回到原单位，所以进行的是点交。由本单位的陈仲玉负责，将箱子启封之后，让“立法院”、“经济部”、“教育部”（以教育部派人最多）等相关司处人员各处察看，同时还照相，对于略有毛病（脱了些皮）的石虎牙齿看得特别仔细，也讨论一阵子，最后在负责单位的签名簿上都有所说明，点交至此才告一段落。

陈存恭：

石虎的缺点是原来的?

陈仲玉：

石虎可以算是因公受伤的。纽约天气干燥，所以牙齿部分就脱了一小块皮，为此我写信给石先生报告，石先生再向李先生报告，李先生把我写的信发布出去，在国内就成为大新闻，回国之后各单位才看得相当仔细，本来只是一件小事情。其实，出国之前，胡老板（胡占奎）就交代我，石虎牙齿部分快要裂开了，若真裂开只要拿胶黏好即可，但是我比较慎重，就写信报告石先生，结果报告上去，引起这么大的事情。

石璋如：

其实公布了也是一件好事，以后出国展览就要很慎重考虑了。

陈存恭：

前几年，故宫就为了一批珍贵的艺术品出国展览的事情遭到民众抗议，后来故宫才规定限展品不可以出国。

陈仲玉：

在纽约展览的时候，因为气候太过干燥，故宫有些画就裂开了，但是故宫的人都不敢讲，展览的单位后来就说无法再展览，故宫的人就把画收起来，改行展出历史博物馆带来的现代画家作品。故宫是让两个人分两阶段驻纽约，李霖灿到十月份回国，由沈景鸿接替；中央图书馆也采用与故宫相同方式；只有史语所从头到尾都是我；历史博物馆则是两阶段都派了两个人驻纽约。

石璋如：

石虎会害牙病应当是与湿度有关，湿度突然改变太大，从潮湿的台湾到干燥的纽约，很容易出问题，太干太湿都不行。

陈仲玉：

我们从潮湿的台湾出去，坐了十九天军舰走太平洋，气候还是潮湿的，到奥克兰、旧金山坐火车三天三夜才到纽约，那时是四月初，美国还在下雪。我待了半个月，实在是太干燥了，无法适应，皮肤还破裂流血，以臀部最厉害，那时我没有经验、才二十七八岁，不知道要涂润滑油，所以才会这样。人都如此，古物就更不行了。

石璋如：

展览的柜子是密封的？

陈仲玉：

展览室虽然装有空调，展览柜也是密封的，可是里头还要装展览用的照明灯，柜内与展览室间空气无法交流，比起展览室，柜内的温度更高、也更干燥，所以石虎就会出状况了。

石璋如：

对于古物的处理要很小心，光线太强不好、太干燥也不好。可是光线太弱，人又看不见器物，光线太强又会伤害器物。

（十四）清点汉简经纬

汉简虽与石虎同船归国，由于性质不同，点验汉简的工作直到一九六六年一月才进行，时间是二十七至二十九日共三天，由陈仲玉负责，点验地点仍是考古馆东侧陈列室，参与的各单位有“经济部”、“教育部”、“立法院”、“外交部”、中央图书馆、史语所。先前提及陈仲玉用三个大木箱将原来的十四纸箱装起来，点收时仍然按照十四纸箱来作。开的第一箱算是汉简的第七箱兵器册，七七根简中有七十六根有字，韦编仍在，大致完整，点起来相当简单，大家便以为此次点验应当不难。未料第二箱是小包，里面的简多是小片的，上头虽有编号，仔细清点之后就慢了。下午再开箱，觉得事情更加难办，点的时间也久，总共第一天开了四箱，可是并未全部点完，于是就将未点完者放入上锁的陈列室，留待次日继续。

翌日即进行任务编组，改变点验方法。三组同仁中，全部的技术员、事务员，与部分研究人员均到场参与点验，按照情况，以押运回国的陈仲玉为主，分成十小组：第一组开箱，第二组顺号，第三组开包，第四组点数，第五组校对（数字是否与号码相符），第六组校号，第七组登记，第八组包裹，第九组包扎，第十组装箱。陈仲玉管开箱、顺号，胡占奎管开包，临时人员刘温蕴与助理员陈瑞丽点数，绘图员吴文彬管校对，我跟吴文彬管校号，我有事出去就由吴兼代，麻烦的登记有黄庆乐、宫雁南、陈仲玉三人负责，绘图员张幸端管包裹，助理员吴燕玉作捆扎，管理员李光宇负责装箱。按照这样的流程分工合作一天下来，进度比较快，不过由于这天开箱的汉简小块碎片太多，还是只开了四箱，两天总共只开了八箱。

第三天除继续点验以外，也商量一些琐事，例如原先已经成断片的简，由于有记录可查，也可以接起来；在运输中因为震动所致新断裂的，就必须让校对人员查清楚是否为新断裂者，都必须告知登记人员在登记册上注明情况。这一天工作时间虽短，但是工作效率很高，到中午即完成了十四箱汉简点验工作，再处理些琐事。

从汉简回国以后，何应钦跟林语堂（林与研究院有旧）一直想来参观，李济先生以工作中为由本欲拒绝，我们说他们就是想来参观工作情况，决定把小块的碎片都先收起来，只让他们看整片的，于是就请他们在十九日下午来参观。点验工作完成后即预备下午的参观事宜，也忙到下午四点才告一段落。

事后，李先生告诉陈仲玉要写一份简单的报告，将汉简押运、点收情况向总办事处报告，毕竟名义上汉简是研究院的，实际管理是史语所。点验过程中，总办事处的赵保轩也参加，也说要陈交份报告。新闻记者一直想要知道汉简点收情况，“教育部”跟“外交部”人员力言不可，记者一来反而会耽误工作，迨点收完成之后再对记者做个简单的报告即可。李先生也叫我从汉简出土经过到点收，写一份简报交给他，有记者来采访时，就能以简报来说明。陈的报告比我先交，我因为不像专作汉简的劳干先生那么熟悉汉简，对一些事情尚须查证，所以报告就晚交出去，以下是我报告的大致内容。

汉简的发现时间是民国十九年四月，发现人是第一次西北科学考察团的瑞典籍团员贝格曼（Bergman）。西北科学考察团以瑞典籍斯文赫定（Sven Anders Hedin）为团长，副团长是中国籍徐炳昶，汉简的发现地点有几处，一是在额济纳河南段的大湾、地湾，均是古城，还有旧城墙遗迹，不过业已荒凉；二是河北段的河西破城子，有民居遗迹，规模稍大，以及河东、黑城北边的瓦因托尼。第一次考察是民国十六到十九年，第二次是民国二十一到二十二年，目的地是额济纳河流入的居延海，所以才有“居延汉简”。我跟劳先生因为气候的关系未能抵达居延海，但是都有去过汉简发现地。

民国二十三年以后，在北平参与室内整理工作的有马叔平、向觉民、贺昌群、余逊（让之）、劳干，除了贺与研究院关系较浅，其他人非兼任研究员即研究员。民国二十六年运到香港照相，北平的负责者有徐鸿宝（号森玉，著名版本专家）、沈仲章（曾任北大刘复的助教），黄文弼也是要角之一。二十九年洗出来两份底片，一份寄到昆明史语所给劳干先生做研究，另一份则寄到上海制版。还记得底片的字是反的，劳先生还用镜子映照着，好读出正面的字。由于劳先生所在的一组，办公室离图书馆九间房不远，所以劳做研究并不困难，也方便查资料。

汉简于二十九年十月间运往美国，由胡适大使于十月二十三日存入美国国会图书馆，共有十四纸箱，同时还附有每箱的内容摘要与目录，有份副本交给朱先生，箱上还有胡大使的签字与铅封，就跟火漆封泥的作用一样。由于新闻记者对这些内容目录不感兴趣，我并未写入报告之内。

有关汉简的考释跟出版，劳先生在昆明做了一些研究报告，民国三十年十二月二十四日香港失守，我们搬到四川李庄，劳先生这段时期就做汉简的地名考释工作。这是因为汉简上头写了许多地名，劳先生不清楚，劳先生除了跟着史语所搬家之外，没有去过其他地方，所以劳先生才要参加西北史地考察团，亲临实地以裨益地名考释，由于正逢战争，讲科学、考古不方便，讲史地比较不与抗战冲突，所以才顺利成行。他也很高兴有我同行，他还希望在居延汉简之外再发现新的汉简，才能满足西北之行，可惜我们虽然到了西北，有兵随行，可是土匪还是比兵厉害，因此我们无法久待一地，进行更深入的调查，无从发现新的汉简。劳先生回来之后才好好地进行考释工作，而且手抄了一份，于民国三十三年在李庄石印出版，由于石印的关系，《居延汉简——考释之部》跟《殷历谱》的印量都不多。劳先生抄了好几本，比起别的同仁有更丰硕的研究成果，成为同期之中最先升等研究员者。三十八年，史语所已搬回南京，《考释》以铅印本形式出版。在上海因战争未能出版的图版底片，在战后找到了，也带来台湾，图版就于一九五七年在南港正式出版。

一九五五年四月，中英文教基金会呈奉“行政院”台 44 教字 2905 号指令，汉简归中央研究院保管，就是说这份东西是属于研究院的。当中图馆长蒋复璁想争取汉简时，我们就以这份公文回应。中英文教基金会曾经赞助西北科学考察团的经费，而中英文教基金会又是朱家骅先生主管的，所以才声请由研究院保管。事实上，除了史语所的劳干以外，当时也无他人对汉简有更深入的研究，所以由史语所保管的理由是非常正当的。一九五七年本院函美国大使馆接洽提运，十月份美一字 15455 号转驻美国大使馆，使馆经与美国国会图书馆洽妥，随时可以提取。

在纽约博览会结束后，汉简即会同展览文物，于一九六五年十一月二十三日运回中央研究院。点验的各单位成员如下：“立法院”季蔚秋秘书、“监察院”温松康秘书、“经济部”葛茂林秘书、“教育部”刘心正专员、

“外交部”余冲专员、中央图书馆苏莹辉先生、中研院赵保轩先生、史语所陈仲玉先生。点验工作在一九六六年一月二十七至二十九日三天进行，共有十四箱一三四〇五件，各单位共同签字完结。

（十五）故宫借展经验

一九六六年十一月十八日，王院长找李所长谈故宫借展一事。蒋复璁先生已是故宫博物院院长，他说蒋“总统”希望看到安阳的文物，因此希望研究院将安阳的文物借给故宫展览，好让“总统”方便去看。王院长跟张岳军（群）、蒋复璁商量借展办法，他们认为石虎既然曾到美国展览，何妨也到市内展览，让更多的国人一睹国家自己的宝贝？王并说李也是故宫理事会一员，尽可在理事会上表达意见。王院长找我表示上述意见，我说李先生正要出国，迨李先生回国后再行商量。王院长另托人将合作草案拿给我看，大概是一九六七年初的事。

一月十六日，李先生让高去寻先生等人看过草案，征询大家的意见，预备在二十日故宫理事会上表达，当时王院长还催促着史语所要尽快对合作草案表示意见。后来故宫理事会通过一个办法，内有三条条文：第一条是到故宫展览的展品可以制作复制品；第二条是展览的设备，由大家研究如何放置展品，就是合约上虽说好用什么设备，实际展出前尚须经过各方研究才行；第三条是做模型，先由史语所制作，也可以让他们做。

由于当时并未曾商定，实际展品是真品还是复制品，就埋下日后的问题。然后我们便开始制作1001大墓墓形模型，文物放在架子上。墓形模型是以二十分之一的比例制作，也已经占了不小的面积。反复商量之后，最后把模型留在所内，真品拿出去展览。李先生知道这个结果之后，就很不高兴，但是都说好要展览了，于是由故宫特辟一屋，算是研究院展品。后来观众日多，汤德永想到一个主意，希望将展品特别印成一本手册，让观众买手册与实物对照，回家后也有参考资料。这个主意提出以后，李先生不同意。到了年底，王院长又想到让李先生到故宫作一次演讲，说明1001大墓的情形，李先生以演讲应由实际负责整理的高去寻先生担任为由而推辞，若是要他演讲，也只愿意在台北，或是蔡元培先生纪念会上，不愿意去外双溪故宫。这一连串事情延续了相当长的时间。

提到最初的合作办法，李先生曾提议将史语所第三组放入故宫博物院，三组有一百多箱文物，跟故宫交涉后，故宫以地方狭小、仓库容纳有限，回拒了李的提议，后续的合作办法也不了了之。最初的办法是有研究、展览合作情形，可是故宫的仓库也不大，又不谈研究，史语所好歹还有考古馆可以做研究，故宫反而比不上史语所。如此一来，双方的意见就不一致，研究的事情杳无音讯，此后只有展览的事情。故宫的态度就是只想要其他人的东西去展览而已。比如说，历史博物馆有一批河南新郑与其他地方发掘的铜器，是河南博物馆的珍藏，品质不差，故宫就指定要其中一些去展览。历史博物馆的馆长包遵彭原先与故宫的蒋复璁是好友，也同是天主教徒，还有个封号，为了借展也闹得不愉快。其实，故宫的东西已经很多了，可是还要更多，以蒋“总统”随时要看为由，要他人借展。所以说，这些事情都是蛮棘手的。

（十六）参与院内房舍工程协商

此事实属总办事处赵保轩所辖，非我所应管，但是赵不愿意与院内同仁沟通，引发一些误会，赵才找了我请我做缓冲。我就管了三件事，第一是院内甲区宿舍的加盖，第二是新建宿舍，第三是兴建考古馆后楼。

宿舍的加盖是势所必须，两房的设计实在太小，碰到家眷多的同仁，像李毓澍跟吕实强，小孩逐渐成长，更加感受空间压力，于是加盖的诉求渐次出现。而赵保轩开头同意为某加盖，引起其他同仁不悦，群起抗议，赵无奈之下才请一年多前参与连署加盖的我协调，我自己都忘记署名的事了，我考虑几件亟须改善的事说给赵听，赵言以往迫于经费限制，而无从改善，今日政府拨下款项，自当从善如流，他就规定加盖的上限坪数，加盖处则由各住户自行决定。这些过程也拖了半年才进行。

赵保轩为了减轻甲区宿舍的压力，也计划将一部分人搬到新宿舍，兴建新宿舍的款项也已经拨下来，可是却面临地点问题，原先考虑胡适公园的空地太小，七八家以上就无法容纳，经济所后方的空地也有相同问题，蔡元培馆下面是植物所李先闻所长的势力范围，也无所进展，李所长在出国前后松了口，总办事处便决定在此动工，反正此处无路，待照会及取得李所长同意即行动工，前后也进行了一年多的时间，又面临了经费缴库的时间压力，宿舍工程在两个月内即告完工。

史语所计划兴建两层楼的考古馆后楼，是由总办事处出面请款，可是四十八万的款项分成两个年度拨付，第一年只有三十万，必须盖两年才能完工，等于一年盖一层，后来总办事处想办法要齐款项，才顺利完工。兴建考古馆之初还有件不太顺利的事情，就是考古馆后楼原先设计是后墙紧临胡适纪念馆，一方面为求节省空间而未留空路，二方面是不想让人从中穿越。可是胡江冬秀独持己见，力主考古馆应至少与胡适纪念馆相隔一丈以上的距离，纪念馆开委员会时，凌纯声主任委员亦觉不应浪费空间，后知此乃胡太太的主意，也见史语所未发言反对，事情就算了。中间的过道若修成路又不宽，狭窄的过道又让人往来不便，但是既然盖成了，也无话可说。

早期研究院的房舍都由基泰工程施工，考古馆后楼也是由基泰的林应芳设计，考古馆后楼的设计针对展览室跟研究室的载重，有特别考量，相当牢固。

三项工程中，加盖工程是零星由工人施工，各家自行监工，做得还不差。新宿舍施工，是由总办事处监工，其他人并未去，时间特别匆促，水泥搅拌时沙多洋灰少，又未用干净的水，而使用湖水搅拌，所以糊好的墙到了半年以后还是黝黑一片，未显干燥，甚至天花板还会漏水、掉洋灰，让原先登记迁入的同仁入住意愿低落，不愿搬家。后来在院方在两年后说定期改善，设计公司也再三声明愿意改善，做好新的天花板，订制新门新窗，窗上且镶上大片玻璃，增装纱窗纱门，使得外观变得好看，并设边沟导引雨水，室内墙壁也保证弄干，始使史语所的六家同仁愿意迁入。

王志维曾有建筑施工的经验，讲洋灰、石子、沙子都有一定比例，新宿舍可能没有按比例做，比按照规定的考古馆差得太多。考古馆后楼的钢筋用量相当多，水泥搅拌车灌浆，结果打开模板时才发现有不少石子没有下到底，造成中间有空隙，原来是钢筋支数太多的关系。这是陈仲玉监工发现的。这三件工程，从一九六七年起陆续进行，到一九六八年度大致均告完成。

（十七）史语所订定所庆始末

一九六八年是史语所四十周年纪念，二十周年在大陆办，三十周年未予庆祝。以前所庆与总办事处的院庆均在六月九日合并举行，六月九日既是院庆，也是所庆。李济先生想知道确切时间，并请久任总办事处秘书与总务主任，当时已至史语所服务的王懋勤（字勉初）先生查阅相关档案，王懋勤先生找出不少可供参考的相关文件，最早可查的公文是殷墟发掘团于民国十七年十月十三日到安阳发掘，傅斯年先生以史语所筹备处名义发给董作宾先生的聘书。史语所最早是在广州中山大学借用房舍成立，后来于十月二十二日搬到东山柏园，同日并发出向广州警察局立案，请其派警保护的公文。早期傅先生很少待在广州，待在上海发信时，也使用筹备处的信笺，因此名称有筹备处、史语所两种，实在难以查出确切成立的时间。遍查相关档案后，以立案公文离殷墟发掘的时间最接近，便决定以十月二十二日作为所庆，并经所务会议通过。会中也有人提出已过惯六月九日，我们便声明依旧过六月九日的院庆，从一九五一周年纪念开始，就订十月二十二日开所庆纪念会。

所务会议中也决定出版《历史语言研究所集刊》四十周年纪念专号，向同仁征稿。另出版四十周年特刊，由专长编辑的王懋勤先生主持，就手上所查到的档案证据，写出为何定十月二十二日为所庆的依据，这也等于是史语所的历史，另外也在特刊中编入史语所发展简历、同仁升迁、经历、著作目录等。还记得王懋勤先生白天查档案，晚上回家后也做论文、制表等编辑工作。

（十八）筹备史语所四十周年所庆及成果展

为了四十周年所庆，史语所内有筹办所庆小组，以芮逸夫先生做总干事，许倬云做发言人，吴文彬做会场司仪。小组也决定自十月一日起正式办理所庆事宜。九月三十日，王懋勤先生先送来他构想的八张统计表草样，要准备用在所庆展览的，包括组织法、工作旨趣、四十年搬迁、业绩、经费、人员、图书、出版。未料，九月三十日晚有台风过境，下了大雨，使得仓库、甲骨文研究室、骨骼研究室淹水了，十月一日来到所内一看，除了路上堆积泥泞以外，室内堆了一台尺（合三公寸）的泥巴，也进不去，于是一日、二日均忙于清理室内，无法进行正规工作。直到十月三日才开始筹备工作，一方面将王懋勤先生设计的图表，委请四人或填表、或着色，其中黄庆乐与吴文彬负责画图、叶菊美既画图兼上色、刘先达负责写字，他们就利用考古馆后楼的展览室预备处，摆上桌椅就进行工作。为了悬挂表，同事就找来木匠设计挂架。

按照初步的分配计划，考古馆后楼三间屋子当做展览室，较大的屋子给第一组李光涛负责的明清档案，除了请刘先达写说明卡片外，墙上还预备挂上大金榜，这就必须先测量尺寸，请木匠设计以便悬挂。第二间屋子给第二组民族调查，第三间给甲骨文研究室展览甲骨。在三间展览室外，另有前楼两间展览室，在筹备时展览室所需橱柜均应在十月十二日之前准备完竣。

由于所庆为十月二十二日，蒋中正“总统”在三十一日生日，时间接近，便有人建议将所内的展览成绩，作为庆祝蒋“总统”八十二岁华诞的献礼，也有人认为既然相隔一段时间，是否合适做献礼，为了要单独展览，还是合并展览，经过与所长商量之后，决定两件事情合办，把史语所的成果贡献给“总统”生日的贺礼，也初步决定在所庆或所庆翌日登报展览讯息。由于时值筹备期间，离实际日期还有段时间，可以再考虑一下，于是筹备工作继续进行。

图书馆由于设有裱褙室，明清档案有不少东西在此裱褙，杨庆章便提议将图书馆所珍藏、平常人不易得见的碑帖拿出来展览，这就让已经不太宽裕的展场空间更显得拥挤，于是决定图书馆提供部分珍藏碑帖参展之外，也打算要扩增展场了。

到九日，黄庆乐跟吴文彬经过协商，除了制作王懋勤先生原先计划的八张表外，另行制作十一份表格，也完工了七份。刘先达缮写一组的说明书也大致完成。叶小姐的着色工作也顺利完成，只剩下一些照片，要请做镜框的制作大、中、小三式镜框以供悬挂。前楼西屋的展览室早就放好史前、殷商的器物，就不予更动。这时前楼东屋的展览室就麻烦一点，还不能弄展览柜，因为东墙会漏水，就不可以摆一般柜子，必须设立隔间，并另行制作大柜，计划摆上汲县出土的编钟，为了防潮起见必须将柜板三面封死，只剩下玻璃门而已。这就不是一件小工程，由裱糊匠负责，这里的其他工作，包括制作展览文字的说明与展品规划就是我们三组同仁负责。

到十一日，所需柜子大致送来，镜框一百个也送达，我记得镜框的价钱大的七十块，中的六十，小的三十，经过估计光是镜框就要三千元，实在是因为需要的关系，我们才特别制作镜框。

到十一日开始规划参观路线，要是先参观前面要如何走法，都画好了图。按照时代先后，应是自前栋至后栋，只有甲骨文展览是在后栋。一经分配之后，觉得展览室确实不够，就要增加房间，考古馆前栋一上楼中间两间房，是早先为了“总统”前来演讲，才隔成两间，后来作为车马研究室时再将房间打通，为了展览，就把我们的东西跟车马模型先收到仓库里，等展览完毕后再恢复成车马工作室。王懋勤先生做的表比较占一组的展览室空间，就改放到此，当做所史室，成为展览的第三室，跟上面的一、二展览室一起。另外，正下头的大房子，本来是仓库的一部分，我们将马车放到仓库，其他东西遮蔽起来，就是不打算展览。我们的展览要是与祝寿合并举行的话，会有十天时间，就计划以这里的剩余空间当做出版品展售处，凡是来参观的，都可以享受折扣，堆好的出版品卖完为止。这样的规划，稍微纾解一下展览室的空间，由五间成为七间，不过还是有不少东西无法拿出来展览。同日，我们也决定成果展与祝寿合并举行，从十月二十三日到十一月三日中午，举行史语所业绩展览，并预备登报；二十二日的所庆就分别举行，另外下帖子、不登报。

到十六日，正式进行布置工作，以李光涛先生的明清档案室中的大金榜最困难，清代考举人、秀才等考试完毕要放榜，是金色的，上书录取者姓名，字都很大，不像现在的榜单，字都小小的，所谓“金榜题名”就是这么来的。通常放完榜之后，榜单就遭弃置，李光涛先生找到这份榜单，在大陆时就卷起来收藏在北平明清档案，迁台时也带过来，经过修补破损、重新裱褙之后就在这次正式展出。这份榜单很大，就请木匠跟裱褙匠合作，先测量后楼中间房子三墙的高度、长度后，请木匠做大竹竿钉在墙上，裱褙好的榜单就有部分卷到竹竿上，再用夹子一个个夹上，后头加上铁丝联系，使榜单展开不卷曲，唯恐伤害金榜，悬挂时特别小心，就花了一天的时间。

四组的陈列室是民族调查，就展出摩些文、贝叶经、调查图等等，都比较小。二组收藏大量中国各地方言、戏曲的唱片，从前听唱片还是我们晚上的娱乐，在管理员吴宗济先生的手中自有一套特别的管理方法，吴先生没有随所来台；此时二组在台的人员也比从前少，丁邦新先生又出国读书，杨时逢先生就决定只展览出外调查所拍的八张照片，不展览唱片，于是二组的展览物就很少。甲骨本来是跟着董先生到各处走的，也制有特别的说明牌，到时只要挂上即可，现在也是依样办理。因此，相形之下，以大金榜跟三组的陈列室需要花费最多时间。

到十八日，布置大致宣告完成，既然离正式展出还有数日，各组就再进行检查。正式展出时，各组派有专人负责。从这时起，由于展览品均已就绪，晚上为了安全，前楼虽然可以上锁无忧，但是我们决定晚上派专人驻守，后头也计划派人驻守。二十日之前，有些重要文件尚未拿来放入镜框，有些则放入镜框尚未挂上，二十日都完成了，当晚开始我们就派人驻守。

二十一日是所庆前一天，展览室与动线也正式确定：第一室史前殷商，第二室周汉魏隋唐，第三室所史暨出版品陈列室，第四室就是后楼的明清档案、大金榜、部分碑帖，第五室是二组语言四组民族室，第六室是甲骨文，第七室是出版品室。我们在考古馆楼上中庭的后壁上挂了紫红色、材质讲究的帐子做活动隔间，这样从第一室可直通第三室，也可以到第二室。

我们也写好文稿，预备在二十二日刊登《中央日报》，内容如下："恭祝总统华诞谨订于十月二十三日上午九时半至十一月三日中午十二时举办本所成立四十周年业绩展览欢迎莅临指教中央研究院历史语言研究所敬启。时间：十月三十一日上午九时至下午五时其余各日上午九时半至下午四时，会场：台北市南港区中央研究院本所考古馆。特价发售书刊，会期内本所出版书刊特价发售以广流传，每人每种以购一部或一本为限，售完为止，备有目录函索即寄。"

二十一日，也进行同仁的工作分配，该做什么、该在哪里、招待、指路、会场说明等等，每个负责人也拿了一张表可资查对。同日万家保先生看了展场之后，愿意将他仿制的觚、爵等提供参展，也愿意把铜范的制作过程说明，希望在东边展览室增列一柜摆出展品，我们就把多的储存在仓库的橱柜摆进去，增放了这几件展品，也赶紧做好说明摆上。这几件展品都蛮像真的，他的工作室就在楼东边，西边是翻砂房，中间就是我们的车马房。

以前我们虽然有展出东西，但是欠缺系统说明，此次就妥善制作说明，从辛村期到明，从墓葬出来的东西，晚至隋唐，因此说明制作特别繁重，这都是李光宇跟劳干两位先生辛苦制作的，我还记得墓葬的东西有两个大瓷人、墓志，还有魏的石经，都是平常看不见的。

（十九）史语所四十周年所庆活动

为了四十周年所庆，我们另行制作请帖，会场定在蔡元培馆，上午请沈刚伯、赵元任两位先生举行演讲，下午展览开幕，晚上放映电影。我不负责请帖，这由筹备总干事芮逸夫先生负责。我们在蔡元培馆的会场摆了一百五十张椅子，不到九点前去一看，居然座无虚席，而且不断有人涌入会场，于是汪和宗先生紧急增加五十张椅子，可是一下子不到九点半又满了，后来会场内居然挤了三百人，实在是出乎我们的意料之外。我们也致赠与会者每人一本王懋勤先生编辑的四十周年特刊，其中载有论文集、集刊的出版日期、同仁工作时间、同仁简历等等。

九点三十分庆祝会开始，李济所长先上台说话，从所成立期开始讲起，谈到有今天的成绩，实在忘不了历年来参与工作的所有同仁，以及已经去世的十位先生：蔡元培、朱家骅、胡适、丁文江、傅斯年、董作宾、梁思永、李晋华（早逝而罕为人知）、吴金鼎、董同龢等。史语所从广州成立开始，历迁北平、上海、南京、长沙、昆明、龙头村、李庄板栗坳、南京、杨梅、南港旧庄，均受总统关注，特别拨付搬家款项，让所能够顺利迁徙。李先生提到蒋总统与史语所的缘分，早从二十年的第一次业绩展，总统就亲自驾临，田野发掘时，总统贴出布告下令各地官民协助，让工作得以顺利进行。史语所最重要的发掘，包括河南殷墟、牛鹿鼎、编钟、辛村马车、辉县铜器、山东的黑陶，以及同仁著作出版品等，都是同仁的业绩，今日谨此以为总统寿诞的贺礼。其实，李先生所讲的成就部分，与事先制作完成的著作目录有相当关系，他在这上面下了比较多的工夫，才能娓娓道来。

受到时间限制，李先生并未多讲，之后的时间就进行两场主题演讲，史语所既然包含历史与语言两项学门，邀请两位优秀的历史学家、语言学家来演讲自是再恰当也不过了[①]。

台大文学院长沈刚伯教授以“史学与世变”为讲题，沈先生的口才很好，演讲非常吸引人。他在演讲中指出，人类很早以前就有历史，但是有历史不等于有史学，悠久历史的巴比伦跟埃及，具有高度的艺术，却因为崇信宗教而没有史学。史学不会在太平盛世中发生，史学是在人类面临文化、经济、社会发展形态巨大变化的时候，人类为了寻求答案以应变才会产生史学。因此，世变越剧，史学越昌明。以绵长历史的中国而言，从孔子作《春秋》起就是有了历史，但是到了汉代司马迁开始才有史学。此后历代皆有史，唐代还设立了史馆，可是因为缺少大的变动，史学的发展也有限，直到宋代，由于外患甚剧，才得以产生新的史学，像欧阳修就以新的考证方法写成《新五代史》，实在是了不起的大事。自十九世纪以来，中国又面临了新的变局，中研院史语所的成立与收藏也就是因应一连串世变，才有其伟大的研究成果。

赵元任[②]院士则以“中文里音节与体裁”为题发表演讲，语言学可说是一般人认为相当枯燥的学问，赵先生却能够说得生动活泼。他说中文不是单音节的语言，是许多不同形态与音节配合的，因此讲中文是有节奏的，节奏在中文因此占了重要地位。节奏是很巧妙的，单字有其意义，可是当两、三个单字配合起来又有不同的意思，若是没有配好就会有毛病。他就举了例子来做生动的说明，“问题”、“我穷”、“埋怨”都是两个字而可以配合使用；像“灰尘”、“参与”就不可分开，单独使用就各有不同意义。诗经的《关雎》“关关雎鸠”“君子好逑”可以两两为组分开，也都是属于常用的“二加二”的音节。而四个字里头也有不规则音节的组合，例

① 两场主题演讲均载于《史语所集刊》，第 40 本上册（1968 年）。

② 赵元任先生在胡适院长尚健在的时候，就回国来做过演讲。他长居美国，不像李方桂先生较常回国，这或许是年纪较长，在美国也忙碌的关系，与同仁也相对地较为疏离。他在世时一直担任第二组的主任，因为没有人能超越赵先生在语言学的成就，便长期由赵先生挂名主任，直到赵元任先生去世后才换人。

如“无肺病牛”就是不规则音节“无肺病”的“牛”，若是二加二，变成“无肺”“病牛”，意思就完全不对，说到此全场大笑。中国人讲话也用声音表示强弱、高低，像“买卖”念轻声就指商业术语，若是将买字拉长念重，就变成了动词。

在两场演讲结束之后，李先生就作结束语，感谢这么多人参与史语所所庆，中午预备餐点，请大家在此用餐。我们这时就准备便当，当时叫做“份餐”，让大家自行取用。有些人大概有事情，所以没有领份餐就离场了，后来我们计算有两百多人领份餐。相对于早上场内密集聆听演讲的人数，下午开幕的展览则人数明显减少，或许是因为展期有十天，可以另择他日观赏，首日便未如预期出现大批人潮。我因为累了一天，晚上也没有去看电影就回家休息，我猜想应该会有不同的人进来看才是。这一年有关史语所的事情，可说是大事，于是在日记中写了一小部分，但是也有助于我现在的回忆。

所庆翌日，各报均刊载所庆消息。发言人许倬云告诉我，所庆下午展览室开幕，有记者拍摄我正进行复原、并非展品的马车模型，同日下午六点新闻也在报告史语所展览的消息时，配上马车做画面，马车就非常惹人注意，再加上二十三日的《征信新闻》也独家刊载马车的照片，不在展品中的马车便备受注目。记者大概是到出版品特卖室参观时看见放在仓库旁边的马车，不清楚马车不是展品，还只是研究阶段不能发表的结果，就顺便拍摄作为新闻素材。最妙的就是当时马车的马头尚未完工，杨慧敏用纸做马笼头，并手工画上小铜泡研究装饰，预备研究之用，没想到记者全拍进去了，造成日后有不少人询问马车的事情，增添了一些麻烦。许倬云先生也说到，有些报纸对于展览室多少的记载也不清楚，有五室的（认为前面三间，后面两间，没有列进三室），有些报纸虽列了七室，却误将马车的仓库也认为是展览室，所以各报注意处不同，与采访记者也有关系。

我在二十三日察看展览的情况，来回穿梭在楼梯之间，就见到一位先生非常仔细地看展品，后来叶菊美小姐知道是台视的记者刘震慰，就是他把我们研究中的马车发表出去。刘震慰是台视“锦绣河山”的主持人兼联络人，他对于我们所写的简单说明仍有些不解，叶小姐就请他来找我，不过刘震慰见到我正在忙，就预备另日请教。还有一位赵尺子，常写文章登在报上，穿得很简单，在二十三日九点就到达展场外面，在院区路上走来走去，后来坐着等开门，进入展场在签名簿上留下名字，只看了前面两间展览室就走了。

十、出国研究与参与的国际会议

（一）出席第九次太平洋科学会议

一九五七年李济所长代理院长，更为忙碌之后，就说日后不参加国际会议，要让年轻人代劳，因此一九五七年十一月的第九次太平洋科学会议就由我去。本会以国家为参与单位，所以“中华民国”就筹组代表团，团长本欲由沈宗瀚先生担任，可是在学术地位上李先闻所长的地位更高，所以由李出任团长。本来李先闻所长不愿去，不过后来又要与会。李济先生不想去，就由我代表史语所与会。在香港的董作宾先生，也被香港派出与会，董拿“中华民国”护照，所以也算是代表团的一分子，代表团团长李先闻，团员有沈宗瀚、马廷英、马保之、刘廷蔚、陈尚球、梁序穆、郝履成、薛继埙、戈福江、石璋如（以上十一人参加开幕）、卫惠林、董作宾、董同龢、陈绍馨（稍后与会），总共十五人。代表团中，梁序穆所长的活动力、英语能力均强，年纪轻又仪表堂堂，适合出面交涉事情，李团长就请他兼任代表团秘书。

会议在泰国曼谷的联合国分处山梯山姆大厦举行开幕式，大厦联合国分处的配置据云仿照联合国总部的配置，只有楼高不若总部，主席台、参加者的座位都一模一样，按照国名英文字母顺序排列座位，先国家团体，次学术团体，后个人。每个位置上有数种语言翻译机供会众聆听。开幕时泰国国王、朱拉隆功大学校长均莅临致词，就跟总统莅临院士会议致词一样。会议结束后有车接送全员至朱拉隆功大学用午餐，之后的各小组研讨会就在大学举行。大学为了国际会议，特别让学生放假，以空出场地供会议使用，只留下行政人员处理事务。各小组场地有大有小，教室足供所需。会议时间是一九五七年十一月十八日至三十日止，中国代表团直到十二月二日才回国。泰国位于热带，所谓的冬天其实还是超过三十度，还是很热。据说外国代表开幕就有三百九十多人，本地也有三百多人，合起来就超过七百人，加上采访记者、旁听者就超过一千人，会场大厦可容纳两千人。

中国代表团十五位团员，各自参加分组会议，都要读论文。最后结尾的时候统计成十八人，原来是以各分组出席人数计算，就有重复统计的情况。中国代表团有沈宗瀚先生担任生物小组的主席，也是一项光荣。参与的情形如下：

第一组动物组，台大动物系戈福江教授参与，戈专精于养猪，长得胖，大家笑称养猪是有门道的，朱拉隆功就是猪被拉到龙宫了，后来戈教授到农复会所辖的养猪科学试验所当主持人。

第二组人类和社会组，董作宾、董同龢、石璋如、卫惠林、陈绍馨五人参与，算是参与人数算多的一组，但非全员出席，视有无读论文而定，像我宣读《六种石器》[①]一文时，讨论者就少，大概是有兴趣者不多之故。

第三组植物组，李先闻参与。

第四组化学组，郝履成参与。

第七组生物组，有沈宗瀚、马保之、李先闻、梁序穆四人参与。

第八组昆虫组，刘廷蔚参与。

第十一组地质组，马廷英参与。

第十二组气象组，薛继埙参与。

第十四组营养组，陈尚球参与。

---

① "Six Types of Stone Celts and the Prehistoric Culture of China", 发表于 1963 年出版之 Proceedings of the Ninth Pacific Science Congress，中文版在《历史语言研究所集刊》，第 30 本下册发表。

第十五组海洋组，马廷英参与。

又第五、六、九、十、十三组无人参与。

开会期间团员都恨忙碌，开会之余也会到处参观、拜访泰国相关文教部门。香港地区除了董作宾先生，也有英国人加入本国代表团与会，董先生有一次就拉着我和香港的英国人一起去拜访泰国的教育部长。当时教育部的办公房，其组织设备比当时的台湾更好得多，让我们大开眼界。

代表团在会期中也参观了不少地方，以游览来说就分为公共游览、分组游览、星期日游览、远距离游览四种。先说在曼谷城内的公共游览，共举行过两次，日期不定，每一次都有上午、下午两个梯次的选择，要求代表团员全体出席，一梯次约有二百五十人。第一次游览了四处，行程紧凑，首处是国王住的故宫，因此要求参加者衣着整齐，即使再热也要西装笔挺，否则不准参观；另外要依序排队前进。故宫的建筑有三种：尖顶的印度式建筑；外呈人字形，内为长方形，空间空旷的中国式建筑；两层的意大利式建筑。次处是太庙，太庙内有三处可参观：用玉精心雕塑的玉佛像；几座小型高塔，游客只能在周围游览而已。第三处是太庙附近的卧佛寺，因应卧佛而筑成长方形，卧佛身长数丈，据说是用五吨黄金铸成的，相当珍贵。游客多在卧佛寺抽签，签文分为外文签（外国人抽）、中文签（中国人抽），不过也有好奇的外国人抽中文签，再请中国人解释签文，看自己在泰国的旅行是否顺利。第四处是故宫附近的博物馆，规模小于故宫，但仍有相当规模，陈列佛经经典、刻石、佛像，以及有关皇帝的文物例如御辇等等。

第二次的游览也去四处。首处是养蛇研究所，挖了好几个又深又大的坑，以洋灰砌边，中间设有隆起的高地做“蛇宫”，旁边有水，让蛇可以下水游泳。蛇坑的蛇都是毒蛇，数量很多，看来颇为骇人，此地养蛇是要抽取毒蛇的血清做解毒剂，为了说明其工作性质，甚至表演抽血清。听说以前日本人在阳明山上也有类似单位，不过未曾得见，终于长了见识。次处是国会，国会与皇宫相对，规模相当大，意大利式建筑，成丁字形，主席台位在高处，台后的大房子是国会主席休息室，国会主席就是国王，所谓国会归国王管辖，另设首相处理政事。国会会议厅的陈设与会议室无异，唯一特殊的是挂了两条印有佛像的金条幅，一开灯就照得屋子里金光闪闪，增添不少生气。在主席休息室里也有印满佛像、金光闪烁的对联。第三处是大理石寺，屋子、道路大理石铺设的，佛像也是用大理石精雕而成的，规模虽然不大，但很有可看性。第四处是动物园，动物园很大，养了虎、豹、象、狗熊、斑马、长颈鹿、犀牛、孔雀等许多飞禽走兽，动物比以前的圆山动物园还多，本地并养了不少水禽，我以前在北平的动物园虽然看过孔雀，却还没看到水禽。

第二种是分组游览，等于专业游览，只有本组人士才可以参加。由于大家时间忙碌，虽然开会参加数组，但分组游览只能参加一组。游览时间都在下午举行。人类与社会组也举办两次游览。第一次去水上人家，离城有段距离，位在湖河交会口附近，水上人家就是用柱子作桩，再盖成的房子，当地有不少房子，人的平常生活都在水上，居民多为渔民，船就浮在水上、停在屋顶下，房子有可以住家出入的楼梯。我们坐船到那里之后也靠到梯旁，上到水上人家屋内参观其生活，由于水势平静，梯旁又有扶手，便不会轻易落水。房子内部组织与一般陆地上的房屋无异，只是底下是水而非陆地。第二次是到国立博物馆观赏泰式舞蹈。这里分为两部分，有陈列室、跳舞场。舞蹈是由当地艺术学校负责表演，分成在旁表演音乐的乐手，有唱歌的歌者，有专门跳舞的舞者，各自分工配合演出。舞者纯比手势不唱歌，所以有团员称为“哑巴舞蹈”。

星期日旅游也有两次，都是在星期天，一早七点出发，晚上九点回来，虽然玩很痛快，但是也很疲倦。第一次在曼谷东北 150 公里以外，去了几个地方：劳坡布芮、沙拉布芮。后者是泰国故都，以老建筑为主，不过也有新式建筑。这里也有更本土化的泰式舞蹈，它的工具跟音乐都比较少。另外有石头上刻的脚印形，据说是佛脚印。石上也有据称是佛影的脸孔。班罢银是皇帝避暑地，在曼谷夏日天气炎热时，皇帝可来此地避暑，就像中国的承德避暑山庄，这里有西式跟中式建筑。阿育塔亚则是佛教圣地，有几座塔与几座小庙，不过都已残破不堪，相当荒凉，平日游客不多，只有对泰国历史有兴趣的人才会一游。

第二次是到曼谷西南150公里以外，到大塔“佛统塔”，占地甚广，塔高九十多公尺，在泰国相当有名，值得一看，外头围绕塔的是圆形走廊，非常宽广，前头刻有佛像，后头刻有有关佛像的佛经与说明，每隔一段就有座庙。走完一圈也有不少时间。这里最让中国人感兴趣的是一副中式对联“本是仙家洞，头居保我民。公道万又世，公理永代传”，似乎也不太通顺。芮布芮的山峰只有三十多公尺并不高，上面都有小庙，有些人爬上去看过，在这里停留不久就离开了。芮布芮北方的喇叭洞，要走下坡路通往地下三十公尺左右，光线从顶上的天窗底照下，洞形像是底阔上窄的喇叭。这里是钟乳石洞，墙壁上雕有佛像，大石洞间有小隧道相通，高度低矮，要用火把照路，一不小心还会摔到水塘里头，平常游客要集体带火把进入才可以。因为洞低矮，大伙儿就说笑话“这里是泰国的山洞，高大的欧美人进去就碰到头了”。这里可说是“小隧道、大喇叭”。然后是海水浴场，可以游泳。

前三种旅游都是泰国官方提供交通工具、餐饮，远距离旅游近者三天，远者五天，就要自费。在十几天会期中中国团因为忙着开会，也没有时间参加远距离旅游，所以我不清楚详细情形与地点。

大型宴会两次，一次是开幕之后的十一月二十五日下午，由朱拉隆功大学校长做东，在大学的草地上举行西式自助餐会。在草地上摆了四十多桌，请到所有客人共聚一堂，算是相当朴实。它的会场布置相当有趣，我没有在台湾看过，就是用每块大木板并排四只长日光灯管，将木板立在草地，点灯后草地上就大放光明。在餐会之后就是重头戏的晚会，会上有泰国乡间男女的歌唱舞蹈表演。持球戏“手布纳”演出，将球踢到四肢关节藏起来，可以有二十多球，观众感到非常稀奇。三个人抢毽子踢、双人打泰国拳、双人打赤膊用真刀进行武术对打，观众看见刀上闪烁的寒光不禁捏了把冷汗。还有歌舞表演，四男四女且歌且舞，变化姿势很多，跟哑巴舞大大不同。所以说娱乐比吃饭还讲究。

另一次是闭幕典礼之前的十一月二十八日下午，国王在皇宫前面的草地上设宴招待。照明与大学餐会一样，不过布置有所不同，将桌子摆成三个方阵“由字形”，方阵的中间是招待人员所在，两边的桌上一边是餐具，一边是酒和咖啡等饮料，宾客自选。因为是国王做东，来宾皆衣着整齐，国王、王后于四点半莅临餐会场地时，桌外有泰国乐团奏泰乐、西式乐团奏西乐欢迎。国王相当年轻，穿着白色的西服，戴着黑眼镜。王后穿着紫色西服，戴着白手套，看起来都很和蔼亲切。有一名泰国官员引导各小组成员面见国王，官员并介绍来宾背景，国王与王后就笑嘻嘻地跟来宾握手，要握完近千双手也要很久的时间，有些人怕国王吃不消，就躲到后面不握手。握完手之后就是餐会，大家自行取菜，取菜很特别的就是三组桌子的四面都排成人字形相接，宾客也要排成人字形，从天空上看起来就像是花边一样。在餐会中，国王也与来宾们谈话，尤其是自由国家的人们没有国王，对于国王非常好奇，男士就与国王交谈，女士与王后的谈话还欲罢不能。餐会直到六点半结束。

会议于十一月三十日在联合国大楼举行由泰国首相主持的闭幕典礼。“中华民国”团在十二月二日抵达香港，会议也算告一段落。总说起来，我会如此着墨于这一次会议，也是国人印象中老是认为泰国落后，可是与当时从大陆迁台、还不是很安定的台湾相较，泰国的物质文化还是很强，能够举办大型的国际会议并不容易，像会议论文、提案的印刷就是一件大事，负责的女职员却迅速地处理完毕，台湾当时没有这么周到的安排，也是那时认为值得学习之处。

（二）赴日本京都访问经纬

因为中研院在南港渐趋稳定，胡适院长就希望同仁能够出国访问研究，与国外学者交流。在一九五九年，有些同仁像芮逸夫、高去寻两位先生就获得美国大学聘请出国研究，不过因为学校有限，所提供的经费也有限，胡院长就想到以中华文化基金会的名义，每年提供几个奖助名额出国一年，由同仁自行与学校、机构洽商。我因为年岁较长、除了短期开会以外就未出国，于是胡就同意我出国，并介绍了几所美国的学校。但是美国在入境规定上有体检的规定，未通过体检就不能入境美国，于是我就到当时在广州街上唯一合格的体检中心体检，要照胃镜的时候实在是一大折磨，我很想放弃受检，医生说一定要检查，也教我们道理，才勉强检查结束，检查结果送到香港。体检报告出来后，说我的肺病还没痊愈，半年之后必须再行体检，申请前往美国的事情形同触礁。

正好京都大学梅原末治[①]教授来台访问，我托他回去询问日本是否有访问的机会，入境日本又不必体检，或许有成行的可能。梅原跟日本京都大学人文科学研究所接洽，所方的《东方学报》与台湾的《史语所集刊》性质类似，彼此都看过对方期刊、知道研究成果，虽然我们未曾谋面，却都久闻对方，于是就在一九六〇年上半年同意我到京都访问，梅原当时虽已退休，不过他已经交代过我要访问的事情，所以顺利成行。

我找旅行社接洽、去航空公司买票，买到五月二十日早上十点的机票，并告知我八点就要到松山机场办登机手续。因为当时没有计程车，就找了常跑机场的雇车，约定五月二十日一早来接，没想到车比约定时间来得更早，急着催我去机场，慌忙中就忘记拿眼镜，到机场才想起来，只好再折回一趟，多花了车钱。那时出国是件大事，就有一堆朋友要来送机，朋友想给我惊喜，事先未曾告知，坐了小交通车来送行，我要是知道有人送机、有交通车坐，就不必雇车了。他们比我还先到机场，等了半天还看不到我，由于交通车还要跑台大接人就很焦急，后来我才到场，致意之后就先行离开。结果四十九年五月二十日当天是总统就职日，台北的天

① 梅原末治（Umehara Sueji, 1893-1983），1913年毕业于同志社普通学校，1914年任京都帝国大学考古研究室助手，此后曾在朝鲜、中国从事历史考古调查，1938年获得文学博士，任京都帝国大学教授，1956年退休。1950年获得英国皇家人类学会与美国东方学会名誉会员，曾任中研院史语所通信研究员、台大外籍教授。梅原氏以自己所藏考古学著作及有关世界各地博物馆资料共约2,000余种，在东北大学图书馆建立"梅原文库"，并编制成目录。撰有《东亚的古代文化》、《殷墟殷墓的骨牙容器》等专著。征引自严绍璗，《日本的中国学家》，页270-271。

空有军机飞越，就宣布十点班机延迟起飞。我想那时大概也是怕生变故，机场飞机停止起降。由于事出突然，旅行社未能事先通知，只好在场枯候。等到十一点半以后飞机放行，十二点才起飞，到日本时间下午四点才到大阪。

航空公司派人将我从机场送到车站“高卷驿”，等火车前往京都，此人会说中文，帮我买好车票之后、办好手续就走了。我上火车见到乘客有不少年轻学生，便想以我会的日语交谈，没想到学生听不懂我的话，只好算了。到京都的时候已经天黑了，我想到语言不通、又无亲朋，不知该怎么办。京都车站就像北平车站一样，有提着红灯的人接客，我听见有一人说了中文的旅馆名，就趋前询问，他就带我去旅馆住下，还问我要去哪里，我答以人文科学研究所，他要我先休息，明天会先打电话通知彼方，彼方若不派车，就由他雇车带我去那边。

晚上在旅社，仔细想了事情经纬，想到一首打油诗：“总统就职我就道，天公为什把泪掉。雇车提前一刻钟，慌得眼镜忘掉了。来回多付五二元，送行反比我先到。起飞改十为十二，下午三时才飞到。”这种写打油诗的习惯是跟刘复（半农）学的，比较容易将发生过的事情记下来。翌日旅馆联络到平冈武夫，待我到达研究所后，平冈就领我参观，对研究所做大致的了解。

（三）京都人文科学研究所概况

我原以为人文科学研究所规模很大，孰料只是一幢二层楼建筑，呈丁字形，大门进去经过道通往一圈走廊，一楼是各人的研究室、所长室、图书馆，二楼也有图书馆、会议室。会议室正下面就是所长室。一楼空间分布，由大门往反时钟方向算起为所长室；研究哲学，与胡院长常来往的人矢义高[①]研究室；姓名忘了；研究语言文学的平冈武夫研究室，里头的套间就是我的房间；研究宗教，刚从所长一职卸任的塚本善隆[②]研究室；前所长、研究甲骨文的贝塚茂树[③]研究室，贝塚的中文很好，在加州的大学与高去寻先生交往过，我们见面便感亲切；研究敦煌的藤枝晃[④]研究室；研究中国考古的水野清一[⑤]（梅原的师弟）研究室；姓名不清楚；研究寺庙的长广

---

① 入矢义高（Iriya Yoshitaka），生于1910年，1936年京都帝国大学中国哲学文学科毕业。1939年任东方文化研究所经学文学研究室助手，开始从事元曲整理研究。1944年任日本文学报国会海外研究员赴中国。1947年任东方文化研究所文学研究室主任，1950年入名古屋大学任文学部教授。1950-56参与京大人文科学研究所元曲校注，1959-61编译《中国古典文学全集》，1970年转入京都大学文学部任教授，1974年自京都大学退休。撰有《元曲选释》、《中国佛教文学集》等。征引自严绍璗，《日本的中国学家》，页338-339。

② 塚本善隆（Tsukamoto Zenru, 1898-1980），嵯峨清凉寺住持，1926年京都帝国大学毕业，在羽田亨指导下从事中国古代佛教史研究。1928-45年间曾六度赴中国考察研究，任东方文化研究所研究员。1949年任京大人文科学研究所东方部部长，1955-59年任人文科学研究所所长。1959-62年编写《亚洲历史事典》佛教部分。1961年自京都大学退休后转任京都国立博物馆馆长，1972年自馆长职退休。撰有《支那佛教史研究》、《中国近世佛教史的诸问题》等书。征引自严绍璗，《日本的中国学家》，页628-629。

③ 贝塚茂树（Kaizuka Shigeki, 1904-1987），是地理学家小川琢治次子，兄汤川秀树（诺贝尔物理奖得主），弟小川环树（中国文学研究学者）。1928年京都帝国大学东洋史学科毕业，入该校大学院就读，1932年进入东方文化学院京都研究所，1948年获文学博士，与吉川幸次郎、桑原武夫合称"京大三杰"。1949-68年间任京大文学部教授，同年10月东方研究所、西方研究所和京大人文科学研究所合并，任改组后首任所长。1952-56年参加京大人文科学研究所居延汉简研究组。1954年加入日本学术文化访华团访问北京。1958-59任美国哥伦比亚大学中国史研究员，并在美国国会图书馆、哈佛大学图书馆、芝加哥大学等进行金文、甲骨文史料调查。著作经中央公论社辑为《贝塚茂树著作集》出版。征引自严绍璗，《日本的中国学家》，页25-26。

④ 藤枝晃（Fujieda Akira），生于1911年，1934年京都帝国大学史学科毕业，1937年任东方文化研究所研究员。1949-75年间任京大文学副教授、教授，1962年获文学博士。1959-62年参加《亚洲历史事典》编写。1964年赴英国进修，并编写《内陆亚洲史史论》（敦煌发现的西藏语文试译）。1967年先后赴英国、西德从事中亚出土古物和中国古器物调查，1970年起赴欧洲讲学。撰有《居庸关》、《文字的文化史》等专著。征引自严绍璗，《日本的中国学家》，页446-447。

⑤ 水野清一（Mizuno Seiichi, 1905-1971），1928年京都帝国大学毕业。1930年参加东亚考古学会考察团，在中国内陆进行长期古迹调查，1943年调查云冈石窟。1947年起任京大人文科学研究所教授，1949年起转任京大文学部教授。1950-56年任佛教艺术研究组组长，1954年与长广敏雄合作编纂《云冈石窟》调查报告。1957年参加日本考古学视察团访问北京，1959年参与印度、巴基斯坦、伊朗等地调查。撰有《殷周青铜器与玉》、《中国的佛教美术》等专著。征引自严绍璗，《日本的中国学家》，页410-411。

敏雄[①]研究室；研究外国的牧田谛亮[②]研究室。我原本应与水野同房，但是水野的研究室空间已满，他的助手曾告诉我如何测绘云冈石窟的细节，水野不只做中国考古，还做东南亚考古，就经常出外不在研究室。而平冈因为编制索引，经常与助手待在研究室，所以比较适合我。

平冈当时正在编制索引，雇用几位助手，有一位中国助手是安徽人彭泽周先生，研究中国近代史，是台大中文系主任、文学院长台静农的学生，因为年轻、思想左倾的关系逃往日本，后来归化日本籍改名“伊原泽周”，彭先生当时在其他学校教书，无课就来做助手。另外一位助手市原也说得一口很好的中文，我们常在一起聊天。平冈与水野并不对头，因为水野重视考古发掘的新发现，认为索引无甚新发现，这是学术观点的差异，如果读古书的时候，有平冈的索引，其实也方便很多。平冈也来过台湾，他曾留学过北大，所以说得一口流利的中文。

人文研究所的其他同仁，像藤枝晃是敦煌专家，出版过专书，中国话说得很好，我经常跟他讨论敦煌的问题。藤枝很有领袖才干，会议上相当活跃，即使会议主题跟敦煌无关，也可以与会做主席。入矢义高除了研究哲学，也研究小说像《水浒传》、《西游记》的人物造型等，经常跟胡适先生通信。另外，我也经常跟贝塚茂树的研究室助理伊藤道治讨论甲骨。人文研究所内研究中国宗教的塚本善隆跟牧田就是讨论宗教话题的好对象。

---

① 长广敏雄（Nagahiro Toshio），生于 1905 年，1929 年京都帝国大学史学科毕业，入东方文化研究所任职，1948-69 年间任京大人文科学研究所任东方部副教授、教授。1950-56 年参加佛教艺术研究组工作，与组长水野合编《云冈石窟》调查报告。1959 年参加印度佛教遗迹调查队调查尼泊尔、印度、巴基斯坦等国。1959-62 年参加编写《亚洲历史事典》编写。撰有《云门与龙门》、《汉代画像的研究》等专著。征引自严绍璗，《日本的中国学家》，页 43-45。

② 牧田谛亮（Makita Tairyo），生于 1912 年，1946 年从东亚同文书院转入东方文化研究所任助手，与塚本善隆一起从事中国佛教史研究，1950-76 年间历任京大人文科学研究所助教、副教授、教授。1950-56 年参加佛教艺术研究组工作，1957 年参加日本佛教视察团访问北京。1969 年赴台北参加研讨会，并搜集中国佛教资料。1970 年至韩国调查中国佛教资料。1970-74 年修订《世界大百科事典》佛教部分。撰有《中国近世佛教史研究》、《弘明集研究》等专著。征引自严绍璗，《日本的中国学家》，页 283-284。

塚本原来是个和尚，在山上有座庙，当时已经退休，由也来过台湾的徒弟牧田接替。

（四）京都生活

先说在京都的住。参观研究所之后，平冈先安排我暂住在离研究所很近的若水旅馆楼上，不过住旅馆总是比较贵，长久之计还是在学校附近找房子为良策，平冈就委请彭泽周先生帮我找房子。结果在百万遍知恩寺了莲寺找到房子。百万遍是处十字路口，路牌很大。知恩寺是那里的大庙，外头有钟鼓，平日大门深锁不容外客进出，只有早晚课的时候才暂时开门，所以我不知道里面的情况。知恩寺大门进去的广场东边有一排房子，是奉祀各种神明的小庙跟住房，了莲寺是其中之一。了莲寺的主人是京都大学同学会的会长，跟平冈、彭泽周二位先生都很熟稔，于是我就住进来。这里有来自各地的人，包括美国、东南亚等，各住在楼房、平房内。我住的地方是京都大学应届毕业生所包下的二间房（卧房、客厅，有拉门隔间）的一间，他只住到暑假毕业就离开了。住在这里，我每天可以走路到所里，非常方便。

初到京都，我仍然维持在研究院上班的习惯，八点钟左右就到研究室。可是我到了研究室之后，发现其他人都还没来，只见清洁工在研究所中打扫。后来人家告诉我不必来这么早，来太早反而还妨碍清洁工作，只要在九点左右到就可以了。

了莲寺房东供应早、晚餐，中餐可以不在家吃，研究所附近有小餐馆，所以吃不成问题。只是我觉得换了新地方，语言不通，生活并不适应。后来他们介绍一位会说中文的人给我，我教他中文，他教我日文，可是我们都用中文聊天，于是我也没学到什么日文。住在了莲寺几天后的五月二十九日，我又写了生活写照的打油诗：“早餐西洋午中华，晚饭日本睡榻榻。九时已近才上班，五点方到即回家。睁眼瞎子不认字，会说哑巴难答话。若问我在做什么，了莲寺内当菩萨。”最后一句的“当菩萨”是因为送饭的下女很恭敬，送菜到矮几上都会拱手，我也拱手、不答话，所以就好像她在拜庙里的菩萨一样。至于“睁眼瞎子不认字”，是因为我虽然能看日文资料，可是到日本却连日文报纸也不能看，后来就只能订英文报纸知道讯息。

各研究室都会依照所上规定自行办理讨论会，像平冈的研究室每两星期都会举办讨论会，有关的学人都会来参与讨论，结束的时候会公布下一次要读的某经某段，让大家先行念过、解决读音问题，再开讨论会。因为屋子很小，起初碰在讨论会的时候我都离开，后来我也留下来听讨论会，反正是有关中国的东西，大家都很认真参与，日本人毕竟是外国人，读音上总是有待纠正。

人文科学研究所原来是日本为了侵略东南亚所设立的研究机构，并不属于京都大学，在战争结束后美国人想要取消此机构，京都大学就将之并入大学里头，成为附属的学术机构，所以京都大学跟人文研究所也有交流，星期天也举办郊游，平冈就先帮我保留位置，然后星期天带我参加附近的郊游。非星期天的时候，平冈要去远处讲演，也带我同行，在火车上解说日本地形风景，他说中文给我听，还让人家误以为他是中国人，我是日本人呢。

京都大学设有考古系，主任是研究日本考古的有光教一[①]，副教授樋口隆康[②]是梅原研究中国考古的学生，也来过台湾开会，在暑假后造访，希

① 有光教一(Arimitsu Kyōichi),生于1907年,1931年京都帝国大学史学科毕业。1933-45年间任职日本朝鲜总督府博物馆，1941年起兼任馆长。1946年引渡回国，任九州地区军政司令部顾问职至1949年离职。1950年任加州州立大学讲师。1952-71年间历任京大副教授、教授，1956年获得文学博士。1956-62年间编写《亚洲历史事典》。1965年参加第五次伊朗—巴基斯坦学术调查团赴西亚考察。退休时获名誉教授之称。撰有《朝鲜半岛一半岛与太平洋遗迹》等专著。征引自严绍璗，《日本的中国学家》，页570-571。

② 樋口隆康(Higuchi Takayasu),生于1919年,1932年京都帝国大学史学科毕业,于三十年代参加东亚考古学会调查团在中国长期从事古迹考察。1949年起历任京大副教授、教授。曾编写《考古学辞典》、《亚洲历史事典》等。1972年赴南韩进行百济遗址考古调查。撰有《从北京原人到青铜器时代》、《发掘古代的中国》等专著。征引自严绍璗，《日本的中国学家》，页462-463。

望我到京都大学开中国考古的课，我以同性质课程不宜再开为由婉拒，后来他愿意指定以殷墟发掘为题目，让我到课上演讲，不限定以学生为听众，也开放让学校教授、校外人士听讲，我就接受了。于是由我讲述、平冈翻译，每两星期演讲一次，演讲之后还有人进行整理，让我校对、补充问答，再讲新段落，这就与人文研究所的讨论会很相近。后来这些演讲还汇集成《殷墟考古概观》，发表在期刊上，也算是我对京都大学的交代。

人文研究所有一个陈列室，摆放从各处搜集来的文物，我去看过一次，第二次就进不去了。就我印象所及，那里有不少是中国的东西，其中最惹人注意的是装在小玻璃盒的文物，这是早先安阳发掘时，我们将文物包好、装入小玻璃盒的，后来丢在安阳未带走，就被日本人捡了，另外还有别的东西，我不知道究竟有多少。抗战后我回到南京，发现早先陈列在南京石鸟、石熊等复件都失踪了，在昆明的时候我们曾读到日本人的消息说中研院来不及跑，连文物都没有带走，还附上照片，我想大概被日本人拿走了，不过我在陈列室仔细察看则遍寻不着。

（五）参加亚洲第一届史学会议

第一届亚洲史学会议是在马尼拉召开，会议时间是一九六〇十一月二十五日至三十日。李济所长以在台同仁都忙于工作无法出席，由在国外者赴会较宜，于是彼时正在美国的劳干先生跟在日本的我便成为出席代表。会议召开之前，我就在京都一面准备论文，一面准备赴会的相关事情。我本来预备从京都飞往香港再飞往马尼拉，中间会经过台北，还可以和家人在机场见面。平冈陪我买了机票，跟“中华民国”、英国领事馆都讲过了，预备十一月二十二日成行。

当日到达机场预备登机，机场人员看了护照说我没有香港入境签证，就不能登机飞到香港。我后来才知道，原来我去英国领事馆的时候，英方人员只说明持“中华民国”公务护照者不能进入香港，一般护照则无问题而已，并未告诉我办签证要缴费，而我那时身上也没带钱去，也没人提醒我，所以等于没有办香港签证一样。有一位机场人员告诉我，只要有日本航空公司的机票，仍然可以到马尼拉，只是要先从大阪飞东京，再从东京直飞马尼拉，才晚一天班机。他知道我要去菲律宾，还告诫我当地多扒手，切记财不露白。于是我就先飞到东京，到上次住过的青年会住一晚，次日就上飞机直达马尼拉。

菲律宾曾经被美国统治过，人民多少会说一些英语，我就有办法用英语沟通，比我在日本的情形好得多。我在机场坐上了车，请司机载到会议地点所在的学校，却没有想到当天是星期天，那里既无人办公，又无承办人，我身上钱也不够，想到公家支应我的出差费，就转往大使馆，请大使馆帮我付车钱才解决问题。所以说出门是处处有问题。我想到原先与家人说好在台北机场见面，他们在机场等不到我一定很担心，于是赶紧写封快信给台北报讯。

这一次的会议台湾代表共三位，除了劳先生和我以外，另一位是某校文学院陈姓教授。我的论文：“The Marine Elements in the Yin Culture”，Proceedings of the First International of Historians of Asia, 1960。大会在会议期间也安排一些马尼拉附近的游览活动，我参加的不多。会议结束后要离开马尼拉，因为我只买单程机票，未买来回机票，就很不安心，就一直忙着找航空公司接洽而未再游览，只去了碧瑶而已，后来查到马尼拉有定期班机直飞台北，我跟劳先生心就定了，一起飞回台北。到十二月十五日才回到京都继续访问。

（六）日本的宗教

水野的考古调查、发掘计划均获得日本的天理教成立的基金会赞助，因此天理教也招待经由水野介绍来参观的客人。天理教的财力雄厚，机构也相当庞大，从小学、中学、大学等一贯性教育机构一应俱全。我因此得以参观天理教总部，此后也留心观察日本的宗教。

天理教的会客处就在本部，教主也住在附近，每次的饭局都是日式餐宴。本部位在奈良附近。天理教的建筑跟其他人不同，陈列馆第一层都是结实的大柱子，就像以前中央研究院的美国研究所的建筑一样，二、三层是参考馆（即陈列室），第四层则是相互连接的人字形屋顶，看起来就很像工厂的房子，也相当引人注意。参考馆规模很大，里面陈列世界各地与宗教有关的东西，是以屋为单位摆设的。最特别的建筑是礼拜用的教堂，从大门进去后先到拜殿，拜殿是木造建筑，南北长约二百米，东西长一百二十米，内铺榻榻米，让信徒跪拜祈求，顶上开个小窗让光线射入，代表天理教“通天”，与其他宗教不同。拜殿除大门之外，其他的门都不通外面，一出去都是内部的环状道路，通往后面平常不对外开放的主殿。

有不少日本人信佛，我住的了莲寺也是庙，据统计京都附近有一万八千余座佛寺，尚不计入其他宗教的寺庙。日本佛教中最大的是真宗，佛寺即占了六千余座，东本愿寺、西本愿寺系统都是真宗，创教者是亲鸾上人。真宗的殿组织最为不同，一个是大师堂，可说是主庙，规模相当大，奉祀亲鸾上人，本堂规模反而不如大师堂，奉祀阿弥陀佛。东本愿寺的大师堂在北方，经我计算榻榻米数，大约有几千个，规模相当庞大，本堂在南方，西本愿寺则恰巧方向相反，不知道是特意设计，还是偶然如此。虽然均属真宗，但是西本愿寺是真宗本派的，东本愿寺则是大谷派的。真宗是日式佛教，和尚可以结婚，像亲鸾的爱情故事，就有好几次被拍成电影上映。

从中国来的佛教又是另外一种，庙组织包括讲堂、经堂，大门进去先到经堂，再到讲堂。经堂奉祀各派别主佛，像药师佛、释迦佛等等，作为主殿的讲堂奉祀创教者，另外也会有点小的变动。

我曾经想研究日本宗教，收集不少有关古庙记载的书。后来发觉日本佛教派别太多，外国人想要深入研究极不容易。听塚本和牧田说，在日本净土宗的势力较大，真宗就是从净土宗衍生的。禅宗在日本算是第二大派，势力也相当庞大，分成临济宗、曹洞宗、黄檗宗三大宗，另有其他小宗。净土宗跟禅宗势力相当，天台宗次之，真言宗再次之，现在很少的法相宗则有京都最早的庙——唐代招提寺，有监真和尚的塑像。

（七）参观过的日本大学

我去东京大学参观时正值暑假，就未作演讲，只由系主任关野雄[①]领我参观东洋文库。广岛大学是因为平冈去广岛开会顺便带我去的，当时小尾郊一任广岛大学文学院长，我也作了场演讲。广岛是“原爆”所在地，因此公家设有收容辐射伤患的收容所，伤患都已经不成人样了。广岛在广场上设有原爆纪念碑。广岛特别的是有处一百公尺宽的道路，是其他地方没有的。我也在设有考古系的广岛九州大学作过演讲。在广岛的时候还顺便过海到四国参观，四国在战前是禁地，不能随意进入，日本战败后才开放。从本州到九州的铁路要经过海底隧道，当时是亚洲唯一的海底隧道，比香港还早。我还去过仙台的东北大学。日本广岛以西、九州以东的高地有座孔子庙，孔子后裔孔德成曾经题过字，我也去参观过。这里还有史前时代遗址，出土很多用燧石打制的石器。

① 关野雄（Sekino Takeshi），1915 年生，是东亚史学者关野贞之子。1939 年东京帝国大学东洋史学科毕业，1941 年任东京帝大助教，在原田淑人等指导下从事中国大陆古器物发掘，1951 年任东京大学副教授、兼东洋文化研究所、东洋文库研究员，从事中国古代考古学研究。1954-62 年参与编写《考古学辞典》。1956-76 年间任东京帝国大学教授。撰有《中国考古学研究》、《东亚先史时代》等专著。征引自严绍璗，《日本的中国学家》，页 161-162。

（八）殷周青铜器在日本

日本的艺术馆、纪念馆都收藏、展览中国殷周的青铜器，梅原末治《日本搜储支那古铜菁华》、水野清一《殷周铜器·玉》两本书，介绍日本所搜集到的青铜器、馆藏，两本书很大，图片印刷与装订相当讲究，相当昂贵，有助于我到日本前预先了解状况。到日本后就一直想去看青铜器，不过有些展览场限定展览时间或是特定休馆时间，甚至平日不开放展览，都需要协商。从西到东排列，可以分为十三处值得一看的地方。

第一处是神户白鹤美术馆，为纪念创办人白鹤而设，在神户市东滩区小山丘上，俯瞰市区的景致相当优美。春季展期从四月一日到五月下旬，秋季展期从九月中旬到十一月上旬，展期参观人数甚多，展期之外则不开放参观。这里收藏器物很多，青铜器据称有六十件，因为更换展出，所以我参观的展期只陈列出三十件，以殷周的觚、爵、卣为多，据可买到的展览手册上说殷代十四件、周代十六件，都很精致。较罕见的有鲇。

第二处是黑川古文化研究所，也以创办者黑川命名纪念，在兵库县芦屋氏，是定期展览，展期外不开放参观。据称收藏有八十件青铜器，不过展览品只有四十二件，与白鹤物品相近，而式样较多，特别的是有编钟、簋（殷）、簠、钲、晷（周）。这里的有限空间，都给展览品使用，机构聘有研究员，不少名人受聘，梅原末治也是其中之一，他们平日不在此工作，只有开讨论会的时候才来，平常只有一两人看管展览品，可说是在名义上以研究性为主的机构。

第三处是藤田美术馆，为私人收藏的展览馆，位在大阪郊区一个花园内，平日开放，星期日休馆。收藏五十四件，平常只展览五件，会轮替展出。

第四处是天理参考馆，位在奈良县天理市，以世界性收藏品为目标，中国只占一小部分，收在中国考古陈列室，展品只有九件，含卣盘、铎、簋等，也许有其他未展品也说不定。

第五处是宁乐美术馆，也位于奈良，在很大的花园“依水园”，依水就绕着花园转一圈，比四分溪还大，水势相当平静，是由财团法人成立。有三十六件收藏品，以殷、周时期为多，特殊品并不多，只多了其他美术馆没有的罍、鬲、盉。这里是中式木造建筑，比较低矮的房子。

第六处是住友泉屋清赏，由住友财团设立，位于京都左京区一处花园的旁边，相当有名，是二层楼楼房，平日并不开放，想看的话必须有人介绍才可以。这里门窗紧闭，以现代化空调维持恒温来维护器物。泉屋清赏的目录已经印出来了，只要去就会获赠一本，相当讲究。文物是所有馆中最多的（一百七十四件），鬲、鋈、甗都有，还有驫氏编钟。因为本地人的平冈武夫跟馆方熟识的关系，我去过两次，第一次有平冈陪同，第二次是平冈陪同王梦鸥参观时，我再跟着去的。

第七处是有邻馆，位于京都二条通，三层木造建筑，里面陈列殷周战国卣壶鼎等器物，跟其他馆差不多，最特别的是豆，收藏品三十一件。

第八处是京都大学文学院博物馆，位于京都大学校园内，这里是以教学性目的为主，只陈列三件东西：鼎、豆、水滴，后者未曾见过，相当新奇。是由梅原末治的老师滨田耕作所创立，继任的梅原予以整理，第三任的有光教一再印出目录。这里跟天理参考馆的目标相同，以搜集世界文物为目标，本国文物不少，收藏日本、中国、朝鲜、印度、西亚、埃及、欧洲、美洲等地文物，比天理参考馆还广。

第九处是热海美术馆，位于东京西南的风景区内，是二层水泥楼房，里头从殷周战国的青铜器收藏品只有五件，这里是平常开放，星期四休馆。

第十处是根津美术馆，东京赤坡青山园内，这里也像白鹤美术馆一样位在山坡上，不过风景跟布置更漂亮、文物更多，是由大财阀根津创建，根津在中国东北经营铁路公司起家，由于东北离北京很近，听说有东西要卖，就抢先花钱买下，收藏不少相当奇特的中国的展示品，像大门前的石狮子上头还趴着人，也收了墓碑、石碑，建筑内也仿中式园林建筑。青铜器只有二十五件，而西北冈1001的方盉就收藏在此，并不展出，未展品中比台湾的铜盂还大的铜盂，也有大觚。关野雄带我参观美术馆时，跟库房说好，让我进库房参观。二次大战时由于盟军轰炸日本东京，根津美术馆也将文物疏散至乡下，战后才慢慢搬回来，所以库房内部相当乱，不过因为是做研究工作，有朋友介绍，就允许我们照相、摄影，像梅原做目录的时候也拍了照。可惜因为时间不长，无法好好细看。殷周的文物种类就是那几种，各馆收藏也很相近，只是数量多少的差距，而目录中有的东西也没有全展出来。

第十一处是明治大学考古学陈列馆，位于东京千代田区。中国不少留日学生就读明治大学，明治大学考古系是日本最大的系也是世界上人数最多的考古系，或许是学校比较好读吧。这里也是以教学为主，收藏品并不多，包含甲骨，青铜器只有四件，殷、周、春秋、战国各一件。

十二处是东京国立博物馆，在上野公园里面，占地很大，有八馆、二十五个陈列室，面积十万五千余坪，因此一天看不完，外头还卖吃的。不过这里中国的青铜器不多，只比明治大学多一倍——八件而已。

十三处是书道博物馆，位于东京台东区，很偏僻，是两层楼木造建筑，要买入场券进场，青铜器展品只有八件。

以上十三处的文物合计为三百八十件，比梅原书中所统计的四百三十八件少了五十八件。我回国后写了《殷周青铜器在日本》，刊载台湾出版的《中日文化论集》之中。

我的访问期间是一九六〇年五月二十日赴日，于一九六一年六月十八日在神户搭船，二十一日抵达基隆港。会搭船一来是因为我买了很多书，行李很多，坐飞机不方便；二来我想尝试不同的方式。人文科学研究所原来希望我能再访问一年，延长访问的手续也办好了，我自己本来想先回来讲好访问期延长、再去日本的。不过回来之后就有事情忙，后来也无法再长期前往。

（九）第三届亚洲史学会议

一九六四年八月二十九到九月五日间，我到香港参与第三届亚洲史学会议。为了参加会议，事前就要写好稿子。亚洲史学会议与太平洋学会不同，亚洲史学会是跟中国历史学会接头，“教育部”只是在旁赞助而已，并非直接接头的对象，个人若要与会也可自行向举办单位接洽，公家也可派员参加，和各机关商量出钱的事。太平洋学会的官方性质比较重，全部由官方出面接洽，经费也由官方支出。我从第一届起就参加亚洲史学会议，一九六四年初张贵永会长就跟我约定一定要与会。张贵永、我、李亦园几位先生都算是研究院的代表，许倬云先生后来直接跟王院长说过，张会长也同意，研究院就有四人，获得公家的旅费。严耕望先生此时受钱穆的聘请至新亚书院任教，他虽然还是研究院的人，可是此时先去了新亚，就不能领研究院的公费。这次的出国手续就不像以前简单，李济先生认为这是私人参加的会议，不是由机关派出，因此有关的出国手续全都由自己办理，就感觉非常烦琐。所以我们名义上是一个团体，实际上是各学校自成系统，并无团体的紧密结合。

八月二十九日星期六下午搭机飞抵香港，大家一同住在何东夫人纪念堂以便出入，那里是所女校，暑假期间空着的宿舍可供住宿，房间不差，一天只要二十二港币，并不昂贵，位于香港大学对面，隔一条路，彼此位于不同的山头上，往返均要上下山。我们的团员总共有代表研究院的张贵永夫妇、李亦园、许倬云、我，代表台大的唐美君、余又荪、曹永和，代表师大的王德昭、文化学院的宋曦等人。三十日星期天下午举办欢迎酒会，所有与会人士均出席，身兼学会会长的张贵永夫妇还到得稍微晚了一点。酒会是由香港大学校长召集的。

三十一日星期一办理报到手续、正式开会宣读论文。早上只有许倬云一篇论文宣读，一位日本人担任主席。下午的议程是放映一位外国学者在一九五四到六四年间发掘一处遗址的纪录影片，他也在场说明。影片内容大致是这段经过，片中显示其发掘遗址的规模很小，所作的流程也如同安阳一样，要仔细观察出土文物内容、编号、装袋等等，观众不少人看得兴趣缺缺，不过对我们从事考古的人来说，就是看到自己的工作，所以还有兴趣。当晚的晚宴由香港大学副校长做东。

由于八月三十一日并未举行开幕仪式，会议第二天的九月一日就补行开幕式，港大的副校长身着大礼服坐在首席，次席坐着是代表港府、身着大礼服的中国人，第三席坐着菲律宾代表，第四席坐着张贵永会长，第五席是泰国代表，第六席是菲律宾代表，第七席是印度代表、第八席是沙捞越代表，由他们组成主席团。开幕式后的场次由张贵永先生做主席，议题时间从唐代、明初到明代郑和下西洋，离近代较接近，三位学者一位来自法国远东学院，一位是印度籍学者，是劳干的学生，文章有英文、中文，不过他们的中国话都讲得很好。

九月二日早上会议的主席是沙捞越博物馆馆长，都是英文论文，已事先发给与会者，因此我并未与会聆听。下午的时间是考古旅行，其实所谓考古旅行就是看古迹罢了，没有实际发掘。依参观地分成好几团，我参加了新界团。从香港大学坐车，顺着弥敦道先上戴帽山，再翻山到新界。那一天非常热，预计参观三个地方，实际上也等于是休息一样。第一处是古城遗迹，导览也未提及时代，所谓的城就像宿舍一样，进去先看见空地，然后就是一排排的房子，房子已无人居，作为古迹供人参观。第二处是办公的区公所，比邻大街，地势宽敞，游人既能在此休息，也能到附近游览。第三处是勒马洲的山上，山顶建有房子、驻扎了英军，也不准人爬上去。不过有座朝北的亭子“望仙台”允准游人进入，下面有条小河，河对岸就是大陆，我没有看见河上行船，只见汽车过桥、上卡车道，到边界的关卡接受拦检，有通行证才可放行。我们就带着冷饮坐着休息，也远眺大陆好一段时间，还看得到大陆的村庄。毕竟来到台湾这么多年，这次是第一次有机会看到大陆。回程就经过沙田，香港中文大学的周法高先生就选在新界“乐宫”餐厅请台湾的与会学者吃晚饭，我只见餐厅的家具相当讲究，还使用银餐具、盘底下也垫了东西，比起当时的台湾来说，香港真是繁华富庶许多。周先生在香港住的房子不差，不过去中文大学就不大方便，因为去中文大学要走山路，当时的汽车经常不愿意载客去。

九月三日有严耕望宣先生读论文，当天读中文论文的并不多。晚上由中国国民党驻香港的文化协会在“汉宫”餐厅宴请台湾的学者吃饭，文化协会当时的主事者据说是陈布雷的弟弟。

九月四日上午的会议由许倬云担任主席。我也是宣读人之一，论文题目是《殷代东方的交通》。同场宣读的论文有英文，有中文，我只用英文报告题目之后，其余就用中文了。提到论文使用的语言，第一次会议在马尼拉举行，大会只接受英文论文，第二次在台湾举办，就接受中文与英文论文，第三次会议也接受中文论文，因此我就以中文发表论文。我先前在所内的讨论会所讲的武王伐纣路线则是周人的交通路线，在大会的论文中所写的是殷代东方的交通路线，根据的是遗址遗迹的分布。研究周代的许倬云先生以我未提及殷代西方的交通，即利用短时间就此自问自答。同一场次另有位何神父的论文，何神父在缴交论文后、开会之前业已过世，大会仍然印发了论文。韩国学者则以英文发表一篇《高丽稻米来源问题》论文。当场次发问者也并不多。休息之后，下一场的李亦园就在新大礼堂谈到沙捞越考古问题，会场听众就多了些。

九月四日下午会议由严耕望先生做主席，数位香港学者发表论文，我只听了牟润孙发表的文章，由于论文数不多就提早结束会议。晚宴地点在香港仔，离港大有段距离，坐车要一段时间，大家略作休息即出发，还先游玩了一下，再赴史学会在龙角海宫举行的晚宴。龙角海宫是水上餐厅，船的式样模仿北平的颐和园石船，盖了三层，房子就是餐厅，有八十六个座位。餐厅的菜色包含鱼翅、燕窝等等，相当豪华。不过我觉得就位置的安排上比不上台湾。

回想起在台北办的第二次会议，从会前到会间，就有传单、大会还发新闻稿、报纸也刊登会议的相关新闻。我在香港期间买不到报纸，读不到会议的相关消息，感觉上香港大学的会场的听众也并不是很多，感觉上就与台湾有所不同。后来我才读到《天文台》上有位陈姓记者写了《中国十位学者》，我并不清楚《天文台》的背景，只知文中对台湾与会诸学者张贵永、石璋如、许倬云、李亦园、唐美君、余又荪、曹永和、宋曦、周法高、严耕望十人做了相当篇幅的介绍，也捧了一番，记者却遗漏了比周、严更先去香港的牟润孙先生，或许是记者不知道牟先生也是从台湾大学去的吧！。

九月五日上午的会议，主席是香港大学的王赓武，王氏的活动力很强，现在也是中研院院士。张贵永先生也在这一场次中宣读论文。上午场次结束后，因为中午大会未安排宴席，我们预备回到宿舍休息，却听说香港突然有台风过境，狂风大雨之下，大家只能去香港大学的餐厅休息，餐厅的饭并未预备这么多的饭，我们就少吃一些以度过中午。下午台风过境后，大会宣布与会者可回到宿舍，我们出香港大学，见到台阶上有水流流过，像张贵永是会长，就有专人安排汽车载回宿舍。大家觉得主席能坐车、自己也行，幸好住宿舍的人不多，后来大会才慢慢地把人送回宿舍。晚上钱穆先生原本也要请我们吃饭，因为台风的关系出不去，只好取消。大家就留在宿舍吃饭，是房间的租金所涵盖在内的服务。原本预定在五日下午举行的闭幕式，因为台风的关系并未举行，会议也就草草结束。而听说还有后续的台风将侵袭，台湾的人就不管情况如何，在六日下午回台湾了。我们买的来回机票，预定的飞机却出故障了，要花二十四小时检修，这样我们就还要多留香港一天、要住旅馆，我们听说 CAT 还有空位，本来是不能坐的，但是请航空公司进行协商后，就成功转上 CAT 的飞机回到台北，此次会议算告一段落。每一次开会的论文原则上都要出论文集，不过我手上只有开会当时印发的论文，并没有论文集，或许大会并未出版论文集吧！

（十）参与迪阳博物馆研讨会

旧金山的迪阳博物馆（de Young Museum）为了布伦达治（Avery Brundage）① 捐赠的收藏品特别盖了 New Wing Gallery，预备举办玉器展，在汉简回国前即函邀史语所、故宫的玉器参展。对于订于一九六六年五月举行的纯参展，李所长认为可去可不去，后来决定要去，就由李光宇先找出玉器，再从中挑选，挑好之后，李所长要我写说明，他再找人翻成英文，这时已是一九六六年二月间的事了，李所长便催得很紧。后来旧金山来电话告知李所长，国外的玉器展准备取消，于是所内的玉器并未出国展览，我现在也忘记是哪些预备参展了。玉器虽然不去，可是又增添了八九月间召开的讨论会，王院长不想直接问李所长是否出席，而转问其他人，李所长则不置可否，迪阳博物馆又来信催询派员出席之事，李所长才说开会不是派员参加的问题，而是要有函邀出席的，后来博物馆邀请李所长跟我出席，李所长才说既然有邀请函就可以出席。其他机关或许有不同处理方式，像故宫最初有六个人要去，庄严也是其中一人，稍后变成三人，最后出国只剩二人。

王院长事前就是想到由谁支付经费，才会探询李所长出席与否，原来研究所跟研究院都没有钱。许倬云跟亚洲协会有些来往，他跟李所长、王院长也有交谊，便居中协助我们申请亚洲协会的经费，至于协会是否批准，则是另外的问题，不过出国的经济问题至少不由院方支出，是可以确定的。

李济先生说彼方仅邀请我们与会，并未要求我们提论文，不过仍应有

① 布伦达治（Avery Brundage, 1887-1975），生于美国底特律，1909 年伊利诺大学土木工程学系毕业后，从事建筑业致富。1928 年起担任美国奥林匹克委员会主席，1936 年获选为国际奥林匹克委员会委员，1952-72 年间任国际奥林匹克委员会主席。身后家属将其个人文件捐赠伊利诺大学典藏，加拿大西安大略大学之奥林匹克研究国际中心典藏相关微卷。参见 http://www.uwo.ca/olympic/avery.html.

所准备，对方若要求提论文也好因应。出国经费的事情由院方出面申请，我即以正在研究中的“殷代的豆”为论文题目，不过因为有其他事情要忙，因此真正花在论文的时间并不多。

出国参加会议尚须由“行政院”准许，才有护照。五月间，院内的人事室主任胡佛知道办护照的时间很久，就要我们提早申请。八月初，李济所长的护照就下来了，故宫的两位代表李霖灿、那志良早办下来，我的签证不知何故尚未下来，胡主任来电催促，我即告知详情，他不知如何打听出来我的案子还压在“行政院”未批准。我本已预备放弃出席，未料在出国前两天——八月二十五日终获签发的护照，于是我加紧赶办手续，二十六日一天内跑了美国大使馆办入境签证、日本大使馆办过境签证，总算手续完备，二十七日即与李所长、李霖灿、那志良一同搭机出国。

飞机到达日本要停留六小时，下机后李先生提议去附近的餐厅喝咖啡，到餐厅知道要先买票，结果只收日币不收美金，身上没有日币的我们只能去附近银行换日币，只见银行前面排了长龙，李霖灿跟那志良认为时间太长，恐怕排到下午都轮不到我们换钱。我们还要换飞机，可是空服小姐只叫我们下机呆坐在旁边，结果李所长以航空公司无理让旅客久候为由斥责空服员，航空公司才安排我们去过境旅馆休息，我才知道过境是如此麻烦，直到晚上才上飞机。到了白天，飞机飞到某小岛的空军基地加油，只准客人在飞机附近舒展筋骨，三十分钟后再度起飞，由于时差的关系，我们飞到旧金山还是八月二十七日，等于赚了一天。上飞机时适巧见到日本代表团的樋口隆康、水野清一、林巳奈夫[①]，我们都住进大会指定的旅馆，距离会场相当近。到旅馆时已经不早了，仅办住宿手续与休息，并未安排活动，这就是七天开会的第一天。

第二天八月二十八日，星期日中午，我跟李霖灿随着李济先生参加旧金山南山 Woodside 的银行家 Flashblank 先生午宴，其房屋位于树林中间，

① 林巳奈夫（Hayashi Minao），生于1925年，1949年京都大学文学部考古学科毕业，1950年起历任京大人文科学研究所东方部助教、副教授、教授。曾参与印度、巴基斯坦、尼泊尔等地的考古发掘活动，先后编写《考古学辞典》（1954-62）、《世界大百科》（1955-58）。撰有《中国殷周时代的武器》、《汉代的文物》等专著。征引自严绍璗，《日本的中国学家》，页249。

屋瓦亦外敷树皮，里头相当精致，整体感觉相当优雅，游泳池跟网球场通通都有。不知 Flashblank 是如何认识李先生的？晚上则参加 Paul Bisinger 夫妇晚宴，其屋位于北山，是二层楼的西班牙式花园洋房，花园、游泳池一应具备，当晚客人也相当多，宴上也碰上梅原。旧金山的有钱人似乎为了美丽的风景，都喜欢住在山上。

第三天八月二十九日星期一，正式到迪阳博物馆报到，会议算是正式开始。此次会议议程有一项相当特别的安排，就是会议期间的早上参观博物馆的各种专题性收藏，下午再进行研讨会。二十九日就由 Hansford 珍藏玉器开始，Hansford 并在旁讲解，他拿出珍藏的“鸡骨白”玉器以及试烧品，提出“鸡骨白”是经过火烧成功的假说，故宫的玉器专家那志良则不同意这种说法。

二十九日下午第一场研讨会主题为“中国的铜器”，有三位主讲人，首位是西德籍女教授，讲题为《铜器的动物像》，以铜器中出现的大型动物水牛、象、犀牛为讨论主题，报告中还穿插幻灯片。次位是法国人，以铜卣的演变为讲题。第三位是樋口，以《西周的铜器》作报告。第二场主题为“中国的玉器”，主席就是 Hansford，二位主讲人，那志良讲《斧与璧》，Hansford 则讲《十九世纪的玉器》，后半场就看他在唱独角戏。当日晚方闻[①]先生请吃饭，餐后赴博物馆聆听一位瑞典人演讲《最近访问大陆情形》，讲者介绍三十八年以后大陆考古与器物的发现，口才不错，听众也很多。

三十日星期二，早上看了博物馆仓库内的铜器，共十四箱，都是当场临时开箱的，我们也在场做了记录。里头最特别的是有盖的爵，与平常无盖、两角翘起的爵大为不同，以往发掘的文物从未见过此种形式的，李济先生认为可能是伪品。殷周的爵无一有盖，若有盖即变了样，做伪铜器的北平商人极追求新式样，以求能向古董商人卖个好价钱，还可诓称是新发现，不知情的外国人就会花费一大笔钱买下来，送到国外妥为珍藏，我们看了也是啼笑皆非。

① 方闻（1930- ），普林斯顿大学博士，中国美术史学者，在大都会博物馆（Metropolitan Museum of Art）服务，1992 年当选第十九届中研院院士。

三十日下午的会议，第一场主题是“佛教的雕刻”，主席是席克曼先生，三位主讲人，首位是水野，以《印度与中国早期的佛教》为题，对印度与中国的佛教做比较分析。次位是 Alexander Soper 教授，以《辽代的石刻》为题发表论文，第三位是 Seckel 教授，以《日本佛教的源流》为讲题，我不记得讲者是日本人还是外国人了。第二场主题是“东方的装饰艺术”，主席是 Sherman，Brandage 以其对中日饮器的收集品为讲题，Schunyler 讲《八宝》，Willett 讲《东亚用的若干 Remarks》，间杂以幻灯片辅助说明。晚上 Coliver 请客，客人有三十多位。晚上由哈佛大学的铜器专家罗越（Max Loehr）教授进行演讲，讲题为“The Art Form of Chinese Antiques”，内容精彩。

三十一日星期三，早上去航空公司订回程机票，之后至博物馆参观布伦达治特展，展品内容不少。午饭时听见去过大陆的林巳奈夫提到，中央博物院的曾昭燏已于三年前惨死，由于台湾与大陆之间讯息隔绝，直到三年后始知曾的过世。曾昭燏是留英学生，回国后在中央博物院服务，于我们离开南京迁往台北后，即担任中央博物院院长，据说是跳楼自尽的。

三十一日下午的演讲，第一场次的主题是陶器，由 Grony 主持，有三位主讲人，首位 Kidder 报告《日本史前彩陶与中国陶器》，对钵与壶做了比较，次位时孝偃报告《中国的明器与石雕的关系》，Wingin 报告则以定窑为题发表论文。第二场次是以瓷器为主题，，主讲者三人，Ferris 夫人以《十七世纪的瓷器》为题报告，Miss Meddley 报告《明景德镇瓷器》，Ayers 报告《元代青瓷与青庄的关系》。晚上的演讲是布伦达治的收藏品，以佛教雕像最为特殊。

九月一日星期四上午在旅馆内休息，也等着李前鹏，他带着我们游览旧金山古城、坐老电车。九月二日星期五，上午参观迪阳博物馆，博物馆内的展品很多，有韩国、日本、安南、尼泊尔、中国等，中国藏品就占了一层楼。有时代序列，从彩陶、殷周战国的铜器、汉代陶器、六朝隋唐佛像、明代瓷器、书画都有，也有漆器，三件甲骨、花骨、长沙的漆器等等。下午还有研讨会，第一场主题是“中日绘画”，主讲人 Nagashiro 报告《汉画》、Golpper报告《唐代书法的演进》、李霖灿报告《绘珠研究》。第二场主题“日本的绘画”，主讲人Akigama报告《Yamato绘画》、Narugaki报告《在1600年前的日本画》、德籍学者Nanga报告《日本的南派画》。全体人员出席晚上的闭幕晚宴，有六人在场讲话，此次研讨会支援单位之一的亚洲协会也由协会主席到场致词，只是这位会长讲了一个小时以上的话，实在是太久了。这次研讨会到此也正式告一段落。

九月三日，全体人员赴史丹福大学参观，算是会后旅游。史丹福的校园很大，我们转往工厂参观，工厂的厂房绵延两英里长，我们这些中国人看见绵长的厂房还戏称为“万里长城”，厂房内有很多机器，不过我们不懂机器，只是纯参观而已，对于机器运作与使用根本不知所以然。中午到山上吃午餐，下午去史丹福的博物馆参观，藏品不算少，跟迪阳博物馆的情形相近，也按照时代排列，从彩陶起，到殷商青铜器的鼎、觚、爵、簋各一，鬲、罐、卣、三件陶器，再下来是战国的鼎、壶、卣、带钩、圆玉璧，唐代的小钟一套二十四个，佛像一座（有个大基座，基座上刻有很多小佛，以前未曾见过），十九个唐镜，汉代的陶器（有壶、豆、盉、旌、卑、矾、盆等），唐俑，两件道教神像，小铜釜二十件，唐三彩唐俑跟铜笄、木制的卧佛，宋瓷，明瓷（包括景泰蓝、雕盒、文殊像、一公尺高的大瓷瓶、一公尺多口径宽的大盆），还有许多斧头，最后是十四件清代瓷器，东西很多很杂。此外有泰国、印度、日本、埃及木乃伊等文物。二楼是西洋绘画区，我们上去转了一圈，感觉跟一楼不大相同，不过因为不懂，也仅止于浏览。我认为中国展品有真有伪，不过馆方能够按照时代排列成这么多东西，也有其可看性的。

九月四日起就是我们自己的活动，看了几个地方。老同事二组的张琨[①]先生，是同游者最年轻的，开着车子带着我们各处游玩，先到陈省身先生家，陈很聪明，是第一次院士选举中最年轻就获选院士者，我们住在九华

---

① 张琨（1917- ），河南人，清华大学中文系学士（1938），美国耶鲁大学语言学硕士（1949）、博士（1955），语言学家、曾任教西雅图华盛顿大学、柏克莱加州大学，于1972年当选第九届中研院院士。

山的时候，陈正经手物理所数理馆的事情，还未完工，数学跟史语所就迁往台北，陈来台北短暂停留，即转往美国柏克莱加大教书，很受学校礼遇。我们上山之后把车停在一处小平地，然后沿着山路走下去陡坡附近的平地，就看见陈宅。陈宅的一楼是厨房、客厅、饭厅，二楼是书房，三楼是卧房，跟平地盖房子的方式相反，看得出是一栋好房子。从他家开窗，即可见学校、山、海景，风景宜人。再下山底下，有处丛林，附近就是陈世骧先生（北大毕业，也来过台湾访问，任教柏克莱多年）的家，整体环境优雅，据陈世骧先生说是西班牙式建筑，在此略作停留。

下山之后回到旧金山市区赵元任先生家，是座老式平房，跟中国的式样接近，杨振宁先生也跟我们同车前往赵家。赵先生家的大小比不上前两家，靠近市街也与前两家在山区大有不同。一行人到中国城内的中餐厅吃饭，饭后即回旅馆。来了旧金山九天，离柏克莱加大不远，要过金门大桥才可以到，虽然李前鹏曾经带我们走到金门桥附近，可是并未过桥，所以未赴柏克莱一游，现在才想起来为何没有去柏克莱一游呢！

（十一）参访美国各大学

九月五日我离开旧金山，前往芝加哥。我们一行人，李霖灿跟那志良二位先生回台湾，李济先生前往哈佛，只有我去芝加哥。我出发前即跟人在芝加哥的钱存训[①]先生联络，请他帮我代订青年会（YMCA），曾听许倬云先生说住美国的青年会，费用比较便宜，所以我打算一路都住青年会。钱先生接到我之后，带我去预定好的青年会，位在一栋旧屋的后楼上，一

① 钱存训（1910- ），字公垂，江苏泰州人。1932年毕业于金陵大学，随即从事图书馆工作，抗日时期将近三万本善本书秘密运出上海，安全保存到美国国会图书馆庋藏。1949年起任芝加哥大学图书馆馆长，1957年获博士学位，1964年起任中国文学教授。曾兼任亚洲究协会东亚图书馆委员会主席。撰有《中国古代书史》、《中国书籍、纸墨及印刷史论文集》等著作。征引自陈玉堂编著，《中国近现代人物名号大辞典》，页733。

进去灯光昏暗，似乎未曾住过人，钱先生不认为这里适合住人，即行退房，此后我对于青年会就兴趣缺缺。钱先生转介我住到芝加哥大学的国际学社，那里设备新颖，单人房，光线明亮，住客亦多。在芝加哥第一天晚上，张贵永先生在芝加哥留学的儿子告诉我芝加哥的情形，以及注意事项。

九月六日何炳棣先生接我们参观 Field 博物馆，一进门即见一俘虏来的苏俄小型潜艇，我大感好奇，入内察看，只见顺着阶梯下去，潜艇内仅能容纳三人：驾驶员兼射击手，通讯员，杂务员，内部空间局促，不过质料相当结实，真是难得一见。博物馆很大、文物很多，均经过分门别类，我在一楼最先看到的是爱斯基摩的生活方式，左手拿斧、右手拿弓，以渔猎为生。其次是印第安人以兽肩胛骨制成的骨锄。第三个是印第安陶器，底下有三足，非常有意思，他们的碗跟盂很像，上头也画了花纹。第四是印第安打铁器具，他们用嘴抵着吹筒向火吹气助长火势。第五是印第安制陶流程，他们先将陶土搓成泥条，再慢慢围起来做胚，然后才打光。第六是磨豆粉的工具，印第安人手执石条跟斜坡性的石板来磨豆，将豆子放在石板上，先用第一根石条搓烂豆子，次用第二根石条磨碎豆子，再用第三根石条将碎豆搓成粉。

从地面平行的一楼往地下室走去，看见地下室分三个部分，西边是各种动物标本，东边是人类学标本，中间是埃及文物。上去二楼，中庭放了大象标本，也分东西间，西边是人类学标本，东边是动物学标本。三楼的中间并未摆东西，西边是植物，东边是地质，两边的走廊上摆了中国的东西，项目并不多。

九月七日我参观芝加哥大学图书馆，钱存训先生在这里做馆长，我看了书库跟设备。顾理雅也在这里任教，钱先生带我去看他，顾理雅就跟我谈起甲骨文、铜器断代等等，对于陈梦家的“西周铜器断代”认为有许多道理，相当赞成，只是觉得陈梦家留在大陆，死得很冤。芝加哥大学校内设有东方博物馆，文物不算少，钱先生因为还有公务要办，便由史语所的同事、赴芝加哥大学攻读学位的陶天翼带我参观。陶比许倬云先去美国，但是比许晚拿到博士学位。芝加哥的工业博物馆相当大，跟史丹福的工厂很类似，仅略作参观。芝加哥大学内有大路横跨校园，整个校区就像在市街一样。陶还带我坐船夜游湖，光影点点，景观煞是好看。在芝加哥只停留了三天时间，要感谢接机的钱存训、导览的何炳棣、导览跟送机的陶天翼三位先生，到九月八日即转往华盛顿。

我在美国东岸有两位河南大学的同学，赵倬文学长在河大毕业后被送去学空军，听说陈诚赴美访问时还曾找过他；涂心园学长于大学毕业后短期留校担任体育助教、中学老师，抗战后从军，由军队送出国到马里兰大学攻读地质学，得到博士学位后留在马里兰州的美国农业部地质试验所服务，两人均已归化美国籍，我就请他们帮忙带我游览美东。我抵达华盛顿时间较晚，仅在赵倬文学长处略作停留，随即转往涂在马里兰的家时天色已黑。九月九日，由于华盛顿一带有不少博物馆，我跟涂学长就挑选几所参观。第一处参观历史博物馆，颇类似芝加哥的博物馆，也分成好几组：第一是爱斯基摩人的渔猎生活、第二是皮制的马鞍，我们即仔细参观马鞍组织、第三是弓箭、第四是印第安陶器、也摆了三条腿陶器、第五是人类的进化、第六是自然铜的捶打过程。印第安人有个特别的骨制鞣皮器，前有耳后有柄，形状很像中国的箭型小石器，做皮靴的时候可以在皮上画，使皮质柔软，中国的鞣皮器多是石制的。另有处高台上有小屋，专放金刚宝石，这里的宝石价值想必不贱。第二处参观航空博物馆，各式样的飞机标本，馆外就是大飞机。第三处是 Frear Gallery of Art，展品相当精致，有不少中国的铜器跟玉器。

九月十日，参观代为保管汉简的国会图书馆，大家在里头看书，馆内很安静。国会山庄、华盛顿纪念塔也看过，我们到了白宫外面，看见要排队进去，就未排队。听说附近有处地方可骂美国总统，时常有人在那里，也是一处观光点，只是当天我没有碰上骂总统的人。到艺术博物馆参观，适巧有中国铜器展，展品是瑞典提供的，会场还卖展览品图册，一本三块多美金。由于昨天参观 Frear Gallery of Art 的时间不长，觉得还遗漏了一些东西未看，于是再到 Frear Gallery of Art，我看见一个爵，有一条腿是接的，而且与其他二腿明显不同；有一尊，全足都太低了；一“红矛”，实际上戟早已断掉，断口也被人磨过，只剩下红缨，就称为“红矛”。这几样东西有问题的地方，我都向作陪向导的涂心园学长一一说明。

九月十一日在华盛顿搭灰狗巴士到费城，即顺道参观，首去收藏富兰克林个人物品的富兰克林博物馆，再去独立宣言堂，三去宾州大学博物馆，博物馆的东西很复杂，有南美、澳大利亚、中美、东北美、欧洲、希腊罗马、两河流域、埃及、中国等，其中中国的铜器并不多，展场只有三个柜子，陈列了一鼎、一壶、一觥而已。馆内另有一个大陆来的佛像，还有从河南清华镇（小镇以烧瓷器闻名）上的寺庙墙上刮下来的壁画，那些卖古物的只见时间久远，就任意刮下来，后来才被美国人买下来。这里也收藏据称是昭陵六骏的第二匹骏马像，以及小型金质佛像。宾州大学的校园风景也不错，潘木良正在宾州大学留学，只是我当日并未遭遇，因此只跟涂心园学长二人闲逛而已。

到东岸的一路上都是涂心园陪同，他原本能开长途车，但是一想到纽约不方便停车，便决定改乘大众交通系统。十一日当晚，我跟涂坐火车抵达纽约车站，住在车站附近的旅馆，两人各自住一间单人房，或许是居住的地段不好，晚上屡屡从附近不远的机场传来的巨响跟映入室内闪烁的灯光，实在难以入眠，但是实在很晚了，没有办法再换地方休息，只好将就一晚。十二日，我们参观哥伦比亚大学，校园建筑从平地看起来并不高，可是进去才知道底下很深。涂心园学长是学地质的，就带我拜会哥伦比亚大学地质系，系内收藏不少标本，只是我看不太懂。我们也参观了自然历史博物馆，馆内有不少铜器，唯并未对外开放。在纽约这里，我们遇见陈奇禄先生的朋友，是考古学家，充当起向导领着我们参观。我们也参观了帝国大厦，大厦总高 1225 英尺，1050 英尺处有眺望台，坐电梯到八十层楼的时候还要另换电梯上楼。我们到了联合国大厦，知道要十到十五人一组进去参观，为了赶时间、多看几个地方，并未入内参观会议室。

十三日到达普林斯顿大学，刘子健[①]跟方闻两位先生都在此任教。学校门口即规定汽车不可入内，我们步行入内，教职员宿舍在校内的偏南区，刘子健先生正好不在家，我们在校园闲逛，预备十一点前离开，却巧遇刘子健先生，就带着我们参观图书馆，在博物馆碰见方闻先生。刘、方二人都希望我们吃过午饭再走，原来李国祁先生带了访问团也在当日到普林斯顿参观，二人就是去接人了才不在家，我们便决定留下来用餐，也跟李国祁先生等人一起参观博物馆。我本来想从普林斯顿直达耶鲁大学，此时才知无直达班车，必须先回纽约才行，于是回纽约坐火车到康州的纽海文车站下车，在车站附近旅馆住了一晚，这里比起纽约真是安静得多。

次日十四日起身吃过早餐以后，就去耶鲁找在人类学系任教的张光直先生，张先生要上课，就委由刻在耶鲁攻读博士的吕承瑞小姐带我们去参观图书馆，馆内有"Fine Arts"，就藏了中国铜器，有觚、鼎、鸟尊、罍，整个馆与国会图书馆很像，也很大，采开架式书架，人也能进书库参观，图书馆内听说还有绝版书跟善本书库，不过我未进去。我们还参观耶鲁纪念堂、张光直先生的办公室，办公室并不大，里面也是一盒盒的陶片随意摆放，就跟我们这里差不多。我们也到新近竣工的自然博物馆参观，藏品并不多，但是崭新的房子跟优良的设备令人印象深刻。耶鲁的房子有不少是大理石质材建筑，也是学校的一项特色。

在耶鲁停留一天之后，十四日下午我跟涂心园学长转往麻州剑桥的哈佛大学，晚上到达，涂学长有不少故旧在此地，住了一夜，由于不能耽搁实验室的工作，涂学长只请假一星期，十五日就坐夜车回马里兰，预备赶上次日的上班时间。我们每至一处参观，只要停留的时间稍久、参观的器物，他都会照相，也很用心说明。

我在台湾有不少朋友正好也在哈佛，像史语所的管东贵、金发根、民

① 刘子健（1919-1993），号半宾，祖籍贵州省贵阳县，生于上海，清华大学、燕京大学，抗战期间因从事反日活动被日人拘捕下狱，1950年获得匹兹堡大学博士，任教匹兹堡、斯坦佛、普林斯顿大学。专研宋史。著有《两宋史研究汇编》、China Turning Inward等书。征引自 Andrew H. Plaks, Willard J. Peterson, Hai-tao Tang, Ying-shih Yu, "Oblituries: James T.C. Liu（1919-1993）", Journal of Asian Studies, Vol.53 Iss.3（August 1994）, p.1044-1045.

族所的文崇一、台大中文系的罗联添、台大中文系毕业的王保珍（管东贵妻）。涂心园学长离开以后，金发根先生让我住入宿舍，陈设很新鲜，给我们一把既可打开大门又可打开房门的钥匙，也没有人管理，是属于一位老太太的房子，内部房间不少，如果有人外找，按对讲机即可联系，这在当时的台湾是看不见的，金发根先生还特别先示范如何使用，否则我就进不了房间也出不来了。

十六日，金发根先生带我去参观 Fogg 博物馆，位在哈佛大学校内的地下室，馆长是罗越（Max Loehr）教授，王叔岷之女王桂英赴哈佛读书，毕业后也留在博物馆做事。馆内中国的器物很多，都是精华。我当日也见到杨联陞[①]先生，他在燕京学社办公，在哈佛很有势力，跟胡适先生交情很好，尊称胡先生为老师，也来过台湾，他因为白天很忙，就约好晚上由他做东请金先生跟我吃饭，顺道谈谈该到哪里参观。杨认为博物馆藏品多珍贵物品，值得一看。我也去波士顿市区内的 Fine Arts 博物馆参观，占地颇大，铜器很多，唯比起 Fogg 博物馆的质则略逊一筹。因为 Fine Arts 的藏品范围广泛，包括世界各地，像近东、远东的东西不少，连保存完好的埃及的木乃伊都有。Fine Arts 的铜器虽多，但是真正属于殷商时期者仅有一件簋。

十七日，我再去看哈佛大学图书馆，占地不小，我在馆内看书时，无意间找到老同事徐中舒先生所写的文章《巴蜀文化初论》。我因为离开大陆已久，不知其详细下落，只知道任教于四川大学，也看不见新发表的文章，美国跟大陆有些来往，所以我才会在美国看到徐先生的文章。徐先生在文中的重要论点是，巴文（巴蜀文化的文字）与摩些文有关，巴族跟錞（鼓器，西安曾发现中国铜鼓）有关。我想徐先生会研究巴蜀文化，应当是与在四川任教，由于他熟悉古代文化，看见一些东西，才写这些文章。哈佛

① 杨联陞（1914-1990），河北清苑人，字莲生。清华大学经济系毕业，哈佛大学博士。抗战期间曾担任训练美国人学习中文的教师，与赵元任编纂《简明中文字典》。其后长居美国，担任哈佛大学中国史教授，主管燕京学社，以中国经济史与制度史研究闻名学界，有“活字典”之雅称。论文散见国外期刊，辑为 Studies in Chinese Institutional History、《国史论衡》等专书。征引自陈玉堂编著，《中国近现代人物名号大辞典》，页 282。

大学图书馆采开架陈列，人可以入内看书。同日，我再回到 Fine Arts 博物馆，将未参观到的器物看完。

九月十八日是星期天，一般学校都放假，可是波士顿的查理士河附近有所音乐学校，校园不错，校内招收学生唱歌、演戏、跳舞，星期天就上课不休息。这里的博物馆星期天也不休息，于是我就跟管东贵夫妇一起参观城内的科学博物馆，入场门票美金一元，可是我们不懂科学的东西，所以看得兴味索然。

费正清夫妇（John K. & Wilma Fairbank），先生研究近代中国，太太研究古代中国，彼此研究中国的不同时期，他们前来台湾时，曾经受过李济先生的款待，跟我们也常有往来，我这次到美国，他们就愿意带我参观。十九日星期一，费正清夫妇就带我去一处外国人少去参观的“第一枪博物馆”，位在哈佛之北，就是“波士顿茶叶事件”中放第一枪的本地人居处，住屋还保留着，有人在此演讲，枪也留在屋内供展览之用。山脚附近有座军人桥（North Bridge），通往附近的军人纪念墓，桥的一边有座执枪铜人立像，面向来人，过桥之后，另有一路不知通往何处。桥的另一边还有纪念碑，记述开枪、射击、守桥等事迹。我对碑文不怎么懂，只是略知大概。费正清夫妇接着带我们到略高处的树林内妻舅的度假小屋去午餐，环境清幽，房内有壁炉等设备，经济环境应该不差。费太太还带了一小女孩跟小狗乘车同行，菜也放在车上。这两处离市区比较远，所以一天的活动都在这一带。回到哈佛之后，到杨联陞先生在燕京学社的办公室，听杨先生谈起学社的发展概况、研究范围介绍。杨先生的办公室不大，藏书很多，旁边就是燕京图书馆，住家则离办公室稍远。

二十日星期二，我参观麻省理工学院，这里的房屋与其他学校不同，有些房子，像可容两千人的大礼堂就是“未来派”的三角尖顶，有些地方还有铜铸，布置非常讲究。参观之后，到市街上的大型百货公司游览，百货公司很大，范围横跨两三条街，最特别的是各栋房子的楼层之间有天桥相连，让客人直接穿过去，这在台湾也是从未见过的，相当新奇。大门口放了个会说英文的洋娃娃，里头大概装了录音机，百货公司内部，各式样商品都有。参观了古代的博物馆，又参观了现代的百货公司，我们不懂新的东西，古代的东西又有很多不懂，不过参观参观，增长见识罢了。

二十一日，我又去参观学校的旧图书馆，那里林木甚高，馆舍的楼层特别挑高，营造出壮阔的气氛。图书馆的地下室是卡片区，我们可以进去随意翻阅，找出想要的东西，也设有阅览区让人看书，周围也有研究室，研究室有七八层，整体的设计真可说庄严伟大。燕京图书馆比起旧图的规模自然是小得多了，可是以东方图书，尤其是中文图书为其特藏，我还在燕京看见《中央日报》。在燕京图书馆，我又碰见李国祁跟文崇一两位先生，上次在普林斯顿巧遇李先生，在哈佛又见面了。当日，对旧图书馆只是略微浏览而已，二十二日再去，孰料碰到旧日在台大教书时的女学生陶树雪、许世珍二位小姐，她们是同班同学，赴美留学，均已嫁做人妇。陶树雪读完学位后，就找到哈佛旧图书馆的工作，先生则服务于另一家图书馆。我听陶说许婚后家住学校附近，而在家带小孩并未工作，先生在外工作，许育有二子，均已上学，离不开她。陶便打电话给有车的许，要许开车带我去附近参观。许开车带我到当地最高的塔参观，塔高约五十层，顶层有旋转设备，可以俯瞰波士顿全景。

二十三日一天，盘桓管东贵先生家，未再出远门，便预备前往西雅图，前后在波士顿待了九天左右。我很早起身前往飞机场，管东贵、文崇一两位先生来送机，从东北的波士顿前往西北的西雅图，有三小时时差，飞行途中还看见大瀑布。二十三日稍晚到达西雅图，这里的朋友有在华盛顿州立大学任教的李方桂、劳延瑄、张琨（原任教于华盛顿州大，赵元任从加大退休时始接替其职）、在华盛顿州立大学读俄国史的李念萱（近史所）、刚由史语所送出国攻读语言学的丁邦新诸位先生。在西雅图期间，我住在李方桂先生家，李先生家是从山坡上铲平一块地所建筑的四层楼房，附近房子不少，都是大学教员住宅区，比较特别的是地平面一层、往斜坡走下另有地下三层的设计，往上坡看只当是平房，近看始知奥妙，地面层是饭厅、客厅，第二层是住房，第三层是书房跟客房，内部配置与陈省身家类似。李先生家附近的山坡上遍植苹果树，并无人着意管理，落了一地苹果，拿到台湾的话可是相当值钱的。张琨先生原先也住在附近的楼上，约有七八户人家。李先生家离校稍远，下山过桥渡河后往南走，先到菜市场，再不远就是华盛顿大学。

我们到校参观，李念萱先生的研究室不算小，李方桂先生是系主任，研究室的规模自是不小，学校对他相当礼遇。唯一的缺点是从学校到飞机场，必须提早出发以避免塞车，原来中途会经过波音飞机公司的制造厂，那里雇了不少员工，看见偌大的员工停车场停满了车，这就是会塞车的原因。华盛顿州大的喷水池很讲究，李念萱先生说有十三个眼，规模很大，图书馆也是栋漂亮的大楼，李方桂先生是远东语文系主任，学系就占了一栋大楼，共四层楼，李念萱、李方桂、劳延瑄几位先生的研究室就在四层楼内。李念萱跟丁邦新二位先生住在学校不远的楼房，丁住三楼，李住楼下，房子很大，两人自炊，可说相当舒服。由于西雅图不像其他地方那么热闹，我知道路怎么走，就自己走过去找李、丁二人，让他们感到惊讶，反正路上车辆不多，街廓单纯，我就敢走路了。

学校附近有华盛顿湖，可坐船游湖一周。每天要是上街，会经过体育馆的高墙，经过时常听见哨音与人的嘈杂声，体育馆可供足球、篮球、网球使用，稍远处即可望见看台，这里算是闹区，与车子必经之处。我在旧金山与李济先生分手时，彼此并未说起何时碰面，我从西岸到东岸一路行来，并未在哈佛遇见李先生，也许李先生已经先一步离开了，未料我来西雅图的翌日，李先生也来到西雅图，也住到李方桂先生家的客房，我已经预备回到台湾了。我们谈天都非常融洽，李济先生的故旧严易云（也在华盛顿州大教书）也到李家谈天。

二十五日星期天，劳延瑄先生带我出外参观，李济跟李方桂两位先生并未同游，毕竟年龄层跟我们有些差距，又有自己的故旧，所以自行活动。丁邦新先生要读书，时间上便有约束，不能玩得太过。我们先去万国博览会时兴建的高塔 Space Needle Tower，塔身是以三脚支持，塔顶有餐厅供餐，也有旋转设备，可眺望西雅图山景。太平洋科学中心是水上建筑，据说是日本人设计的，房子无窗，中心是喷水池。这里下午一点才开门，是孩童们爱去的地方。西雅图艺术博物馆相当大，收藏器物以图画为多，中国的铜器部分只有两小柜，以小型铜器为多，虽有两座鼎在外陈列，却非上品。中国器物则有史前仰韶时期陶器、殷商陶器、长沙木偶、汉唐木偶及土偶、唐三彩、六朝石刻、明清陶瓷、清乾隆玉器、殷代方形字骨一、殷代花骨（卣）一。馆中最特别的是收藏铸造铜器的模范跟蜂蜡，也有在图说中说明彼此关系。当晚在李方桂先生家吃晚餐。九月二十六日下午，我就离开西雅图前往东京。劳延瑄跟李念萱二位先生送我上机，李济先生还留在美国，暂不返台。离开西雅图前，我仍到华盛顿州大短暂参观，不过这与我的本行差距蛮远的。

（十二）再游京都

二十七日晚上抵达东京，这次到东京，由于我还要去京都，就算是入境，因此航空公司不负担旅馆费，由我自行负担。我当晚住在机场的附设旅馆，由于进城有段远路，并未入东京城夜游，只看看机场大厦。还记得旅馆的住宿费在当时相当昂贵，多住几天的话也实在吃不消。二十八日到东京城看看，即坐国内线班机抵大阪，再坐航空公司的巴士到京都。我就去百万遍了莲寺一看，房东看见我来，由于旧居已有新住客，就帮我安排他处住下。二十九日我到整修完竣、预备重新开放的京都博物馆参观。馆长塚本善隆跟我在京都大学人文科学研究所是邻居，他从人文科学研究所所长职退休后，就接任京都博物馆馆长，知道我要来日本，便力邀我前往参观，当时参观博物馆的人并不多。我又看了方广寺，以前在京都时未曾去过，此处亦刚整修完成，寺中特殊的是丰臣秀吉修造的木雕大佛，有十九公尺高，大地震的时候将佛自胸部以上震断毁坏，只剩下十四公尺，日本人重新整修后再开放供人参观。这座大佛据说是日本第一大佛，比奈良大佛还要大。

我在京都的旧识大多仍在京都大学人文科学研究所内工作，我前去拜访，他们晚上邀我吃饭，见到席中有位我不认识的新人。彭泽周先生此时刚购入新居，力邀我去住上一晚，我听说彭先生家不大，便怀疑是否再挤得下我？他说太太刚生产，尚在医院调养中，因此我住他家不成问题。他的房子看来很经济，木头架的三层楼房，上楼时的楼梯又陡又窄，得紧抓扶手才行。次日，我去医院探望彭妻，彭泽周先生在日本入赘妻家，妻子生了双胞胎，丈人也非常高兴，彭泽周先生因此得以长居日本。

在日本停留几天，十月二日就从京都回到台湾，在日本停留五六天。我给家中写信说将坐702班机于十点多抵达台北，我二日提早到机场候机，702班机的客人多，前面的701班机客人少，航空公司看我早到，便问我是否愿意改搭701，可以提早两个小时到达台北，我想到可以提早回来，也愿意改搭飞机，结果八点就到松山机场，未料我回来太早，接机者尚未抵达机场，我就自行回家。

总说起来，我这次出国一个多月，看了美国十所学校、二十三所博物馆，日本一所博物馆、一座庙。这一个多月，也让许多朋友费神招待，我非常感谢他们。

补充问答

陈存恭：美国当时对于大陆一九四九年以后考古发掘的了解如何？

石璋如：当时美国已经有一些有关大陆考古的讯息流传，也有看见一些大陆书，多是有人从香港或日本辗转带过来的。

陈存恭：石先生在美国的时间，大陆刚开始十年“文革”，外界有关大陆的消息就断了。

石璋如：是啊。可是并不影响书的出现。

陈存恭：在日本有无听说大陆考古新讯息？

石璋如：我在美国住的朋友家，像赵倬文先生他们也不清楚情况，他有家人在大陆，美国跟大陆没有邦交，家讯都断了。日本当时已经有些大陆学者去了，日本学者当时左倾的情况蛮严重的。

陈存恭：日本的近代史学者以前很少跟台湾来往，左倾得很厉害，直到李登辉“总统”上台以后才有些改变的，考古学界是否就学术谈学术，比较不会有类似情况？

石璋如：日本的考古界比较看不起台湾，对于大陆也比较重视，不过我在京都的朋友们都是学术人，没有什么隔阂。

陈存恭：台湾对批判国民政府的费正清也非常敏感，不过后来费正清也批判中共。

石璋如：对。我在美国芝加哥，见到钱存训先生的太太，她是“文革”前两年的一九六四年从大陆出来，她说在大陆很苦，知识分子不知道何日会降临大祸。我不知道钱太太是如何出来的？

陈存恭：可能是有特殊的海外关系？或是被人接出来的？

石璋如：或许，我毕竟不方便问得太多。我知道钱存训先生是一九四九年前单身赴美，太太直到六四年才出来。我在美国就只有碰到她是一九四九年以后从大陆出来的，当时已经离开大陆好多年了，对大陆总是有些好奇，想知道一些事情。

十一、学术研究活动杂忆

（一）获颁“教育部”学术奖

一九五九年“教育部”学术奖申请，史语所把我新出版的《殷墟建筑遗存》送去申请，侥幸在年底通过审查获得学术奖，得到奖状一纸与奖金一万元（奖状装在金框子里头，放在宿舍内，时间一久框子都坏了，这次搬家就找不到了）。有人注意到这件事，像《作品》杂志就由发行人出面，委请胡适院长做介绍人，要请我吃饭，胡先生作陪，杂志社想向我邀稿。我因为不认识发行人本想拒绝，胡先生就语重心长地告诉我，人家是看得起你才邀稿，你不能得罪别人，于是我就出席邀宴了，胡院长让我跟他同坐院长配车出席。由于像我们这行的研究文章都是硬梆邦邦的，外界兴趣不高，杂志社就希望我能写些软性的文学性文字，可是我并不擅长写这类文字，思索颇久想起敦煌过阳关的故事，就写了《忆昔当年在敦煌》，西出阳关不是无故人，而是沙埋人，不久杂志出刊，也刊登了这篇文章。

（二）担任论文口试委员

一九六三年四月二十六日，我参加了师大国文研究所李云光君的“教育部”博士论文口试，论文标题是《三礼郑氏学发凡》。会场布置四方都是桌子，口试委员坐在桌后，中间的桌子是口试者的座位。这次的口试委员阵容相当庞大，有十一人：姚淇清、黄季陆、陈盘、石璋如、蒋复璁、陈大齐、孔德成、戴君任、林尹、王洪钧、龙书祁。委员虽多，可是有些委员的学科领域跟周礼有差距，并未发问，林尹、孔德成、蒋复璁、戴君任是比较懂周礼的。由于口试时间很长，下午就有些委员先行离席，最后只有七人投票，全数通过李君获得博士，由主席宣布李通过口试，李就哭了起来，到吃饭也吃不下还在哭，哭是因为太兴奋了，在小有成就的时候也想起了父亲，因此哭个不停。

（三）报告“武王伐纣的路线”

我在一九六三年的讲论会上讲“武王伐纣的路线”。前人对于路线多说得不详细，只说从陕西沿黄河边到河南。我因为对历史地理有兴趣，又住过黄河边，觉得有好几条路线应该仔细检讨。史语所仓库在胡先生葬礼之后又空出来了，我就在仓库的长墙上贴上了从陕西潼关起到河南偃师之间经过测量描好的地图，接成两行，每天去看两回思考路线。我也跟研究唐代地理的严耕望先生研究，他有的时候也看着地图，说得也不十分详细。我百思不得其解的是从陕州南边的肴山到渑池新安一带，为何不走平地，反而要翻肴山。在地图上看山南边的村落也相当密集，显示到后来还是交通线的情况。来到台湾之后，有位同学是陕州人，我问过他陕州的地形，他这个故乡人也不怎么熟悉，不过他说他有同乡在抗战时去过肴山打游击，应该很熟悉地形，我后来与此人见过面，获这位同乡告知从陕州往东是很陡的山，不利步行，黄河南是三门奇景，只能取道肴山。所以我就确定路线一定要如此走。

我在演讲会上就提出与旧说不同的路线。分为六段，首段提到战前殷周的交通，就根据我的看法，分水陆二路来谈，比较仔细；次段提到八百诸侯“庸蜀羌髳微纑彭濮”的方位；三段论及为何在偃师休兵，偃师是后来才起的名字；四段探究确切的渡河地点，一般有三说：汜水、铁谢（光武陵一带）、扣马镇（今孟津之东），我认为汜水一带有虎牢关，是洛河汇入黄河，有东西向山阻挡，水都因而拐弯，因此不可能，又离偃师一百多里，要是去牧野的话还要西走、更远；铁谢是黄河从肴山下来分支处，只能通到洛阳，也不能到牧野，所以我认为扣马是周军的渡口。

讲论会报告时间大概是一个钟头多一点，其余时间让大家发问。首先发言的陈盘先生从文献考据的焦点出发，认为黄河古名邢丘，就是尧住过的地方，所以他支持我的立论。董同龢先生部分赞成、部分反对，认为通说八百诸侯会合处偏南，我却偏北，我以看地图的经验跟八百诸侯所在的地名考释来回应，并无法说服他。芮逸夫先生认为应采取古说。我的说法有些根据遗址、有些根据地形，像古说的四川、湖北都离河南太远不可能，聚落应该是越来越靠近殷都的，因此攻打的时候取道诸小国时还要请其借道。研究周代的许倬云先生，也认为我在地名的考释上根据遗址、地形有些附会，与传统说法不相合。最后说的屈万里先生认为，我所根据的《牧誓》是作于战国晚期，时代越晚者对于地理的认识已比前人要深得多，要回推到殷代末期是有些不可靠。因此他虽也不相信古说诸侯来自四川、湖北，可是认为我用的《牧誓》有问题。我后来觉得将这些说法集中归纳，也费了不少时间，还应再行修改、始可发表。我从年轻的时候就一直有些感觉，所以更想仔细求证，不过当时相信我的不多就是了，因为他们没有去过，而我去过。

（四）获选长科会讲座教授、儿子完婚

一九六三年，我个人有两件比较大的事情，第一是八月底长期科学发

展委员会设立讲座教授，列名者不少，有续聘者也有新聘，人文科学就有十四人，我也是其中之一；第二是十一月二日为我儿子石磊完婚，也是一件人生大事。

（五）朱家骅、董同龢、董作宾先后过世

一九六三年真是不幸的一年，有好几位同仁过世。一月三日晚，王志维电告朱前院长于当日下午去世。朱先生是研究院奠基南港的重要人物，任期也最长，对研究院有所贡献，老同仁对他都有感情，听说了讯息都非常难过。次日早上七点钟即赶往朱家，朱先生本住和平东路附近，后来搬到新生南路、八德路一带，离南港比较近，住处虽小但还算优雅。我们去的时候还看见朱僵硬地躺在床上，家人在旁边说，昨天下午听到朱先生喊不舒服、要人按摩，按摩之后稍感舒坦，便起身如厕小解，然后回房坐下，佣人照料他躺回床上迅即不起，病因也不清楚（按：朱家骅先生是因心脏病过世）。朱先生以前常打网球，身体底子不坏，不过后来病痛折磨健康渐差。八点多钟以后就来了不少研究院同仁，跟朱在台北的故旧，大家送他到极乐殡仪馆后随即回院。后来听总办事处的人说，当日一早去看朱先生的都是治丧委员。

朱先生的旧属、总办事处的万绍章先生，因为朱家人手不足的关系就来找我，希望史语所能仿照上次为胡院长守灵一样，也为朱前院长守灵。照说朱先生跟近史所的关系更深，跟史语所稍微远了点，不过万跟我们很熟，也就答应了。于是从五日起，史语所每天派两人去照料，直到九日早上举行公祭为止。

早上公祭之后，下午朱先生即停灵到阳明山第一公墓。朱先生由于确定安葬在阳明山，就不像一般人先停灵在极乐殡仪馆的后面，而停灵阳明山。阳明山第一公墓有个八角亭，灵车过八角亭转到一间间的停灵处，放

入其中一间，大家就回来了。

二月六日按照民俗是朱先生的五七，要做法事，因为上一趟阳明山很辛苦，就在市内的善导寺做法事。由于总办事处通知得晚，院里去的人并不多，史语所去了九人，近代史只去了杨绍震先生一人而已。五月十五是朱先生的安葬日，当天到阳明山第一公墓，见到墓地已完成，停灵跟停车处在山上，可是墓地是要往山下走、到山崖附近的凹处一带，并非在山壁凿洞，而是像胡先生的墓一样的修筑方式，在山底下建了一排排墓。由于上山耗时较久，十点钟始举行安葬式，稍微公祭一下十点半即结束，比起胡先生简单得多。

六月十八日董同龢先生过世。董同龢先生是我们同辈之中最聪明能干，也最用功的人，常有自己的主张，连傅先生也说服不了他。在抗战大后方他还是副研究员的时候就获得过杨铨奖学金，可见才气之高，丁邦新先生就是其门下高徒。董同龢先生是语言学家，著作等身，跟屈万里先生的看法不尽相合，屈先生是持经书立论，董先生怀疑经书，采用新的方法。到台湾以后，董同龢先生固定在台大教书，暑假还被美国的大学请到美国去开暑期班。这年本来也预定去美国，可是觉得身体有些不适，六月七日前就先去医院检查身体，结果医院发现他的肝、胆有一块不太好，就排定六月七日动手术，美国自然去不成了，开刀之后发现已经有很大的肿瘤，但他平常生活简单、又不做检查，竟然浑然不觉，至此时才发现、为时已晚，到六月十八日就过世。

虽然董同龢先生的地位不比胡先生、朱先生，但有很多学生，在研究院任职的也很多，因此就定六月二十二日举行公祭。参加的单位就有七个：治丧委员会，以获得各方推定的中研院长王世杰代表主祭；中研院，以阮维周总干事代表；史语所，由李济所长主祭；台湾大学，由钱思亮校长主祭；清华大学同学会因为董也是该校校友的关系，就由清大的人主祭；台大考古人类学系，由芮逸夫主任主祭；台大中文系，台静农主任主祭。当时的祭祀程序与现在不同，是先公祭、再家祭、入殓，现在则相反，瞻仰遗容、家祭、公祭。董入殓后约已十一点，即送火葬场火化，小棺木放棺材内，推进去火化前还要把棺材抬出来，不像后来小棺材是一起烧的，身后一切可说是相当简单；也不像之前几位先生采用土葬，棺木都用得很不错。骨灰暂放董家，一九六四年六月三十日董先生过世周年以后，才做了墓放到学人山。

到十一月二十三日，董作宾先生也过世了，恰逢美国总统肯尼迪遇刺身亡日，我们说董先生是大人物，能与肯尼迪同日过世。董先生的身体底子并不坏，只是不爱运动，而且董先生既忙着《大陆杂志》社的事又担任所长、去香港任教回台又担任“甲骨文研究室”主任，事情非常忙，因此同仁曾劝他装假牙，但他忙到没有空去。牙齿不好就吃不好，连带消化不好影响健康。董先生要是早日整治好牙齿的问题，身体就容易养好了。董先生是三月二十日生日，与傅先生的二十七日生日差七天，大家在三月初商议好要为他过六十九岁生日，但董在十日表示今年不过寿，明年再过七十岁生日，大家心中也稍微确定一些。后来董先生的甲骨文得意门生李孝定先生不知如何劝说，董先生在十五日又同意过寿了。我们就预备好三月二十日在台北的寿宴，席开四桌，当天董先生也很高兴，没想到吃完寿宴之后身体就开始不适，二十五日即送台大医院，自此常住台大医院直到逝世。

董先生送到医院的时候，嘴巴歪了，也无法言语，当时大家医学知识有限，均不知是何毛病，后来才晓得是中风（脑溢血）。董先生住院期间，女儿常在旁照顾，董先生经常昏迷、神志不清，连拉出屎都浑然不觉，吃得也很少，偶尔才神志清醒，还能说笑，这时症状应该是稍有改善了，吃得也比较多。特别是十一月二十二日，董先生清醒过来，交代了一些话，我们都稍微安了些心，没想到二十三日董先生就过世了。像他平常是这么痛快的一个人，身体要是不好，也不能拖这些时间，在卧病住院近八个月期间，想必受了不少罪、难受之至。

十一月二十四日即以台大、中研院、“教育部”、亲朋故旧为主组成治丧委员会，与胡先生的治丧主委同为“教育部”长黄季陆，副主委好几人，总干事是芮逸夫先生，治丧委员在十二月一日的公祭之前还要忙着写祭文等事。治丧委员把墓地所在取名“南港学人山”，当天公祭时黄季陆、钱思亮、王世杰、孔德成、李济诸先生都是主祭，于右任、陈诚、莫德惠、叶公超等先生也与席，公祭时就有二十个单位，有六辆小车、四辆大车从殡仪馆送到南港。与胡先生的西式墓不同，董先生的家属希望用中国式的墓冢，因此就向地下深挖，董家有位比较老派的舅舅，还要看风水、方位，挖穴时探到水位层便停工，为了双葬（董先生、董夫人）就挖了两个坑。棺材安葬之后，就用洋灰盖子盖住填土。这样就算结束了。董先生的墓“南港学人山”其实是位在胡墓比邻的小山，山上虽种些小树，却是块荒地，只能长草，棺材上山时并不走胡先生的路，而是顺山势在右边另做一条台阶，费了很大的劲才抬上去。修坟、修路的工程，阮维周总干事出力帮忙甚大。

董先生的墓地比胡先生复杂一些，因为胡先生墓是公地，可以由“教育部”出面交涉，董先生墓预定地虽是公地、但已租给私人，按规定就订有租约，上头载明租金、地上种植什么庄稼等等，因此研究院若要使用，必须先要私人放弃承租才行，为此我们跟本地人花了很多交涉时间。跟当地人熟识的王志维先生就请人帮忙找到了承租人，谈好条件，并取得镇公所公证，我们便雇工将山地做整理，形成台地。坟地的转移必须经过镇长公证，承租人得签署抛弃书，我们才能接手。当初承租人开价八千，后来降到七千，最后镇长说了话，以五千八成交，承租人在二十五日才让了地，这时董先生已经停在殡仪馆好几天，墓穴也才确定。二十八日有居民郭秋河坐在预定地旁看着挖墓的工程，就跑去找镇长要求察看抛弃书，指墓穴有挖到其所有地，不准施工继续，请镇长阙山坑让镇上负责地政的人查清墓地一带的土地地号，并且重新进行测量，划清各承租人的范围，后来又加了三千块才了事，到十二月十八日才解决，由此也反应私人的事情是比较麻烦的。

（六）同人乐林社

同人乐林社原本是史语所同仁为了取得身后埋骨处所组织的小团体，同仁各自出钱分担购地费用，当时像李济、芮逸夫两位先生都是社员之一。我记得山地上满布石头，整理起来相当不易，这时才要开始作规划。适逢胡适纪念馆管理委员会成立，由凌纯声先生主事，他觉得我们的想法很好，王世杰院长也希望扩大组织，让更多同仁参与，社员商量之后就将全部社费交给凌先生，让胡适纪念馆接手。

当我们成立乐林社时，高去寻先生极不赞同，认为有胡适、董作宾的墓地已经够了，再有更多墓地的话，一出门就看见墓，实在很不雅观。因此，他不参加乐林社。当非社员的董同龢要埋到学人山时，身为董同龢好友的高先生又极力支持董葬入学人山。王宝先、徐高阮两位先生也不是社员，后来也葬入学人山。不过在徐高阮先生之后，就再也没有人葬进去了。因为全院有那么多同仁，要怎么取舍实在是让人大伤脑筋，王院长便不欲增加麻烦，因此热心的凌先生也心有余而力不足。后来这一整片地就由政府变成胡适公园，于是这一片地再也不能葬人了。

（七）欢迎茶会、平冈访台

一九六六年我跟李济先生赴美期间，李先生委由陈盘代理所长，陈盘代所长于李先生归国后即卸除代理职，陈先生同时拟办欢迎会以欢迎此段期间返国的同仁，就是李先生跟我、先前不久自美返国的芮逸夫、屈万里等四位同仁，由于各人时间不易兜拢，直到二十日下午才开欢迎会，以茶会形式进行，陈盘先生做主席，屈万里先生率先发言，他是应聘去美国普林斯顿大学、加拿大多伦多大学的图书馆，协助经学目录与拓片的整理，讲了二十分钟左右。接下来发言的芮逸夫先生，去了数所美国大学，将美国的大学分为三等，认为华盛顿大学是一流之末，印第安纳大学也是一流之末、但可当二流之首，夏威夷大学是二流之末、三流之首，芮先生准备的内容很多，由于时间限制，只能概略谈谈。我则补充了普林斯顿、华盛顿大学的内容，也简介了去过的二十个博物馆。李济所长则讲在旧金山开会情形以及中美中心状况。

平冈曾介绍花房、小尾来台访问研究，二人回国后也作了报告，激起平冈来台访问研究的期望。之前提过，平冈曾到中国北京大学留学，中文与中学根底不错，在日本编经书索引，对于经籍诸子多有涉猎。比起平冈，在日本更为年长、学术地位更高的梅原末治也曾来台访问，可是就不若平冈那么惹人注意，这或许与平冈对赴日访问的中国学人多有协助（中国人会说日语者不多），从而打下良好关系有关。平冈从一九六六年十一月二十四日来台到十二月二十四日离台，停留一个月期间，初来的十六天，跟先前的日本学人一样，住在中研院蔡元培馆。中间还有两天出外未归，在中研院实待十四天，就我所知，所内同仁、所外熟识者邀请，若加上平冈未说明邀请对象者那一次的话，就有十次邀请，参加人次达一〇九位，可见平冈酬酢之密集、交际之广。

（八）求医记

我在一九六六年十月二日回国，李济所长于四日返国，十月六日陈奇禄主任就到南港找我，希望我继续到台大兼课。彼此商量之后，觉得我担任“中国考古学”课程中可以抽出有关殷商的部分，请高去寻教授主讲“殷墟研究”课程，讲好之后，我也接受陈主任送来的聘书。十月十一日到台大上课，第一堂课先讲课程教授大概，尚未收下选课条，课中屡觉身体不适、耳鸣，课后不适状况并未改善，至中心诊所检查，说是高血压，我不能去台大上课。我跟陈奇禄主任、李先生商量过，决定这学期的课不教，三小时的课由高去寻教授教两小时，许倬云教授教一小时，我若是下学期身体好转，再到台大教课。

我去美国之前并无耳鸣，回国才生病。我既然不去上课，就花了许多时间就医看病，医院对我的病因则众说纷纭。像第一次的医生董玉京就说是血压高，开给我降血压药。研究院的院医王光明先生认为可能是神经问题，要我去大医院检查。研究院总干事袁贻谨先生在美主修公共卫生，曾跟我长谈一下午，认为我的耳鸣可能是机舱内的压力问题所致。袁指出导致耳鸣的原因很多，有可能是脑内血管或是内耳平衡有问题，血压高也是其中之一，他希望我走路时切不可跌跤，否则就有问题。他特别举凌纯声先生为例，凌先生的血压高，不能爬楼梯，休息两月余始好转，袁贻谨先生亦建议我好好休息。

史语所内原先聘请汪和宗先生处理总务，后来将总务与会计分开，由周宗瑶先生管会计。身兼史语所所长与三组主任的李先生长住台北，又不耐处理事务性事宜，便委托我处理所内杂事与看账，必须核对账目，这实在是件麻烦事，我的数字观也不好，对账时还要打算盘，我做得也很辛苦。我想卸除此责，好好地休息，可是李先生不同意，我猜想这可能是个原因。另外，在纽约那一晚，被机场的飞机起降吵得无法入眠，外力刺激过大，我猜想可能也有关系，不过这些都无法证实。

动物所的梁序穆所长在国防医学院讲授生理卫生，他隔着电话问我是何耳耳鸣，我说是左耳耳鸣，他还要我轮流换边听话筒的声音是否有差异，我觉得差别程度不大，他就认为可能是年龄大，听觉神经衰老的缘故，只要耳附近的微血管破裂或硬化就会耳鸣。他说国防医学院的中心诊所有位荣宝峰大夫可以治耳鸣，荣大夫说耳鸣无妨，是自然退化现象，要我拿药点耳鸣的左耳，他看到我的扁桃腺略有肿大，鼻子没有毛病，听我发声似乎喉头不通，吃些药改善，荣大夫说话内容与梁类似，他是大忙人，实在难找。我后来找了洪文治大夫，洪问我耳鸣多久，我回答已有半年，他说无妨，吃点药看看症状有否改善。

我发现，如果睡得好就不会耳鸣，紧张的心情也就放松了许多。病理学家叶曙也告诉我，应该不是血管破裂，不用担心，只要把心胸放开怀，就不必吃药，睡饱就会好。这跟我的经验相符。叶先生还说，这应该是老化的关系，建议我不妨去眼科检查，又为我开了检查的一个方向。叶先生帮我检查血脂肪，以及检查脑波，检查脑波时我会感到一股热气，顿时脸上发红、血压升高，稍后即好转、血压降低，他就说可能血管有点阻塞。这时已经是一九六七年七、八月间，我回所后跟李兼辞事务工作，不对账不放心，若是马虎过关，碰到总办事处查核，又会大伤脑筋，此时李先生终于准我不做查账工作，让张秉权接手，我才能好好休息，可是李先生说看账以外的其他事情仍要我管，李先生这位所长常住台北，他要是在南港，我们三组的事仍然不得闲。

我请神经科朱复礼大夫检查，他看不出有何问题。我说刷牙的时候头部有震动，一震动就会晕眩站不稳，已经有类似情形两次，他听了之后也说不出所以然。叶曙先生既然要我去看眼科，我便到台大医院挂名医杨燕飞大夫门诊，杨大夫诊察出我有轻微白内障，宜吃维他命C，以保持白内障不致发展过快，他认为这与耳鸣的关联不可轻易下定论。我另挂到很难挂上的那玉眼科，他也认为白内障与耳鸣都是衰老的征兆，就像我头上生出白发一样是不可逆转的。他这么一说也点醒我了，我就比较没有像以前一样不停地看医生，不过我心中还是希望耳鸣的现象能停止。

我再到耳鼻喉挂李恺悌大夫的号，他也是位名医，量了我的血压后，还敲敲我的膝关节测验反应，也检查喉头与鼻子，他也认为我的耳鸣可能是老化所致，药应可控制。他建议我去“空军总医院”检查，我到空总挂号，检查的刘大夫说耳鸣在美国也称作头叫，空军的飞行员长时间在天空中飞，飞机的声音也会影响耳朵，他也用了仪器检查我的听力，测量半小时，画出曲线图，他说以六十岁以上的人来说，我的听力还不算太差，耳鸣应无大碍。从这些求医经验看，医生似乎多将我的耳鸣归诸老化。此时已是一九六七年底，我再回到中心诊所，由陈家泉医生检查，他很仔细，将我的耳道好好清洗一番。既然我刷牙时会晕，也有医生建议我去牙科检查，我找到女医生关学婉检查，我觉得她看来很面熟，就询问她是否曾在南京中央研究院对面的中央大学附属医院服务？她说曾在那里待过，我就想起来她以前还帮我拔过牙。我们谈起那里的医生有几人来台，关说只有她一人。因为她的病人很多，经初步诊察，发现我有一颗牙已经有发脓脱落的现象，可能因此刺激牙床，她要我再来诊治，也建议我常刷牙保持清洁。

我为了耳鸣的事情，从一九六六年十月十四号到一九六七年十二月初，有十三个月，听到各种说法，胆固醇过高都出笼了，跑到医院五十一次，换了十五位大夫，从心脏、耳鼻喉看到脑神经，各医院跑下来都无法根治，我只好相信叶曙、梁序穆、荣宝峰诸位先生所说的，耳鸣系衰老所致，也只能多休息了。

（九）讲论会报告“殷代车器”

所内隔周举行讲论会，大家都要轮流。我虽然为了耳鸣的问题烦心不已，研究工作还是要做，有许多天数因为耳鸣，没有参加，可是时间一久，还是要轮到一次。一九六八年，史语所要作四十周年纪念会，预备展出所有展品，便计划将车做整理，以供展出，我便决定要做车的研究。

因为当时地方小，并未真正与实物接头，只能先做大概的研究，也就是准备工作。在所内最先研究车的是郭宝钧先生，因为辛村最先发现周车，他就研究周车，郭宝钧先生将《说文》上有“车”的字挑出研究。我因为去过辛村，郭先生在研究中住在开封，我还跟他讨论过，所以我也晓得郭先生的一些研究方法，便打算由此入手。

我在实际研究前，将殷代的车分成五段，第一段是车器的认识，首先是从车的字，我查过九部书，《说文》有169字，《查字一贯三》有203字，《康熙字典》366字，《辞源》有111字，《辞海》有139字，《大汉和辞典》最多有462字，《甲骨文集释》有2字，《续甲骨文编》有4字，《金文编》有9字。我注意到李孝定先生《甲骨文集释》上的两字是车、舆，所以真要从字来说，是非常困难的。其次进行车各部种类探究，我查了三部书《诗经》13种，《周礼》25种，《释名》有25种。第三是车各部的名称，《诗经》有22种，《周礼·考工记》有34种，《释名》43种。

其次说到车器的发现。前人对于不认识的铜器都称作车器，到了辛村发掘，郭宝钧先生才定名了几种车器。殷代的车器最先是二十三年冬在刘燿先生负责的后冈大墓发现，这里的车器非常凌乱。第二处是二十四年春上的西北冈，由我跟夏鼐先生发掘，这里的车器也很凌乱，梁思永先生稍微进行整理，要分类整理各种不同的车器、定名，在当时对车器了解有限的时候，是很艰难的工作，并未继续进行。第三处是小屯的M20、M40。第四处是武官村，一九四九年之后郭宝钧先生率人在武官村，地属西北冈东区，在我们原先的工作区域附近的一座墓中发现车器。第五处是大司空村，我们在大司空村南由高去寻先生负责、西北由刘燿先生负责进行发掘，并未发现车坑。大陆由马得志等人在大司空村东发现车坑，这里的车坑比武官完整，有车架跟轮舆，又单纯得多。小屯的车坑有车有马，西北冈的车坑有车无马，马在附近发现，大司空村有车有马。

再次是车器的整理。最初进行车器的整理，前面提到是梁思永先生在南京做的整理，他知道两个车坑原是一坑，对于里面的车器并未移动。到了昆明的时候，我整理小屯的车器，做了202、204墓车坑，里面的实物也未予整理。研究所迁到杨梅的时候，我则对昆明的研究做了修正。研究所搬到南港以后，由杨君实对车器做整理。到了南港以后，李济先生准备整理车，买好竹竿、木头，预备重建车的模型，可是当他看到西北冈繁杂的车器之后，就没有着手，改让杨君实整理车坑。杨君实把车器按图摆放，利用考古馆东边的空地摆放、分类，最后也尚未完全弄清。我在作小屯北组墓葬的时候，则将小屯的车做了最后的整理，算是有个结果。我们的车器研究，其实就是将车坑的器物做了一部分研究，比如说只有一孔的车器，凡方形者称方杠头，圆者称圆杠头，舆前的装饰为车前饰，后头称车后饰。

车器研究的国际化，有几位学人进行。像是德国籍的 Dewell 小姐，写信向我表达想来考古馆亲睹车器的愿望，她到台湾之后，就由苏莹辉陪同来考古馆，她看见其他展品产生兴趣，花了不少时间，最后看到此项主题的车器，却因为兴奋过度与过度疲累而脸色发红，只好坐在地上休息，听苏说她在故宫也是如此，此时已经接近下班时间，所以她只看到西北冈、小屯的车头而已，也未见到真正的细节。第二位是林巳奈夫研究车，还画了构造图，把各部名称写上。第三位加拿大的 Stephen 小姐也研究车。第四位是澳洲的 Barnard，他常来到所内考察车，他研究车器、车纹饰等等。

我在当时谈到了车的尺寸，主要是就田野考察，从辀长、衡长、轴长而论，衡长由于 20、40 墓的现象遗迹很清楚，就可以研究。可是车轴常常因为坑长有限，车轴遭到折断，研究难度就提高。我就想从辀长、衡长的比例关系，利用现有的五个车坑，来考察车轴长。

同仁在会中提问的方向有三：第一是驾，特别是小屯的车坑，马匹数量不一，其他坑的现象也凌乱，所以驾可能有二马或四马的问题。从古书看，所谓的驾是四马，若是从小屯的现象看，四马是有佐证的。其次是乘，车前后长较短，约一公尺左右，到底可以坐几个人？小屯的车坑内有三人，是站还是坐？第三是行的问题，牛脖子与马脖子构造不同，以何种方式才能让马拉车？这都是会上讨论的问题，可是当时并未讨论出明确的结果。

补充问答

问：这次的报告有没有正式发表？

答：当时并未发表，只是应付讲论会的需要，直到后来的《殷代的车》才正式发表。

问：石先生提到大陆在一九四九年后的殷代车器发掘成果，台湾又是如何晓得的？

答：大陆有正式的报告，我们就是从报告得知其成果。从前，由于大陆的报告刊物不能进来台湾，我在日本的时候，到汇文堂买了不少书，也看见大陆的书刊，我们也跟那里讲好，只要有大陆的报告，就请图书馆出面买，我们就透过日本晓得大陆的成果。比如说，史语所出了《中国田野考古报告》、《考古学报》，《考古学报》在上海商务印书馆出到第四期，我在日本买到，所里就利用手上的底稿重行出版。大陆接手之后，就从第五期发行，此期就刊登了武官的发掘成果，以后也陆续登载了大陆的文物发现。

（十）殷车研究、复原

有关殷车，先前已经做了车器研究，此时做了两次讲演，一次是学术论文，一次是复原工作，实际上还不止此四次，以下就谈谈这几件事。

一九六八年春，我在史语所演论会上报告《从M40论殷代的车》，M40车坑的车无轮，有二马三人。我在讲演中首先要厘清车是否为车抑或轿？南方对轿称滑竿或花竿，北方称驼轿。北方的驼轿是用马拖动，渡黄河北岸从陕州起为平地，要到山西等地须爬山路，路上为小石子路，人行颇缓，须以马驼轿始可顺利前行，而以往内部讨论就有车或轿的说法，因此我就要予以厘清。我从四个方面判定M40的车非轿乃车，第一是上方、殷代的M40车坑内找到二个方杠头（辖），圆杠头（軎）是在下方、隋代的M39找到，M39穿过上方的M40，造成M40有部分塌陷，圆杠头才掉到M39。圆杠头可说是两方的接头，是车轴的部分，就能确定这是车，若是轿的话，应该要有四个接头才是。第二是我们找到了车辆的零件，这又是车的证明。第三是有轭跟衡，可以证明是车。第四是与衡有关的车饰。这个部分在同仁讨论时，并无太大疑义。到了一九六八年，研究者对于车的各部分已经较先前有更明确的认识，得以确认各部名称，与殷墟发掘自是不可同日而语。讨论会中激起不同意见的是车厢即舆，舆上装饰铜铸龙，不规则的盘在舆后，属于车后饰——踵。我又花了不少工夫证明 M40 的舆门是往前开的。至于车轮，可能由于木制而非铜制之故，受到风化而腐朽了。

不常出席讲论会的李济所长，为了殷代的题目，特别出席讲论会。他在会上问我，车是以轮或轴转动？一般小车可用车轮，北方的货车则有用轴转动的，李先生才特别要我厘清。我认为殷墟的车载重量有限，还不至于用轴，车轮跟车轴是一体的，所以是以轮转动。陈盘先生则以汉高祖在坐车逃亡时，把女孩从车上扔下为例，他认为车门若向前开，则女孩必遭辗毙，我并不清楚事例的来历，只以汉车与殷车不同回答。黄彰健先生则问我殷车有无轼？我说春秋战国的车始有轼，让人得以踏上去，殷车可能无轼。刘渊临先生则询问我是否有其他的车？我说有，可是比 M40 复杂得多。高去寻先生以无人赞成我的车门说为由，试图另作解答，是否我们在重组的时候看错车门方向，实际上是往上开的？李先生见到大家争执不休，就说何妨察看百科全书？在讲演室中置有全套百科全书以供参考，不服气的杨希枚先生很快地翻到了车，就见到有朝前开车门的车，争论遂息。一般车门朝后开，是有其便利性的考量，但是也不是没有车门朝前开的，其实车门的开法有其特殊意义，只是我们当时还不知道而已。

“中华民国”联合国同志会，请我在一九六八年五月间朱家骅院长的冥寿举办的纪念会上演讲，地点在台大医学院，李先生建议我仍讲殷代的车，认为这项新问题值得介绍给外界人士，只要省略一些争论抬杠处即可。我就先从中国历史上的车说起，占了演讲时间一大段，再谈殷代车的形式，以及 M40 墓的情况，做个简单介绍。

正式写论文时，还是写 M40 的车，以《小屯第四十墓的整理与殷代第一类甲种车的初步复原》为题，发表于《史语所集刊》40 本下册（即四十年纪念专号），就是把讲论会上的报告大致发表，其实产生争论的部分应该要再研究修改，只是论文已经付印了，其实 M40 还有很多问题未能解决，此文日后还应再做修改。

我们怎么绘图、描述车的形状都可以，可是都不如实际上复原来得有意义，所以我们才做了实验性的复原工作。我们先打听台北一带有无做车跟车轮的工匠，始知随着技术进步，车轮已改用橡皮轮，根本无人有做车的经验。几番打听后才找到一位曾经做过牛车的老木匠，他愿意尝试。车是多人分工制成的，也由于使用木材的不同，匠人各自制造各部组件，再行组合。像车轴的木料，就一定是直弯不断的树干，要符合硬度与高度的树干就不易找寻。再如车舆，除了竹子以外还要藤匠。我们就委托与木匠熟识的朋友找齐相关人手，好不容易才找到一批人。

我们请这些工匠来看想象的复原图，他们看过之后都认为，有些部门的零件非常难做，像车辀的弯曲部门，以今日的技术做不出来，是否可以兜合来解决，我坚持应按设计图样，不能露出接头，工匠也答此乃当然。铜匠也说，铜杠头做得出来，可是龙纹就很难做，他愿意先做衡的山尖“衡端饰”（当时称作马当卢），就先翻砂制模，再灌石膏，初步结果形状相合，只是厚了点，回去再做成铜的，结果没有花纹的重量就有两斤多，我们为了雕花与否相持不下，由于这都是双方的新尝试，协商之后便决定，先进行试做，成功之后再行估价。又像车轮匠，先用硬纸板对出车毂尺寸、车辐、车轮外围，回去再找木头试做。我们分别与各种人才会商之后，决定各零件做好之后再行组合。

铜匠最先报回好消息，试做之后愿意继续，他们也估了价，铜料部分价位不高，可是技术部分价位就高了。我们并未还价，等到各部工匠报回估价单后，向资助学术实验的东亚学术基金会请款，这家基金会曾资助仪礼小组进行仪礼表演，给予经费相当大方，我们也顺利地获得经费，得以进行后续的实作复原。工匠们在其工场制作，不在研究院制作，由研究院的人员到各工场考察进度。

我们去看木匠的制轮，他先做车辐条，一轮有十八根辐条，选用本身较干燥的木头，两头做榫后，尚须经火烤干、风干，直到不弯折后才算告一段落。车毂也慢慢地挖空制眼，老经验的工匠说，两眼间的距离不可过窄，也不可过宽，否则都会破损，轮的外圈也要挖眼，这些都是边做边比，最后才合得起来。制作车轴，理应选用好木料，木匠说既然是做让人参观的标本，不必上下坡走长路，所以可以选用稍次的木料，我们也同意了这个条件。做车辀的实在无法做出设计图要求的弯度，便提出以接榫的方式组合，做得好的话不会折断，起初我以弯曲幅度不合回拒，他则坚持实际做法，后来双方各退一步，他多花一些材料做成弯度稍大的车辀。他也说这种车辀无法走得太远，这只是做标本参考而已，辀跟衡都是同一个工匠作的，衡就简单得多。

藤匠是做藤椅出身的，他说藤过于柔软，无法挂上很重的铜龙，建议外加竹竿，舆盘底下为安放车辀又多加木头形成外圈，木匠、竹匠、藤匠三人会商后，决定舆盘用木料，中间一圈是竹竿，铜龙就绑在竹竿，内圈是藤。

从请人试做、估价请款、实际制作，就花了一年多时间，才进行正式兜合，结果发现车轴、车辀、车舆的中间有高低差的空隙，如此就无法接合固定，木匠即建议将空隙处予以固定，就加了两块木头补足空隙。捆扎铜龙，起初是用绳子在龙耳后一处、身上二处、尾部一处的鼻子作固定，却不怎么牢固，藤匠知道情形，便建议以藤捆紧，最后再用锥子处理接口，果真有效，而且也相当牢固。经过这些调整之后，复原工作才告一段落。

车的制作告一段落后，再来要处理驾的问题，必须摆上两匹模型马。当时并无人制作过模型马，我问过塑胶厂，他们只做塑胶袋跟盆子，未曾做过大型器物，此种想法告吹。我再找木匠商量，他说可以制作木马，但是要耗费不少木材，同时做出惟妙惟肖的马首更不容易。木匠问起马的高度，我答殷代的车既然高，拉车的马想必不矮，至少要有一公尺二十到一公尺四十，木匠说实在太大了。他再问起身长，以与车的比例合算，我们请他暂就一米二到一米四为准估价，作为公家单位的研究院好去请款，木匠估价八千块上下，若再加大，价钱还要再加。我想到圆山一带有骑马场，不妨去访价一番，也许活马还不到八千元，木匠就说活马尚须喂食，木马可以永远站着拉车呢！最后，我们就以木马拉车。

补充问答

问：这辆车现在有无展出？

答：现在车又坏掉了，正在整修中，最近为了文物馆的展览，也重新用电脑画图中，电脑画图碰到弯曲的车辀无法画出理想的曲度，跟木匠的直线图相近，因为电脑总是机器，很难听人的话嘛！

问：这种复原的工作，涉及古代技术的传承，也许时代变动中有些已经失传了。史语所的万家保技正就说他有办法制作假的殷代古董，我在一九七〇年代在英伦进修的时候，还见到万技正被英国某博物馆请去参观。

答：史语所设专门的工作室从事复原，就是从这次制作车开始，发现有不少技术到现代已经失传，所以才由万家保技正为首设立了这个工作室。

（十一）个人研究（一九六九年至一九七二年）

从一九六九年到一九七二年李济所长卸任期间，我个人的研究工作，在专书方面写成了《北组墓葬》，于一九七〇年出版。为了写这本书其实也花费了相当多的时间，当时有朋友见我从一九五九年以后没有出书，还以为我生了重病，所以不再研究了。写这本书的时候，吴文彬、董萍、杨慧敏等人协助不少。这本书总共分成七章；第一章总述，第二章北组墓葬概况，第三章车墓，第四章车右墓，第五章车前墓，第六章车左墓，第七章总结。这本书主要是将以前做的许多有关墓葬、马车的小问题，在许多有关考古出土的车、马、人、器物等配合之下，将之串连起来给予解释。我以前说过，在殷墟发掘进行时，我们对于车的组成、车的了解极其有限，因此有许多细节无法解释，直到这个时候，由于有其他学者的研究，才有助于我对车的解释。这一次将 M20、M40、M45、M202、M204 这一群的关系弄清楚，知道车坑中的车组，车坑中带有武器、马匹数少、以铜泡做舆饰、车门向后开、人员经常上下的是M20、M45、M202、M204出土的卫车，有方形的旌旗插、马匹数多、以铜龙做舆饰、车门向前开、人员少上下M40车（就是我做复原车的依据）是主车。而从M20出土了二踵二轨，困扰许久之后，在这次也确认为是有两台车。

以上的成果，算是对以往车的发掘做了整理与初步的解释。学界人士分别于口头讨论、书面报告中表示不同意见。不过到目前为止，以不断出土文物的大陆而言，尽管有些不同意见，似乎对于大部分的论据无法否认。例如说，有些大陆学者对于辖的看法就与我不同，但是大陆学者并没有看过小屯的车，又不愿投入心力复原，或许这得另待新的出土文物才可以有进一步的论证吧。另外，像舆的问题，我在这次研究认为舆有半圆的（所谓箕型舆），早期的大陆学者从大司空村找到的车舆是方的，看见我的说法之后，就为文驳斥我的说法，我后来在两岸开放后读到了文章，也曾针对这项问题为文回应。我想，从出土地点看，大陆所找到的车其实不少是属于民用车，在构造上与小屯的贵族用车自然是大有差异，因此两者自不能一概而论。大陆后来也找到了贵族用的车，舆就是圆的，证明我从实物得来的论据是站得住脚的，自此以后这项争论才停止。其实，有些大陆的文章，推理得相当紧密，只是他们没有到这里亲自看到殷代的实物，因此有些推论不免流于玄想，而未必找得到证据。

当然，在这些得到解决的问题之外，我们还是有不少未能解答的问题，尚须留待日后再尝试寻求答案，不断尝试思考问题、解答问题也就是做学问的方式。无法解答的问题，就像是铜器“小靴子”，我们开头发现的时候，不知性质，经过重新清理墓葬，进行出土情况排列后，初步以为是轭饰，但是后来发现在武器坑中也有，与弓、弦相当搭配，我们便想到这是否是弓饰？只是，这些都还要更多的出土文物来验证。

除了专书之外，我也写了几篇论文，一九六九年有《殷代的豆》载于《史语所集刊》三十九期上，一九七〇年的《小屯第四十墓的整理与殷代第一类甲种车的初步复原》载于《史语所集刊》四十期下，《殷代的夯土、版筑与一般建筑》载于《史语所集刊》四十一期上，一九七〇年的《殷代地上建筑复原的第二例》载于《民族所集刊》二十九期，《董作宾先生与殷墟第九次发掘》载《中国文字》三十八期，一九七一年的《说车器》收录于《包遵彭先生纪念文集》，《从彩陶、黑陶、肩斧、段锛等研讨——先史时代台湾与大陆的交通》载于台北文献委员会出版的《中原文化与台湾》。

（十二）随李济所长视察台东八仙洞

台大考古人类学系的宋文薰教授来信给李济先生，说到他们在长滨八仙洞[①]发现了旧石器，想请李先生去看。原先讲好台大文学院长沈刚伯、中研院代总干事李亦园约好与李先生于一九六九年一月七日出发，可是沈先生临时有事，就临时通知我陪同李先生前去。我们三人便从台北经高雄到台东，当晚黄士强君接到我们住在台东，台东文献会也好意派车跟两个人，在八日中午将我们送达八仙洞。记者事先闻知李济先生要来也纷纷前来，见我们正在吃饭，就将我们围住。由于八仙洞一带山势稍陡、又有一百多公尺高度，上山不易，考虑到李、沈两位先生年长，便临时做了滑竿载人，结果沈先生没来，我又比李亦园先生年长，便由我搭上另一部滑竿。发现文物的是八仙洞的乾元洞跟潮音洞，我们先前往比较近、地势较低的潮音洞，看见三个探坑，一探坑为空，一探坑有物，一探坑上为陶器下为石器，出的东西比较多。我们再转往乾元洞，这里原先所开的探坑很小，后来扩大成五公尺长、三公尺宽的不规则形状探坑进行深挖，从堆积的情形看，上层是地表层黄土，其次是红土，最下面的黑沙薄层发现了石器。从乾元洞出来后，随同参观的记者便包围李先生，李先生只好即席回答记者的问

① 我以前在东海岸调查时就曾经来过八仙洞，这次发掘也是台大考古人类学系学生的田野考古实习。这一带其实不只有八个洞，不过当地人均称八仙洞，有名字的为乾元洞、海雷洞、潮音洞、永安洞、藏王洞、观音洞、云岩洞、燕子洞。

题，我跟李亦园先生则在旁边聆听。记者对于考古了解程度不一，李先生就必须从新旧石器时代的分别开始讲起。李先生另说大陆发现了更新世红土，长滨的时期则需要地质专家予以化验；平常勘查兽骨种类可从牙齿推断，可是长滨的碎兽骨就比较困难，可能要化验土做碳十四检验，总之说了不少。我跟李亦园先生就趁机到附近看看，也看见地质系的林朝棨教授，他说在这里已经发掘了十一洞，不过只有四个洞有东西。连照美小姐发掘海雷洞，若是要去，还必须先回到潮音到乾元之间的路上再转小路才行，就只有我跟李亦园先生去，海雷洞的出土文物与乾元洞差不多。记得以前来八仙洞的时候此处还无人烟，听说第二次就开始有人拜拜，这一次则在藏王、观音、云岩三洞一带被人盖了庙，还有人管理。我们下山之后勘查山形地势，再来到秀姑峦溪入海的大港口，因为李济先生是第一次来，李济、宋文薰、林朝棨几位先生及台大学生就在此合影留念。李先生对于这一次的调查印象深刻，就说：台湾的西部开发得厉害，东部则开发较少，所以保存古物的情况就比较好。考古人类学系每一次到东部调查都有发现，可是不如这一次的规模这么大，找到旧石器时代的文物。李先生就跟学生开玩笑说，希望他们未来也能找到人骨，好跟周口店媲美。只是后来学生并未在此找到人骨。

大港口的海岸是大小不一的石块，可能沙滩规模很小，我们害怕进一步前去可能会有危险，就没有带李先生前去。周口店的地下层是坚硬的石头，可是八仙洞地层底下是松软的黑沙，因此我们一直在思考黑沙与人居的关联，究竟是先有黑沙沉积，人类再进来，抑或是人类退出后才沉积黑沙？我们八日回到台东，九日到达高雄，大家在转车空当买了八份报纸，看见各报多登载我们昨日在台东的消息，只有《中国时报》没有登，刊登的报纸中以《中央日报》的篇幅最多、最全。不过，我们也发现各报记者写错一些内容，比较夸张的错误像说李济先生曾参加周口店调查，将我写成史语所副所长跟博士，宋文薰教授写成朱文勋等不一而足，我们见到也不禁哑然失笑。比较小的错误是把李亦园先生写成民族所副所长，其实他是用中研院代理总干事身份随行，而非中研院民族所副所长。十日我们就回到台北了，考察算是告一段落。

不过考察仍有后续发展。十二日的《中央日报》就刊载国科会的吴大猷看见九日报道，指台大欠缺经费，拟于近日停工，吴便请部下紧急在十一日去电宋文薰先生，表明国科会愿意提供经费支援，希望台大不要停工。宋先生获悉国科会将提供经费之后，也预备与国科会商讨后续问题。同日报上也声明九日报道误植宋文薰姓名，予以更正。十三日《中央日报》记者胡友瑞的《海沙、红土与兽类：探讨旧石器时代人类》的专文见报，大体将李济先生对记者的发言内容串连起来，写作的技巧不错，我想李济先生前去考察，让冷门的考古受到相当大的注意，这就是一种正面的作用。十五日的《中央日报》刊载记者在台东访问林朝棨教授的专文，林教授认为大陆的泥河湾、周口店、台湾的马兰台地都是红土、同属旧石器时代，从这些情况可以推断大陆与台湾在旧石器时代是相连的，因此先民可以经由陆地往来，而不用渡海。十六日《联合报》则刊登潮音洞发现竹器的新闻，由于以前未曾在旧石器时代发现过竹器，这就使得八仙洞的确切时期趋于复杂化。十七日《中央日报》刊载宋文薰教授的说法，在此阶段收工之后，发掘工作仍将继续进行，并感谢国科会的资助。他也希望能够利用国科会的经费在台东设立工作站，国科会则表示原则上支持，另希望台东县政府能够提供适合的场地，也就是经由台大、国科会、台东县政府三方配合，让长滨发掘能够持续进行。

李济先生虽然只去台东一天，可是却吸引了新闻媒体的注意，让长滨发掘的相关消息在报纸上登了超过一星期，不能不说是有正面性意义的。

（十三）为电视节目介绍殷墟

刘震慰所主持的“锦绣河山”是以按省份来介绍各省境内各县重要风物，他常常邀请我上节目，起初我以不熟悉为由予以拒绝，后来节目介绍到河南省的奉先寺庙，刘震慰就希望我做些介绍，仍然被我拖延过去，不过节目预备介绍安阳的殷墟，就使我再也无法推辞了，于是我预备从殷墟概况、宫庙关系、坛祀、陵墓四方面来介绍，节目隔周播出一次。这时才知道电视节目除了文字讲解，又要配图片，读稿时还不能让人看出痕迹，还要经过试录、念稿等过程，对于不习惯电视作业的我实在麻烦不已，因为我实在是太过紧张，一段话就要重复录两三次，同时解说与图片的搭配也不算顺畅，于是改采事前录影再经剪辑的方式，自己也有些窘。可是刘震慰就要我在第二次播出时上现场，现场节目的相片选得比较多，讲得也还可以；第三次我们讲得比较多，跟相片的搭配效果不好，就超时五分钟，台视节目部的李圣文就必须为此跟广告客户交涉，因为三十分钟的节目扣除前面、后面各两分钟当做广告时间，以秒计价卖给广告商让电视台赚钱，我们一超时就会影响电视台的收入。第四次的时候，节目方面就建议我写书面稿，约定字数，写满为止。墓葬的图片更多，讲得有些不足，此后我就再也不上电视节目。刘震慰常跑史语所图书馆找资料，有空也来找我，彼此交情还在，也因此帮了我一次忙。

有一天在办公室内，我突然觉得眼睛一黑，然后就感到头晕、天旋地转、耳鸣，就趴在桌上稍事休息，觉得稍好即速回家休养。有人说这可能是我又犯耳鸣，或是眼睛有病的关系。正巧刘震慰已过世的父亲是空军的名医，过去的关系还在，他就帮我挂号让耳鼻喉的名医王老得诊视，王医生认为我可能是神经方面的问题，先开了四天的药让我吃看看是否有所改善，可是我连续看诊、领药三次都毫无改善迹象，到第四次的时候我已经无法去医院、也不能上班，只能躺在床上休养，也不能进食，过了两三星期之后我就向所上请假，没想到我一躺就躺了几个月，根本无法起床走动。这个时候已经是屈万里先生继任所长，我在屈先生做所长的时候就没有做什么事。有人曾建议我移地休养，我曾经找到过一处地方，可是还没有到开放的时候，于是移地休养的计划又告吹。

（十四）当选中研院十二届院士

一九七一年中研院通过所长任期制度决议案，所长三年一任，可连任一次。于是久任所长的李济先生就于一九七二年底卸职，屈万里先生于一九七三年接任。屈万里先生在史语所所长任内时，曾经建议我将《北组墓葬》送"教育部"竞逐文学奖，我以先前《殷墟建筑遗存》曾得过"教育部"奖，虽然现在的资料比以前多，可是站在鼓励新人的立场上，我不宜再度参赛。当然屈先生的初衷是，这不只是我的成绩，也同时是史语所的成绩，不过他见我不赞成也就打消了想法。

在屈先生的任期于一九七八年七月届满前，适逢中央研究院召开了第十三次第十二届院士会议，人文组院士有三名，我因为殷墟的研究而获选为院士，其他两位院士是陈荣捷、许烺光，陈荣捷跟我两人都是清光绪年间出生，许烺光稍微年轻，也是宣统年间出生，所以有人戏称我们这一届人文院士都是老人，当然数理、生物院士就有民国的年轻人了。我想我会当选院士，可能屈万里先生从旁也帮了不少忙。

（十五）担任考古组主任

高去寻先生于一九七八年八月接任史语所所长。我的身体经过长期休养，渐渐复原。李济先生于一九七九年去世，虽然李先生早于一九七二年卸下所长一职，仍然兼任三组的组主任，在李先生去世前健康转差的时候才由高先生代理。高先生接所长后，虽然还是可以兼组主任，可是他极不愿意兼职，就希望我帮他的忙，接任组主任。这时三组只有两名研究员，就是高跟我，我只好义不容辞，接下组主任一职。

我做组主任的时候做了两件事，第一就是建立“考古节”。史语所的所庆经过考证是十月二十二日，而三组进行殷墟发掘的时间十月十三日，比研究所成立还早九天，我们就想做纪念日，就规定十月十三日是考古节，当日还举行纪念会。

第二件就是建立工作报告。从前李济先生做组主任的时候，只是大略知晓同仁做的事情，可是并不够详细，我觉得每一组都应该有工作报告，让彼此晓得工作内容，于是我就推动每个月开会一次报告自己的工作，不分在职、临时人员，都必须在会前递交书面报告，在会上作口头报告，这样子彼此就有深刻的印象，知道工作是否有所联系，试行的效果相当不错，高先生身为所长，也是三组成员，也必须定期来报告，这样对组、对所都好。

（十六）史语所开办汉学会议

高去寻先生在所长任期内，也办了第一次汉学会议。高先生的任期在一九八一年届满。一九八〇年召开的第一次汉学会议由李方桂先生做秘书长，高先生是副秘书长，另两位副秘书长是陈奇禄与余英时两位先生。我在这一次会议也撰写《殷墟建筑遗存的新认识》论文发表。这次的会议分为语言文字、历史考古、思想哲学、民族文化、文学、艺术等六组，每一组都有各自聚会的地方。当时对于与会者的限制比较严，只有发表论文者才可入场，没有发表的就不能入场。

继高先生之后担任所长的是丁邦新先生，丁邦新先生先代理所长，到一九八五年三月才真除。在他任期之内举办了第二次汉学会议，于一九八六年十二月召开，这次会议少了艺术组一组只有五组，秘书长是高去寻先生，丁所长担任执行秘书。这次会议事前筹备两年，虽然只有五组[1]，可是出席人数跟规模都大于第一次。我又在汉学会议上发表《殷墟地上建筑复原第四例——甲六基址与三报二示》，甲六基址是宗庙，三报（即匚、匚、匚）二示（即示壬示癸）就是宗庙内祖宗的排列。

（十七）史语所为年长同仁举办的祝寿活动

一九八四年三月十六日，丁邦新所长虽然当时不在台湾，到美国一处中国文化研究所担任一年客座，由管东贵先生代理所长，丁邦新先生却提议帮陈盘、我、王叔岷三人办祝寿会，陈盘跟我都是八十岁，王叔岷七十岁小我十岁，不过王先生是丁先生在台大中文系的老师，所以就提议为三人祝寿。祝寿会在蔡元培馆举行，实际筹办的是管东贵先生，丁邦新先生虽然没有回国，可是还写了一首祝寿诗。当天的蔡元培馆还挂着吴文彬为三位寿星所画的人像，还让来宾在签名簿下写下祝福的话，并请李孝定先生写横幅，当天也相当的热闹。

丁邦新先生到一九八九年三月，赴美国加州大学接教职，就办理台湾的退休，由管东贵先生继任所长。管所长的任期从一九八九年到一九九五年。我到一九九四年才满九十岁，可是管所长提早在一九九三年为陈盘、我、王叔岷三位先生举办祝寿会，这一次的地点是在新盖好的活动中心，人数比上一次更多。而台大人类学系曾在我八十二岁的时候出版《考古人类学刊》专号，祝我八十岁生日；一九九三年我九十岁的时候、一九九五年宋文薰教授七十岁，台大又再度将两期《台大考古人类学刊》合并出版"庆祝石璋如九十岁暨宋文薰七十岁论文集"专号，这都是凑热闹的。

① 共分语言与文字、历史与考古、明清与近代史、民俗与文化、文学五组。

（十八）参与学术活动不辍

管东贵所长任内的一九九四年举办“中国考古学与历史学整合研讨会”，邀请不少外宾，我记得大陆学者还因为国际会议的缘故而不愿与会，后来拿掉“国际”却仍赶不及与会，大陆学者是在稍后召开的两岸学术讨论会才出席，大陆也来了不少人。我在会上提出《从乙一到乙三基址试说殷代的测影台》，我年龄增长使得见识不同，就从其他学者有关殷代历法、天文的研究来考察基址，觉得乙一与乙三基址与天文排列相符。

“国立”历史博物馆在一九九三年举办“董作宾先生百年纪念文物展”，向史语所借了甲骨、青铜器、玉器展览。馆方还将陈盘先生为董先生写的墓志铭全文，依照原来的字形悬浮在墙，利用灯光从墙后映照，效果甚为突出。馆方还利用四方布置的灯光照射一并展览的董先生画像、墓园照片等等。当天中研院吴大猷院长也亲临会场致词。

于南港史语所文物馆侯家庄工作室整理侯家庄器物（1993年摄）

杜正胜先生从一九九五年四月起到二〇〇〇年五月十九日担任所长，在他任内先后召开一九九五年九月的李济百年纪念研讨会、同年十二月的傅斯年百龄诞辰纪念会，我的精力衰退，两个会都没有发表文章，只出席会议发言而已。一九九八年三月，史语所把集刊六十九本算成陈盘跟我的九十五岁纪念论文集。一九九八年十月二十二日史语所七十年所庆，所上特别于二十一日举行会议，作为所庆的暖身活动，会议地点在史语所的会议厅。李远哲院长还致赠陈盘跟我两位终身研究员陶罐各一，并照相留念。当天陈先生身体不佳并未出席，我因为身体尚可而出席，但走下地下室会议室的阶梯仍然感觉吃力，可见体力也大不如前。在所庆会议期间，我们把陶罐摆在会场附近展览几天，让与会者得以参观。

黄宽重先生刚于二〇〇〇年五月二十日代理所长，接下来的大事情就是六月底即将召开的第三届汉学会议，我不预备发表论文。虽然我不发表会议论文，但是我对于会议报告仍有兴趣，像是六月十六日考古组才邀请两位来台客座的大陆学者——北大在台大客座的严文明先生、历史博物馆在文大客座的李先登先生演讲，严文明先生报告三代的都城，李先登先生报告三星堆的文化，我就到场聆听。

南港史语所文物馆小屯工作室校对小屯总图（1998年摄）

（十九）一生不断的探索

回顾个人一生的长期研究，有些问题仍待解决，有些问题则是从别人的研究成果得到启发，而得以解决。像我近年就对乙二十一基址附近的330坑甲骨与基址的关系有更清楚的说明。李学勤先生早先曾从妇好卜辞推定为帝乙时期，后来改变了说法，他的学生大陆平顶山市学院的常耀华先生即从后说认为是早商时期的甲骨坑。李学勤先生则未说正确或错误，李学勤先生来过台湾两次，我跟他的接触有限，可是觉得他的眼光相当远大。我则从坑位、与附近基址的关系做考察，发现按照地层来看的话，以商代甲骨记载帝王昭穆来看，这里的大区域范围是属于帝乙时期的系列基址，中间是祭坛，后面是后头的宫殿，只有帝乙时代才有这种工程能力，我在《史语所集刊》上写论文说明这套关系。锺柏生先生特别向我索取抽印本寄赠常耀华先生，常还来信谢谢我花了相当心思读他的论文，并针对他思虑不周之处予以回应。我因为一九九九年眼睛不好开刀的关系，尚未能亲自回信。我想，我提出的各种说法，有的时候引起相当议论，有的没有，而那些引起议论的部分，后来能够经由新的考古文物来予以证实它的正确性，就让我相当高兴。

我们以前作殷墟，都是依着考古所发现的各基址做单一考察，因此碰到像乙十一这种堆叠着多个时期础石的遗址，就很难确定其时期。我以前在南京的时候苦思甚久而无所得，来台湾之初也未能解决，有相当大的因素是当时没有完全发掘，所以无法有所突破的关系。李学勤先生对这一带所进行的研究，其实也是与乙十一基址系列的后期有关，目前他的解释也暂时可以成一个系统，裨益于对整系列基址的理解。我前面提到的测影台研究，也正是受到其他研究的启迪而得以产生较清楚、言之成理的解释。

像严文明先生提到，在中国考古上夏、商、周三代的关系是个大问题。

在南港史语所文物馆小屯工作室整理小屯资料（2001年摄）

我是偃师人，偃师附近有夏代遗迹，像二里头就是伊洛水的“夹河”地形，商代遗迹偃师商城则是南滨洛河北临邙山，与古人要在方便取水处聚居相符。严先生认为商灭夏，夏都二里头，商就在二里头北兴筑商城——亳。周灭商，则离开河南在陕西建都，所以偃师一带没有周代遗迹。我则联想到周武王伐纣在偃师休兵的说法，我从路线来看，周武王灭商后班师，就在商的旧都商城一带休息，商城还有商代的宫殿与街道，因此“偃师”偃师是相当合理的，所以汉代有这个说法，不过屈万里先生认为偃师最初出限于汉代，因此并不同意这个说法。而我认为以周代分封诸侯，周人并对所到之处予以命名，偃师的传说应该就在流传，只是历史并未记载而已，日后汉代人想起了古代的传说，才命名为偃师。我们以前只知道商都亳，但是对于亳的地点有所分歧，而有三亳说，后来经过考古发现才确定商城就是汤的亳，后代考虑水的问题而迁都他处，但仍称都亳，因此考古是有助于上古历史研究的。当然严文明先生并没有提到晚商是否还有商城，他对于小的地方没有很注意，所以我就在会上提出我个人的意见提供参考。

像小屯的性质，早期的考古认为小屯是商代的都城，可是大陆考古也在小屯过洹水的北方发掘一座都城，所以小屯不是都城。从严文明先生对于夏跟商的说法，一定程度的确认我对于商跟周的想法。

全家福（1999 年摄）

附录一

石璋如先生调查诸遗址之位置（195 处）

号数	名称	省	县	调查者	调查年月
1	朱疙瘩	河南	洛阳	石璋如	20 年夏
2	吴家湾	河南	偃师	石璋如	20 年夏
3	咕噜台	河南	偃师	石璋如	20 年夏
4	五道沟	河南	安阳	王　湘　石璋如	21 年秋
5	赵简王墓	河南	安阳	石璋如　王　湘	22 年 1 月
6	同盟山	河南	获嘉	石璋如　赵青芳	21 年秋
7	刘庄	河南	浚县	石璋如　王　湘	22 年春
8	石窟寺	河南	巩县	石璋如	22 年夏
9	凉马台	河南	汲县	石璋如	22 年秋
10	韩城	河南	洛宁	石璋如	22 年夏
11	南霸台	河南	安阳	石璋如	23 年春
12	侯家庄西北冈	河南	安阳	刘　燿　石璋如	23 年春
13	同乐寨	河南	安阳	刘　燿　石璋如	23 年春
14	新郑	河南	新郑	石璋如	23 年夏
15	水冶	河南	安阳	石璋如　祁延霈	23 年秋
16	小方山	河南	安阳	石璋如　祁延霈	23 年秋
17	西麻水西	河南	安阳	石璋如　祁延霈	23 年秋
18	西麻水东	河南	安阳	石璋如　祁延霈	23 年秋
19	东麻水	河南	安阳	石璋如　祁延霈	23 年秋
20	大正集	河南	安阳	石璋如　祁延霈	23 年秋

21	永安寨	河南	安阳	石璋如　祁延霈	23年秋
22	万佛沟	河南	安阳	梁思永　石璋如 祁延霈　胡福林等	23年秋
23	善应村残佛窟	河南	安阳	梁思永　石璋如 祁延霈　胡福林等	23年秋
24	文王庙	河南	汤阴	石璋如　马元材	24年1月
25	鹤壁石窟	河南	汤阴	石璋如	24年2月
26	白龙四面碑	河南	汤阴	石璋如	24年2月
27	长塚	河南	汤阴	石璋如	24年2月
28	邶城	河南	汤阴	石璋如	24年2月
29	霸台	河南	汤阴	石璋如	24年2月
30	石桥造像	河南	偃师	石璋如	24年6月
31	兰家寨	河南	孟津	石璋如	24年7月
32	饮酒台	河南	孟津	石璋如	24年7月
33	南响堂	河北	磁县	石璋如　王　湘	25年夏
34	北响堂	河南	武安	石璋如　王　湘	25年夏
35	龙岩寺	河南	安阳	石璋如　李永淦	25年冬
36	古城村	山西	大同	石璋如	26年7月11日
37	云冈	山西	大同	石璋如	26年7月11日
38	舍必崖	绥远	归绥	石璋如	26年7月15日
39	白塔车站	绥远	归绥	石璋如	26年7月15日
40	青塚	绥远	归绥	石璋如	26年7月14日
41	加尔平	绥远	包头	石璋如	26年7月17日
42	古城湾	绥远	包头	石璋如	26年7月18日
43	小吴门外	湖南	长沙	吴金鼎　石璋如	26年冬
44	宜宾汉墓	四川	宜宾	石璋如　张政烺	30年1月12日
45	宜宾白塔	四川	宜宾	董作宾　石璋如	30年11月13
46	宋墓地	四川	南溪	石璋如	31年2月8日
47	蛮洞	四川	南溪	石璋如	31年3月12日

48	千佛崖	四川	广元	劳　干　石璋如	31年4月27日
49	石门与栈道	陕西	褒城	劳　干　石璋如	31年4月28日
50	伏羲城及伏羲庙	甘肃	天水	劳　干　石璋如	31年5月1日
51	皇城	甘肃	天水	劳　干　石璋如	31年5月2日
52	庄严寺壁画	甘肃	兰州	劳　干　石璋如	31年5月7日
53	雷坛壁画	甘肃	兰州	劳　干　石璋如	31年5月8日
54	文殊山	甘肃	酒泉	劳　干　石璋如	31年6月3日
55	瓜州城	甘肃	安西	劳　干　石璋如	31年6月13日
56	瓜州土塔	甘肃	安西	劳　干　石璋如	31年6月13日
57	千佛洞	甘肃	敦煌	劳　干　石璋如	31年6月18日至9月21日
58	佛爷庙	甘肃	敦煌	劳　干　石璋如	31年7月16日
59	敦煌故城	甘肃	敦煌	劳　干　石璋如	31年7月11日
60	南泉烽燧	甘肃	敦煌	劳　干　石璋如	31年7月19日
61	西湾边墙	甘肃	敦煌	劳　干　石璋如	31年7月20日
62	人头疙瘩	甘肃	敦煌	劳　干　石璋如	31年7月20日
63	香炉墩	甘肃	敦煌	劳　干　石璋如	31年7月20日
64	酥油陀	甘肃	敦煌	劳　干　石璋如	31年7月20日
65	大方盘	甘肃	敦煌	劳　干　石璋如	31年7月20日
66	小方盘	甘肃	敦煌	劳　干　石璋如	31年7月20日
67	土墼落	甘肃	敦煌	劳　干　石璋如	31年7月22日
68	后坑的苇墙	甘肃	敦煌	劳　干　石璋如	31年7月23日
69	多填沟	甘肃	敦煌	劳　干　石璋如	31年8月3日
70	寿昌故城	甘肃	敦煌	劳　干　石璋如	31年8月5日
71	红山口	甘肃	敦煌	劳　干　石璋如	31年8月5日
72	阳关葬地	甘肃	敦煌	劳　干　石璋如	31年8月5日
73	古董滩	甘肃	敦煌	劳　干　石璋如	31年8月7日
74	西千佛洞	甘肃	敦煌	劳　干　石璋如	31年8月9日

75	盐池故城	甘肃	高台	劳 干 石璋如	31年10月
76	双城子	甘肃	鼎新	劳 干 石璋如	31年10月
77	大湾城	宁夏		劳 干 石璋如	31年10月
78	地湾	宁夏		劳 干 石璋如	31年10月
79	小方城	宁夏		劳 干 石璋如	31年10月
80	大方城	宁夏		劳 干 石璋如	31年10月
81	黑城	宁夏		劳 干 石璋如	31年10月
82	红城子	甘肃	甘州	劳 干 石璋如	31年11月
83	黑城子	甘肃	张液	劳 干 石璋如	31年11月
84	小黑城	甘肃	张液	劳 干 石璋如	31年11月
85	老虎煞	陕西	邠县	石璋如	32年2月7日
86	鸣玉池	陕西	邠县	石璋如	32年2月8日
87	龙马	陕西	邠县	石璋如	32年2月10日
88	公刘墓	陕西	邠县	石璋如	32年2月11日
89	土陵	陕西	邠县	石璋如	32年2月11日
90	太盘	陕西	邠县	石璋如	32年2月12日
91	郭村	陕西	邠县	石璋如	32年2月12日
92	马家河	陕西	栒邑	石璋如	32年2月14日
93	栒邑城	陕西	栒邑	石璋如	32年2月15日
94	温凉泉	陕西	栒邑	石璋如	32年2月15日
95	鸡嘴	陕西	栒邑	石璋如	32年2月15日
96	张洪镇	陕西	栒邑	石璋如	32年2月16日
97	坡头	陕西	邠县	石璋如	32年2月16日
98	南头	陕西	栒邑	石璋如	32年2月17日
99	百子沟	陕西	邠县	石璋如	32年2月18日
100	龙背头	陕西	邠县	石璋如	32年2月19日
101	卧龙	陕西	邠县	石璋如	32年2月20日
102	沟脑头	陕西	邠县	石璋如	32年2月20日
103	黄盘	陕西	邠县	石璋如	32年2月17日

104	弥家河	陕西	邠县	石璋如	32年2月22日
105	和子原	陕西	长武	石璋如	32年2月23日
106	凤头	陕西	长武	石璋如	32年2月23日
107	长寿洞	陕西	长武	石璋如	32年2月24日
108	碾子沟	陕西	长武	石璋如	32年2月25日
109	招仁寺	陕西	长武	石璋如	32年2月26日
110	大佛寺	陕西	邠县	石璋如	32年2月26日
111	邠县城的塔及照相	陕西	邠县	石璋如	32年2月26日
112	乾陵	陕西	乾县	石璋如	32年3月14日
113	未央宫	陕西	长安	石璋如	32年3月15日
114	赵镇石鼓	陕西	长安	石璋如	32年3月16日
115	旧县	陕西	长安	石璋如	32年3月17日
116	昭陵	陕西	长安	石璋如	32年3月16日
117	校北葬地	陕西	长安	石璋如	32年3月16日
118	茂陵	陕西	兴平	石璋如	32年3月18日
119	李夫人墓	陕西	兴平	石璋如	32年3月18日
120	卫青墓	陕西	兴平	石璋如	32年3月18日
121	霍去病墓	陕西	兴平	石璋如	32年3月18日
122	康陵	陕西	咸阳	石璋如	32年3月19日
123	义陵	陕西	咸阳	石璋如	32年3月19日
124	延陵	陕西	咸阳	石璋如	32年3月20日
125	渭陵	陕西	咸阳	石璋如	32年3月20日
126	平陵	陕西	咸阳	石璋如	32年3月20日
127	周文王陵	陕西	咸阳	石璋如	32年3月20日
128	周武王陵	陕西	咸阳	石璋如	32年3月20日
129	周成王陵	陕西	咸阳	石璋如	32年3月20日
130	周康王陵	陕西	咸阳	石璋如	32年3月20日
131	周公墓	陕西	咸阳	石璋如	32年3月20日

132	太公墓	陕西	咸阳	石璋如	32年3月20日
133	函谷关	河南	灵宝	石璋如	32年3月20日
134	吕不韦塚	河南	偃师	石璋如	32年3月
135	耀县	陕西	耀县	石璋如	32年4月13日
136	药王洞	陕西	耀县	石璋如	32年4月13日
137	耀县东关	陕西	耀县	马元材 石璋如	32年4月13日
138	阿房宫	陕西	长安	石璋如	32年4月
139	看花宫	陕西	长安	石璋如	32年4月
140	大雁塔	陕西	长安	石璋如	32年4月
141	小雁塔	陕西	长安	石璋如	32年4月
142	丰镐村	陕西	长安	石璋如	32年4月
143	斗门汉石刻	陕西	长安	石璋如	32年4月
144	回回坟	陕西	长安	石璋如	32年5月3日
145	张家坡	陕西	长安	石璋如	32年5月3日
146	马王村	陕西	长安	石璋如	32年5月3日
147	斗门镇	陕西	长安	石璋如	32年5月5日
148	开瑞庄	陕西	长安	石璋如	32年5月6日
149	福应寺	陕西	长安	石璋如	32年5月14日
150	落水村	陕西	长安	石璋如	32年5月14日
151	普渡	陕西	长安	石璋如	32年5月15日
152	灵台	陕西	鄠县	石璋如	32年5月10日
153	台北	陕西	鄠县	石璋如	32年5月17日
154	姬家堡	陕西	鄠县	石璋如	32年5月20日
155	礼贤村	陕西	鄠县	石璋如	32年5月21日
156	涝店	陕西	鄠县	石璋如	32年5月21日
157	崔家坟	陕西	鄠县	石璋如	32年5月23日
158	兆丰桥	陕西	鄠县	石璋如	32年5月24日
159	疙瘩庙	陕西	武功	石璋如	32年8月22日
160	杜家坡	陕西	武功	石璋如	32年9月1日

161	姜嫄嘴	陕西	武功	石璋如	32 年 9 月 3 日
162	白龙湾	陕西	武功	石璋如	32 年 5 月 3 日
163	王家堡	陕西	武功	石璋如	32 年 6 月 6 日
164	羊尾沟	陕西	武功	石璋如	32 年 6 月 7 日
165	浒西庄	陕西	武功	石璋如	32 年 6 月 8 日
166	十里铺	陕西	扶风	石璋如	32 年 6 月 13 日
167	飞凤山	陕西	扶风	石璋如	32 年 6 月 14 日
168	扶风东关	陕西	扶风	石璋如	32 年 6 月 12 日
169	扶风北关	陕西	扶风	石璋如	32 年 6 月 19 日
170	任家	陕西	扶风	石璋如	32 年 6 月 16 日
171	岐阳堡	陕西	岐山	石璋如	32 年 6 月 17 日
172	宫里	陕西	岐山	石璋如	32 年 6 月 17 日
173	夹嘴	陕西	岐山	石璋如	32 年 6 月 18 日
174	车头坡	陕西	岐山	石璋如	32 年 6 月 20 日
175	下湾	陕西	岐山	石璋如	32 年 6 月 20 日
176	仓颉庙	陕西	岐山	石璋如	32 年 6 月 22 日
177	河交	陕西	岐山	石璋如	32 年 6 月 22 日
178	王庙	陕西	岐山	石璋如	32 年 6 月 23 日
179	周公庙	陕西	岐山	石璋如	32 年 6 月 23 日
180	瓦窑头	陕西	凤翔	石璋如	32 年 7 月 1 日
181	三岔河	陕西	凤翔	石璋如	32 年 7 月 1 日
182	海家河北	陕西	凤翔	石璋如	32 年 7 月 1 日
183	南古城	陕西	凤翔	石璋如	32 年 7 月 1 日
184	三良塚	陕西	凤翔	石璋如	32 年 7 月 1 日
185	始皇陵	陕西	临潼	石璋如	32 年 8 月
186	古荡	浙江	杭县	石璋如　何天行	35 年 10 月
187	荀山	浙江	杭县	石璋如　何天行	35 年 10 月
188	察克图	宁夏	汤阴	劳　干　石璋如	31 年 10 月

189	栖霞寺千佛崖	江苏	南京	石璋如　夏　鼐	37 年 9 月
190	圆山	台湾	台北	李　济　石璋如	38 年 1 月
191	大马璘	台湾	台中	李　济　石璋如	38 年 6 月
192	瑞岩	台湾	台中	李　济　石璋如	38 年 6 月
193	营埔	台湾	台中	李　济　石璋如	38 年 7 月
194	哄里岸	台湾	淡水	方　豪　宋文薰　石璋如	40 年 10 月 23 日
195	江头	台湾	淡水	方　豪　宋文薰　石璋如	40 年 10 月 23 日

制表：冯忠美、赖淑丽

附录二

石璋如先生所参加之考古发掘（25处）

号数	季	时间	地带	人员
1	春	20年3月21日至5月12日	小屯（四）	工作：李济、董作宾、梁思永、吴金鼎、郭宝钧、李光宇、刘屿霞、王湘、周英学。 参加：马元材、谷正伦、关百益、许敬参、冯进贤（以上河南省政府）、石璋如、刘燿（以上河大学生）。 视察：傅斯年。
2	秋	20年11月7日至12月19日	殷墟小屯（五）	工作：董作宾、郭宝钧、刘屿霞、王湘。 参加：马元材、石璋如及安阳参加员李英伯、郝升霖。
3	春	21年4月1日至5月31日	小屯（六）	工作：李济、董作宾、吴金鼎、刘屿霞、王湘、周英学、李光宇。 参加：马元材、石璋如。 参观：张嘉谋、关百益。
4	春	第一次：22年3月29日4月21日第二次：22年5月15日	刘庄（全）	工作：石璋如、王湘。 视察：李济。

5	秋	22年10月19日至12月15日	小屯（七）	工作：董作宾、石璋如、李光宇。 参加：马元材。视察：李济、傅斯年。 参观：任鸿隽。
6	春	21年4月1日至5月24日	辛村（三）	工作：郭宝钧、刘屿霞、刘燿、石璋如、王湘、李仲平。 视察：李济
7	秋	21年10月20日至12月25日	小屯（八）	工作：郭宝钧、李景聃、李光宇、刘燿、石璋如。 参加：马元材。 视察：李济。
8	秋	第一次：22年11月15日至23年1月3日第二次：22年1月15日至1月24日	后冈（三）	工作：刘燿、李景聃、石璋如、尹焕章。 视察：李济。
9	春	23年3月9日至4月1日	小屯（九）	工作：董作宾、李景聃、石璋如。 参加：冯进贤。 参观：徐炳昶。
10	春	23年4月2日至5月31日	侯家庄南地（全）	工作：董作宾、石璋如、刘燿、李景聃、尹焕章、祁延霈。 参加：冯进贤。视察：李济、梁思永、郭宝钧。 参观：方策（安阳专员）、苏孔章（保安副司令）、张曹（秘书）、顾理雅（美国人）。
11	春	23年4月30日至5月22日	南霸台（全）殷墟第9次	工作：石璋如。

12	秋	23年10月3日至12月30日	侯家庄西北冈（一）殷墟第10次	工作：梁思永、石璋如、刘燿、祁延霈、尹焕章、胡福林。 参加：马元材。 视察：李济。 参观：腾固、黄文弼。
13	秋	23年10月29日至12月5日	同乐寨（全）殷墟第11次	工作：梁思永、石璋如、胡福林。
14	春	24年3月10日至6月15日	侯家庄西北冈（二）殷墟第11次	工作：梁思永、石璋如、刘燿、祁延霈、李光宇、王湘、胡福林、尹焕章。 参加：马元材、清华毕业实习生夏鼐。 视察：傅斯年、李济。 监察：古保会委员董作宾。 参观：徐中舒、伯希和、河南大学观光团张邃青等、清华大学参观团刘崇鋐等。
15	秋	24年9月5日至12月16日	侯家庄西北冈（三）殷墟第12次	工作：梁思永、石璋如、刘燿、李景聃、祁延霈、李光宇、高去寻、潘悫、尹焕章，临时人员：王建勋、董培宪。 参加：李春岩。监察：黄文弼。 参观：丁维汾、刘守中、王献唐、富占魁、方策。
16	春	24年3月18日至6月24日	小　屯（10）殷墟第13次	工作：郭宝钧、石璋如、李景聃、王湘、祁延霈、高去寻、尹焕章、潘悫。 参加：孙文青。视察：李济、董作宾。 监察：王作宾。

17	秋	24年9月20日至12月31日	小 屯（11）殷墟第14次	工作：梁思永、石璋如、王湘、高去寻、尹焕章，临时人员：王建勋、魏鸿纯、李永淦、石伟。 参加：王思睿。监察：袁同礼。 参观：葛维汉。
18	春	26年3月16日至6月19日	小 屯（12）殷墟第15次	工作：石璋如、王湘、高去寻、尹焕章、潘悫，临时人员：王建勋、石伟、魏鸿纯、李永淦。 参加：张光毅。视察：梁思永、董作宾。监察：舒楚石。 参观：燕京大学参观团叶公超、闻一多、陈梦家及学生数名。
19	秋	31年8月6日	阳关葬地（全）	工作：劳干、石璋如。
20	秋	31年8月7日	古董滩（全）	工作：劳干、石璋如。
21	秋	31年10月	察克图烽燧（全）	工作：劳干、石璋如。
22	春	32年2月7日	老虎煞（全）	工作：石璋如。
23	春	32年5月2日	丰镐村（全）	工作：石璋如。
24	春	32年6月17日至19日	岐阳堡（全）	工作：石璋如。
25	秋	38年11月10日至12月1日	大马璘（全）	工作：石璋如、高去寻、潘悫、陈奇禄、何廷瑞、宋文薰、刘斌雄。

制表：冯忠美、赖淑丽

附录三

石璋如先生主要著作目录

专书

1. 晋绥纪行（重庆：独立出版社，1943）。
2. 瑞岩民族学初步调查报告（衣食住部分与陈奇禄合作）（台北：台湾省文献委员会文献专刊2，1950）。
3. 中央研究院历史语言研究所考古年表（杨梅：中央研究院历史语言研究所专刊35，1952）。
4. 中国的远古文化（台北：中华文化出版事业委员会，1953）。
5. 中国历史地理（史前编）（台北：中华出版事业委员会，1954）。
6. 殷墟建筑遗存·中国考古报告集之二小屯第一本遗址的发现与发掘乙编（台北：中央研究院历史语言研究所，1959）。
7. 北组墓葬（上、下）·中国考古报告集之二小屯第一本遗址的发现与发掘丙编一殷墟墓葬之一（台北：中央研究院历史语言研究所，1970）。
8. 中组墓葬·中国考古报告集之二小屯第一本遗址的发现与发掘丙编二殷墟墓葬之二（台北：中央研究院历史语言研究所，1972）。
9. 南组墓葬·中国考古报告集之二小屯第一本遗址的发现与发掘丙编三殷墟墓葬之三（台北：中央研究院历史语言研究所，1973）。
10. 乙区基址上下的墓葬·中国考古报告集之二小屯第一本遗址的发现与发掘丙编四殷墟墓葬之四（台北：中央研究院历史语言研究所，1976）。
11. 丙区墓葬（上、下）·中国考古报告集之二小屯第一本遗址的发现与发掘丙编五殷墟墓葬之五（台北：中央研究院历史语言研究所，1980）。

12. 甲骨坑层之一·中国考古报告集之二小屯第一本遗址的发现与发掘丁编一（台北：中央研究院历史语言研究所，1985）。
13. 甲骨坑层之一附图·中国考古报告集之二小屯第一本遗址的发现与发掘丁编一（台北：中央研究院历史语言研究所，1986）。
14. 大马璘（与刘益昌合作）（台北：中央研究院历史语言研究所专刊 89，1987）。
15. 甲骨坑层之二（上、下）·中国考古报告集之二小屯第一本遗址的发现与发掘丁编二（台北：中央研究院历史语言研究所，1992）。
16. 编辑校补侯家庄第九本·中国考古报告集之三（台北：中央研究院历史语言研究所，1996）。
17. 莫高窟形（一、二、三册），田野工作报告之三（台北：中央研究院历史语言研究所，1996）。
18. 侯家庄第十本小墓分述之一·中国考古报告集之三（台北：中央研究院历史语言研究所，2001）。

论文

1. 第七次殷墟发掘：E 区工作报告，《中央研究院历史语言研究所安阳发掘报告》4（1933），页 709-728。
2. 两担石跳神子，《说文月刊》3，12（1944），页 47-55。
3. 小屯后五次发掘的重要发现，《六同别录》（上）（李庄：中央研究院历史语言研究所集刊外编第三种，1945），页 1-36。
4. 小屯的文化层，《六同别录》（上）（李庄：中央研究院历史语言研究所，1945），页 1-42。
5. 安阳后冈的殷墓，《六同别录》（上）（李庄：中央研究院历史语言研究所，1945），页 1-26；《历史语言研究所集刊》13（1948），页 21-28。
6. 殷墟最近之重要发现附论小屯地层，《中国考古学报》2（南京：中央研究院历史语言研究所，1947），页 1-81。
7. 锄头下的苍洱与中原，《新中华》1，2（1947）。

8. 殷墟最近之重要发现附论小屯地层后记，《中国考古学报》4（南京：中央研究院历史语言研究所，1948），页 291-302。
9. 传说中周都的实地考察，《历史语言研究所集刊》20（下）（1948），页 91-122。
10. 小屯殷代的成套兵器附殷代的策，《历史语言研究所集刊》22（1950），页 19-84。
11. 莺歌的陶瓷业，《台湾文化》6，3/4（1950），页 39-46。
12. 从笾豆看台湾与大陆，《大陆杂志》1，4（1950），页 7-10。
13. 考古工作，《中央研究院历史语言研究所傅所长纪念特刊》（1951），页 33-37。
14. 中国彩陶文化的解剖，《大陆杂志》2，6-7（1951），页 4-6；18-22。
15. 小屯 C 区的墓葬群，《历史语言研究所集刊》23（下）（1952），页 447-487。
16. 新石器时代的中原，《大陆杂志》4，3（1952），页 65-73。
17. 记绥远的粮窖，《大陆杂志》5，12（1952），页 401-404。
18. 周都遗迹与彩陶遗存，《大陆杂志特刊》1（下）（1952），页 357-385。
19. 陕西耀县的碑林与石窟，《历史语言研究所集刊》24（1953），页 145-172。
20. 陕西长武县出土造像记，《历史语言研究所集刊》24（1953），页 173-175。
21. 汉唐的国都陵墓与疆域，《大陆杂志》6，8（1953），页 243-250。
22. 河南安阳小屯殷墓中的动物遗骸，《台湾大学文史哲学报》5（1953），页 1-14。
23. 台湾大马璘遗址发掘简报，《台湾大学考古人类学刊》1（1953），页 13-15。
24. 石璋如、宋文薰，台湾红毛港等十一遗址初步调查简报，《台湾大学考古人类学刊》2（1953），页 10-16。
25. 河南浚县刘庄的汉墓，《历史语言研究所集刊》25（1954），页 253-

268。
26. 殷代地上建筑复原之一例，《中央研究院院刊》1（1954），页 267-280。
27. 商周彝器铭文部位例略，《大陆杂志》8，5-7（1954），页 129-134；180-185；211-219。
28. 骨卜与龟卜探源，《大陆杂志》8，9（1954），页 265-269。
29. 圆山贝塚之发掘与发现，《大陆杂志》9，2（1954），页 61-66。
30. 周代兵制探源，《大陆杂志》9，9（1954），页 269-277。
31. 殷墟发掘对于中国古代文化的贡献，《学术季刊》2，4（1954），页 1-16。
32. 云南华宁碗窑村的窑业，《中央研究院院刊》2（1955），页 275-291。
33. 殷代的铸铜工艺，《历史语言研究所集刊》26（1955），页 95-129。
34. 小屯殷代的建筑遗迹，《历史语言研究所集刊》26（1955），页 131-188。
35. 关中考古调查报告，《历史语言研究所集刊》27（1956），页 205-323。
36. 记昆明的四种铜业，《中央研究院院刊》3（1956），页 227-237。
37. 石璋如、宋文薰，铁砧山史前遗址试掘报告，《台湾大学考古人类学刊》8（1956），页 35-50。
38. 殷代头饰举例，《历史语言研究所集刊》28（下）（1957），页 611-670。
39. 儒家经典中所见的觚与爵，《学术季刊》5，4（1957），页 1-27。
40. 华北石窟的时代性和地域性，《历史语言研究所集刊》29（下）（1958），页 545-612。
41. 殷代的铸铜与雕石，《中华画报》120（1958）。
42. 六种石器与中国史前文化，《历史语言研究所集刊》30（下）（1959），页 103-118。
43. 记本院小山上出土的大石斧，《历史语言研究所集刊》31（1960），页 37-46。
44. 河南安阳小屯殷代三组基址，《大陆杂志》21，1/2（1960），页 19-26。
45. The Marine Elements in the Yin Culture, Proceedings of the First

International of Historian of Asia（菲律宾：马尼拉，1960）。
46. 小屯殷代丙组基址及其有关现象，《庆祝董作宾先生六十五岁论文集》（下）（台北：中央研究院历史语言研究所集刊外编第四种，1961），页781-802。
47. 殷代的脊背刀，《清华学报》2（1961），页131-142。
48. 敦煌千佛洞遗碑及其相关石窟考，《历史语言研究所集刊》34（上）（1962），页37-97。
49. 关于藏经洞的几个问题，《大陆杂志特刊》2（1962），页31-45。
50. 先史时代的台湾与大陆，《第二届亚洲史学会议论文集》（台北：历史学会，1962），页37-47。
51. Six Types of Stone Celts and the Prehistoric Culture of China, Proc. Ninth Pacific Science Congress, 1957, vol.3, Archaeology and Social Science,1957《泰国曼谷会议》，1963年出版。
52. 敦煌千佛洞遗碑存佚考，《中国民族学报》3（1963）。
53. 殷代的弓与马，《历史语言研究所集刊》35（1964），页321-342。
54. 董作宾先生与殷墟发掘，《大陆杂志》29，10（1964），页331-335。
55. 安阳考古概观，《史林》4（1964），页583-618。
56. 小屯殷代的跪葬，《历史语言研究所集刊》36（上）（1965），页249-277。
57. 殷代的建筑，《中华艺术史纲》（台北：光复书局，1965），页7-10。
58. 殷代的书画用具——颜色碟，《教育与文化》（1966），页337-338。
59. 有关殷代石雕的几个问题，《故宫季刊》1，1（1966），页31-34。
60. 董作宾先生在昆明，《大陆杂志》33，10（1966），页293-294。
61. 小屯的石子窖与石子墓，《庆祝李济先生七十岁论文集》（台北：清华学报社，1967），页585-625。
62. 董作宾先生与滕县考古发掘，《中州文化论集》（台北：中州文化论集编辑委员会，1967），页167-169。
63. 殷周青铜器在日本，《中日文化论集》（中华大典，1967），页37-74。

64. 殷代的车，《大陆杂志》36，10（1968），页 1-4。

65. 殷代的豆，《历史语言研究所集刊》39（上）（1969），页 51-82。

66. 小屯第四十墓的整理与殷代第一类甲种车的初步复原，《历史语言研究所集刊》40（下）（1969），页 625-668。

67. 殷代的夯土、版筑与一般建筑，《历史语言研究所集刊》41，1（1969），页 126-168。

68. 殷代地上建筑复原的第二例，《中央研究院民族学研究所集刊》29（1970），页 321-341。

69. 董作宾先生与殷墟第九次发掘，《中国文字》38（1970），页 1-11。

70. 说车器，《包遵彭先生纪念论文集》（台北："国立"历史博物馆，1971），页 47-56。

71. 从彩陶、黑陶、肩斧、段锛等研讨先史时代台湾与大陆的交通，《中原文化与台湾》（台北：台北市文献委员会，1971），页 223-232。

72. 彩陶系的器形探源，《东吴大学中国艺术史集刊》1（1973），页 1-8。

73. 殷代第一类车的舆盘之演变，《华冈学报》8（1974），页 41-64。

74. 李济先生与中国考古学，《中华复兴月刊》8，5（1975），页 6-16。

75. 殷代的第二类车，《总统蒋公逝世周年纪念论文集》（台北：中央研究院，1976），页 1011-1044。

76. 殷代地上建筑复原的第三例，《台湾大学考古人类学刊》39-40（1976），页 149-157。

77. 河南大学与考古事业，《国立河南大学校志》（台北：国立河南大学校友会，1976），页 71-77。

78. 小屯殷代的石鸟、石磬与笋虡，《中央研究院成立五十周年纪念论文集·第二辑人文社会科学》（台北：中央研究院，1978），页 365-386。

79. 董作宾先生与周公测影台，《董作宾先生逝世十四周年纪念刊》（台北：艺文印书馆，1978），页 9-15。

80. 殷代车的研究，《东吴大学中国艺术史集刊》9（1979），页 1-26。

81. 殷代坛坦遗迹，《历史语言研究所集刊》51，3（1980），页 413-454。

82. 殷墟遗址的两处重要遗迹——大连坑与黄土台,《历史语言研究所集刊》52，4（1981），页 591-618。
83. 殷墟建筑遗存的新认识（论殷代早期的宗庙）,《中央研究院国际汉学会议论文集——历史考古组》（上）（台北：中央研究院，1981），页 119-143。
84. 殷墟文字甲编的五种分析,《历史语言研究所集刊》53，3（1982），页 393-445。
85. “扶片”的考古学分析,《历史语言研究所集刊》56，3（1985），页 405-484。
86. 两片迷途归宗的字甲,《大陆杂志》76，6（1986），页 249-256。
87. 从殷周战车论牧野之战,《丁文江百岁纪念论文集》（台北：中国地质学会专刊 8，1987）。
88. 殷车复原说明,《历史语言研究所集刊》58，2（1987），页 253-280。
89. 殷墟的穴窖坑层与甲骨断代二例,《历史语言研究所集刊》59，4（1988），页 1087-1117。
90. 乙组两处基址与其甲骨穴窖释疑,《董作宾先生九五诞辰纪念集》（1988）。
91. 殷墟地上建筑复原第四例——甲六基址与三报二示,《中央研究院第二届国际汉学会议论文集——历史与考古组》（上）（台北：中央研究院，1989），页 1-30。
92. 乙五基址与宾吊层位,《历史语言研究所集刊》61，1（1990），页 77-117。
93. 殷墟地上建筑复原第五例——兼论甲十二基址与大乙九示及中宗,《历史语言研究所集刊》64，3（1993），页 739-761。
94. 记董先生的一段小故事——三报二示与甲六基址,《中国文字》新 17（1993），页 1-5。
95. 董师彦堂先生五十大庆追记,《“国立”历史博物馆季刊》3（1993），页 18-25。

96. 殷墟地上建筑复原第六例——兼论甲十三基址与稀示，《历史语言研究所集刊》65，3（1994），页 435-453。

97. 敦煌莫高窟晚唐窟的分析与研究《汉学研究》11，2（1993），页 259-323。

98. 殷墟大龟版五次三地出土小记《安阳文献》11（1995），页 1-9。

99. 殷墟地上建筑复原第七例——论乙一及乙三两个基址，《历史语言研究所集刊》66，4（1995），页 953-984。

100. 从乙一与乙三基址试说殷代的测影台，《中国考古学与历史学之整合研究》（台北：中央研究院历史语言研究所，1997），页 199-234。

101. 从殷墟遗迹新释高宗、肜日、亮阴《严耕望先生纪念论文集》，台北：稻香出版社，页 37-52，1998。

102. 殷墟地上建筑复原第八例兼论乙十一后期及其有关基址与 YH251、330 卜辞，《史语所集刊第七十本第四分》，（台北：中央研究院历史语言研究所，1999），页 779-882。

书评

1. The Archaeology of Ancient China，《台湾大学考古人类学刊》23/24（1964），页 109。

2. 读《侯家庄 1001 号大墓》，《中国学志》2（1965），页 1-34。

3. 李济、万家保，《殷墟出土青铜觚形器之研究》，《中国民族学通讯》1（1965），页 9-13。

4. 读曹著《殷商考古论丛》，《中国文字》新二十三期，艺文印书版，1997，页 1-9。

5. 读《各家释七衡图·说盖天说起源新例初稿》，《历史语言研究所集刊》68，4（1997），页 787-816。

其他

1. 中国考古对象的认识，《南京中央日报》1946，2，30。

2. 陕西岐山周公庙的碑目,《南京中央日报史学周刊》1947，9。
3. 洛阳金村出土的几件玉器,《上海中央日报文史周刊》1948，1。
4. 寻求古代文化的三途径,《民族报文史》5（1949）。
5. 杨梅的砖瓦业,《台湾文化季刊》6，1（1949）。
6. 台湾有肩石斧与有段石斧的经济阶段,《台湾文化季刊》6，2（1950）。
7. 一个虔诚者的拜历,《公论报台湾风土》103（1950），页 703。
8. 遗址征年与文化传播,《台湾公论报史地》1950，5，24、31。
9. 杨梅土葬三步骤,《公论报》1951，4，6。
10. 酒泉的制玉工业,《技与艺》1，4（1952），页 18。
11. 案头考古学的缺憾,《中央日报学人》2。
12. 台南在台湾考古学上的重要性,《台南文化》3，4（1954）。
13. 圆山贝塚发掘概况,《台北文物》3，1（1954），页 8-13。
14. 民国以来考古学发展概况,《中华民国科学志·现代国民基本知识丛书第三辑》(台北：中华文化出版事业委员会，1955)。
15. 四十三年度考古学的研究,《中国教育学术与文化中篇·教育与文化》6，4（1954）。
16. 桃园史前志要,《桃园县志稿》(桃园：文献会，1955)。
17. 石器时代的庆州与安阳,《中韩文化论集》11（台北：中华文化事业出版委员会，1955)。
18. 历史的背景——人类的起源故事《教育与文化周刊》第九卷第二期 1955，页 26-27
19. 第九届太平洋科学会议概况《政论周刊》1958 第 172 期，页 9-13；21。
20. 忆昔当年在敦煌,《作品一卷》2（1959）。
21. 董作宾先生,《中国历史学会会讯》17（1985），页 5，26。
22. 照林与侯家庄 1001 大墓,《中国历史博物馆馆刊》总第 24 期，（1995：1），页 81-84。
23. 考古方法改革者梁思永先生,《新学术之路——中央研究院历史语言研究所七十周年纪念文集》(台北：中央研究院历史语言研究所，1998)，页 353-366。

24. 田野考古第一——吴金鼎先生，《新学术之路——中央研究院历史语言研究所七十周年纪念文集》(台北：中央研究院历史语言研究所，1998)，页 631-637。
25. 我在史语所，《新学术之路——中央研究院历史语言研究所七十周年纪念文集》(台北：中央研究院历史语言研究所，1998)，页 639-654。
26. 刘燿先生考古的五大贡献，《新学术之路——中央研究院历史语言研究所七十周年纪念文集》(台北：中央研究院历史语言研究所，1998)，页 655-662。